KB119034

사회복지정책 ^{3판}

| 이정우 저 |

Social Welfare Policy (3rd ed)

학지사

사회복지정책이란 제목으로 이 책이 발간된 지도 햇수로 벌써 15년이 되어 간다. 그동안 세상은 많은 변화가 있었으며, 비록 더디나마 이러한 변화를 책에 담기 위한 노력이 있었다. 이에 따라 2013년에는 2판을 발간하였으나, 이후 곧 책의 구성이나 내용의 미비점을 인식하고 대대적인 개정의 과정을 거쳐 2017년 초 3판을 발간하게 되었다.

3판에서는 이전까지 책에서 함께 다루었던 사회보장론 부분을 제외하였고, 대신 사회복지정책의 영역만을 골라 그 내용을 중점적으로 보강하였다. 그 일환으로서 사회복지정책 3판은 전체를 5부 총 15개 장으로 구성하고, 각각은 사회복지정책의 정의와 역사, 가치이념과 목표체계, 기능, 기본원리 그리고 구성요소로 구분하여 관련 내용과 중요한 논점들을 상세하게 다루었다. 나머지 복지국가의 이론과 개별 사회복지제도에 대한 내용은 추후 집필하고자 하는 사회보장론의 부분으로 남겨 두고자 한다.

이 책을 집필하면서부터 내내 가졌던 질문이 있다. 그것은 자기중심적으로 생각하고, 자신의 이익을 우선시하는 사람들에게서 어떻게 사회문제의 해결을 위한 공동체정신이나 연대의식을 이끌어 낼 수 있는가다. 더 나아가 개인적 이기심을 사회문제의 해결을 위한 전략적 수단으로 활용하는 방안은 없을까라는 생각도 가져 본 적도 있다. 만약 그러한 방안이 실제로 존재한다면, 이는 사회적 약자에 대한 무조건적인 이타심이 아닌 조건적인 교환관계가 성립되는 사회제도를 통해서만 가능할 수 있을 것이다. 그 일환으로서 보험이란 자구적 기능을 하는 일종의 상품으로서, 개인들은 해당 상품을 구입하여 위험으로부터 스스로를 보호하는 과정에서 비록 의도하지는 않았지만 결과적으로는 위험에 노출된 이웃들을 돕게 되는 효과가 발생한다.

소위 '요람에서 무덤까지'의 복지국가란 인간의 생존이나 존엄을 위협하는 많은 종류의 위험을 공동의 문제로 받아들이고, 이를 공동으로 해결하고자 하는 국민의 의식수준이 뒷받침될 경우에만 실현 가능할 수 있다. 하지만 이와 같은 공동체적 의식수준은 제반의 사회복지정책들이 국민의 심리적 속성이나 욕구를 함께 반영할 수 있을 때 극대화될 수 있다. 왜냐하면 이 경우에만 국가는 국민들로부터 사회복지정책에 대한 신뢰와 지지를 이끌어 낼 수 있고, 이러한 역량의 차이가 복지국가의 수준을 결정하는 핵심적 요인으로 작용할 수 있을 것이기 때문이다. 이것이 바로 사회복지정책에 대한 학문적 연구가 필요한 이유다.

사회복지정책을 집필하고 개정하는 과정에서 내내 뇌리의 중심을 차지하고, 또한 기억의 한켠에서 아련하게 떠오르는 분이 있다. 독일 베를린 공과대학교의 경제학부에 재직하셨던 저자의 은사님이신 Christof Helberger 교수님이다. 우리나라의 경제학과에서는 생소한 교과목인 사회정책과 의료보장정책을 주로 강의하셨던 교수님은 온화한 성품으로 항상 학생들에게 친절하고 진지하게 대해 주셨다. 그러나 강의에서는 항상 학생들 자신의 생각이나 의견을 채근하셨던 기억이 난다. 저자 역시 한국의 대학교에서 교편을 잡게 되면서부터 이러한 은사님의 자세를 롤모델로 삼으려고 노력해 왔다. 사실 저자의 『사회복지정책』 또한 교수님의 강의와 학습교재로부터 상당한 도움을 받았다는 점을 밝히고자 한다. 그리고 이러한 자료들은 추후 집필하고자 하는 사회보장론에도 큰 도움을 줄 수 있을 것으로 확신한다.

시간의 흐름이 빠른 것을 새삼 실감하게 된다. 1998년 인제대학교 사회복지학과에 처음 임용되었던 해에 태어난 딸 현선이가 대학생이 되어 이 책의 교정에 도움을 주었다. 그리고 아들 현승이에게는 독일 유학생활과 한국에서의 정착과정에서 제대로 보살펴 주지 못했다는 미안한 마음과, 그럼에도 불구하고 반듯한 청년으로 성장해 주어 고마운 마음도 가지게 된다. 이 모든 것이 아내 이애란의 희생과 헌신이 있었기 때문에 가능했다고 생각한다.

끝으로 사회복지정책 3판의 발간에 최초의 동기부여를 해 주었던 도서출판 학지사의 설승환 과장님 그리고 책의 교정과 편집을 위해 많은 노고를 마다하지 않았던 이상경 대리님께 감사를 드린다. 그리고 3판의 발간을 흔쾌히 수락해 주신 김진환 사장님께도 깊은 감사 인사를 드리고자 한다.

이 책은 많은 부분에서 부족하고, 오류도 많이 있을 것으로 생각된다. 이러한 문제점들은 독자, 관련 분야의 선후배 및 동료로부터의 질타와 지적을 받아 수시로 보완해 나갈 것임을 약속드린다.

2017년 3월
저자 이정우

근래 들어 삶의 질 향상과 사회안정을 중요한 목표로 하는 사회복지정책에 대한 국민의 관심과 욕구가 꾸준히 증가하고 있다. 일부 전문가와 언론은 사회복지사업이 21세기 우리나라의 중요한 성장산업이 될 것이라고 전망하고 있다. 급속한 정보화와 세계화의 이면에 도사리고 있는 불확실성의 문제, 경쟁사회의 부작용으로 지적될 수 있는 빈부격차의 문제와 사회계층 간 갈등 문제, 인구구조의 노령화 문제 그리고 인간성의 소외 문제 등은 무엇보다도 국가 주도의 사회복지정책을 통해서만 효과적으로 해결할 수 있을 것으로 판단되기 때문이다. 그리고 서구의 선진국에 비해 월등히 취약한 우리의 복지 현실은 역설적으로 사회복지정책의 잠재적 성장 가능성을 시사하고 있기 때문이다. 실제로 우리나라는 지난 30여 년 동안 세계사에서 그 유례를 찾아보기 힘들 정도로 빠른 경제발전을 이룩한 경험을 바탕으로, 사회복지 분야에서도 괄목할 만한 성장을 이루어 오고 있다.

사회복지정책이 장래의 유망한 성장산업으로 각광받고 있는 우리나라의 경우와는 달리, 선진국은 복지국가의 지속 가능성에 대한 위기의식이 점차 사회구성원 간 공감대를 형성해 가고 있으며, 따라서 개별 국가는 사회복지정책의 대대적인 체질 개혁을 시도하고 있다. 이러한 세계적인 동향을 바라보면서 우리는 복지국가의 성장이 가져다줄 수 있는 순기능과 역기능을 동시에 파악할 수 있는 합리적인 시각을 갖추도록 노력할 필요가 있다.

그동안 많은 교재가 '사회복지정책'이란 이름으로 발간되었다. 그러나 사회복지정책이라는 용어는 원래 서구 국가에서 유래된 것으로 우리나라의 경우 이에 대한 학문적인 논의와 연구는 최근 들어서야 비로소 본격적으로 진행되고 있다. 그로 인한 결과로서 사회복지정책은 학문이론의 부족 현상은 물론, 용어 및 개념의 정의 그리고 정책의 목표·범위·수단 등 기본적인 분야에서도 객관적이고 보편타당한 합의를 도출하지 못하고 있는 실정이다. 이러한 상황에서 사회복지정책이라는 제목으로 또 하나의 책을 발간함으로써 사회복지학계는 물론, 독자의 혼란을 가중하는 것이 아닌가 하여 솔직히 두려움이 앞선다. 이 책은 크게 다음과 같은 세 가지 목표를 중심으로 집필하였다.

첫째, 사회복지의 이념과 경제학의 이론을 상호 결합하여 사회복지정책을 설명하고자 하였다. 무엇보다도 경제는 사회복지정책의 물질적 기반이 된다는 점에서 그리고 사회복지정책을 통하여 얻게 되는 사회안정과 국민통합은 국민경제의 건실한 발전을 위한 기반이 된다는 점에서 경제학 이론과 사회복지의 이념은 당연히 상호 조화를 이룰 필요가 있다.

둘째, 독일 등 유럽의 여러 국가에서 논의되고 있는 사회복지정책의 이론을 소개하고자 하였다. 해방 이후 우리나라는 한국전쟁에 의한 산업 기반의 파괴와 국민의 절대적 빈곤문제를 미국 등 주요 우방 국가의 원조 물자에 의존하여 해결해 왔으며, 나아가 경제개발의 과정에서도 미국의 도움이 중요한 역할을 하였다. 그 과정에서 유입된 사회복지정책 또한 영미권의 사회이론을 사상적 토대로 하여 오늘날에 이르고 있다. 이에 이 책은 사회복지정책의 또 다른 사상적 기초를 제공하고 있는 유럽의 대륙권 국가의 이론을 소개함으로써, 우리나라의 사회복지정책이 균형적으로 발전할 수 있는 기반의 조성에 조그마한 기여를 하기 위한 바람으로 집필하였다.

셋째, 사회복지정책의 수립과 집행 시 실제로 논의되어야 할 과제를 중심으로 작성하고자 하였다. 일반적으로 사회복지정책은 국민의 대다수가 겪을 수 있는 사회문제나 사회적 위험을 대상으로 그 해결 대안을 모색하는 실천 학문 또는 응용 학문이다. 따라서 여기서는 문제해결의 방향을 제시할 수 있는 기본원칙과 정책이나 제도의 설계문제 그리고 복지국가의 개혁방안 등과 관련한 논점을 직접적으로 다루고자 하였다.

이 책은 전체를 7부로 구성하여 총 21개의 장을 집필할 계획으로 시작되었다. 그러나 저자의 학문적 역량이 부족하고 자료 수집이 여의치 않아 당초의 계획과는 달리 총 5부 15장만을 기술하게 되었다. 여기에 수록되어 있지 않는 제7부는 '사회복지정책과 정치'라는 제목으로 정치체제와 사회복지정책, 질서이론과 사회복지정책 그리고 정치경쟁과 사회복지정책을 기술할 계획이었는데, 이는 가급적 빠른 시일 내에 보충할 예정이다. 이 책은 많은 부분에서 부족한 점이 있을 것으로 생각되며, 특히 용어 선택의 미숙함과 논리적 비약 등은 저자의 한계로 겸허하게 받아들이고자 한다. 이러한 부분은 독자, 선배, 동료들로부터의 질책과 비판을 바탕으로 향후 다시 보완할 것을 약속하는 바다.

　끝으로 이 책이 발간되기까지 많은 분의 도움이 있었음을 밝히고자 한다. 먼저 독일 베를린 공과대학교의 경제학과에 재직하고 있는 Christof Helberger 교수님께 감사드린다. 이 책의 목차 구성과 내용의 상당 부분에 교수님으로부터 가르침을 받은 'Social Policy' 강의가 큰 도움이 되었기 때문이다. 또한 일상에서는 늘 온화하였으나 학업에 임하여서는 매우 엄격하셨던 교수님의 자세는 한국의 대학교에서 가르침을 직업으로 하고 있는 저자에게 귀감이 되어 늘 마음가짐을 새롭게 하도록 채찍질하고 있다. 다음으로 저자가 학교에 정착할 수 있도록 많은 도움을 주었고, 또 이 책의 집필에 동기부여와 격려를 해 주었던 인제대학교 사회복지학과의 이성기 교수님께도 감사의 인사를 드리고자 한다. 그리고 집필 과정에서 원고의 교정과 내용의 수정, 도표의 작성 등에 많은 도움을 주었던 제자 김진에게 고마움을 전함과 동시에, 그의 학문적 발전과 성취를 기대한다. 이 책이 발간될 수 있도록 해 주었던 도서출판 학지사 여러분께도 감사드린다.

　그리고 마지막으로 한마디 덧붙이자면, 어쩌면 이 책이 나오기까지 저자에게 가장 큰 힘이 되어 주셨던 부모님께 감사의 말씀을 드리고자 한다. 남달리 정이 많아 슬픔도 많았던 어머니께 이 책의 발간이 조그마한 위안이 될 수 있었으면 하는 바람이다. 그리고 남은 인생 동안 부모님의 평안한 노후복지가 충만하게 이루어질 수 있기를 기원한다.

2002년 1월
저자 이정우

제 **3** 부 **사회복지정책의 목표 – 영역 – 기능**

제5장 사회복지정책의 목표체계   **115**

제 4 부 사회복지정책의 기본원리

제 5 부 사회복지제도의 구성요소

제1부

사회복지정책의 정의와 역사

인간에게 복지(welfare)란 정서적으로 안정되고 물질적으로 풍요롭게 살아가는 삶의 상태를 의미하며, 이는 소득·건강·주거·레저·문화·교육·예술·사회안정·환경 등 다양한 요소가 고르게 갖추어질 때에만 비로소 극대화될 수 있다. 그러나 이처럼 인간의 복지에 영향을 미칠 수 있는 구성인자들의 다양성과 이질성으로 인하여 사회복지정책의 고유 영역이 무엇인지에 대한 정체성의 혼돈이 존재하고 있는 것이 사실이다. 뿐만 아니라 사회복지정책의 대상이 되는 사회문제가 부단히 변화하고 있다는 점을 감안해 볼 때 정책의 목표·수단·내용 또한 지속적으로 조정되어야만 하는 문제도 있다. 제1부에서는 먼저 사회복지정책의 정의와 학문적 과제를 살펴보고, 이어서 역사적 관점에서 사회문제와 사회복지정책의 시대별 변화과정을 정리해 보고자 한다.

제1장 사회복지정책의 개념정의와 학문적 과제

　오늘날 대다수의 선진 복지국가에서 사회복지정책은 국민의 일상생활과 불가분의 관계에 있다. 우리나라 역시 사회복지정책은 국가를 지탱하는 핵심적인 사회제도 가운데 하나로 손꼽히고 있으며, 실제로 사회복지정책이라는 용어는 국민의 입에서 가장 빈번하게 회자되고 있다.

　사회복지정책이라는 용어의 사용이 보편화되고 있음에도, 그에 대한 보편타당한 개념정의가 제대로 이루어지지 못하고 있는 것이 현실이다. 심지어 학자들 간에도 사회복지정책이 구체적으로 무엇이냐는 질문에 대해 상당한 인식 차이를 보이고 있다. 이러한 문제인식을 바탕으로, 이 장에서는 먼저 사회복지정책의 개념을 용어적 차원과 실체적 차원으로 구분하여 정의해 보고자 한다. 다음으로, 사회복지정책이 학문으로서 연구의 대상이 될 수 있기 위해 필요한 학문적 과제와 기술적 연구방법론에 대해 살펴본다. 그리고 마지막으로, 사회복지정책의 학문적 정체성과 관련한 논란의 배경과 대응방안에 대해 간략하게 살펴보고자 한다.

🔍 제1절 사회복지정책의 정의

1. 사회복지정책의 용어적 정의

사회복지정책이라는 용어는 원래 서구의 국가에서 유래되었다. 우리나라의 경우 사회복지정책은 근래에 들어와 비로소 본격적으로 사용되고 있으나, 용어의 선택에 통일성이 없이 흔히 사회복지정책, 사회정책 또는 일부에서는 일반사회정책으로도 불리고 있다.[1] 그러나 이러한 용어들은 단순히 언어 표기상의 차이점뿐만 아니라, 그 내용적 측면이나 복지에 대한 시각의 측면에서도 상당한 차별성을 보이고 있다. 이 절에서는 이와 관련한 내용을 살펴보고자 한다.

1) 사회복지정책의 정의

사회복지정책이라는 용어는 영어로 'Social Welfare Policy' 그리고 독일어로 'Soziale Wohlfahrtspolitik'로 표기되고 있다. 사회복지정책의 영어식 표현인 'Social Welfare Policy'는 세 개의 단어로 구성된 복합명사이며, 각각은 다음과 같은 의미를 가지고 있다.

먼저, 복지를 의미하는 'welfare'는 'well'과 'fare'라는 두 개의 단어가 합쳐져 만들어진 용어다. 여기서 'well'은 '더할 나위 없이 좋은' 또는 '만족스러운'이란 뜻이고(전남진, 1987), 'fare'는 '어떠한 상태로 살아가다' 또는 '어떠한 상태로 되어 가다'라는 의미를 가지고 있다. 따라서 복지라는 용어의 영어식 표현인 'welfare'는 '더할 나위 없이 만족스러운 상태로 살아가는 삶의 형태'를 의미한다.

다음으로, '사회복지(social welfare)'는 다음과 같은 의미로 해석해 볼 수 있다. 사

---

[1] 국내외에서 유통되는 교재의 제목에서도 이러한 용어 사용의 혼란이 나타나고 있다. 일례로, ① 김영모(1983) 『현대사회정책론』, 전남진(1987) 『사회정책강론』, 김상균(1988) 『현대사회와 사회정책』, 손준규(1995) 『사회정책강론』 등에서는 '사회정책'으로, ② 장인협과 전남진(1982) 『사회복지정책』, 신섭중(1997) 『한국사회복지정책강론』, 최용민(1998) 『한국의 사회복지정책』, 봉민근(1997) 『사회복지정책론』, 현외성(2000) 『사회복지정책강론』, 박경일(2008) 『사회복지정책론』, 원석조(2010) 『사회복지정책론』 등에서는 '사회복지정책'으로, ③ Burghardt(1966) 『Lehrbuch der Allgemeinen Sozialpolitk』에서는 '일반사회정책'으로 용어를 사용하고 있다.

회복지는 '복지의 사회성' 또는 '복지의 상호 의존성(welfare inter-dependancy)'을 의미하며, 개인의 복지는 사회와의 관계 속에서 발생하고 또한 서로 영향을 받게 된다는 것을 말한다.[2] 달리 표현하면, 개개인이 누리고 있는 복지는 본인 자신의 능력이나 노력의 결과일 뿐만 아니라, 직간접적으로 다른 사람이나 집단, 나아가 사회 전체에 의해 영향을 받게 된다는 것을 뜻한다.[3] 이러한 의미에서 복지는 특정 개인이나 집단의 배타적이고 독립적인 관심사가 될 수 없으며, 사회의 보편적 가치에 입각하여 가급적 사회구성원 모두에게 개방되고 공유되어야 할 필요성이 있다. 따라서 사회적 취약계층에 대한 특별한 배려나 지원의 당위성이 성립하게 된다.

마지막으로, '사회복지정책'은 국민복지라는 사회적 과제를 달성하기 위한 목적으로 이루어지게 되는 국가의 정책으로 정의할 수 있다. 구체적으로 사회복지정책이란 더할 나위 없이 만족스러운 삶, 즉 복지를 사회구성원이 보편적으로 공유할 수 있도록 하고, 나아가 전체 국민의 복지 수준을 증진시키기 위한 일환으로 이루어지는 제반 정책을 의미한다.

2) 사회정책의 정의

사회정책은 영어로 'Social Policy' 그리고 독일어로 'Sozialpolitik'으로 표현되고 있다. 독일어에서는 영어와 달리 상이한 뜻을 가진 다양한 종류의 사회라는 용어가 존재하므로, 여기서는 사회정책의 독일어식 표현인 'Sozialpolitik'의 용어를 정의해 보고자 한다.[4] 이 'Sozialpolitik'는 'sozial'과 'politik'이라는 두 개의 단어가 합쳐져 만들어진 복합명사다.

---

2) 이와 같은 현상은 경제학적 용어로 '기술적 외부효과' 또는 '심리적 외부효과'로 표현되며, 이는 시장의 합리적 기능을 저해하는 소위 '시장실패'의 요인들 가운데 하나로 지적되고 있다.

3) 복지 또는 반복지(反福祉)의 수준을 나타내는 제반 지표 가운데 하나인 만족감·우월감·열등감·시기심 등은 절대적 의미에서 인간 개인이 처한 경제적·사회적 상황뿐만 아니라, 상대적 의미에서 인간 스스로 다른 사람 또는 집단과 비교하는 과정에서 발생하게 된다. 여기에서 개인 또는 전체의 복지는 일부 계층의 열등감이나 시기심 등으로 인하여 상당한 제약을 받게 될 우려가 있으며, 따라서 국가나 사회적 차원의 사회복지정책이 필요하게 된다. 복지문제의 이러한 사회적 관련성에 대한 논문으로는 영미권의 경우 Thurow(1971), Feldman과 Kirman(1974), 그리고 독일어권의 경우 Engels와 Ball(1978) 그리고 Engels(1984) 등을 참조하기 바란다.

4) 영어에서 사회라는 의미의 'society'는 독일어의 경우 Gemeinschaft(게마인샤프트, 공동사회), Genossenschaft(게노센샤프트, 협동사회) 그리고 Gesellschaft(게젤샤프트, 이익사회)로 구분하여 사용되고

먼저, 'sozial'은 독일어인 'gesellschaftlich'라는 단어와 함께 '사회'라는 말의 형용사로 번역되고 있으나, 엄밀한 의미에서 두 단어는 내용상 차이점을 보인다. 흔히 단체나 조직을 의미하는 'gesellschaftlich'라는 말과는 달리, 'sozial'은 독일어 종합사전 *DUDEN*(1983)에 따르면 다음과 같은 의미를 내포하고 있다. 첫째, 특정한 국가나 사회에 소속된 사람들 전체의 생활공동체(Lebensgemeinschaft독)로서, 특히 구성원 상호 간의 정치적·경제적·사회적 관계를 의미한다. 둘째, 'sozial'은 사회 전체적 차원의 공동선(共同善; Gemeinwohl독)을 목표로 인간 상호 간의 관계를 조절하고, 나아가 정치적·경제적·사회적 약자를 보호한다는 능동적인 의미를 가지고 있다.

다음으로, 'politik'은 우리말로 '정책'으로 번역된다.

이상을 종합하면, 'Sozialpolitik'은 사회 전체의 공동이익을 목적으로 국가의 정치적·경제적·사회적 질서를 조절하고, 사회 취약계층의 생활환경을 개선하는 제반 정책을 의미한다.

3) 일반사회정책의 정의

일반사회정책은 독일어로 'Soziale Politik' 또는 'Allgemeine Gesellschafts-politik'으로 표현된다. 이러한 일반사회정책은 국가가 인문과학이나 자연과학과 구분되는 사회과학 분야에 개입하여 시행하는 정책으로 이해할 수 있다. 구체적으로 일반사회정책은 사회복지정책이나 사회정책뿐만 아니라, 각종 정치·경제·사회·문화·환경·교육·조세 등과 같은 분야의 공공정책을 포함하는 매우 포괄적인 개념이다(Frerich, 1990).

4) 사회복지정책, 사회정책 및 일반사회정책의 차이점

앞에서 우리는 사회복지정책, 사회정책 및 일반사회정책의 용어적 정의에 대해 살펴보았다. 이러한 세 가지 용어는 [그림 1-1]에서 보는 바와 같이 각각 추구하는

있다. 각각의 사회에 있어서 국가가 개인들 각자로부터 동원할 수 있는 공동체적 연대의식이나 협동정신은 서로 상당한 차이를 보일 수 있으며, 이러한 내용은 이 책의 제8장을 참조하기 바란다.

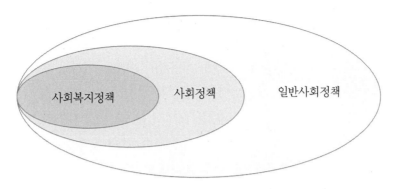

[그림 1-1] **사회복지정책, 사회정책 및 일반사회정책의 개념 범위**

정책 범위에서 현격한 차이를 보이고 있다.

먼저, 사회복지정책은 주로 영미권의 국가에서 통용되는 용어로서, 정책 내용이나 대상 영역의 선택 등에서 다분히 자유주의적 가치관에 입각하고 있다. 이에 따라 사회복지정책은 일차로 인간의 자유로운 경제 행위를 통하여 나타난 시장 또는 복지의 결과를 사회의 보편적 가치이념(예: 전통적 또는 종교적 윤리관 등)에 입각하여 이차적으로 재조정하는 데 초점을 맞추고 있다. 종합하면, 영미권 국가는 사회복지정책의 범위를 제반 복지문제의 직접적인 해결에 국한하고, 반면 복지문제의 근본적 발생 원인이 되는 사회질서나 사회구조에 대한 정치적 개입에 대해서는 가급적 자제하려는 경향을 보이고 있다. 왜냐하면 이 경우 국가의 개입은 개인의 자유를 침해하게 되고, 궁극적으로는 자본주의 시장경제질서 자체를 교란·왜곡할 수 있다고 보기 때문이다.

다음으로, 사회정책은 독일·프랑스 등 유럽의 대륙권 국가에서 주로 사용하고 있는 용어로서 사회계량주의적 가치관을 바탕으로 하고 있다. 이러한 국가들의 사회정책은 다음과 같은 이유로 영미권의 사회복지정책보다 정책의 내용이나 대상 영역이 폭넓게 나타나고 있다. 구체적으로 사회정책은 사후적 차원에서 개인의 자유로운 경제행위를 통하여 나타난 복지결과의 재분배뿐만 아니라, 사전적 차원에서 인간의 복지문제에 직간접적으로 영향을 미치게 되는 경제적·사회적 질서 및 사회구조를 재조정하는 것도 정책 대상으로 포함하고 있다.

마지막으로, 일반사회정책은 정치·경제·사회 등의 모든 분야를 포괄하는 국가의 정책이 해당된다. 따라서 순수한 의미에서 사회복지정책이나 사회정책은 물론,

경제정책·교육정책·주택정책·보건정책·조세 및 재정정책·대외교역정책(예: FTA)·환율정책 등 각종의 공공정책 또한 일반사회정책의 영역에 해당될 수 있다. 이처럼 넓은 시각에서 사회정책을 파악하고자 하는 자세는 인간의 복지문제가 사회의 다양한 영역으로부터 영향을 받을 수 있다는 점에서 바람직한 것으로 판단된다. 오늘날 다수의 선진 복지국가들에서는 국민의 복지문제를 이러한 일반사회정책의 시각에서 해결하고자 하는 경향을 보이고 있다. 그러나 일반사회정책은 정책대상의 포괄성으로 인하여 국민복지와 관련한 국가의 정책과 여타 공공정책 상호 간 차별성이나 영역 구분이 모호하게 되는 문제점이 있다.

종합하면, 사회복지에 대한 유럽 대륙권 국가의 개념정의와 정책 내용 및 수단은 영미권 국가에 비해 보다 광범위하고 포괄적임을 알 수 있다. 이 책에서는 독일 등 유럽 대륙권 국가의 입장에서 본 사회정책 또는 일반사회정책을 바탕으로 기술하고자 한다. 다만, 현재 우리나라 사회복지학계에서 일반적으로 사용되고 있는 용어와의 통일성을 유지하기 위하여 여기서는 부득이하게 사회복지정책이라는 용어를 사용한다.

2. 사회복지정책의 실체적 정의

1) 개념정의의 한계점

사회복지정책이라는 말은 1854년 독일의 학자 W. H. Riehl에 의해 최초로 사용된 이래, 오늘날 전 세계적으로 널리 통용되는 용어 중 하나로 꼽히고 있다. 그러나 사회복지정책은 수많은 학자의 부단한 노력에도, 그 실체에 대한 보편적인 개념정의가 이루어지지 못하고 있다.[5]

구체적으로, ① 사회복지정책이 근본적으로 추구하고 있는 가치와 목표는 무엇인가, ② 사회복지정책의 대상 영역은 어디까지인가, ③ 사회복지정책의 목표를 달성하기 위한 수단들은 어떠한 것들이 있는가, ④ 사회복지정책에 의한 보호의 대상은 누가 되어야 하는가 그리고 ⑤ 사회복지정책의 운영주체는 누가 되어야 하는가

---

5) 사회복지정책의 개념정의와 관련한 국내 문헌으로는 장인협, 전남진(1982) 『사회복지정책』(pp. 8–24), 신섭중(1997) 『한국사회복지정책강론』(pp. 21–61) 그리고 원석조(2010) 『사회복지정책론』(pp. 19–29)을 참조하기 바란다.

와 관련한 문제의 해답이 개개인에 따라 통일성 없이 이루어지고 있다.

사회복지정책에 대한 보편타당한 학문적 개념정의가 이루어지고 있지 못하는 이유는 크게 다음과 같은 두 가지 사실에서 비롯된다(Lampert, 1985).

첫째, 사회구성원 개개인의 가치관 또는 개별 집단의 이해관계에 따라 사회복지정책의 기본이념·목표체계·대상 분야 등이 상이할 수 있으며, 이에 따라 해당 용어에 대한 개념정의 또한 달라질 수 있다. 달리 표현하면, 사회복지정책에 대한 개념은 개인 또는 집단의 주관적 가치판단(Werturteil^독)과 정치적 신념에 따라 다르게 정의될 가능성이 높다.

둘째, 사회복지정책은 역사적 관점에서 사회현상의 시대적 특성 변화 그리고 공간적 관점에서 지역적·국가적 상황과 밀접한 관련성을 가지고 발전해 오고 있다. 왜냐하면 사회복지정책은 특정한 시대의 특정 지역에서 대표적으로 발생하고 있는 사회문제를 대상으로 하여 그 해결방안을 모색하는 정책이기 때문이다. 이에 따라 사회복지정책의 주된 대상, 보호 내용 및 수준, 정책수단 그리고 행정관리체계 등은 시대별로나 국가별로 상당한 차이를 보이고 있으며, 나아가 개념정의 또한 통일성을 보이지 못하고 있다.

2) 사회복지정책 개념정의의 발전과정

앞서 기술하였듯이, 사회복지정책은 사회현상, 구체적으로 사회문제의 해결을 목적으로 이루어지는 정책 영역이다. 일반적으로 이러한 사회문제는 시간의 흐름에 따라 지속적으로 변화하고, 또한 국가별로 상당한 차이점을 보이게 되므로 실제로 사회복지정책 개념 또한 통일성이 없이 부단히 변화하는 특성을 보이고 있다. 여기서는 사회복지정책의 개념정의와 관련한 학자들의 연구 내용을 특성별로 정리하여 살펴보고자 한다.

(1) 노동자문제에 대한 해결방안으로서의 사회복지정책

근대적 형태의 사회복지정책은 산업화와 그 기원을 함께하고 있다. 구체적으로 사회복지정책은 산업화 과정에서 야기된 제반 사회문제를 해결하고 사회구성원 간의 내적 갈등을 극복하기 위한 일환으로 발전해 왔다.

산업화 초기 독일 등 유럽의 많은 지식인들은 노동자문제(Arbeiterfrage^독)를 사회복지정책의 핵심적 대상으로 간주하였으며, G. Schmoller는 독일 사회정책학회(Verein für Socialpolitik^독)의 창립 총회에서 노동자문제가 당시의 대표적 사회문제라는 취지의 연설을 하였다. 구체적으로, 사회복지정책이란 산업화 과정에서 대량적으로 탄생한 무산(無産)의 노동자계급(Proletariat^독)을 각종 사회적 위험으로부터 보호하기 위한 목적으로 이루어지는 일련의 정책으로 정의되었다(Briefs, 1926).

이후 산업화의 가속적 진행과 함께 국민의 생활양식이 변화하게 됨에 따라 새로운 사회문제들이 끊임없이 발생하였으며, 이를 해결하기 위한 정책적 노력 역시 활발하게 시도되었다. 그 결과, 사회복지정책은 괄목할 만한 제도적 발전과 기능 확대를 도모할 수 있게 되었다. 그러나 사회문제의 발생원인, 해결방안의 모색 등과 관련한 당시의 정책적 시각은 여전히 좁은 의미에서 노동자문제의 해결에 한정되는 경향을 보이고 있었다.

예를 들면, Borght(1923)는 사회복지정책을 산업화의 부작용에 의해 발생하게 된 노동자문제를 해결하기 위한 국가의 정책으로 간주하였다. 그에 따르면, 사회복지정책의 궁극적 목표는 ① 노동자계급의 신분을 상승시키고, ② 이들과 다른 사회계급(예: 귀족, 자본가 등) 간의 갈등을 조절하여, 궁극적으로 ③ 노동자계급을 국가 및 사회의 조직체계에 조화롭게 편입시키는 데 있다.

하지만 Borght는 사회복지정책이 구체적으로 어떠한 사회 영역을 대상으로 개입하여야 하는지에 대한 명확한 의견을 제시하지 못하였다. 이러한 문제인식을 바탕으로 Spindler(1922)는 사회복지정책을 사회 전체의 균형적 시각에서 노동자계급의 이익을 보호하는 정책으로 정의하였다. 그의 정의에 따르면, 국가는 사회복지정책의 일환으로 공권력을 바탕으로 하여 노동자의 근로조건 · 작업환경 · 생활환경 등과 같은 영역에 개입하여야 할 책임을 가지고 있다.

이와 같이 산업화 초기 독일의 경우 사회복지정책은 노동자문제와 밀접한 관련성을 가지고 탄생하였다. 이 시기의 시작 당시 사회복지정책은 자본가의 선행, 자선 · 시혜 · 복지 · 원조 등에 의존하는 소극적 자세에서 출발하여, 이후 법적 · 제도적 권리로서 생존권 보장의 요구 그리고 자본주의 경제질서의 교정 등 적극적 의미의 사회개혁적 정책으로 그 성격을 전환하게 되었다. 그 결과, 사회복지정책은 정책적 대상 영역의 확장은 물론, 보호 대상 · 정책수단 · 수행 주체 등 제반 기능적 측면에서 양적 · 질적 확대를 위한 기반을 확보할 수 있게 되었다.

(2) 일반사회문제에 대한 해결방안으로서의 사회복지정책

사회문제는 사회구성원 대다수가 공통적으로 직면하게 되는 물질적·심리적·정서적 애로요인으로 정의해 볼 수 있다. 이에 따라 사회복지정책은 정책적 대상 영역을 초기의 노동자문제에서 일반사회문제로 확대해야 하는 시대적 과제를 지니게 되었다. 왜냐하면 이러한 경우에만 사회복지정책은 기존의 사회적 취약계층만을 대상으로 하는 잔여적 성격의 복지정책에서 탈피하여, 비로소 전체 국민을 대상으로 하는 보편적이고 포괄적인 복지정책으로 거듭날 수 있기 때문이다.

Bortkiewicz(1899)는 사회복지정책의 대상을 일반사회문제(allgemeine gesellschaftliche Problemlagen독)로 인식하였던 학자들 가운데 한 사람이다. 그는 사회복지정책을 협의의 개념과 광의의 개념으로 구분하여 정의하였다. 먼저 협의의 사회복지정책은 경제적 관점에서 모든 사회계급이 소득과 부의 분배과정에 공동으로 참여할 수 있도록 하는 정책을 의미한다. 달리 표현하면, 협의의 개념으로서 사회복지정책은 사회적 자원의 공정한 나눔을 지향하는 분배정책을 뜻한다. 다음으로 광의의 개념으로서 사회복지정책은 사회적 긴장이나 갈등에 대처한 국가의 법적·제도적 제반 조치를 의미한다. 이러한 시각에 따르면, 사회복지정책의 과제는 소득과 부의 공정한 분배는 물론, 사회적 갈등을 야기하는 각종 불평등이나 사회구조적 모순의 극복으로까지 확대될 수 있다.

사회복지정책에 대한 Bortkiewicz의 개념정의는 이후 일련의 학자들에 의해 구체적이고 보다 실체적인 접근을 보게 되었다. 대표적으로 Mayr(1921)에 따르면, 사회복지정책은 사회취약계층의 이익을 위하여 다양한 사회계층의 이해를 조정하는 국가의 전략적 개입이다. 여기서 주목할 점은, Mayr는 사회복지정책의 목표를 좁은 의미에서 노동자와 자본가 간 계급갈등(Klassenkonflikt독)의 해소가 아니라, 넓은 의미에서 다양한 사회계층 간의 이해조정(Interessenausgleich독)으로 보았다는 점이다. 그의 이러한 시각은 당시의 시대적 상황 변화를 적절하게 파악하고, 나아가 이를 토대로 사회복지정책의 방향을 새롭게 제시하였다는 점에서 중요한 의의가 있다. 즉, 자본가계급과의 투쟁과정에서 탄생한 전통적 의미의 노동자계급은 산업화의 진전에 따라 경제적·사회적·정치적 신분의 측면에서 내부적 변화를 겪게 되어, 구성원 간의 동질성과 결속력이 급속히 약화되는 문제를 초래하게 되었다. 이에 따라 사회적 자원의 배분과 관련한 노동자계급 내부적 갈등이 새로운 사회문제로 등장하게 되었다. 따라서 사회복지정책의 역할 범위 또한 이러한 시대적 상황의 변화에 상응하는 수준으로 확장되어야 할 필요성이 제기되었다.

Heyde(1949)는 사회복지정책의 수행 주체를 국가로 국한하지 않고, 각종 공익단체와 기업으로까지 확대해서 이해하였다. 이에 따라 국가는 사회복지정책의 직접적인 수행 주체로서뿐만 아니라 다양한 복지체계에 대한 조정자 또는 감독자로서의 기능을 가지게 되었다.

Lütge(1932)는 사회복지정책을 '통일된 사회적 기본가치(einheitlicher sozialer Grundgedanken^독)'에 입각하여 사회집단 간 또는 개별 사회집단과 전체 사회 간의 경제적 · 사회적 관계를 조정하는 일련의 조치로 정의하였다. 사회복지정책에 대한 Lütge의 정의에서 주목을 끄는 점은 '통일된 사회적 기본가치'다. 그에 따르면, 한 나라의 사회복지정책은 그 사회의 보편적 사회가치와 조화를 이룰 수 있을 경우에만 비로소 유의미한 본연의 기능을 수행할 수 있다.

사회복지정책 영역이 점차 노동자문제에서 일반사회문제로 확대되어 감에 따라 사회복지정책은 일반사회정책(Allgemeine Gesellschaftspolitik^독)으로 기능을 확장하게 되었다. 다만 사회복지정책의 고유한 역할이나 기능이 무엇인지에 대한 논의가 새로운 학문적 이슈로 등장하게 되었다.

지금까지 살펴본 문제제기와 관련하여 Günther(1922)는 사회복지정책이란 사회문제를 대상으로 하여 국가에 의해 이루어지는 사회정책으로 정의하였다. 사회복지정책에 대한 보다 현실적인 접근으로서 Amonn(1924)은 사회복지정책을 사회의 내적 · 물질적 결속력을 유지하고 강화하기 위하여 이루어지는 제반 정책적 노력이나 조치로 정의하였다. 이러한 관점의 연장에서 Achinger(1971)는 사회복지정책을 다음과 같이 정의하고 있다. 그는 사회복지정책을 일반 국민을 대상으로 하는 사회정책으로 정의하고, 이에 따라 국가는 종전 노동자문제의 해결에서 사회구성원의 복지증진으로 본연의 기능을 확대할 수 있는 기반을 확보할 수 있게 되었다고 주장하였다.

종합하면, 일반사회정책의 관점에서 사회복지정책은 사회질서의 유지 그리고 사회통합과 사회적 균형의 확립 등을 궁극적인 목표로 하고 있다. 그러나 이러한 사회복지정책의 기능에 대한 이해는 다음과 같은 문제점이 있다.

첫째, 사회복지정책의 개념이 광범위하여 정책적 대상 · 내용 · 수단 등의 측면에서 구체성을 결여하게 된다. 둘째, 사회복지정책은 시대적 · 공간적으로 특정한 사회환경이나 사회문제를 배경으로 할 경우에만 비로소 그 구체적인 실체성을 확보하게 된다(Frerich, 1990).

이에 따라 사회복지정책은 그 실체적 개념정의 면에서 시간의 흐름에 따라 끊임없이 변화하게 되고, 나아가 국가별로 상당한 차이가 발생하게 되는 문제점을 드러내게 되었다.

(3) 사회복지정책 개념정의의 구체성과 보편성 확보를 위한 노력

사회복지정책의 개념정의 면에서 구체성과 보편성을 확보하기 위한 학자들의 노력이 지속되어 왔다. 한편으로는 사회복지정책을 일반사회정책의 특정한 영역으로 한정하려는 노력이 있었으며, 다른 한편으로는 사회복지정책의 시대적·공간적 관련성을 탈피하여 개념정의의 보편성을 확보하고자 하는 노력이 있었다.

① 개념정의의 구체성 확보를 위한 노력

먼저 사회복지정책의 정책 영역을 한정하여 개념정의의 구체성을 확보하려는 노력은 다음과 같은 다양한 관점에서 시도되었다.

첫째, 현대사회에 들어와 대다수 인간의 생존권이 경제활동을 기반으로 확보될 수 있다는 관점에서, 사회복지정책은 경제활동계층을 대상으로 이들이 일상생활의 과정에서 겪게 되는 제반의 애로를 완화·해소해 주는 정책으로 파악되었다(Preller, 1962; Voss, 1925).

둘째, 인간의 생존이 경제문제와 밀접한 관련을 가지고 있다는 관점에서, 사회복지정책은 사회적 합의를 바탕으로 시장경제의 기본질서를 조정하는 경제정책의 일환으로 이해되었다(Westphalen, 1931). 하지만 이러한 관점에 대한 반론으로서 Weber(1953)는 사회복지정책과 경제정책은 명확히 다른 정책 영역이라고 주장하였다. 그에 따르면, 경제정책은 궁극적으로 국민총생산(GNP)의 양적 확대를 지향하게 되는 반면, 사회복지정책은 국민총생산의 분배와 사회계층 간의 관계를 조정하는 정책 영역으로서 각각의 기능은 엄격하게 구별되어야 할 필요가 있다.

셋째, Nahnsen(1961)은 사회복지정책 본연의 목적에 충실하여 사회의 절대적·상대적 약자를 보호하고 이들의 생활수준을 향상시켜 궁극적으로 사회적 갈등과 혼란의 방지를 목적으로 이루어지는 제반 조치를 사회복지정책으로 정의하였다.

사회복지정책의 정책 영역을 한정하여 개념정의의 구체성을 확보하고자 하는 이와 같은 학자들의 노력은 다음과 같은 모순을 드러내고 있다. 즉, 사회복지정책의 정의에 대한 보편적인 합의 없이 정책 영역을 한정하려는 노력은 그 자체가 자의적이며 아무런 이론적 기반을 가지고 있지 못하다는 점이다(Frerich, 1990).

② 개념정의의 보편성 확보를 위한 노력

사회복지정책의 시대적·공간적 관련성을 배제하여 개념정의의 보편성을 유지하기 위해 꾸준히 노력한 대표적인 학자로 Lampert(1966)를 들 수 있다. 그는 사회복지정책의 정의에서 보편성을 확보하고, 나아가 주관적 가치판단을 배제하기 위한 일환으로서 다음과 같은 두 가지 원칙을 제시하였다.

첫째, 사회복지정책을 정의하고자 할 경우 가급적 정책의 목적·기본원칙·대상·수단·수행 주체 등에 대해 명확히 밝히지 않도록 한다. 둘째, 시대적·공간적 환경으로부터 독립된 행동강령으로서 사회복지정책의 기본목표가 설정되도록 한다.

Lampert는 이 두 가지의 원칙에 입각하여 사회복지정책을 다음과 같은 두 가지 기본방향으로 정의하였다.

첫째, 사회복지정책이란 사회통념의 기본가치(예: 사회안정, 사회정의, 기회의 균등 등)를 토대로 절대적·상대적 차원에서 사회적 약자를 보호하고, 그들의 경제적·사회적 지위를 개선하는 제반 조치를 의미한다. 둘째, 사회복지정책이란 생존을 위협하는 제반 사회적 위험으로부터 국민을 보호하고 그들의 경제적 생활여건과 사회적 신분을 안정시키는 일련의 정책이다.

종합하면, Lampert는 사회복지정책을 사회적 약자를 대상으로 한 빈곤정책(Armutspolitik독) 또는 분배정책(Verteilungspolitik독) 그리고 사회적 위험을 대상으로 한 보장정책(Sicherungspolitik독)으로 정의하고 있다. 이처럼 Lampert는 사회복지정책을 일반적이고 상식적인 차원에서 정의함으로써 사회복지정책의 개념정의가 시간적·공간적으로 변화하게 되는 문제점을 해결할 수 있도록 하였다. 나아가 Lampert는 이러한 일반적인 개념정의를 토대로 하여 특정한 시대나 특정한 국가의 사회환경을 개선하기 위하여 사회복지정책의 목표, 기본원칙, 대상, 수행 주체 그리고 정책수단을 구체화하게 될 경우, 비로소 사회복지정책의 실체가 명확해질 수 있다고 주장하였다.

📍 제2절 사회복지정책의 학문적 과제

1. 정책의 개념정의

사회복지정책의 학문적 연구는 다양한 사회적 과제를 지니고 있다. 학문으로서 사회복지정책의 과제를 살펴보기 이전에 여기서는 먼저 정책의 개념에 대해서 알아보고자 한다. Kleinhenz(1970)는 정책을 다음과 같이 정의하였다.

첫째, 정책이란 특정한 목표를 달성하기 위해 이루어지는 국가의 행위다. 이를 위해서는 합리적인 사전조사 및 연구 그리고 치밀한 계획이 필요하다.

둘째, 정책이란 법적·물리적 공권력을 바탕으로 공공에 대한 책임을 수행하기 위해 이루어지는 국가의 행위다. 이 경우 정책은 전체 사회에 효력을 발휘하게 되는 국가의 의사결정으로서 사회의 보편적 가치를 구체적으로 실현하는 기능을 지니게 된다.

셋째, 정책이란 국민이 다양한 대안 중에서 가장 합리적인 선택을 할 수 있도록 유도하는 정치 행위다. 이러한 의미에서 정책은 주어진 목표를 달성하기 위한 명목으로 국민을 통제하는 행위가 되어서는 안 된다.

종합하면, 정책이란 사회현상의 개선을 목적으로 이루어지게 되는 국가의 행위로 이해할 수 있다. 이 경우 국가는 사전적으로 합리성의 관점에서 정책적 개입 여부를 판단할 수 있어야 한다. 나아가 사회현상에 대한 정책적 개입을 통하여 이루어질 것으로 예상되는 결과가 현재의 상황보다 더 개선된 상황이라는 것을 확신할 수 있어야만 한다. 이러한 문제를 합리적으로 판단할 수 있기 위해서는 현재의 상황에 대한 객관적인 진단은 물론, 정책 개입 이후의 상황에 대한 정확한 예측을 필요로 하게 된다.

2. 사회복지정책의 학문적 과제

사회현상에 대한 정책적 개입은 가장 합리적인 방법으로 이루어질 필요가 있으며, 이를 위한 사회복지정책의 학문적 연구는 다음과 같은 과제를 지니게 된다 (Lampert, 1985).

1) 사회현상의 파악, 평가 및 진단

사회복지 분야에 대한 정책적 개입이 올바른 방향에서 이루어질 수 있도록 하기 위한 사전 작업으로는 주어진 사회현상에 대한 파악, 평가 및 진단이 필요한다.

먼저, 사회현상에 대한 파악은 문제 인식을 위하여 반드시 요구되는 사항이다. 예를 들면, 노숙자 또는 실업자를 위한 사회복지정책은 그들의 생활실태와 문제점에 대한 파악을 토대로 하여야 올바르게 수립될 수 있다. 이러한 사회현상의 파악은 현장조사, 면접 및 설문조사, 통계분석 등의 학문적 방법론을 통하여 실증적으로 이루어진다.

다음으로, 사회현상에 대한 평가가 필요하다. 구체적으로 특정한 상황이 사회복지정책을 통하여 개선되어야 할 필요가 있는지에 대한 정책적 판단이 이루어져야만 한다.

마지막으로, 문제의 발생원인에 대한 진단이 필요하다. 이는 문제의 해결을 위해 요구되는 사회복지정책의 수단을 개발하기 위한 작업으로서, 학문적 이론을 토대로 한 연구분석이 요구된다.

2) 전 망

일반적으로 사회현상은 시간의 흐름에 따라 부단히 변화하는 특성이 있다. 이에 따라 특정한 사회현상에 대한 평가와 정책적 개입 여부에 대한 판단은 현재의 상황은 물론 앞으로의 상황 변화에 대한 전망을 종합적으로 감안하여 이루어질 필요가 있다. 예를 들면, 일부 문제의 경우 당장은 피해 규모가 크게 나타나고 있으나 시간이 경과함에 따라 자연적으로 해결되는 경우가 있을 수 있다. 반면, 현재는 피해가 경미하나 시간이 지날수록 부정적 효과가 더욱 심화될 것으로 전망되는 경우도 있을 수 있다. 사회복지정책을 통한 개입의 필요성은 후자의 경우에서 더 크게 나타나게 된다. 이러한 사회현상의 변화에 대한 전망은 과학적인 통계분석 또는 계량분석의 기법을 사용하여 이루어지게 된다.

3) 목표의 수립과 분석

사회복지정책을 수립하게 될 경우 국가는 우선적으로 정책의 방향과 개입수준에 대한 의사결정을 하여야 한다. 이러한 작업은 주어진 사회현상과 목표를 상호 비교함으로써 구체화될 수 있다. 이때 사회복지정책을 통하여 추구하고자 하는 목표의 수립과 분석은 중요한 의미를 가지게 되는데,[6] 이는 구체적으로 다음과 같이 설명할 수 있다.

첫째, 학문으로서 사회복지정책의 과제는 목표체계의 설정 시 이론적 근거와 타당성을 제시할 수 있어야만 한다.

둘째, 사회복지정책이 추구하고자 하는 개개의 목표들은 구체성을 확보하여야만 한다. 먼저, 개별 목표들은 개념정의뿐만 아니라 내용의 측면에서도 명확해야 한다. 예를 들면, 사회정의, 사회안정 또는 분배정의 등과 같은 거시적 목표체계는 구체적으로 실천이 가능한 미시적 목표체계로 만들어 낼 수 있는 노력을 필요로 한다. 다음으로, 목표의 달성도를 계량화할 수 있는 수단 개발이 필요하다.

셋째, 사회복지정책이 추구하는 목표들 상호 간 그리고 국가의 다른 정책(예: 경제정책) 목표와의 상관관계에 대한 논리적 분석을 필요로 한다. 왜냐하면 이러한 목표들은 경우에 따라서 배타적·보완적 상호작용을 할 수 있기 때문이다.

넷째, 사회복지정책의 목표는 거시적 차원에서 국가의 기본이념을 토대로 설정해야 한다. 왜냐하면 완전 평등과 같은 목표의 경우 자본주의 사회의 운영원리에 정면으로 배치될 수도 있기 때문이다. 이러한 의미에서 사회복지정책의 목표들은 국가의 근본이 되는 체제이념과의 정합성(consistency)을 고려하여 수립해야만 한다.

4) 정책수단의 개발과 분석

사회복지정책의 목표는 구체적인 정책수단의 개발을 통하여 실현될 수 있다. 예를 들면, 실업문제의 해소라는 목표는 직업교육, 채용장려제도, 고용알선 또는 각종 사회적 일자리사업 등의 정책수단을 통하여 달성할 수 있다. 그리고 이러한 정책수단은 합리성의 원칙(rationality principle)을 바탕으로 개발되어야 한다.

---

6) 사회복지정책의 목표체계에 대한 구체적인 내용과 이론적 분석은 이 책의 제4장에서 자세히 다루고 있다.

정책수단의 개발과 관련하여 사회복지정책의 학문적 연구는 다음과 같은 과제를 가지고 있다.

첫째, 학문적 이론을 토대로 하여 새로운 정책수단이 개발되어야 하며, 동시에 기존의 정책수단에 대한 부단한 개선작업이 이루어져야 한다.

둘째, 특정한 정책수단이 사회복지정책의 목표를 달성할 수 있는 능력이 있는지에 대한 분석을 하여야 한다. 여기에는 구체적으로 목표와 정책수단 상호 간 적합성, 정책수단의 투입과 산출 간 시차(time-lag)의 문제에 대한 분석, 정책수단의 투입수준에 대한 분석 등이 있다.

셋째, 정책수단의 개발과 투입 시 요구되는 비용 문제에 대한 분석을 하여야 한다. 왜냐하면 정책수단의 투입과정에서 소요되는 비용이 경우에 따라서 목표 달성에 따른 효과를 상쇄하거나 월등히 능가하게 되는 문제가 발생할 수 있기 때문이다.

5) 결과의 평가와 통제

사회복지정책에 대한 학문적 과제는 최종적으로 정책수단의 투입에 따른 결과의 평가에서 찾아볼 수 있다. 따라서 사회복지정책이 추구하는 목표가 얼마만큼의 비용으로 어느 정도의 수준으로 달성되었으며, 그에 따른 영향은 어느 정도의 수준인지에 대한 객관적인 평가가 필요로 하게 된다. 그리고 이러한 평가를 바탕으로 정책수단이 새롭게 개선되어야 할 필요성이 있는지에 대한 판단이 이루어져야 한다.

제3절 사회복지정책의 학문적 정체성과 타 학문과의 관련성

1. 사회복지정책의 학문적 정체성

1) 학문적 정체성에 대한 논의의 배경

사회복지정책, 나아가 사회복지학이 독자적인 학문 영역으로 존재할 수 있는지에 대한 논란이 있다. 정확히 표현하면, 사회복지정책의 학문적 정체성에 대한 의문이 제기되고 있다. 이러한 논란의 주된 배경으로는 사회복지정책이 고유의 이론을 제대로 갖추지 못하고 있기 때문인 것으로 생각된다.

사회복지정책이 독자적인 학문체계를 제대로 형성하지 못하게 된 이유는 대체로 다음과 같이 설명할 수 있다.

첫째, 가치판단의 문제에 대한 학자들 간의 오랜 논쟁과정에서 사회복지정책은 학문으로서의 연구 가치가 없는 것으로 인식되었기 때문이다. 이러한 학문적 연구의 기피 현상은 사회복지정책이 체계적인 학문이론을 정립하는 데 중대한 걸림돌로 작용하게 되었다.

둘째, 사회복지정책이 대상으로 하는 사회문제의 경우 상호 간 이질성(heterogeneity)으로 인하여 독립적인 학문으로서는 문제해결이 불가능할 것으로 예상되기 때문이다. 예를 들면, 사회복지정책은 경제적 측면의 빈곤문제는 물론 육체적·정신적 측면의 질병, 장애, 소외, 비행 및 탈선 행위 등 제반 사회적 병리현상을 해소·완화하기 위한 목적으로 다양한 종류의 사업들을 실시하고 있다. 여기서 각각의 사회문제들은 발생원인, 피해 현상 그리고 문제의 해결방안 등의 측면에서 현격한 이질성을 드러내고 있다. 따라서 이러한 문제들은 다양한 학문 영역의 이론이 동원될 경우에만 비로소 해결이 가능할 수 있다.

종합하면, 사회복지정책은 제반 사회문제의 원만한 해결을 위하여 필연적으로 타 학문의 이론, 연구방법론 그리고 연구결과에 의존하여야만 한다. 이러한 점에서 판단해 볼 때 사회복지정책은 독립적인 학문 영역으로서 성립될 수 없으며, 따라서 이를 위한 학자들의 노력은 유토피아적 환상을 추구하는 비합리적인 행위로 평가되고 있다(Albert, 1967).

2) 경제학의 파생 학문으로서 사회복지정책에 대한 논의

독일의 학자들은 사회복지정책을 경제학의 파생 학문으로 인식하려는 경향이 있다. 그 이유는 다음과 같이 설명해 볼 수 있다.

첫째, 독일의 경우 근대적 사회복지정책은 산업화 과정에서 초래된 사회문제의 해결을 위한 목적에서 탄생하였다. 당시, 노동자 계층의 빈곤이 주된 사회문제로 인식되었으며, 이를 해결하기 위해 경제학자들을 주축으로 한 사회개혁운동이 전개되었다. 그 결과 사회개혁운동은 상당 부분 경제학 이론, 특히 분배이론과 경제질서 이론을 사상적 기초로 하여 출발하였다. 따라서 Sombart(1897)와 Westphalen(1931)과 같은 학자들은 자본주의 경제질서를 교정하여 더불어 사는 사회를 만들어 가는 경제정책이 곧 사회복지정책이라고 정의하였다. 같은 맥락에서 Weddigen(1957)은 사회복지정책은 경제학 이론을 토대로 하는 정책영역으로서 일종의 '사회경제정책(Sozialwirtschaftspolitik^독)'이라고 인식하였다.

둘째, 사회복지정책과 경제정책은 많은 부분에서 공통점을 가지고 있다. 일례로, 사회취약계층의 생활환경은 고용정책, 경기안정화정책 그리고 경제성장정책 등 일련의 경제정책을 통하여 상당 부분 개선될 수 있다. 그리고 사회복지정책의 목표인 사회정의와 사회안정은 기회 균등과 공정한 경쟁을 보장하는 경제질서정책과 합리적인 조세정책을 통하여 달성할 수 있다. 또한 경제성장은 사회복지정책을 위한 물질적 기반으로서 사회복지정책 본연의 기능을 확대할 수 있는 여건을 마련해 준다는 점에서, 경제정책과 사회복지정책은 상호 밀접한 관련성을 가지고 있다고 할 수 있다.

셋째, 사회복지정책과 경제정책은 서로 동일한 목표를 지향하고 있다. 예를 들면, 사회복지정책이 추구하는 산업안전, 국민건강, 모성보호, 실업예방 등은 경제정책이 추구하는 목표와도 일치하고 있다. 왜냐하면 이러한 일련의 사회복지정책은 생산의 3대 요소(노동, 자본, 토지) 중 하나인 노동력의 상품 가치를 향상시켜 경제성장에 긍정적으로 작용하게 될 것으로 예상되기 때문이다. 나아가 사회복지정책은 사회통합과 사회안정의 효과는 물론, 노사분규의 완화와 근로자의 애사심 향상 등과 같은 산업평화를 가져다주어, 궁극적으로는 안정적인 생산기반의 확립에 기여할 수 있다. 이러한 점에서 일부에서는 사회복지정책을 통한 산업평화를 흔히 '생산의 제4대 요소'라고도 일컫고 있다.

지금까지 사회복지정책과 경제정책이 많은 부분에서 상호 밀접한 관련성을 가지고 있다는 점에 대해 살펴보았다. 그러나 사회복지정책을 경제학의 파생 학문으로 한정하고, 제반 사회문제의 해결을 전적으로 경제정책의 시각에서 시도하게 될 경우 심각한 오류가 발생할 수 있다. 그 이유는 다음의 두 가지 측면에서 설명해 볼 수 있다.

첫째, 사회복지정책과 경제정책은 단지 부분적으로만 상호 공통점을 가지고 있다는 점이다. 이와 관련한 내용은 개별 정책이 대상으로 하는 계층의 차이점에서 그 예를 살펴볼 수 있다. 사회복지정책은 주로 사회적 약자(빈곤계층, 퇴직자, 실업자, 환자 등)를 대상으로 하고 있는 반면, 경제정책은 모든 경제 주체(예: 경제활동계층, 소비자, 기업 등)를 대상으로 하여 이루어진다. 그리고 경제정책의 경우 경제적 부가가치의 증대가 주된 목표가 되는 반면, 사회복지정책의 경우 사회적 약자의 생활안정 및 생활여건 개선이 일차적인 목표로 되고 있다. 이러한 점에서 정상적인 경제활동을 영위할 능력이 없는 퇴직자, 실업자, 정신적·신체적 장애인, 노약자 등 사회적 약자계층이 겪게 되는 신분적 분리문제의 경우 단순히 경제정책만으로는 문제의 극복이 불가능하게 될 수 있다. 따라서 이들이 겪게 되는 제반 생활상의 애로점은 별도의 학문적 이론을 토대로 하는 사회복지정책을 통하여 효과적으로 해결할 수 있다.

둘째, 사회문제의 파악, 원인분석 그리고 해결방안의 제시 등에서 경제학의 이론만으로는 불충분할 수 있다는 점이다. 개별 사회문제의 특성들이 상이하기 때문에 다양한 학문 분야의 이론들이 서로 유기적으로 연계될 경우에만 비로소 문제의 원만한 해결이 가능하다. 이와 관련한 사례는 근로시간 단축의 문제에서 살펴볼 수 있다. 근로시간의 단축은 비용, 생산성, 고용 등의 측면에서 상당한 파급효과를 가져다줄 수 있으며, 이는 경제학 이론으로 설명이 가능하다. 또한 근로시간의 단축은 근로자의 건강 및 여가활동에 영향을 미치게 되며, 이러한 문제는 각각 의학 그리고 사회학의 이론으로 분석할 수 있다. 유사한 의미에서 노숙자 문제의 해결을 위한 사회복지정책은 경제학 측면에서뿐 아니라 사회심리학과 사회교육학의 측면에서도 이론의 동원을 필요로 하게 된다.

2. 사회복지정책과 타 학문과의 관련성

학문으로서의 사회복지정책은 국민의 복지향상을 목표로 하는 국가의 정책을 연구하는 과제를 가지고 있다. 앞에서 복지를 '더할 나위 없이 만족스러운 상태로 살아가는 삶의 형태'로 정의하였다. 이러한 정의에 따르면, 인간의 복지는 돈, 건강, 교육, 주택, 가족 및 이웃 간 화목, 사회안정, 치안 및 국방 등 무수히 많은 변수들이 고르게 갖추어지게 될 경우에만 비로소 극대화될 수 있다. 즉, 인간의 복지에 영향을 미치는 변수에 대한 연구는 다양한 학문적 이론이 요구되며, 이러한 의미에서 볼 때 사회복지정책은 다양한 학문 분야를 포괄하는 종합 학문이 된다(Pribram, 1926).

사회복지정책이 사회과학의 학문 영역에서 어떠한 위치를 차지할 수 있을 것인

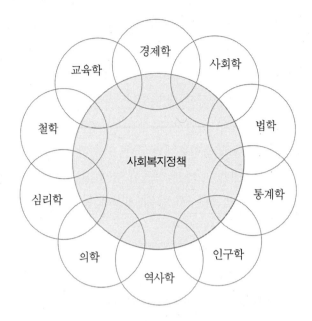

[그림 1-2] **사회복지정책과 타 학문의 관련성**

가 하는 문제가 제기될 수 있다. Weisser(1956)에 따르면, 사회복지정책은 그 특성상 독립적인 학문으로 성립될 수 없으며, 다른 학문의 이론과 연구결과들을 종합하여 사회문제의 해결방안을 제시하는 학문 영역이다. 구체적으로, 사회복지정책에 대한 연구자는 [그림 1-2]와 같이 경제학, 사회학, 법학, 통계학, 인구학, 역사학, 의학, 심리학, 철학, 교육학 등에서 개발된 이론과 연구결과들을 유기적으로 연결할 수 있는 자질을 갖추어야 한다.

오늘날 사회복지정책이 고유 이론의 부재로 인하여 타 학문에 의존할 수밖에 없다는 사실은 분명 학문적 한계로 인식되고 있다. 그러나 이러한 사회복지정책의 현실은 오히려 학문적 연구자에게는 무한한 기회를 제공할 수도 있다(Frerich, 1990). 왜냐하면 사회복지정책은 타 학문의 이론을 논리적으로 연계하여 새로운 이론을 도출할 수 있는 응용 학문이 될 뿐 아니라, 사회문제에 대한 구체적인 해결방안을 제시하는 실천 학문이 될 수 있기 때문이다. 이러한 측면에서 사회복지정책은 새로운 학문적 연구를 필요로 하는 무한한 영역을 가지고 있다.

3. 사회복지 전문 인력의 양성 방안

사회복지의 학문연구와 전문 인력의 양성을 위한 일환으로서 사회복지 교육기관
의 운영 방식을 두고 논란이 존재하고 있다. 오늘날 우리나라는 물론 미국, 일본 등
상당수 국가의 경우 대학 내에 별도로 사회복지학과를 운영해 오고 있다. 반면, 유
럽의 대다수 국가에서는 대학 내에 사회복지학을 교육하는 독립적인 학과를 두고
있지 않다.[7] 이에 따라 사회복지에 대한 학문적 연구와 교육은 사안에 따라 경제학
과, 사회학과, 법학과, 정치학과, 심리학과 등에서 관련 업무를 수행해 오고 있다.
이러한 전공별 분리교육은 사회복지학문의 연구 대상이 광범위하고, 교육 내용이
사안별로 상이하다는 인식을 바탕으로 나타나게 된 현상으로 판단된다. 그러나
Nahnsen(1961)과 같은 학자는 사회복지 학문에 대한 전공별 분리교육방식을 비판
하고, 통합교육의 필요성을 주장하였다. 그에 따르면, 사회복지 학문이 비록 연구
대상이나 교육 내용 측면에서 광범위한 것은 사실이지만, 독립된 학문 영역을 새로
이 구축하여 모든 사회복지문제를 통합적으로 다루게 될 경우 사회복지 학문의 정
체성과 학문연구의 효율성이 제고될 수 있을 것으로 보았다.

이와 같은 논리에서 다음과 같은 중요한 점을 발견할 수 있다. 즉, 사회복지학문
의 분리교육이나 통합교육은 교육 방식의 차이점에도 불구하고, 모두 인접한 타 학
문과의 밀접한 교류의 필요성을 인정하고 있다는 점이다. 달리 표현하면, 전공별 분
리교육방식이나 통합교육방식은 모두 사회복지 학문 영역에서 타 학문과의 학문적
교류를 제한하는 '학문적 칸막이'를 경계하고 있다는 사실에 주목할 필요가 있다.

---

7) 그러나 독일, 스위스 등 상당수 국가들의 전문대학(Fachhochschule*)에서는 별도의 독립적인 사회복지학과
를 운영해 오고 있다.

제2장

사회문제와 사회복지정책의 역사

제1절 사회문제의 특징

1. 사회문제의 개념정의

인간은 일생을 살아가는 동안 질병, 사고, 노령, 장애, 사망, 실업, 빈곤, 고독 등 무수한 애로요인에 직면하게 된다. 이러한 제반 생활상의 애로요인은 크게 개인문제와 사회문제로 구분하여 개인적 · 집단적 차원에서의 대처방안을 필요로 하게 된다. 개인문제와 사회문제에 대한 구분의 기준은 다음과 같이 정리해 볼 수 있다.

개인문제(private problem)란 그 발생원인이 주로 당사자 개인의 귀책사유(예: 과실, 태만, 고의)에서 비롯되는 것으로, 발생빈도와 피해 규모 측면에서 경미한 생활상의 애로가 해당된다. 그리고 문제의 발생에 따른 피해는 전적으로 당사자 자신에 한정하여 나타나는 특징을 보이고 있다. 이러한 의미에서 개인문제는 개인적 차원에서 극복하도록 하는 것을 원칙으로 하고 있다.

반면에, 사회문제(social problem)란 문제의 발생원인 또는 문제의 발생에서 비롯되는 피해가 직간접적으로 사회와의 관련성을 가지고 있는 애로요인이다. 예를 들면, 특정한 생활상 애로요인의 경우 사회가 문제발생의 원인 제공자가 될 수 있으며, 역으로 관련 문제에 의해 당사자 본인은 물론 타인에게도 부정적인 영향이 미칠 수 있다. 이러한 의미에서 사회문제는 국가 또는 사회 등 집단적 차원에서의 해결이 요구되는 생활상의 제반 애로요인이 되며, 그 대처방안으로서 대표적으로 사회복지정책이 필요하다.

이와 같이 개인문제와 사회문제에 대한 개념 구분의 기준을 살펴보았다. 그럼에도, 제반 생활상의 애로요인 가운데 구체적으로 어떤 것을 사회문제로 간주할 것인가 하는 문제에 직면하게 될 경우, 이에 대해 아무런 객관적인 판단기준을 제시할 수 없는 한계를 보이게 된다. 예를 들어, 개인의 나태나 부주의로 발생하게 되는 빈곤문제나 질병의 경우, 사회불안 또는 전염성 때문에 당사자뿐 아니라 사회 전체가 피해를 입게 되는 경우가 발생할 수도 있기 때문이다. 이러한 의미에서 사회문제로의 인식은 다분히 가치판단에 의해 이루어지게 될 소지가 높다. 대표적으로 국민의 정서, 사회적 연대의식, 정치적 역학관계, 기타 사회환경 등이 개인문제와 사회문제의 구분에 영향을 미칠 수 있다.

사회문제의 본질을 파악하기 위하여 이에 대한 구체적인 특징을 살펴볼 필요가 있다. 사회문제는 다음과 같은 특징을 보이고 있다.[1]

첫째, 위험의 발생빈도가 매우 높아 사회구성원 모두가 잠재적으로 피해 대상이 될 수 있다. 일례로, 노령, 질병, 실업 등에 따른 소득의 상실이라는 애로요인은 일상생활에서 누구나 직면할 수 있는 문제다. 따라서 국민의 대다수는 이러한 문제를 국가적 차원에서 해결하는 방안에 대해 동의할 수 있다.

둘째, 일단 위험이 발생하게 될 경우 그 피해 정도가 심각하여 개별적인 차원에서의 극복이 제한적인 범위 내에서만 가능하게 되는 문제가 있을 수 있다. 따라서 이러한 성격의 사회문제는 집단적 차원에서 해결하게 될 경우에만 비로소 용이하게 극복될 수 있다.

셋째, 위험발생의 원인이 개인적인 귀책사유뿐만 아니라 사회구조적 환경에도 근거를 두고 있을 수 있다(Bäcker, Bispinck, Hofemann, & Naegele., 1989). 예를 들면,

---

1) 사회문제의 개념정의 및 접근방법과 관련한 국내 문헌으로는 최일섭과 최성재(1995)의 『사회문제와 사회복지』, pp. 21-44를 참조하기 바란다.

실업이라는 사회문제는 나태·부적응·업무능력의 저하 등 개인적 사유뿐 아니라, 경기침체·노동절감형 산업의 발전(예: 사무자동화, 기계화) 등 경제적 환경요인에 의해서도 발생할 수 있다.

넷째, 위험의 극복을 위한 능력과 수단이 개인별로 다르기 때문에 심각한 사회갈등을 초래하게 되고 정치 및 사회의 안정을 위협하게 될 우려가 있다. 실제로, 사회문제는 국민 개개인의 정치적·경제적·사회적 신분에 따라 불평등하게 발생하며, 특히 일부 취약계층의 경우 그 문제들이 복합적·연쇄적으로 발생할 수도 있다. 예를 들면, 실업의 경우 단순히 소득의 단절문제뿐만 아니라 사회적·심리적 부적응, 가정불화, 건강악화, 사회적 일탈(예: 범죄행위) 등의 문제들이 복합적으로 나타나게 될 위험이 있다.

이러한 사회문제의 특징을 바탕으로 Tönnies(1907)는 사회문제를 다음과 같이 정의하고 있다. 즉, 사회문제는 ① 사회계층 상호 간의 정치적·경제적 권력의 차별과 부의 불평등한 분배가 심각하여 문제해결의 능력 면에서 개인 간 현저한 차이가 발생하게 되며, 나아가 ② 사회안정은 물론 국가나 사회의 존립 자체가 심각하게 위협을 받게 되어, ③ 정치적 권력에 의한 개입을 필요로 하게 되는 제반 생활상의 애로나 위험으로 정의되고 있다. 이와 유사한 의미로, 우재현(1994)은 사회문제를 "사회구조의 결함이나 모순을 원인으로 하여 정상적인 사회조직이나 사회질서를 유지하는 데 부정적으로 작용하는 사회현상이 사회적으로 확산되어 인식된 문제"로 정의하고 있다.

이와 같은 사회문제의 개념정의는 다음과 같은 시사점을 제공해 주고 있다. 인간의 생존을 위협하는 사회문제는 국가의 책임으로 해결해야 할 당위성이 있다. 하지만 이러한 문제에 대한 국가적 차원의 해결은 사전적으로 대다수 국민이 이를 사회문제로 인식하고, 나아가 고통분담에 대한 사회적 합의가 전제될 경우에만 비로소 원만하게 이루어질 수 있다. 따라서 국가는 사회문제의 해결에 앞서 국민의 이해와 사회적 합의 도출을 위해 노력하여야 할 책임을 가진다.

2. 사회문제와 사회복지정책의 관련성

사회문제란 인간의 생존권이나 행복권을 중대하게 위협하는 요인으로 작용하게 되며, 이러한 문제의 극복은 상당 부분 사회복지정책의 책임으로 돌아오고 있다. 따

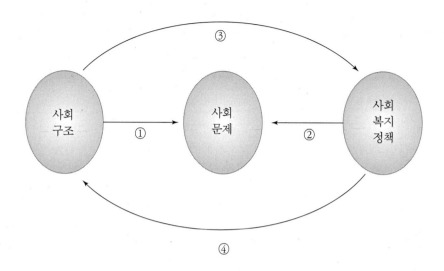

[그림 2-1] **사회구조, 사회문제, 사회복지정책의 상관관계**

라서 사회문제와 사회복지정책은 상호 밀접한 관련을 가지게 되며, 이는 [그림 2-1]과 같이 정리해 볼 수 있다.

첫째, 사회문제는 정치체제·경제체제·사회체제 등 한 국가의 '기본적 사회구조(fundamental social structure)'가 작동하는 과정에서 역기능으로서 발생하는 부작용으로 간주해 볼 수 있다. 일례로, 자본주의 사회는 많은 장점에도 불구하고, 경쟁의 원리와 이윤추구의 자유와 같은 체제운영의 기본원리로 인해 빈부격차나 실업 등과 같은 중대한 사회문제를 야기한다.

일반적으로 한 국가의 기본적 사회구조는 시간의 경과에 따라 변화하게 되고, 또한 경우에 따라서는 정치적 개입을 통해 그 진행 방향에 대해 영향력을 행사할 수도 있다. 따라서 정책개입을 위한 사전작업으로서 사회문제의 본질과 내용에 대한 객관적 분석과 앞으로의 변화에 대한 과학적 전망이 반드시 필요하게 된다.

둘째, 사회복지정책은 사회문제의 해결을 위한 방안으로서 기능을 하게 된다. 따라서 사회문제의 변화과정에서 사회복지정책의 개입전략 또한 부단하게 수정되어야 할 필요가 있다.

셋째, 사회구조는 정책적 목표와 수단 또는 대상의 선택 등 사회복지정책의 방향설정에 중대한 영향을 미치게 된다. 달리 표현하면, 사회복지정책은 국가의 사회구조적 환경을 배경으로 수립되어야 하는 특성을 보이고 있다. 일례로, 자본주의 또는 사회주의 국가에 있어서 사회복지정책은 각각 체제이념의 상이성으로 인해 정책의 목표-내용-수단 등이 서로 현격한 차이를 보일 수 있다. 이러한 측면에서 볼 때, 사회구조는 물론 사회복지정책의 실체 또한 시대별로나 국가별로 현저한 차이를 보일 수 있다.

넷째, 국가는 사회복지정책을 통하여 기존의 사회구조를 수정·보완할 수도 있다. 이러한 점에서 사회복지정책은 인간 상호 간의 정치적·경제적·사회적 관계로 표현되는 사회질서를 바람직한 방향으로 개편하는 기능을 수행하게 된다. 따라서 사회복지정책은 사회의 구조적 모순을 해소하고, 모든 국민에게 인간으로서의 존엄성과 행복권을 보장할 수 있는 사회질서를 만들어 나가야 하는 과제를 가지게 된다.

🔍 제2절 사회문제의 역사적 전개과정과 사회복지정책의 변화

사회복지정책의 기원에 대하여 다수의 학자는 산업화와 관련하여 생각하고 있다. 그들은 사회복지정책을 산업화가 인간에게 초래한 각종 경제적·사회적·심리적 애로요인을 경감 또는 해소하기 위하여 도입·발전되어 온 국가의 정책으로 정의하고 있다. 그런데 이러한 견해는 '근대적 형태'의 사회복지정책의 경우에만 그 타당성을 갖는다. 왜냐하면 사회문제나 사회적 갈등은 산업화 이전의 시대에도 엄연히 존재하였으며, 동시에 문제해결의 필요성에 대한 사회적 인식이 있었기 때문이다.[2]

그러므로 사회문제는 인류가 공동체 생활을 하기 시작한 이후부터 발생하게 되었으며, 따라서 사회복지정책은 사회문제가 존재하였던 모든 사회에서 실시되어 왔다고 볼 수 있다(Lampert, 1980). K. Marx에 따르면, 역사적으로 모든 국가는 공통적으로 소수의 지배계급과 다수의 피지배계급으로 구성되어 있으며, 이러한 계급의 구분은 대개 생산수단의 소유 여부를 기준으로 이루어져 왔다. 여기서 생산수단

---

2) 산업화 이전 고대사회와 중세사회의 사회복지정책 및 복지제도와 관련한 대표적인 문헌으로는 Brockmeyer(1972), Partsch(1983) 그리고 권오구(1997)를 참조하기 바란다.

이란 생산과정에서 생산을 위해 반복적으로 활용될 수 있는 자원으로서 기계, 작업
도구, 토지 등이 대표적으로 해당된다. 인류가 수렵·채취를 생존 기반으로 하였던
원시공산사회를 제외할 경우, 이후의 모든 사회체제에 있어서 이러한 생산수단은
생산주체(예: 농민, 노예, 노동자)로부터 분리되어 소수의 지배계급에 편중되어 존재
해 왔다. 그리고 이와 같은 생산수단과 생산주체의 분리 현상은 모든 사회에서 공통
적으로 소외, 착취, 갈등 그리고 사회불안을 야기하는 핵심적 요인으로 작용하였다.
　인류의 오랜 역사를 시기적으로 구분할 수 있는 판단 기준으로서 종종 생산수단
의 소유관계나 생산양식의 전환 시기가 활용되는 경우가 있다. 이와 같은 시대 구분
의 기준을 통하여 우리는 인류의 생존환경이 발전하고, 동시에 갈등 양상이 변화해
온 과정을 파악해 볼 수 있다. 다음에서는 K. Marx의 시대구분의 기준을 응용하여
고대노예제사회, 중세봉건제사회, 근대산업사회 그리고 현대의 후기산업사회로 구
분하여 각 시대의 대표적 사회문제와 이에 대처한 사회복지정책의 내용에 대하여
살펴보고자 한다.

1. 고대노예제사회의 사회문제와 사회복지정책

　사회복지정책은 시대나 지역에 관계없이 국민 간의 갈등과 국가의 존립을 위협
하는 사회문제가 존재하였던 사회에서 문제해결의 일환으로서 실시되어 왔다. 일
반적으로 사회적 갈등과 긴장은 생존권의 확보를 위해 필요로 하는 수단(예: 토지,
자본 등)과 소득의 분배가 사회구성원 간에 불공정하게 이루어지게 될 경우 발생하
는 특성을 보이고 있다. 이에 따라 고대사회에서 사회문제의 발생 원인 또한 당시의
정치적·경제적 권력의 불평등에서 찾아볼 수 있다.
　고대 그리스 도시국가 중의 하나인 아테네의 경우, 소수의 귀족과 절대 다수의 농
민 간 갈등과 대립이 누적적으로 증폭되어 마침내 기원전 632년 대규모 폭동이 발
발하게 되었다. 당시 귀족은 정치적 권한의 독점은 물론 경제적 차원에서 토지의 대
부분을 소유하고 있었다. 반면, 농민계층은 각종 정치적 불이익과 경제적 수탈로 인
하여 극심한 빈곤상태에서 생활을 할 수밖에 없었으며, 상당수 농민의 경우 부채가
누적됨에 따라 노예로 전락하게 되었다. 이에 아테네의 집정관이었던 솔론(Solon)
은 부와 권력의 편중에 의한 사회적 갈등의 해소와 사회질서의 유지를 목적으로 기
원전 594년 「솔론 개혁법안」을 공포하였다. 이 법령은 부채 때문에 발생하게 된 노

예들을 해방하고, 금전거래 시 귀족의 폭리를 제한하는 규정을 적용하였다. 그뿐 아니라 영세농민을 보호하기 위한 일환으로서 귀족에 대하여 토지 소유의 상한선을 적용하고 정치적 특권을 제한하였으며, 농민에 대해서도 일정 수준의 정치적 참정권을 부여하였다. 나아가 솔론은 농산물의 수출을 금지하여 생필품의 가격이 안정될 수 있도록 하였다.

　고대 그리스의 또 다른 도시국가인 스파르타는 아테네와 유사한 성격의 사회문제를 겪고 있었다. 스파르타는 이미 기원전 7세기 무렵부터 귀족계층과 농민계층 간의 첨예한 갈등으로 국가 전복의 위협에 직면하게 되었으며, 기원전 464년에는 주로 이민족으로 구성된 농업노예들의 대규모 반란이 발생하였다. 이에 국왕 아기스 4세(Agis IV)는 기원전 244년 귀족과 농민계층 간의 채무관계를 전면 백지화하고 토지개혁을 실시하여 초기 스파르타의 기본정신에 입각한 사회질서를 재확립하고자 하였다. 그리고 기원전 227년 국왕 클레오메네스 3세(Kleomenes III)는 농업노예의 신분을 해방하고 농토를 무상으로 분배함으로써 사회안정을 유지하려고 노력하였다.

　그리스 도시국가의 몰락 이후 탄생한 고대 로마의 경우도 귀족과 시민 간의 갈등으로 사회안정이 심각하게 위협을 받게 되었다. 대표적으로 기원전 4세기 무렵 정치적 특권과 대규모 농지를 소유하고 있는 귀족계층에 대항하여 소작농민과 상공업 종사자들의 조직적이고 혁명적인 폭동이 발생하였다. 그러자 로마는 새롭게 법령을 제정하여 채무관계의 조정과 이자의 감면을 단행하고 아울러 귀족의 토지 소유를 제한하였다. 이와 관련한 후속 조치로서 기원전 326년에는 채무노예를 불법화하였으며, 기원전 312년에는 소작농민과 상공업 종사자에게 시민의회 참정권을 부여하였다. 그러나 이러한 일련의 개혁조치에도 불구하고 일반 시민의 생활은 여전히 궁핍 상태에 처해 있었다. 특히 당시 로마 귀족은 전쟁을 통해 대량으로 확보한 노예를 거대장원(latifundium)에 투입시킴으로써, 결과적으로 귀족의 토지를 소작하여 삶을 유지해 왔던 영세자유농민은 생존기반을 상실하게 되는 문제가 발생하였다.

　로마의 호민관 출신인 그라쿠스(Gracchus) 형제는 자유시민계층의 몰락을 방지하고 농업 기반을 재확립하기 위한 목적으로 기원전 134년에서 121년 사이 일련의 법령을 제정하여 시행하였다. 대표적으로 농업령(lex agraria)은 ① 농업용 토지 소유의 상한선 적용, ② 장원에서 종사하고 있는 인력 가운데 일정 비율 이상을 자유농민으로 의무 고용, ③ 영세농민에 대한 토지의 분배, ④ 이탈리아 반도 외부의 식민지 개척 등 로마의 자유농민을 보호하기 위한 내용을 담고 있다. 그리고 곡물령(lex frumentaria)은 로마 영세시민의 기근을 해결하기 위한 목적으로 외국에서 밀을 수입하고, 이를 염가 또는 무상으로 배급하도록 하는 일종의 구빈사업을 수행하였다. 이처럼 로마의 농업령과 곡물령은 권력과 부의 불공평한 분배에서 비롯되는 사회적 갈등을 완화하고 민심을 수습함으로써 궁극적으로는 사회안정에 기여하고자 하였다. 하지만 이러한 개혁적 법률은 귀족과 지주들로 구성된 원로원의 반대와 그라쿠스 형제의 잇따른 암살로 인해 무위로 돌아가고 말았다.

2. 중세봉건제사회의 사회문제와 사회복지정책

1) 중세사회의 정치 · 경제 · 사회 환경

5세기 말 서로마제국의 붕괴 이후 유럽의 국가들은 중세사회의 고유한 지배체제를 갖추어 나가기 시작하였다. 고대사회는 노예제도를 물질적 생산의 기반으로 운영되었다. 하지만 이러한 제도는 국민의 대다수를 차지하였던 영세한 자유시민계층의 생존 기반을 위협하게 되고 끊임없는 사회적 불안을 초래하게 됨으로써, 결국 국가체제의 붕괴로 이어지게 하였다. 고대사회의 구조적 모순을 극복하기 위하여 중세사회는 봉건제도를 기반으로 하는 새로운 형태의 정치체제와 생산양식을 도입하게 되었다. 국왕을 중심으로 중앙집권적 권력을 행사하였던 고대사회와는 달리, 중세사회의 지배구조는 다수의 봉건영주가 영토를 분할하여 관리하는 형태를 취하고 있었다. 그리고 이러한 봉건영주는 각자의 영지에서 국왕과 대등한 정치적 · 경제적 권력을 행사할 수 있는 권한을 소지하였다.

봉건영주는 관할권 아래의 모든 토지를 실질적으로 소유하고, 농민은 토지의 경작을 통하여 영주에게서 최소한의 생존권을 보장받을 수 있게 되었다. 그러나 중세시대의 농민은 각종 사회적 제약(예: 거주 이전과 영업활동의 제한, 혼인의 허가 등)과 신분상의 불이익을 감수해야만 했으며, 심지어 농업생산의 부속품으로서 농노라 불렸다.

중세시대의 시작부터 대략 14세기 초반까지 봉건적 생산양식은 비교적 안정적으로 유지되었다. 따라서 이 시기의 경우 국가 주도의 사회복지정책에 대한 필요성이 제기되지 않았으며, 대신 종교단체나 자선단체에 의한 빈민구호사업이 제한적으로 이루어졌다. 뿐만 아니라, 이 시기 사람들은 빈곤의 원인을 정직과 청렴의 결과로 파악하여 빈곤구제에 대해 상당히 포용적이고 동정적인 자세를 보여 왔다.

그러나 이후 중세사회의 봉건제도는 여러 가지 측면에서 모순의 축적으로 인해 서서히 붕괴의 조짐을 드러내기 시작하였다. 특히 14세기 중반 유럽 전체를 휩쓴 흑사병은 무수히 많은 사람의 생명을 앗아 갔으며, 잦은 전쟁에 의한 국가 또는 영주의 경제적 수탈을 피해 엄청난 수의 유랑민이 발생하게 되었다. 나아가 15세기 이후 신대륙의 발견과 식민지 시장의 개척을 통해 촉발된 인클로저(enclosure) 운동은 농민을 토지로부터 몰아냄으로써 생계수단을 찾아 각지를 떠도는 유랑민과 걸인을 양산하는 결과를 초래하였다. 이러한 일련의 사회문제로 중세사회의 봉건제도는 한편으로는 생산인구의 급격한 감소, 다른 한편으로는 각종 정치적·사회적 불안과 갈등 등의 이유로 그 기반이 흔들리기 시작하였다.

이와 같은 시대적 상황에 더하여 일반 국민의 빈곤문제에 대한 자세 또한 근본적으로 바뀌게 되었다. 왜냐하면 16세기 이후 종교개혁에 따른 영향으로서 일반 사람은 빈곤의 원인을 개인의 도덕적 타락과 근면성의 결여에 있다고 보았기 때문이다.

2) 중세사회의 사회문제에 대처한 구빈법의 내용 및 특징

중세시대 국가들은 농업을 기반으로 하는 봉건체제의 붕괴를 저지하기 위한 목적으로 「구빈법(poor's law)」 또는 이와 유사한 취지의 법률들[3]을 제정·시행하였다. 「구빈법」은 14세기 중반 흑사병과 잦은 흉작에서 비롯된 사회문제를 해소하기 위하여 영국에서 최초로 도입하였다. 이러한 최초의 「구빈법」은 이후 다른 국가의 관련 법률 도입에 영향을 미치게 되었으며, 나아가 시대 상황의 변화에 따라 꾸준히 개정되었다.[4]

영국의 엘리자베스(Elisabeth) 여왕은 1601년 그동안 여러 가지 법률로 분산 운영되어 왔던 구빈 관련 법률들을 집대성하여 체계적으로 정리한 새로운 「구빈법」을

---

3) 이는 「구빈법」과 같은 목적 그리고 기능을 하는 법률로서, 영국의 경우 「노동자법」(1349), 「장인법」(1388), 「정주법」(1662) 등이 대표적으로 해당될 수 있다.

4) 「구빈법」의 주요 내용과 발전과정을 비교적 상세하게 설명하고 있는 문헌으로는 대표적으로 김태성과 성경륭(1995)의 『복지국가론』, pp. 71-82를 참조하기 바란다.

제정하였다. 동 법률의 특징을 살펴보면 다음과 같다.

첫째, 구빈정책의 통일성을 위하여 전국적 행정조직체계를 구축하고, 일선의 구빈행정은 교구 단위로 시행될 수 있도록 하였다.

둘째, 구빈정책의 대상효율성을 강화하기 위한 일환으로서 엘리자베스 「구빈법」은 빈민을 세 가지 종류로 구분하여 차등적인 처우가 이루어질 수 있도록 하였다. 이에 따라 여기에는 ① 노인 · 장애인 · 임산부 등 근로능력이 없고, 따라서 「구빈법」의 보호를 받을 자격이 있는 무능력 빈민(impotent poor), ② 실업상태에 있는 근로능력을 가진 빈민(able bodied), ③ 노동을 거부하는 빈민(vagrants)이 해당된다.

셋째, 빈민구제는 '열등처우의 원리(principle of less eligibility)'에 따라 어떠한 경우에도 가장 가난한 노동자의 임금을 능가할 수 없도록 하였다.

넷째, 일선 단위의 구빈행정을 개선하기 위한 차원에서 오늘날의 사회복지전담 공무원과 유사한 구빈감독관을 임명 · 배치하였으며, 이들로 하여금 구빈세(poor rate)를 징수하도록 하였다.

다섯째, 구빈정책의 수혜자가 극단적인 모욕감과 수치심을 느끼도록 하였다. 무엇보다도 보호의 신청과 심사가 공개적으로 이루어지게 하고, 나아가 선정된 사람의 이름과 신상은 시청 광장의 게시판이나 벽에 공개하도록 하였다. 나아가 이들은 반드시 옷에 P(pauper)라는 문자를 새겨서 입고 다녀야만 했다.

이후 빈민의 이동이 잦아지게 됨에 따라 빈민구제 비용의 책임소재를 둘러싸고 자치단체들 간 갈등이 점차 고조되기 시작하였다. 이에 따라 영국 정부는 1662년 「정주법(settlement acts)」을 제정하여, 구빈정책과 행정의 책임이 빈민의 연고지를 관할하는 자치단체에 있다는 것을 명확히 하였다. 이에 따라 빈민은 자신이 출생 또는 성장을 하였던 자치단체를 통해서만 보호를 받을 수 있게 되었다. 그러나 이와 같은 성격의 법률은 빈민은 물론 향후 농민의 도시 이동과 산업노동자로의 전환을 억제하여 산업화의 걸림돌로 작용하였다.

「구빈법」은 국가별 · 시대별로 상당한 차이가 있으나, 크게 다음과 같은 측면에서 유사한 특성을 보이고 있다.

첫째, 「구빈법」은 생존능력이나 생존수단을 결여하고 있는 빈민에게 최소한의 생존권을 보장하는 국가의 자선적 기능을 수행하였다.

둘째, 「구빈법」은 빈민의 이동을 통제하고 필요로 할 경우 격리된 시설에 수용할 수 있도록 함으로써 사회불안을 방지하는 치안유지의 기능을 수행하였다.

셋째, 「구빈법」은 농노의 영지 이탈을 억제하고 빈민의 강제노역을 용인함으로써 봉건사회의 생산질서가 유지될 수 있도록 하는 경제적 기능을 수행하였다.

중세사회의 사회질서와 생산양식을 유지하기 위한 국가적 차원의 노력에도 불구하고, 15세기 이후 봉건제도의 붕괴는 돌이킬 수 없는 대세가 되었다. 이 시기 유럽 대다수 국가에서는 봉건적 지배구조에 대한 국민의 반발이 본격적으로 나타나기 시작하였다. 농촌지역의 경우, 농민은 각종 신분적 억압(특히 농노제도)의 철폐, 십일조의 공평한 징수와 분배, 과도한 부역 의무의 경감, 불합리한 조세체계의 개편, 황무지 개간의 제한 규정 완화, 영주의 거주지 관할권 철폐와 주민 자치권의 확대 등을 요구하였다. 그리고 도시지역의 경우, 영세 자유상인과 수공업 종사자가 도시 귀족에 대항하여 영업의 자유와 생존권의 보장을 요구하였다. 그 결과, 도시지역에서는 영업의 자유가 점차적으로 확대되었으며, 일부 국가의 경우 도시주민의 기초생활을 보장하기 위하여 최저임금의 도입과 기초 생필품에 대한 가격통제가 실시되었다. 반면, 농촌의 경우 국가와 영주계급의 폭력적인 억압에 의해 농민의 요구가 번번이 묵살되었다. 이에 따라 봉건제도의 잔재는 산업화가 본격적으로 진행되기 이전까지 농촌지역에서 오랫동안 그 명맥을 유지하고 있었다.

3. 근대산업사회의 사회문제와 사회복지정책

1) 근대사회의 정치·경제·사회 환경

서구의 근대사회는 시기적으로 산업화와 함께 시작되었으며, 산업화의 진전에 따라 점차 성숙해 가는 경향을 보이게 되었다. 이러한 근대사회는 다음과 같은 일반적 특징을 보이고 있다.

첫째, 사상적 측면에서 계몽주의 정신을 바탕으로 자유, 평등, 정의, 인간의 존엄성이 국가의 가치이념으로 자리 잡게 되었다. 이에 따라 국민은 중세사회의 신분적 예속으로부터 해방될 수 있었다.

둘째, 정치적 측면에서 선거권을 바탕으로 국민이 정치권력의 구성과 정치적 의사결정에 영향을 미칠 수 있는 이른바 민주주의의 사회가 실현되었다.

셋째, 경제적 측면에서 영업 및 계약의 자유와 직업선택의 자유가 보장되었고, 나아가 국가의 역할을 최소한의 수준으로 억제하여 자유경쟁을 바탕으로 하는 시장경제의 질서가 확립될 수 있었다.

2) 근대사회의 사회문제로서 노동자문제의 내용

중세사회와 달리 근대사회는 모든 국민에게 정치, 경제, 사회 전반에 걸쳐 완전한 자유를 보장하였다. 그러나 근대사회는 비록 형식적으로는 자유권의 보편적 보장을 천명하였지만, 실제로는 경제적으로 종속적이고 신분적으로 불리한 산업노동자의 탄생을 촉진하였다.

근대사회의 초기 산업노동자의 생존 양식은 다음과 같은 이유에 의해 새로운 사회문제로 등장하기 시작하였다(Lampert, 1980).

첫째, 아무런 경제적 지지 기반을 가지고 있지 못했던 산업노동자는 어떠한 조건하에서도 유일한 생존수단인 노동력을 판매해야만 자신과 가족의 생존을 유지할 수 있었다. 따라서 자본가는 노동자의 이와 같은 약점을 이용하여 임금 · 근로조건 · 근로환경 등의 측면에서 불리한 조건을 제시하는 방법으로 자신의 이윤을 확대하고자 하였다.

둘째, 산업노동자는 비인간적인 초기 자본주의의 경제질서와 사회환경 속에서 겨우 육체적인 생존권을 보장할 수 있는 최소한의 소득으로 생활할 수밖에 없었다. 하지만 Malthus는 자신의 저서 『인구론』(1798)에서 당시 사회에 만연한 빈곤의 원인이 사회구조적 모순이 아니라, 인구의 급속한 팽창과 이에 따른 노동력의 과잉공급에 있다고 주장을 하였다. 따라서 Malthus는 노동자계층의 빈곤문제는 자연적인 현상으로 간주하였으며, 임금이나 복지 차원에서의 관용을 반대하였다. 왜냐하면 이와 같은 시혜적 지원은 인구 증가의 요인으로 작용하게 되고, 궁극적으로는 재차 임금의 하락과 빈곤문제를 초래하게 될 것으로 보았기 때문이다.

셋째, 산업노동자는 근로능력 또는 근로기회를 제약하는 질병, 산업재해, 노령, 실업 등의 사회적 위험에 대하여 아무런 대응수단을 갖추고 있지 못하였다. 따라서 이러한 위험에 처하게 될 경우 당사자는 곧장 생존의 위협에 직면하게 되었다.

넷째, 산업노동자에게 일방적으로 불리한 경제 · 사회 체제 때문에 각종 사회적 갈등이 노출되었다. 그러나 당시 국가는 자유방임의 사회적 조류로 인해 마땅한 해결대안을 제시할 수 있는 권한을 갖추지 못하였다.

종합하면, 산업화 초기 국가가 경제 · 사회의 구조적 모순을 방치한 채 무제한의

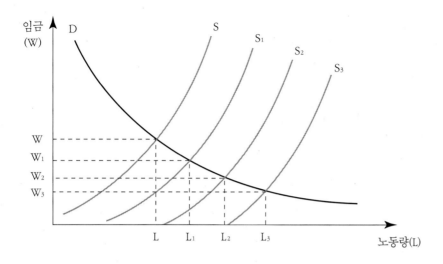

[그림 2-2] **산업화 초기 노동의 수요와 공급**

자유를 보장함으로써 산업노동자는 물질적으로 불평등하고 신분적으로 부자유스러운 생활을 감수해야만 했다.

근대사회의 초기 국가는 노동자에 의한 사회적 소요를 통제하고, 시장경제의 질서를 확립하기 위한 목적으로 스스로 각종 억압적인 조치를 단행하였다. 대표적으로, 국가는 경제적·사회적 신분에 따라 선거권의 차등 적용, 집회와 결사의 자유 제한, 노동운동 및 사회주의 정당활동의 불법화 등과 같은 조치를 시행하고, 자본가는 가부장적이고 권위적인 방법으로 노동자의 반발을 통제하였다.

3) 노동자문제의 발생원인

초기 산업사회에 들어와 산업노동자 계층이 경제적 측면에서 자본가 계층에 비하여 일방적으로 불리한 위치에 처하게 된 이유는 [그림 2-2]로 설명할 수 있다.

첫째, 18세기 이후 인구의 폭발적 증가로 노동력의 과잉공급($S \rightarrow S_1$)이 초래되었다.[5] 이러한 인구 증가는 한편으로는 의료기술과 위생환경의 개선, 다른 한편으로는 인구 조절의 기능을 담당하였던 사회통제 시스템(예: 혼인허가제도, 길드제도의 사

---

5) 18세기 동안 유럽의 인구는 약 3배 증가하였던 것으로 알려져 있다(Lampert, 1985).

회관습 등)의 해체에서 찾아볼 수 있다.

둘째, 중세사회의 신분적 예속으로부터 자유롭게 된 농민의 대다수가 도시로 유입되어 산업노동자 계층을 형성하였다. 이에 따라 노동력의 초과공급 현상($S_1 \rightarrow S_2$)은 더욱 가중되었을 뿐만 아니라 첨예한 주택문제와 열악한 위생문제도 발생하게 되었다.

셋째, 초기 산업사회의 경우 자본이 부족하고 산업이 제대로 발전하지 못하여 기업의 인력수요는 노동의 공급량에 비하여 절대적으로 부족한 상황에 놓여 있었다.

이와 같이 노동공급(S)과 노동수요(D) 간 만성적인 불균형으로 산업노동자계층은 최저생계마저도 제대로 보장받지 못하는 낮은 수준의 임금($W \rightarrow W_1 \rightarrow W_2$)을 수용할 수밖에 없었다. 이러한 저임금의 문제는 육체적 재생산의 기회를 위협하는 수준으로까지 근로시간을 연장시켰을 뿐만 아니라 아동과 여성마저도 산업현장으로 내몰았다. 그 결과, 노동력의 초과공급 현상($S_2 \rightarrow S_3$)은 더욱더 가속화되고, 임금수준은 재차 하락($W_2 \rightarrow W_3$)하게 되는 악순환이 반복되었다. 또한 법으로 보장된 근로계약의 자유는 자본가에 의한 해고의 자율권에 의해 전적으로 노동자에게 불리하게 작용하였다. 나아가, 자본가 계층의 무자비한 이윤추구 행위에 의해 산업안전과 보건에 대한 투자가 등한시되어 각종 산업재해와 직업병이 만연하였고, 그에 따른 피해는 고스란히 당사자인 노동자의 책임으로 돌아갔다.

4) 노동의 독점적 착취구조

앞서 [그림 2-2]에서는 산업화 초기 높은 경제성장률에도 불구하고 노동자의 실질임금이 지속적으로 하락하게 된 원인을 노동공급량의 증가로 설명해 보았다. 이와 같은 현상은 다시 '비조직화된 노동시장에서 노동공급의 이상 반응'으로 설명해 볼 수 있다(Lampert & Althammer, 2007).

일반적으로 상품의 가격이 떨어지게 되면 공급 또한 비례하여 줄어들게 되는 정상적인 시장과는 달리, 일부 노동시장에 있어서 노동 상품의 경우 [그림 2-3]에서 보는 바와 같이 정반대의 비정상적인 반응을 보일 수 있다는 것이다. 가령, 어떤 노동시장에서 임금수준이 최저생계비에 상당하는 W_1의 상태에서 기업이 인력수요를 N_1에서 N_2로 확대하게 될 경우, 자칫 노동공급이 보다 더 민감하게 반응을 하여 인력의 수요량을 능가하게 되는 현상이 발생할 수 있다. 왜냐하면 전반적인 저임금 현

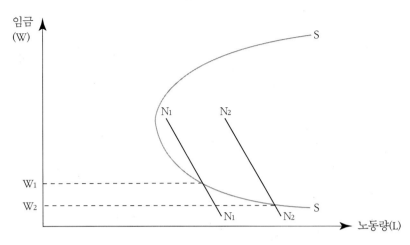

[그림 2-3] **비조직화된 노동시장에서 노동공급의 이상 반응 현상**

자료: Lampert & Althammer (2007), *Lehrbuch der Sozialpolitik*.

상으로 인해 가장은 물론 부양가족 또한 노동에 참여하여야만 했으나, 당시의 노동시장 상황으로 인해 실제 근로기회를 확보하지 못한 잉여인력이 광범위하게 존재하였기 때문이다. 따라서 이 경우 기업의 인력수요가 증가함에도 불구하고 노동공급의 과잉현상을 유발하여, 결국 임금수준은 W_1에서 W_2로 낮아지게 되는 결과를 가져오게 된다는 것이다.

 이와 같은 역설적인 현상은 비조직화된 노동시장의 폐해로 판단된다. 즉, 근대화 초기 노동조합의 결성이나 단체활동이 법률로 금지되었기 때문에 노동자는 개별적으로 기업과 근로계약 및 임금협상을 체결해야만 했다. 하지만 이 경우 '원자화된 노동자들(atomisierte Arbeitnehmer[독])'은 '노사간 힘의 불균형 상태'로 인해 기업과의 임금협상 과정에서 절대적으로나 상대적으로 불리한 위치에 처하게 되었다. 나아가 이들은 동료 노동자들과 경쟁을 해야만 하므로 가장 낮은 임금을 제시한 노동자만이 일자리를 확보할 수 있었다. 반대로 산업화 초기 자본의 부족 현상으로 인해 기업의 고용창출 능력은 한계가 있었으며, 따라서 기업은 지역별 또는 직종별로 인력수요에 있어서 독과점적인 지위를 행사할 수 있었다. 그 결과, 기업은 산업화에 따른 경제성장의 과실 배분에 있어서 절대적으로 유리한 위치를 점유하게 되고, 이는 상당 부분 '노동의 독점적 착취구조(die monopsonistische Ausbeutung der Arbeit[독])'를 바탕으로 하였다는 것이다(Lampert & Althammer, 2007: 42ff.).

5) 종합: 노동자문제와 근대적 형태의 사회복지정책

근대사회에 들어와 새로이 탄생한 산업노동자 계층은 한편으로는 봉건사회의 붕괴에 따른 전통적 형태의 사회적 보호장치(예: 대가족제도, 길드제도 등)의 해체, 다른 한편으로는 산업사회의 냉엄한 정치적 · 경제적 · 사회적 현실로 인하여 극심한 고통을 받게 되었다. 따라서 국가는 산업노동자 계층의 생존을 보장하고 사회질서를 유지하기 위한 목적에서 새로운 형태의 사회안전망을 구축하여야 할 필요성을 인식하게 되었다. 이러한 정책의 일환으로서 국가는 노동시장의 영역에서 이루어지는 각종 근로조건과 노사관계를 노동자의 편에 서서 개혁하고, 나아가 각종 사회복지제도를 도입하게 되었다.

그러나 이와 같은 개혁적 조치는 결코 국가나 자본가의 선의에 따라 자동적으로 이루어진 것이 아니었다는 것을 유의하여야 할 필요가 있다. 오히려 이는 한편으로 각종 탄압에도 불구하고 노동조합을 결성하여 불합리한 기득권에 맞서 조직적으로 투쟁하고, 다른 한편으로는 국가의 불법화 조치에도 불구하고 사회민주주의정당 (Social Democratic Party)이 선거를 통하여 합법적인 의회의 일원으로 참여할 수 있도록 함으로써 비로소 실현할 수 있게 되었다는 것이다. 즉, 오늘날 서구의 복지국가는 오랜 기간에 걸쳐 국가나 자본가와의 투쟁과 타협을 통해 이끌어 낸 산물로서, 그 과정에서 노동자의 단결 · 헌신 · 희생이 결정적인 요소로서 작용하였다는 점에서 그 가치를 높게 인정받고 있다.

4. 후기산업사회의 사회문제와 사회복지정책

1) 후기 산업사회의 정치 · 경제 · 사회 환경

흔히 후기산업사회로 지칭되는 서구의 현대사회는 급속한 기술발전과 높은 수준의 경제성장에 힘입어 인류 역사상 유례없는 물질적 풍요를 구가해 오고 있다. 그러나 이러한 경제적 성과의 이면에 사람들은 사회환경의 변화로 초래된 새로운 사회문제로 고통을 받고 있다. 여기서 새로운 사회문제는 후기산업사회에 들어와 전적으로 새롭게 발생한 문제는 물론, 기존의 사회문제가 사회환경의 변화로 인해 전혀 새로운 양상의 충격이나 부작용을 초래하게 되는 현상을 모두 포함하는 개념이다.

2) 후기산업사회의 사회문제에 대처한 사회복지정책

현대사회에서 사회문제의 내용과 해결방안은 개략적으로 다음과 같이 정리해 볼 수 있다.

첫째, 사회구성원 간 이질성의 심화가 동료의식이나 유대감을 약화시켜 발생하게 되는 부작용이다. 현대사회는 직업, 소득, 연령, 성, 인종, 문화 등의 귀속적 차이에 따라 계층분화가 복잡하게 이루어지고 있다. 이에 따라 다양한 사회적 욕구가 분출되고, 사회계층 간 이해의 갈등과 대립현상이 빈번하게 발생하고 있다. 나아가, 개인주의적 가치관이 팽배해짐에 따라 사람의 생활양식에 중대한 변화가 발생하고 있다. 예를 들면, 이혼, 동거, 미혼모 또는 단독가구의 증가 등 가족해체 현상과 이웃 간 교류의 단절 현상이 뚜렷하게 나타나고 있다. 그리고 이러한 상황은 우울, 고독과 고립, 소외, 자살 등과 같은 사회적 병리현상을 양산하게 될 가능성이 높다. 따라서 국가는 국민의 물질적 생존에 필요한 금전적 형태의 사회복지 급여뿐만 아니라, 심리적·정서적 안정을 지지하기 위한 다양한 종류의 사회서비스 프로그램을 개발·제공하여야 하는 과제를 가지게 되었다.

둘째, 중공업 중심의 산업구조에서 점차 정보 및 지식 집약형 서비스 산업으로 산업의 구조적 변화가 본격적으로 진행되고 있다는 점이다. 이와 같은 산업의 소프트화 경향에 따라 한편으로 여성의 경제활동 참여기회가 대폭적으로 확대되었다. 하지만 이와 같은 여성의 사회참여 욕구가 실현될 수 있기 위해서는 사전적으로 출산-양육-교육 관련 비용의 사회화와 함께 일-가정 양립을 위한 사회적 인프라가 대폭적으로 확충되어야만 한다. 다른 한편으로는 산업구조의 변화에 따라 과거 평생직장과 종신고용의 관행은 점차 효력을 상실하게 되었고, 대신 노동과 자본의 이동성이 확대되어 고용관계의 불안정성이 심화되고 있다. 따라서 개인이 다양한 분야에서 자신의 노동력을 판매할 수 있는 능력을 갖출 수 있도록 평생학습체제가 구축되어야 하며, 나아가 직업교육 및 상담 그리고 직업알선을 포함한 적극적 노동시장 정책이 체계적으로 실시될 수 있도록 하여야 한다.

셋째, 여성, 특히 기혼여성의 경제활동이 증가하여 전통적 성역할 구분(남성 가장의 소득활동, 여성 주부의 가사활동)을 바탕으로 한 근대사회의 가족모형은 점차 실효성을 상실해 가고 있다. 따라서 이러한 가족모형을 전제로 하여 수립된 제반의 사회복지정책은 근본적인 기능전환을 요구받고 있다. 일례로, 가입자인 남편의 피부양

배우자로서 주로 여성에게 수급자격을 인정해 주는 사회보험의 파생적 수급권 (derived rights)은 축소시키고, 대신 독립적 수급권(autonomous rights)을 강화하는 방안은 현대사회에서 국가의 대표적인 사회정책 과제로 제기되고 있다.[6] 왜냐하면 파생적 수급권은 배우자에 대한 경제적 종속성의 문제는 물론, 이혼·동거·미혼모 등과 같이 법적 혼인관계에 있지 않은 가정에 대해서는 보호의 혜택이 제대로 인정되지 않는 문제를 가지고 있기 때문이다.

넷째, 세계화와 개방화의 추세에 따라 경제의 전반적 분야에 걸쳐 경쟁 환경이 심화되고, 그 영향력은 노동시장의 전반에 걸쳐 특히 두드러지게 나타나고 있다. 그 결과, 고용환경 및 임금수준 등에 있어서 양극화와 불확실성이 확대되어 오고 있다. 따라서 국가는 부단한 법적·제도적 개혁을 통하여 근로자가 변화하는 고용환경에 용이하게 적응할 수 있도록 지원하고, 나아가 임금격차로 인한 소득의 불평등을 완화하기 위한 차원의 조세정책과 사회복지정책을 강화할 필요가 있다.

다섯째, 저출산·고령화의 문제는 노동시장의 인력구조에 있어서도 부정적 영향을 미치게 될 것으로 예상된다. 전체적으로 노동력의 부족 현상과 인력 구성의 고령화는 기업의 생산성 및 채산성을 악화시키게 될 우려가 높으므로 젊은 생산인력의 확보 및 고령자 친화적 생산환경과 직업문화의 개선이 시급히 요구된다. 나아가, 고령자 개인별로 근로능력이나 욕구에 부합할 수 있는 다양하고 유연한 형태의 근로시간모형을 개발하고, 이 경우 임금의 급격한 하락을 방지할 수 있는 각종 소득보충형 급여 프로그램(예: 임금피크제지원금[7], 부분연금 등)이 제도적으로 뒷받침될 수 있어야 할 것이다.

---

6) 사회보험제도의 독립적 수급권이란 개인이 스스로의 기여를 통하여 확보하게 되는 수급권으로서 국민연금 제도의 노령연금이나 장애연금이 여기에 해당된다. 반면에 파생적 수급권은 가입자의 배우자 또는 피부양가족의 신분에 근거하여 발생하게 되는 수급권으로서 국민연금의 유족연금과 부양가족연금이 있다.

7) 임금피크제도는 고령자의 고용을 연장시켜 주는 대신에 당사자의 종전 임금에서 일정 비율을 삭감하는 제도다. 하지만 이때 임금 삭감이 일정 수준을 초과하게 될 경우 국가는 임금피크제지원금 또는 부분연금을 통하여 삭감된 임금의 일정 부분을 보충해 주도록 하고 있다.

제1부 참고문헌

권오구(1997). 사회복지발달사. 서울: 홍익사.

김상균(1988). 현대사회와 사회정책. 서울: 서울대학교 출판부.

김영모(1983). 현대사회정책론. 서울: 한국사회복지정책연구소 출판부.

김태성, 성경륭(1995). 복지국가론. 경기: 나남출판.

박경일(2008). 사회복지정책론(2판). 경기: 공동체.

봉민근(1997). 사회복지정책론. 서울: 학문사.

손준규(1995). 사회정책강론. 서울: 대학출판사.

신섭중(1997). 한국사회복지정책강론. 서울: 대학출판사.

원석조(2010). 사회복지정책론(3판). 경기: 공동체.

우재현(1994). 산업복지원론. 서울: 청암서원.

장인협, 전남진(1982). 사회복지정책. 경기: 한국사회개발연구원 출판부.

전남진(1987). 사회정책강론. 서울: 서울대학교 출판부.

최용민(1998). 한국의 사회복지정책. 서울: 학문사.

최일섭, 최성재(1995). 사회문제와 사회복지. 경기: 나남출판.

현외성(2000). 사회복지정책강론. 서울: 양서원.

Achinger, H. (1971). Sozialpolitik als Gesellschaftspolitik. *Schriften des Deutschen Vereins für öffentliche und private Füsorge. Schriften 249*. Frankfurt/Main.

Albert, H. (1967). *Marktsoziologie und Entscheidungslogik, Ökonomische Probleme in soziologischer Perspektive*, Neuwied/Rh., Berlin.

Amonn, A. (1924). Der Begriff der ?Sozialpolitik", *Schmollers Jahrbuch f?r Wirtschafts- und Sozialwissenschaften*, Jg. 48, München, Leipzig.

Bäcker, G., Bispinck, R., Hofemann, K. & Naegele, G. (2008). *Sozialpolitik und soziale Lage in der Bundesrepublik Deutschland*, 4. Auflage, VS-Verlag, Wiesbaden.

Borght, R. v. d. (1923). *Grundzüge der Sozialpolitik*, Hand-und Lehrbuch der Staatswissenschaften, 1. *Abt.: Volkswirtschaftslehre, Bd.* 16, Leipzig.

Bortkiewicz, L. v. (1899). Der Begriff Sozialpolitik, *Jahrbücher für Nationalökonomie und Statistik, Bd.* 72. p. 332.

Brockmeyer, N. (1972). *Sozialgeschichte der Antike.* Stuttgert.

Briefs, G. (1926). *Das gewerbliche Proletariat.* Tübingen.

Burghardt, A. (1966). *Lehrbuch der Allgemeinen Sozialpolitik.* Duncker & Humblot Verlag.

Engels, W. (1984). Brauchen wir ein neues System der sozialen Sicherung?, Fels, G., Seffen, A. und Vogel, O. (Ed.), *Soziale Sicherung-von der Finanzkrise zur Strukturreform.*

Engels, W., & Ball, H. (1978). Bestandsökonomische Ansätze in der Sozialpolitik, *Hamburger Jahrbuch für Wirtschafts-und Gesellschaftspolitik,* 23. Jahr. pp. 12-34.

Feldman, A., & Kirman, A. (1974). Fairness and Envy, *American Economic Review, vol. 64,* pp. 995-1005.

Frerich, J. (1990). *Sozialpolitik: Das Sozialleistungssystem der Bundesrepublik Deutschland,* 2. Auflage, Oldenbourg-Verlag, München, Wien.

Günther, A. (1922). Sozialpolitik, Erster Teil: Theorie der Sozialpolitik, *Handbuch der Wirtschafts-und Sozialwissenschaften,* hrsg. von A. Günther und G. Kessler, Bd. 9, Berlin, Leipzig.

Heyde, L. (1949). *Abrib der Sozialpolitik,* 9. Auflage, Heidelberg.

Kleinhenz, G. (1970). *Probleme wissenschaftlicher Beschäftigung mit der Sozialpolitik,* Berlin.

Lampert, H. (1966). Sozialpolitik, *Evangelisches Staatslexikon.* p. 2077.

Lampert, H. (1980). Sozialpolitik I: staatliche, *HdWW.* pp. 60-76.

Lampert, H. (1985). *Lehrbuch der Sozialpolitik.* Springer-Verlag, Berlin, Heidelberg, New York.

Lampert, H., & Althammer, J. (2007). *Lehrbuch der Sozialpolitik, 8. Aufl.* Berlin: Springer-Verlag.

Lütge, F. (1932). Der Begriff Sozialpolitik, Ein neuer Versuch, *Jahrbuch für Nationalökonomie und Statistik, Bd.* 137, Jena.

Molitor, B. (1965). *Vermögensverteilung als wirtschaftspolitisches Problem,* Tübingen.

Nahnsen, I. (1961). Der systematische Ort der Sozialpolitik in den Sozialwissenschaften, *Gesellschaft in Geschichte und Gegenwart.* p. 115ff.

Partsch, M. (1983). *Prinzipien und Formen sozialer Sicherung in nicht-industrlellen Gesellschaften.* Berlin: Sozialpolitische Schriften.

Preller, L. (1962). *Sozialpolitik-Theoretische Ordnung,* Tübingen, Zürich.

Pribram, K. (1926). Sozialpolitik als theoretische Disziplin, in: Archiv für *Sozialwissenschaft und Sozialpolitik*, Bd. 55, Tübingen.

Sombart, W. (1897). Ideale der Sozialpolitik, *Archiv für soziale Gesetzgebung und Statistik, Vierteljahresschrift zur Erforschung der gesellschaftlichen Zustände aller Länder*, Bd. 10. Berlin.

Spindler, L. (1922). Zur Begriffsbestimmungen der Sozialpolitik und der Wohlfahrtspflege, Kölner Vierteljahreshefte für Sozialwissenschaften, *Reihe B: Sozialpolitische Hefte*, Jg. 1. p. 58.

Thurow, L. C. (1971). The Income Distribution as a Pure Public Good, *Quarterly Journal of Economics, 85*. pp. 327-336.

Tönnies, F. (1907). *Die Entwicklung der sozialen Frage*, Leipzig.

Tönnies, F. (2012). *Studien zur Gemeinschaft und Gesellschaft-Klassiker der Sozialwissenschaften.* Berlin: Springer-Verlag.

Voss, W. (1925). *Sozialpolitik als Wissenschaft-Eine Untersuchung über Objekt, Aufgaben und Methoden der Sozialpolitik*, Jena.

Weber, M. (1953). Zum Begriff der Sozialpolitik, *Wirtschaftstheorie und Wirtschaftspolitik*, Bern. p. 167.

Weddigen, W. (1957). *Grundzüge der Sozialpolitik und Wohlfahrtspflege.*

Weisser, G. (1956). *Sozialpolitik, Aufgaben deutscher Forschung*, Bd. I: Geisteswissenschaften, 2. Auflage, Köln, Opladen. p. 410ff.

Westphalen, F. A. (1931). Die theoretische Grundlage der Sozialpolitik, Spann, O. & v. Below, G. (Ed.). *Deutsche Beiträge zur Wirtschafts-und Gesellschaftslehre*, Bd. 9, Jena.

사회복지정책의
가치이념과 사회사상

사회복지정책은 가치이념을 중요한 사상적 기초로 하고 있다. 구체적으로, 사회복지정책은 가치이념을 바탕으로 하여 성립하며, 동시에 이러한 가치이념을 달성하기 위한 목적으로 실시되고 있다. 그러나 가치이념은 사람들 각자가 자신들의 주관적 성향이 사상에 바탕을 둔 일종의 이상향으로서 정책적 의사결정의 과정에서 구체성이나 합리성을 결여하는 한계를 가지고 있다. 제2부에서는 먼저 사회복지정책에 대한 학문적 연구를 위한 선결요건으로서 가치판단의 개입 가능성을 살펴보고, 이어서 사회복지정책의 철학적 배경이 되는 사회사상들을 정리해 보고자 한다.

제3장 사회복지정책과 가치이념

오늘날 사회복지정책은 정치·경제·사회의 제반 영역에 걸쳐 중요한 역할을 담당하고 있다. 이처럼 사회복지정책의 역할 비중이 커지게 됨에 따라 사회복지정책에 대한 학문적 연구의 필요성 또한 점차 증가하고 있다. 하지만 이러한 일련의 추세에도 불구하고 역설적으로 사회복지정책이 학문적 연구의 대상이 될 수 있을 것인가 하는 의문이 제기되고 있는 것 역시 사실이다. 이와 관련한 논의의 발단은 20세기 초 독일의 학자들에 의해 최초로 제기되었던 가치논쟁으로 인해 시작되었다. 그러나 이후 오랜 기간이 경과하였음에도 불구하고 가치논쟁은 오늘날에 와서까지도 명확한 결론이 없는 상태에서 진행되어 오고 있다.

이 장에서는 먼저 가치논쟁의 배경과 주요 논점들을 정리해 보고, 이어서 사회복지정책에 있어서 가치이념의 의의와 내용에 대해서 살펴보고자 한다. 그리고 마지막으로, 가치이념의 관점에서 개별 복지국가들의 특성과 주요 역할들을 간략하게 정리해 보고자 한다.

제1절 사회복지정책에 대한 가치판단의 논란

1. 논란의 역사적 배경

19세기 후반 독일에서는 당시의 대표적 사회문제로 대두된 노동자문제의 해결을 목표로 학자들의 현실참여운동이 대대적으로 전개되었다. 이러한 운동은 독일의 국민경제학파에 사상적 기초를 두고 있던 역사학파에 의해 주도되었다. 당시 현실참여운동에 가담한 학자들의 대다수가 대학교수로 재직하고 있었기 때문에 이들은 흔히 강단사회주의자(Kathedersozialisten^독)로 불리게 되었다. 마르크스주의자의 급진적 사회개혁 사상과는 달리 강단사회주의자는 사회개량적 차원의 온건한 노선을 지지하였다. 강단사회주의자들의 이러한 정치노선으로 인하여 마르크스주의자들은 그들을 자본주의의 옹호자 또는 자본가의 하수인으로 비판하기도 하였다 (Hentschel, 1983).

1872년 독일 사회정책학회의 창립 이후 사회복지정책에 대한 학문적 접근이 본격적으로 시도되었다. 당시 강단사회주의자들은 학문적 차원에서 급속한 산업화에 따른 경제적·사회적 환경변화를 관찰·분석하는 연구를 진행하였으며, 동시에 실천적 차원에서 왜곡된 사회구조에 의해 야기된 사회적 긴장을 완화 또는 해소하기 위한 목적으로 현실참여운동을 주도하였다. 하지만 강단사회주의자들의 이러한 이중적 관심사로 인하여 사회복지정책은 그 탄생 과정에서부터 학문적 정체성의 확립에 있어서 다음과 같은 한계에 직면하게 되었다.

첫째, 당시의 경제적·사회적 환경을 객관적으로 분석하고 인식하려는 노력이 부족하였다. 그 결과, 현실참여의 사전 단계인 사회현상의 파악 과정에서부터 학자의 주관적 판단이 개입되는 학문적 오류를 범하게 되었다. 둘째, 사회참여운동의 방향 및 목표의 설정에서도 마찬가지로 주관적 가치가 개입되어 학자들의 공감대가 형성되지 못하였다. 셋째, 사회문제의 정치적 해결과정에서 학자들의 주장이 선언적·구호적 속성을 벗어나지 못하는 한계를 노출하였다.

이와 같이 사회복지정책은 스스로 비논리적이고 비학문적인 모순점을 가진 채 탄생하게 되었다. 사회복지정책의 학문적 정체성과 관련하여 주관적 가치의 개입은 다음과 같은 점에서 논란의 대상이 되고 있다. [그림 3-1]이 보여 주듯이, 사회현

[그림 3-1] 사회현상에 대한 주관적 가치판단의 문제

상을 개인 또는 집단의 가치체계에 입각하여 관찰하게 될 경우 객관성 상실의 문제가 발생할 수 있다. 이에 따라 동일한 사회현상임에도 불구하고 현실파악이나 문제인식이 학자들의 주관적 판단에 따라 각기 다르게 나타나게 되며, 따라서 그에 대한 대응전략 또한 상이하게 제시되는 문제가 발생할 수 있다.

종합하면, 가치판단이 개입된 사회복지정책은 현상파악과 정책개입 등 전 과정에서 학문으로서의 일차적인 전제조건이 되는 객관성이 결여되는 문제를 가지고 있다. 따라서 G. Schmoller와 같은 일부 강단사회주의자들은 사회복지정책을 일종의 정치적 산물로 간주하여 학문적 연구 영역에서 배제하려는 입장을 취하고 있었다.

2. 가치논쟁

가치논쟁이란 학문적 연구방법을 둘러싼 논쟁으로서, 학문연구에 있어서 가치판단의 문제를 어떻게 다루어야 할 것인가 하는 문제와 관련이 있다.

1904년 Max Weber가 「사회과학적 그리고 사회정책적 문제인식의 객관성(Die 'Objektivität' sozialwissenschaftlicher und sozialpolitischer Erkenntnis)」이라는 논문을 발표한 이후 유명한 가치논쟁(Werturteilsstreit[독])이 동시대의 학자들을 중심으로 광범위하게 이루어지기 시작하였다. 그리고 이러한 가치논쟁은 상당 부분 사회복지정책을 대상으로 하여, 주로 독일의 국민경제학파와 사회학자들을 주축으로 전개되었다.

당시 사회복지정책에 대한 학자들의 논의는 해당 정책이 단순히 시대적 요청에 부응한 정치적 산물인지 또는 학문적 이론을 토대로 체계적인 연구가 가능한 영역인지에 초점이 맞추어져 있었다. 나아가 사회복지정책을 학문적 연구 영역으로 인정하게 될 경우에도 여기에 학자의 주관적 가치가 개입될 수 있는지, 아니면 철저히 학문적 객관성이 확보될 수 있도록 하여야 할 것인지에 대한 논란이 제기되었다. 여기서 전자와 같이 가치판단과 이에 기초한 정치적 프로그램 등을 학문적 연구에 포함시켜야 한다는 G. Schmoller의 주장과는 반대로, 후자와 같이 학문 연구에 있어서 가치판단을 차단시켜야 한다는 Weber와 Sombart의 주장이 서로 팽팽하게 대립되었다.

학문적 연구의 대상으로서 사회복지정책에 대한 이러한 논란은 크게 가치수용론과 가치배제론으로 구분하여 살펴볼 수 있다.

1) 가치수용론

가치수용론자들은 사회복지정책의 특성상 학자의 주관적 가치개입이 불가피하게 요구된다고 주장하였다. 왜냐하면 사회복지정책은 그 자체로서 가치를 기반으로 하는 정책 영역으로서, 가치판단이 전제될 경우에만 비로소 문제의 인식은 물론 정책의 실체성과 방향성이 명확해질 수 있기 때문이다(Heyde, 1925).

이러한 내용은 [그림 3-2]와 같이 설명해 볼 수 있다. 먼저, 사회현상의 파악 · 진단 · 문제 인식 등 일련의 과정은 학자 자신의 가치관이나 세계관을 기초로 하여 이루어지게 된다. 다음으로, 문제의 해결방법과 관련하여 목표 설정—정책수단의 비교 및 선택—개입수준 결정 또한 고도의 가치판단을 필요로 하는 작업이다. 마지막으로, 정책 효과의 평가 및 새로운 대안의 마련 등은 마찬가지로 상당 부분 개인의 가치를 기반으로 하여 이루어질 수밖에 없다.

가치수용론자에 따르면, 가치판단은 학문적 연구를 위한 사전 준비 작업으로서 사회현상에 대한 인식적 기능(cognitive function)을 가지게 된다. 또한 가치판단은 그

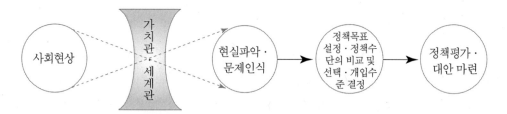

[그림 3-2] 가치판단과 사회복지정책의 결정과정

자체로서 경험적 의미를 가지고 있으며, 이를 바탕으로 한 현실파악은 일종의 진실된 정보로 받아들일 수 있다. 이러한 의미에서 가치수용론자들은 학문연구에서 주관적 가치판단의 개입이 가능할 뿐 아니라, 반드시 필요하게 된다고 주장하고 있다. 예를 들면, Voss(1925)는 사회복지정책을 개인이나 집단의 가치관이나 세계관을 바탕으로 이루어지는 복지행위를 분석하는 학문으로 정의하고 있다. 나아가, Geck(1950)은 사회복지정책 자체를 '사회적 규범학문(soziale Normwissenschaft독)'으로 규정하고 있다. 그에 따르면, 구체적으로 사회복지정책은 인간이 사회생활을 하는 과정에서 필요로 하는 규범을 개발하는 학문으로서 그 중요성이 강조되고 있다.

2) 가치배제론

가치배제론자의 입장에 따르면, 가치판단은 사회현상에 대하여 아무런 정보적 가치를 제공할 수 없는 것으로 간주된다. 그 이유는 다음과 같이 설명할 수 있다.

첫째, 가치판단은 사회현상을 객관적(客觀的)으로 표현하지 않고, 개인의 이상적(理想的) 관점에서 평가하고 있기 때문이다(Kraft, 1951). 둘째, 특정한 사회현상에 대한 가치판단은 개인 간 차이를 보이게 될 뿐만 아니라 그중 누구의 가치판단이 옳은지를 구별할 수 없다(Popper, 1980). 왜냐하면 가치판단은 아무런 경험적 의미를 가지고 있지 못하기 때문이다. 셋째, 가치판단은 학문적 연구분석의 과정을 거치지 않고, 단순히 관념적 인식체계를 통하여 이루어지기 때문이다(Frerich, 1990).

가치배제론자는 사회과학의 학문 영역에서 가치판단을 철저하게 배제해야만 한다고 주장하였다. 왜냐하면 가치판단은 개인별 가치의 이질성에 따라 학문으로서 기본적 요구조건이 되는 보편타당성의 원칙을 훼손할 우려가 높기 때문이다. 이러한 맥락에서 학문으로서의 사회복지정책은 가치판단에 입각한 당위론적(當爲論的; Sollen독) 차원의 연구 접근방식을 지양하고, 가급적 존재하는 사회현실(Sein독) 그 자체를 연구 대상으로 하여야 한다(Molitor, 1965). 나아가, Max Weber(1904)는 학문적 연구에 있어서 가치판단을 배제하고, 나아가 사회복지정책과 정치를 엄격하게 분리하여야 한다고 주장하였다. 왜냐하면 정치는 그 자체로서 윤리·도덕·사회정서·이해관계·가치관·이데올로기·세계관 등 다양한 가치체계가 혼재되어 있는 사회 영역이기 때문이다.

3) 가치논쟁의 종합

현대사회에 들어와 사회복지가 국민경제에서 차지하는 비중과 정치·경제·사회 전반에 미치는 영향력은 괄목할 만한 수준으로 증가해 왔다. 이러한 점을 감안해 볼 때 사회복지정책은 당연히 학문적 연구대상이 되어야 할 필요가 있다. 그러나 사회복지정책에 대한 학문적 연구에서 주관적 가치 개입의 허용 여부에 대한 해묵은 논란은 오늘날에 이르러서도 여전히 계속되고 있다. 하지만 그럼에도 불구하고 이러한 가치논쟁의 과정에서 대체로 가치배제론자의 입장이 우세한 위치를 차지해 오고 있다.

사회복지정책이 학문적 연구 대상이 되기 위해서는 학문으로서의 기본요건이 충족되어야 한다. 즉, 사회복지정책에 대한 학문적 연구는 객관성과 논리성을 바탕으로 이루어져야 하며, 나아가 그 결과는 보편타당성을 가질 수 있어야 한다(Popper, 1980). 왜냐하면 학문적 연구과정에서 학자의 가치판단이 개입될 경우 연구결과는 경험적 가치를 상실하게 되는 문제를 겪을 수 있기 때문이다. 나아가, 이러한 연구방법은 동일한 사회현상에도 불구하고 학자 개인의 주관적 가치에 따라 다른 결과를 가져오게 되는 모순을 초래할 수도 있다.

사회복지정책에 대한 학문적 연구방법과 관련하여 가치수용론자는 가치배제론자의 입장을 다음과 같이 네 가지 측면에서 비판하고 있다. 여기서는 네 가지 측면의 비판과 함께 이에 대한 가치배제론자의 반박을 함께 살펴본다(Lampert, 1985; Frerich, 1990).

(1) 학문적 연구 대상의 선정에서 가치개입의 필요성

무수히 많은 사회복지정책의 영역 가운데 구체적으로 학문적 연구대상을 선정하는 작업은 그 자체로서 학자의 가치판단을 요구하고 있다. 실제로, 인적·물적·시간적 제약을 감안해 볼 때 이러한 가치개입의 문제는 불가피한 것으로 판단된다.

반면, 가치배제론자들의 주장에 따르면, 연구대상을 선정하는 작업은 학문적 연구의 사전 단계로서 가치판단의 문제와는 별개의 것으로 간주할 수 있다. 왜냐하면 주관적 가치의 개입으로 인한 부작용은 본격적인 학문연구의 과정에서 발생하기 때문이다.

(2) 가치판단을 결여하고 있는 연구결과의 유용성 상실 문제

사회복지정책은 국민정서 · 정치적 이데올로기 · 국가이념 등을 기반으로 하여 성립되며, 이러한 일련의 가치이념은 사회복지정책의 방향 설정에 중대한 영향을 미치게 된다. 따라서 학문적 연구과정에서 가치판단이 배제될 경우 연구성과는 현실성을 상실하여 정치적으로 아무런 유용한 가치를 가질 수 없게 되는 문제가 발생할 수 있다.

가치수용론자들의 이러한 지적에 대하여 가치배제론자들은 다음과 같이 반박하고 있다. 사회복지정책에 대한 학문적 연구는 학자 자신의 주관적 가치개입을 자제하고, 대신 사회구성원 대다수가 보편적으로 공감할 수 있는 가치의 문제를 다루는 자세를 필요로 하고 있다. 이 경우 가치의 문제는 학문적 연구의 대상으로서 객관성을 확보하게 되며, 동시에 연구과정에서 발생할 수 있는 학자의 주관적 가치개입과는 전적으로 별개의 사안이 된다(Weber, 1968). 나아가, 전체 국민이 보편적으로 인정할 수 있는 가치체계가 존재할 경우 학자들의 연구작업은 한결 용이할 수도 있다. 왜냐하면 이 경우 학자는 사회적 가치체계를 기반으로 하여 제반 사회현상의 파악 · 문제인식 · 해결방안의 모색 등 일련의 연구작업을 원만하게 수행할 수 있기 때문이다(Molitor, 1965).

가치배제론자들에 따르면, 가치중립적인 시각에서 수행한 연구결과는 정치적으로도 유용성을 가지게 된다. 왜냐하면 객관적인 논리체계를 바탕으로 한 사회현상의 진단과 평가는 사회복지정책의 수립과 집행에 있어서 올바른 방향을 제시할 수 있기 때문이다. 그리고 경험적으로 타당한 학문이론은 사회복지정책이 추구하는 목표를 별다른 시행착오 없이 효율적으로 달성할 수 있도록 하는 수단으로도 활용될 수 있다. 종합하면, 학문으로서 사회복지정책에 대한 가치중립적인 연구자세와 이론 개발은 정치적 수단으로서 사회복지정책의 활용 가치를 극대화할 수 있는 여건 조성을 가능하게 한다.

(3) 가치판단이 배제된 학문연구의 현실진단 및 예측능력 부족 문제

사회복지정책의 학문연구에서 가치판단이 배제될 경우 사회현상의 파악과 문제인식이 모호해질 수 있다. 일반적으로 개별 사회현상은 정치 · 경제 · 사회 전반에서 다양한 요인의 상호작용으로 나타나게 된다. 여기서 연구자가 주관적 가치기준을 가지지 않은 채 연구를 수행하게 될 경우 사회현상의 진단 및 전망, 문제인식 그리고 해결방안의 모색이 불명확하게 되는 문제가 발생할 수 있다. 나아가, 이러한 연구자세는 시간 또는 예산의 제약 그리고 정보의 한계를 감안하더라도 바람직하지 않을 수 있다.

종합하면, 특정한 사회현상에 대한 학문적 연구는 다양한 영향 변수 중 일부를 대상으로 이루어지게 되며, 그 선정과정에서 학자의 추측이나 직관 등 가치개입의 문제가 불가피하게 필요하게 된다. 그러나 이러한 형태의 가치판단은 보편타당한 객관적 논리체계를 갖추게 될 경우 학문적 연구방법론으로서 인정받을 수 있다.

예를 들면, 사회과학 분야에서 흔히 사용되고 있는 '조건형 연구방법(conditional analysis method)'이 여기에 해당된다. 조건형 연구방법은 사회현상의 복잡한 인과관계를 단순화·구체화하여 설명하고, 나아가 앞으로의 상황에 대한 예측과 대안의 모색을 위하여 활용되고 있다. 즉, 조건형 연구방법은 논리적 체계성과 객관적 이론을 바탕으로 '만약 ~이라면, ~이 된다(If~, then~).'라는 식으로 이루어지고 있다. 따라서 이러한 과학적 연구방법을 통해 획득하게 되는 연구결과는 학자들 간의 공유는 물론, 후속연구를 위한 기초 자료로서도 활용될 수 있다.

(4) 가치배제론자들의 정치적 또는 사회적 책임의식의 결여 문제

가치중립적인 연구자세는 자칫 학자의 정치적 또는 사회적 책임을 등한시하게 되는 문제를 초래할 수 있다. 가령 학자의 연구가 애국심이나 인류애 등과 같은 가치주관 없이 이루어지게 될 경우, 연구결과가 자칫 국민의 이익이나 인류 평화를 침해하게 될 위험성이 있다.

이에 대해 가치배제론자들은 다음과 같이 반박하고 있다. 먼저 가치배제론자들에 따르면, 학문적 연구의 내용이나 결과가 국익에 기여하는 방향으로 이루어지건 아니건 간에 그것은 전적으로 학자의 자유다. 이러한 학문의 자유는 비판 대상이 될 수 없으며, 실제로 우리나라의 「헌법」에서도 학문과 사상의 자유는 기본권으로서 보장을 받고 있다. 그리고 사회과학 분야에 대한 연구결과는 사회현상을 수학 공식처럼 명확하게 단정할 수 없으므로 항상 보완의 여지를 가지게 된다. 따라서 학문의 자유를 바탕으로 다양한 방법의 연구가 시도될 경우 양적인 측면에서나 질적인 측면에서 학문과 사회의 발전에 기여할 수 있다. 종합하면, 학문적 연구는 국가 또는 특정한 사회집단의 이해와 상관없이 독립적으로 이루어져야 하는 당위성이 있다.

다음으로 가치배제론자들에 따르면, 학자들의 정치참여는 개인의 자유로서 최대한 보장을 받아야 할 가치가 있다. 다만 이 경우에는 학자로서의 역할과 정치인으로서의 역할이 명확하게 구분되어야 할 필요가 있다. 달리 표현하면, 학자의 학문적 자질이 정치 무대에서 정치적 자질로 혼돈되거나, 학자로서의 지위가 정치적 호응도를 확보할 수 있는 장식품이 되어서는 안 된다는 것이다. 왜냐하면 정치적 능력과 학문적 능력은 전적으로 별개의 사안이기 때문이다. 따라서 정치적 의사결정 과정에서 학자의 지위는 다른 일반 국민과 동일한 기준에서 평가받을 필요가 있다. 이러한 측면에서 오늘날 사회복지를 위시하여 제반 사회과학의 학계를 중심으로 이루어지고 있는 학자들의 정치적 · 사회적 현실참여운동은 많은 비판의 여지가 있다. 예를 들면, 일부 학자들의 경우 스스로의 가치주관이나 개인적 이해관계에 오염된 사이비이론(pseudo-theory)을 배경으로 정치적 영향력을 행사하게 되는 경우가 있다(Albert, 1967). 가치배제론자들에 따르면, 학자의 진정한 역할은 이론적 객관성을 상실하고 있는 사이비 이론을 색출해 내고, 그 배경에 있는 이해관계를 논리적으로 해명하는 데서 찾아볼 수 있다.

제2절 사회복지정책에 있어서 가치이념의 의의와 내용

1. 가치이념의 의의와 역할

사회복지정책 전반에 걸쳐 가치이념(Wertidee)의 문제는 중요한 역할을 하고 있다. 그럼에도 사회복지정책이 추구하고자 하는 가치이념이 구체적으로 무엇인지에 대한 학문적 연구는 극히 제한적으로만 이루어져 오고 있으며, 실제로 대부분의 학자들은 사회복지정책의 가치이념에 대한 논의를 의식적으로 기피하려는 경향을 보이고 있다. 이러한 현상은 오랜 가치논쟁의 과정에서 초래된 부정적 파급효과로 판단된다. 왜냐하면 가치논쟁의 과정에서 사회복지정책의 가치이념은 학문적 연구의 대상이 될 수 없는 것으로 널리 인식되었기 때문이다. 그러나 가치이념의 문제와 관련한 학자들의 이러한 입장은 사회복지정책의 본질에 대한 학문적 논의를 제한하게 되어 결과적으로 사회복지정책의 건전한 발전에 지장을 초래할 위험이 있다.

사회과학의 모든 학문 분야 가운데 특히 사회복지정책은 가치이념의 문제와 불가분의 관계에 있다. 구체적으로, 사회복지정책은 가치이념을 바탕으로 성립되며, 동시에 가치이념을 달성하기 위한 목적에서 실시되어 오고 있다(Sanmann, 1973). 예를 들면, 정치적 차원에서 사회복지정책은 가치이념을 기반으로 국가에 의해 이루어지는 통치 행위의 일환으로 이해할 수 있다. 그리고 학문적 차원에서 논의되는 사회복지정책은 정치적 과정에서 수립된 사회복지정책을 설명·분석·체계화하는 기능을 담당하게 된다. 따라서 학문으로서 사회복지정책 또한 직간접적으로 가치이념의 문제와 관련을 가지게 되는 것으로 생각해 볼 수 있다.

일반적으로 가치이념은 사회구성원 모두가 보편적으로 공유할 수 있는 기본가치(Grundwert^독)로서 국가 운영에서 지도 이념의 역할을 하게 된다. 대표적으로 자유·평화·평등·사회정의·민주주의 등은 인간의 존엄성을 중요시하는 사회의 가치이념이 되고 있다(Transfer-Enquete-Kommission, 1979). 따라서 이러한 가치이념의 실현은 사회복지정책을 포함한 국가의 모든 정책에서 공통적으로 추구하는 과제가 되고 있다.

사회복지정책의 영역에서 가치이념에 대한 학문적 연구는 다음과 같은 측면에서 긍정적인 효과를 가져다줄 수 있다.

1) 사회복지정책의 균형적 발전에 기여

사회복지정책은 그 특성상 가치의 문제와 불가분의 관계에 있다. 그럼에도 가치이념에 대한 공개적 논의가 기피될 경우, 사회복지정책은 종종 특정 정치집단이나 이익집단의 편향된 가치에 의해 보편적 가치이념의 실현이라는 본연의 기능을 상실하게 될 위험성이 있다. 이 경우 국가 전체의 사회복지정책은 [그림 3-3]과 같이 왜곡된 형태로 발전하게 되어, 각종 사회적 갈등 및 낭비 문제가 발생할 수 있다.

국가의 책임으로 이루어지는 모든 사회복지정책은 사회의 보편적 가치이념을 중심으로 상호 균형과 조화를 유지할 필요가 있다. 이러한 의미에서 가치이념은 사회복지정책의 발전에 구심점으로서 중요한 기능을 담당하고 있다(Frerich, 1990).

가치이념에 대한 합리적 논의는 전체 사회복지정책의 균형적인 발전에 기여할 수 있다는 점에서 그 중요성이 강조되고 있다.

첫째, 학자는 국민이 보편적으로 공유할 수 있는 가치이념을 바탕으로 전체 사회복지정책을 조망하고, 아울러 개별 정책 간의 연계성과 조화성에 대한 연구를 수행

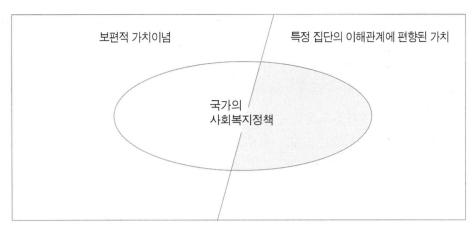

보편적 가치이념　　　　　　　　특정 집단의 이해관계에 편향된 가치

국가의
사회복지정책

[그림 3-3] **가치이념과 사회복지정책의 상호관계**

할 수 있다. 이를 통하여 학자는 특정한 가치나 이해에 편향된 정책을 차단 또는 개선함으로써 국가 전체의 사회복지정책이 균형적으로 발전하는 데 기여할 수 있다.

둘째, 보편적 가치이념은 사회복지정책과 관련한 연구결과들을 비판적 관점에서 상호 비교할 수 있는 수단으로서 역할을 하게 된다. 왜냐하면 사회복지정책에 대한 연구들은 상당수의 경우 관념적인 차원에서 이루어지게 되며, 이 경우 보편적 가치이념은 개별 연구결과들의 비교 · 평가를 위한 기준이나 잣대가 될 수 있기 때문이다.

2) 사회의 다양한 가치이념을 사회복지정책에 반영

일반적으로 가치이념은 국가별로 차이를 보이고 있으며, 시대의 흐름에 따라 부단히 변화하는 속성을 가지고 있다. 가치이념의 이러한 특성을 감안하여 사회복지정책 또한 공간적 차원에서 특수성을 반영하고, 시간적 차원에서 유연성을 유지하여야 할 필요가 있다.

현대사회는 다양한 가치이념이 공존하는 '다원화 사회(pluralistic society)'로서, 국가는 제반 가치이념을 파악하여 사회복지정책에 반영하도록 노력하여야 할 책임이 있다. 그러나 가치이념에 대한 학문적 논의가 의도적으로 기피될 경우 자칫 사회복지정책 분야에서 '독단적 가치(dogmatic value)'가 주도하게 되는 위험한 결과를 초래할 수 있다(Külp, 1969). 여기서 독단적 가치란 맹신적 종교교리나 전통윤리 또는 배타적 우월주의 등 특정한 사상이나 주관에 편향된 가치이념을 의미한다. 이러한 독단적 가치는 경험 학문으로서 사회복지정책이 사회의 변화과정을 파악하고 분석할 수 있는 능력을 제약하게 되고, 나아가 연구결과의 유용성을 떨어뜨리게 되는 문제를 야기할 위험이 있다. 따라서 가치이념에 대한 합리적 논의는 독단적 가치에서 비롯되는 부정적 결과를 극복할 수 있도록 해 주고, 나아가 사회복지정책이 사회의 다양한 가치이념을 수용할 수 있는 환경 조성에 기여할 수도 있다.

3) 사회복지 관련 정책목표의 합리성 유지에 기여

사회복지정책은 국민의 복지문제를 다루는 국가의 정책으로서 정치적 의사결정 과정을 통하여 수립된다. 여기서 가치이념과 목표는 정치적 의사결정 과정에서 핵심적인 변수로 작용하게 된다. 일반적으로 가치이념과 목표는 모두 어떠한 상황을 지향하게 된다는 점에서 공통점이 있다. 그러나 이 두 가지 변수는 다음과 같은 측면에서 본질적인 차이점을 보이고 있다.

먼저, 가치이념은 많은 수의 사회구성원이 공동으로 추구하는 이상 또는 세계관으로 일종의 이상향(utopia)으로서 기능을 하고 있다(Engelhardt, 1973). 일반적으로 사람은 가치이념이라는 인식체계를 바탕으로 주어진 사회현상에 대하여 즉흥적이고 감성적인 반응을 하는 경향을 가지고 있다. 그리고 사람은 자신의 주관적 가치관을 바탕으로 사회 전반의 현상을 동일한 시각에서 파악하려고 하는 성향을 보이고 있다. 이러한 점에서 가치이념은 그 실현에서 합리성이나 구체성을 결여하게 되는 한계점을 지닌다. 따라서 Sanmann(1973)은 가치이념을 '형이상학적 목표(Meta-Ziel[독])' 또는 '공허한 행동규범(Leerformel[독])'으로 정의하고 있다.

다음으로, 목표는 합리적인 사고와 치밀한 계산을 바탕으로 사회현상을 개선하고자 하는 행동전략으로 이해할 수 있다. 일반적으로 목표는 사회현상의 개선 방향 및 내용 그리고 이를 달성하기 위한 방법 및 수단 동원 등의 측면에서 현실성을 보이게 된다. 나아가, 목표는 구체적인 사회현상을 대상으로 하는 행동규범이 되며, 가치이념과는 달리 개개의 사회현상에 따라 상황의 인식 그리고 행동반응이 다르게 나타나게 되는 특성이 있다. 이러한 의미에서 Sanmann(1973)은 목표를 '구체화된 가치이념(Konkretisierte Norm[독])'으로 정의하고 있다.

사회복지정책에 대한 의사결정 과정에서 가치이념과 목표는 [그림 3-4]와 같이

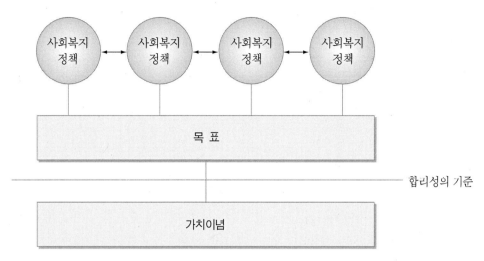

[그림 3-4] 사회복지정책에서의 가치이념과 목표의 기능

상호 긴밀한 기능적 연계를 가질 수 있도록 할 필요가 있다. 가치이념은 비록 합리성과 구체성을 결여하고 있지만 거시적 차원에서 사회복지정책의 목표설정에서 중요한 역할을 담당하게 된다. 이러한 의미에서 학자들은 가치이념에 대한 직접적인 연구는 물론, 가치이념과 목표들과의 논리적 연계성 그리고 개별 목표들 상호 간의 작용(예: 목표 정합성 또는 배타성) 등을 연구하고자 하는 자세를 견지할 필요가 있다(Winterstein, 1973). 나아가, 국가의 사회복지정책들이 가치이념과 목표들을 바탕으로 수립될 경우 전체 정책들은 상호 이상적인 조화를 이루며 발전할 수 있다.

2. 가치이념의 내용

사회복지정책은 국가의 다양한 가치이념을 실현하기 위한 목적으로 실시된다. 여기서는 사회복지정책에서 특히 중요하게 다루고 있는 자유, 평등 그리고 민주주의에 대해 살펴보고자 한다.

1) 자 유

현대 민주주의 국가는 인간의 존엄성을 최대한 존중하는 사회로 정의해 볼 수 있다. 국가는 그리고 개인이 인간으로서의 존엄성을 유지하면서 살아갈 수 있도록 국민 개개인에게 자유를 충분한 수준으로 보장하여야 할 의무가 있다.

일반적으로 자유는 국가나 사회의 지배 가치에 간섭을 받지 않고 개인이 자신의 신념과 판단에 따라 자유롭게 자아를 실현할 수 있는 권리를 의미한다. 따라서 자유는 인간이 자신의 책임으로 스스로의 존엄한 생존을 보장할 수 있도록 하는 권리다 (Glaeser, 1980).

현대 민주주의 사회에서 자유는 인간의 기본권리로 보호받고 있다. 우리나라의 「헌법」에서도 직업선택의 자유, 사상과 양심의 자유, 언론과 출판의 자유, 집회와 결사의 자유, 거주 이전의 자유, 사생활의 보호, 재산권의 보호 및 처분의 자유 등이 자유권의 일환으로 보장되고 있다. 나아가, 자본주의 사회의 기본원리로서 모든 국민은 자유로운 경제활동을 할 수 있는 권리를 가진다.

그러나 이러한 자유권은 사회의 모든 구성원에게 무제한적으로 보장될 수 없는 한계를 가지고 있다. 왜냐하면 개인이 자유권을 행사함으로써 타인의 자유권을 침해하게 되는 경우가 발생할 수 있기 때문이다. 예를 들면, 국가는 다수의 부당한 행위로부터 소수의 기본권리를 보호하기 위하여 또는 사회질서의 유지나 공익의 보호 등을 명분으로 별도로 개인의 자유권을 제한할 수 있는 권한을 가지고 있다. 그러나 이 경우에도 국가는 합리적인 규제장치를 마련하여 그 테두리 내에서 모든 국민이 자신의 자유권을 최대한 행사할 수 있도록 노력하여야 할 책임이 있다(Watrin, 1976).

오늘날 인간은 스스로의 존재 가치와 존엄성을 가지고 있는 것으로 인정받고 있다. 그러나 모든 인간이 동일한 존엄성을 가지고 있음에도, 동시에 인간은 다양한 측면에서 서로 다른 특성을 보이고 있다. 첫째, 인간은 성별, 체형, 성격, 재능 등 유전적 측면에서 서로 다르다. 둘째, 인간은 가정교육, 주변의 여건 등 환경적인 측면에서 서로 다르게 성장하고 생활하고 있다. 셋째, 인간은 주어진 정치적 · 경제적 · 사회적 환경에 대하여 서로 다르게 반응하고 행동하는 성향이 있다.

이러한 인간의 다양성을 감안하여 국가는 모든 국민이 자신의 자질과 적성을 최대한 살릴 수 있는 사회환경을 조성해 줌으로써 존엄한 인간으로서의 생존권을 자력으로 확보할 수 있도록 하여야 할 책임이 있다. 따라서 사회복지정책 또한 이러한 방향에서 개인의 자유권이 보장될 수 있도록 수립하여야 할 필요가 있다.

2) 평 등

(1) 평등의 정의와 종류

평등은 사회복지정책에서 특히 중요하게 다루는 가치이념이다. 그러나 평등이라는 개념은 통일성 없이 학자들에 따라 각기 다르게 정의되어 오고 있다.

Frerich(1990)는 평등의 개념을 절대적 평등(absolute equality), 상대적 평등(relative equality) 그리고 기회의 평등(equal opportunity)으로 구분하여 정의하고 있다.[1]

첫째, 절대적 평등은 흔히 '결과의 평등'으로도 정의되며, 이는 권리 및 의무 그리고 사회적 자원의 배분이 모든 사람에게 동등하게 이루어져야 한다는 것을 의미한다. 달리 표현하면, 인간은 능력, 노력, 개성, 선호 등 제반 측면에서 상호 간의 차이에 상관없이 모두 동등한 처우를 받을 권리가 있다. 그러나 이러한 절대적 평등은 사전적 차원에서 인간 개개인의 차이점을 무시하고, 나아가 서로의 다름을 평등의 차원에서 차별하게 될 경우 사후적 차원에서 달성될 수 있다.

둘째, 상대적 평등은 개인의 욕구(needs^{영}, Bedarf^{독}) 또는 능력(ability^{영}, Leistung^{독})을 기준으로 하여 분배가 이루어지게 될 경우 실현되는 평등의 개념이다. 일반적으로 개인은 가족, 건강, 욕망 등 각자의 상황에 따라 필요로 하는 소득의 수준을 서로 달리할 뿐 아니라, 소득을 창출할 수 있는 능력 또한 개인 간 차이를 보인다. 이에 따라 전자와 같이 욕구나 필요의 수준에 따라 사회적 자원이 개인별로 배분되는 것을 욕구 또는 필요의 정의(Bedarfsgerechtigkeit^{독})라고 하며, 후자와 같이 개인별 능력을 기준으로 자원의 배분이 이루어지는 것을 능력의 정의(Leistungsgerechtigkeit^{독})라고 부른다. 종합하면, 상대적 평등은 사전적 차원에서 '같은 것은 같게 그리고 다른 것은 다르게' 구분하여 처우하게 될 경우 달성될 수 있는 일종의 '공정(fairness)'의 개념으로서, 사후적 차원에서 볼 때는 사회적 자원의 배분이 개인별로 차등화되는 문제를 가지고 있다.

셋째, 기회의 평등은 사전적으로 모든 사람에게 자아실현의 기회를 동등하게 제공하도록 하는 평등의 개념이다. 이 경우 개인의 자율적인 행위에 따라 사후에 나타나게 되는 결과의 불평등은 정책적 고려에서 제외되도록 하고 있다.

---

1) 이와 유사한 방법으로 평등의 개념을 정의한 국내 문헌으로는 김태성(1994)의 평등, 효율 그리고 사회복지, 사회복지연구, 제5호. p. 3을 참조하기 바란다.

(2) 평등과 자유의 관계

일반적으로 평등은 자유와 대립되는 목표를 추구하는 가치이념으로 이해된다. 자유는 인간의 다양한 특성을 바탕으로 개인이 자율적으로 자아실현을 할 수 있도록 보장하는 가치이념인 반면, 평등은 인간 상호 간 차별성의 해소를 지향하는 가치이념이 되고 있다. 현대의 자유민주주의 사회는 이러한 두 가지 상반된 가치이념을 어떻게 조화시켜야 할 것인가 하는 과제를 가지고 있다. 왜냐하면 이러한 사회의 경우 자유와 평등은 모두 「헌법」으로 보장된 국민의 기본권이 되기 때문이다.

자유민주주의 사회에서 자유는 평등보다 비중이 높은 가치이념으로 평가받고 있다(Glaeser, 1980; Rawls, 1975). 이와는 달리 평등이 주도적인 가치이념으로 존재하게 될 경우, 그 사회는 다음과 같이 모순된 상황에 직면할 수 있다. 즉, 빈곤이나 사회 불안에 상관없이 단순히 평등하다는 사실 그 자체로 바람직한 사회가 되는 논리적 모순 현상이 발생할 수 있다. 이러한 의미에서 평등이 자유와 결합되고, 동시에 자유라는 가치이념을 지향하게 될 경우에만 비로소 평등은 본연의 가치를 최대한 발휘할 수 있다(Rupp, 1980).

(3) 자유와 결부된 기회의 평등

앞서 언급하였듯이, 평등은 분명 사회복지정책이 추구하여야 하는 가장 중요한 가치이념이다. 그러나 이러한 평등은 결코 인간의 모든 차이점을 제거하여 동일화하고, 다양한 행위의 결과를 균등화하는 개념으로 이해되어서는 곤란하다. 사회복지정책은 오히려 인간의 다양성을 인정하는 방향에서 평등의 가치를 실현하도록 노력할 필요가 있다. 이를 위하여 인간의 자아실현을 위한 전제조건이 되는 기회의 균등한 보장과 기초적인 수준에서 생존권의 보장이 보편적으로 이루어져야만 한다. 왜냐하면 물질적 궁핍으로부터 해방되고 공정한 경쟁이 보장될 수 있는 사회의 경우, 개인은 자신의 개성과 능력을 최대한 발휘할 수 있고 스스로의 복지 향상을 도모할 수 있는 진정한 자유를 누릴 수 있게 되기 때문이다.

자유의 관점에서 볼 때 기회의 평등에 대한 이해의 폭을 넓힐 수 있다. 인간은 성격, 재능, 정신적ㆍ육체적 능력, 근면성 등의 측면에서 차이를 보이고 있다. 따라서 기회의 평등은 단순히 모든 사람이 동일한 선에서 출발할 수 있도록 하는 것이 아니라, 개개인이 적성과 자질에 적합한 분야에서 자신의 능력을 최대한 발휘할 수 있는 다양한 기회를 제공할 수 있는 방향에서 모색되어야 한다. 이러한 의미에서 자유의 가치이념에 결부된 평등은 사회의 발전과 삶의 질 향상을 목표로 하는 사회복지정책의 지평을 상향 조정할 수 있는 중요한 역할을 하게 된다. 같은 맥락에서 사회복지정책은 사회가치의 변화에 유연하게 대처하고 개인의 다양한 욕구를 수용할 수 있는 기반으로서 소위 '복지 다원주의(welfare pluralism)'의 정신을 지향하는 방향으로 발전하여야 한다.

(4) 평등의 차원에서 자유의 제한

평등과 자유는 다음과 같은 측면에서도 상호 보완관계를 유지할 필요가 있다. 인간의 자율적인 경제활동을 통해 나타나게 된 결과에 대하여 국가가 평등의 가치이념을 토대로 개입하는 행위는 최소한의 수준에서 억제될 수 있도록 하여야 한다. 즉, 개인이 자신의 재능과 노력을 발휘하여 얻게 되는 이익은 가급적 당사자의 몫으로 보장을 받을 수 있도록 하여야 한다. 왜냐하면 평등의 관점에서 개인의 자유로운 행위와 그에 따른 과실의 향유를 지나치게 제한할 경우, 그 사회의 국민은 낮은 수준에서 삶의 질을 평등하게 공유하게 되는 부정적인 결과가 발생할 수 있기 때문이다.

그러므로 평등의 가치이념을 바탕으로 한 국가의 개입은 부의 불평등이 심각하여 국민의 자유가 동등하게 보장될 수 없을 때 비로소 이루어질 필요가 있다. 예를 들면, 사회계층별로 부 또는 빈곤이 대물림되는 사회의 경우 국민이 각자의 자아를 실현할 수 있는 기회가 불공평하게 되므로 국가의 적극적인 개입을 필요로 하게 된다. 종합하면, 국민 개개인의 자유를 최대한 보장할 수 있는 방향에서 사회복지정책이 수립될 경우, 그 사회는 높은 수준의 평등과 삶의 질을 보편적으로 보장할 수 있게 된다.

(5) 자유와 평등의 교량으로서 개성주의

일반적으로 자유는 이웃과 고립되어 살아가는 인간 사회를 조장하는 가치이념으로 잘못 이해되는 경향이 있다. 그러나 자유는 개인주의(individualism)와 전체주의(collectivism)라는 양극단의 중간에 위치하는 개성주의(personalism영, Personalismus독)를 지향하는 가치이념이다(Glaeser, 1980). 독일어 사전 『DUDEN』(1983)에서는 개성주의에 대해서 다음과 같이 정의하고 있다. 개성주의는 현대철학의 용어로서 인간을 사회환경의 영향을 받고 동시에 사회환경의 변화에 영향을 미치는 존재로 파악하고 있다. 개성주의의 사회철학에 따르면, 인간은 각자 합리성의 시각에서 사회현상의 흐름을 부단히 인지·평가하고 반응할 줄 아는 능력을 갖추고 있다. 이러한 의미에서 개인은 공정한 사회질서 속에서 진정한 자유를 누릴 수 있게 되며, 나아가 각종 사회적 재난이나 권력 집단의 부당한 행위에 의해 자유를 제약받게 될 경우 스스로를 보호할 수 있는 힘을 결집할 수 있게 된다. 따라서 인간은 자유의 가치이념을 바탕으로 사회적 공생을 위한 우애정신과 연대의식을 가지게 된다. 그리고 이러한 공생정신은 자유와 평등을 연결하는 교량 역할을 담당한다.

현대사회의 국가는 민간 차원의 공생정신을 국민적 차원의 연대정신으로 승화시켜야 하는 과제를 안고 있다. 왜냐하면 현대사회의 국가는 전체 국민을 대상으로 물질적 차원의 생존권 보장과 사회적·문화적 차원의 최저수준 보장의 의무를 가지고 있기 때문이다. 나아가, 국가의 사회적 책임은 사회의 발전과정에서 지속적으로 증가하게 되는 경향을 보이고 있다. 그러나 이 경우에도 국가는 연대정신이 강제적인 차원이 아니라 자발적인 차원에서 승화될 수 있도록 사회환경을 조성할 수 있는 능력을 갖추어야 한다. 왜냐하면 국가에 의해 강요된 연대성은 자칫 사회구성원 간 내적 갈등과 또 다른 불평등을 초래할 우려가 있기 때문이다. 종합하면, 국민이 각자 자신의 자유권을 최대한 행사할 수 있는 사회환경을 갖추고 있는 국가에서만 높은 수준의 평등이 실현될 수 있다.

3) 민주주의

(1) 민주주의의 정의

민주주의(democracy)란 모든 시민이 동등한 자유권과 정치적 참여권을 보장받고, 아울러 각자의 존엄한 인격을 존중받을 수 있는 사회를 지향하는 사회사상을 의미한다. 오늘날 민주주의는 너무 당연하여 평범하고 진부하게 들릴 수도 있으나, 이는 결코 저절로 주어진 것이 아님을 유의해야 할 필요가 있다. 예를 들면, 고대 그리스의 대표적 철학자로서 오늘날에 와서도 상당한 사상적 영향력을 미치고 있는 아리스토텔레스조차도 사회란 본래 신분이 서로 다른 사람들로 구성되어 있으며, 따라서 노예는 물론이거니와 여성 또한 남성에게 신분적으로 예속되어 살아가는 것이 정상적인 현상이라고 주장하였다. 또 다른 사례로 정치적 참여권의 경우 여성에게까지 선거권이 확대된 시기는 독일 1919년 그리고 스위스는 1971년으로 비교적 최근으로 파악되고 있다. 따라서 이전까지는 정치적 권리행사에 있어서 민주주의 원칙이 광범위하게 제약을 받고 있었음을 알 수 있다.

(2) 민주주의와 복지국가의 관련성

인간으로서 동등한 존엄성과 존중 그리고 자기결정권 등은 민주주의의 핵심적 요건이 된다. 그러나 이러한 민주주의의 요건 또한 자동적으로 실현되는 것이 아니라, 경제·사회 환경의 변화에 따라 그 목표와 수단을 지속적으로 개량 또는 확장해야만 한다. 나아가, 개인에게 있어서 자아존중감이나 자기결정권은 사전적으로 물질적 뒷받침이 전제될 경우에만 지켜질 수 있다는 점을 유의할 필요가 있다. 왜냐하면 의식주와 같이 인간의 생존에 필요한 기본적 욕구가 충족되지 않는 상황에서 자유란 공허한 메아리가 될 가능성이 높기 때문이다. 이러한 차원에서 볼 때 복지국가는 자유와 민주주의가 상호 연결될 수 있는 교량적 역할을 하게 된다(Friedrich-Ebert-Stiftung, 2012). 달리 표현하면, 복지국가는 민주주의 사회질서의 작동이 원활하게 이루어질 수 있는 제도적 전제조건이 된다(Herzog, 1988).

민주주의의 토대를 보다 공고하게 하기 위한 전략으로서 복지국가의 기능과 역할을 대대적으로 강화하는 방안을 생각해 볼 수 있다. 이러한 내용을 Wilensky와 Lebeaux의 복지국가 분류방식에 적용하여 설명해 보면 다음과 같다. 즉, 국가는 단순히 사회적 약자 계층만을 대상으로 그들의 육체적 생존기회를 보장해 주는 잔여적 복지국가(residual welfare state)에서, 국민의 일상생활을 구성하는 다양한 영역에 걸쳐 국가가 포괄적으로 개입하는 제도적 복지국가(institutional welfare state)로 그 역할을 확장해 나아가야 한다.

이외에도 복지국가는 교육과 지식·정보의 분야에 대한 지원을 강화하여 기회균등의 실현과 함께, 각자가 가장 합리적인 방식으로 자기결정권을 행사할 수 있는 역량을 갖출 수 있도록 하여야 할 것이다. 아울러 빈곤구제의 방식은 더 이상 개인적 온정이나 시혜 또는 동정심을 바탕으로 한 기부나 자선행위에 일임할 것이 아니라, 보편적 최저생활보장에 대한 국민의 권리와 국가의 의무와 같이 제도적 차원으로 접근해야만 할 것이다. 따라서 이러한 경우에서만 사회복지에 대한 의존심리나 부정수급과 같은 문제를 효과적으로 예방할 수 있고, 동시에 낙인효과 등으로 인해 급여 신청 자체를 포기하고 있는 '은폐된 빈곤문제'를 근본적으로 차단할 수도 있을 것으로 생각된다. 종합해 보면, 진정한 민주주의는 사전적으로 사회복지정책, 나아가 복지국가와 같은 제도적 뒷받침을 필수적으로 필요하게 된다는 것을 알 수 있다.

(3) 민주주의와 정치

민주주의와 복지국가가 서로 불가분의 관계를 가지게 된다는 점에서 민주주의는 '사회적 민주주의(social democracy)'로 재정의해 볼 수 있다. 독일의 경우, 산업화 초기 국가의 조직적 방해와 탄압에도 불구하고 마침내 1868년 독일노동자총연맹이 출범하게 되었다. 그날의 연설문을 살펴보면, "정치적 자유는 노동자계급이 경제적 종속과 신분적 예속으로부터 해방될 수 있는 필수적인 선결 조건이다. 따라서 사회문제인 노동자문제 또한 정치와 불가분의 관계를 가지고 있기 때문에, 민주주의 국가체제하에서 노동자문제는 당연히 정치적으로 또는 정치적 차원에서만 극복해 나갈 수 있다." 이러한 차원에서 볼 때 사회문제에 대한 해결능력은 '정치적으로 의식화되어 있고 조직적으로 힘을 결집할 수 있는 능력', 즉 정치적 역량에 의해 결정된다고 볼 수 있다(Friedrich-Ebert-Stiftung, 2009). 그리고 이를 가늠해 볼 수 있는 지표로서 투표율, 정당 활동 및 행사의 참여율, 기타 정치활동의 형태 등은 민주주의의 질적 수준을 결정하는 중요한 요소가 될 수 있다. 하지만 이러한 정치적 참여 수준은 통상적으로 개개인의 경제적 지위나 학력 등에 따라 현저한 차이를 보이게 된다는 점을 감안해 볼 때 복지국가는 이와 같은 차이를 좁혀 나갈 수 있는 유효한 정책수단이 될 수 있다.

일반적으로, 자유란 개인이 자신의 삶을 독자적으로 결정할 수 있는 권리를 의미한다. 이는 소극적 자유로서, 각 개인은 국가의 제제나 간섭 없이 자유롭고 독립적인 삶을 영위할 수 있는 권리를 가지는 것으로 본다. 오늘날 자유민주주의 체제질서를 채택하고 있는 국가에 있어서 사회복지정책은 단순히 국가의 다양한 정책들 가운데 하나가 아니라, 민주주의의 필수적 요소로 간주된다. 왜냐하면 복지국가와 같은 확고한 제도적 뒷받침이 선행될 경우에만 국민은 정치·경제·사회의 질서 형성과정에 참여 또는 간여할 수 있는 권리, 즉 적극적 자유를 행사할 수 있기 때문이다. 그리고 여기서 특히 주목하여야 할 점으로서 국민 각자에게 주어진 소극적 자유는 독재 권력에 항거하여 민주주의의 기본가치를 지켜 내고자 하는 국민의 단결된 힘, 즉 적극적 자유를 위한 노력과 희생이 전제될 경우에만 보장을 받을 수 있다는 것이다.

제3절 가치이념의 관점에서 본 복지국가의 역할

우리는 사회복지의 가치이념을 적극적으로 추구하는 국가를 흔히 복지국가라고 부른다. 오늘날 서구 선진국에서 복지국가는 국가의 존재 가치를 확보할 수 있는 본질적인 목표로 받아들여지고 있다. 그러나 사회복지정책의 가치이념이 무엇인지에 대한 보편적인 합의가 존재하고 있지 않듯이 복지국가의 실체와 방향성 또한 학자에 따라 다르게 정의되고 있다. 이에 따라 복지국가가 담당해야 하는 역할은 학자 개인의 주관적 가치에 따라 다르게 제시되고 있다.

여기서는 복지국가의 역할을 Pilz(1978)와 Frerich(1990)의 연구자료를 토대로 다음의 네 가지 기준으로 구분하여 살펴보고자 한다. 복지국가의 역할에 대한 이 네 가지 기준은 단순히 개념적 차원에서뿐만 아니라, 국가별로 복지국가의 특성을 파악하기 위한 중요한 판단 근거로 활용될 수 있을 것이다.

1. 사회적 조화의 차원에서 갈등의 해소

복지국가의 본질적 역할은 사회적 긴장이나 갈등을 해소하여 사회질서를 안정적으로 유지하는 데서 찾아볼 수 있다. 이와 같은 복지국가의 역할은 19세기 고전적 자유주의의 가치관에 바탕을 두고 있다. 이에 따르면, 국가는 사회질서를 형성하고 유지해야 하는 임무를 가지고 있으며, 이러한 사회질서의 틀 속에서 국민은 각자 자신의 삶을 자유롭고 공정하게 영위해 나갈 수 있다.

이 고전적 자유주의 사상에 따르면, 국가는 치안이나 국방 등과 같은 일부 공공재의 생산을 제외한 다른 역할들은 가급적 자제하고, 대신 사회질서나 제도의 자율적 기능에 대해 높은 가치를 부여하고 있다. 이러한 차원에서 볼 때 복지국가의 역할은 주로 사회의 안정이나 통합을 저해할 수 있는 이해갈등을 조절하여 사회적 조화(social harmony)를 유지해야 하는 과제로 제한을 받게 된다.

복지국가에 대한 이러한 견해는 국가의 역할을 지나치게 좁게 파악하고 있다는 점에서 문제가 있다. 즉, 고전적 자유주의는 복지국가의 역할을 사회안정과 질서유지의 차원에서 개인 또는 사회계층 간 이해의 조정자로 한정하고 있다는 것이다. 반면에 이러한 성격의 복지국가는 사회적 갈등의 원인을 제공하고 있는 왜곡된 사회현상의 치유에 대해서는 별다른 대책을 제시하지 못하는 한계를 드러내고 있다. 그리고 여기서 국민 개인과 사회의 관계는 단순히 권리와 의무의 교환관계로 제한을 하고 있다. 즉, 개인은 국방 및 납세 등과 같은 공공의 의무를 성실하게 이행하여야 하고, 그 반대급부로서 개인은 국가로부터 자유·안전·사회보장 등과 같은 보호를 청구할 수 있는 권리를 가지게 된다.

2. 사회정의의 차원에서 사회문제의 부작용 해소

복지국가는 국가나 사회와 같은 외부적 요인으로 인해 국민이 겪게 되는 경제적 피해나 심리적 불안 등 고통으로부터 국민을 보호해야 할 책임이 있다. 대표적으로, 자연재해, 전쟁, 빈곤 또는 국가의 정책결정으로 인한 개인의 경제적 피해(예: FTA의 체결로 인한 농어민의 피해) 등이 보호의 대상이 될 수 있다. 그리고 이와 같은 문제에 대응한 복지국가의 역할은 사회정의 차원에서 이루어져야 할 필요가 있다.

복지국가의 역할에 대한 이러한 관점은 다음과 같은 특성이 있다. 복지국가는 주어진 사회체제(예: 자본주의 시장경제체제) 안에서 단순히 국민의 생존과 안녕을 보호해 주는 역할뿐만 아니라, 더 나아가 사회질서의 교정 및 개혁을 시도함으로써 보다 높은 차원의 사회정의를 실현해야 하는 과제를 가지고 있다. 이와 유사한 의미에서 김태성과 성경륭(1995)은 복지국가의 역할을 다음과 같이 정의하고 있다. "복지국가는 사회정의 차원에서 자본주의를 수정하거나 자본주의가 초래하는 문제를 완화함으로써 자본주의 산업사회를 인간화하고, 궁극적으로 자본주의 사회질서의 내적 견고성을 강화하는 역할을 수행하여야 한다."

이러한 목적을 달성하기 위하여 복지국가는 ① 사회적 약자의 보호를 위하여 소득의 분배과정에 적극적으로 개입하고, ② 인간의 생존이나 복지에 중대한 영향을 미치는 부문(예: 보건의료, 교육, 주택 등)에 대하여 시장의 기능을 제한하여 사회서비스에 대한 접근성을 용이하게 하며, 궁극적으로 ③ 자본주의 경제질서를 사회정의 차원에서 조정하는 역할, 즉 사회계량적 역할을 수행하여야 한다.

3. 진정한 민주주의의 실현

복지국가는 민주주의 정치체제를 기반으로 할 경우에만 비로소 올바른 방향으로 발전할 수 있다. 왜냐하면 사회복지와 관련한 국가의 정책이 소수의 정치권력에 의해 독점적으로 결정될 경우 사회문제에 대한 객관적 평가와 이에 기초한 정책 대응이 민주적으로 이루어질 수 없기 때문이다. 나아가, 현대사회의 대의민주주의는 다수결의 원칙을 바탕으로 하게 되므로 소수의 사회적 약자가 복지국가의 정책결정 과정에서 소외되는 문제도 발생할 수 있다. 따라서 복지국가가 균형적으로 발전할 수 있기 위해서는 민주주의 자체가 사회화(socialization)되어야 할 필요가 있다(전광석, 2000). 예를 들면, 비록 사회복지정책이 민주주의적 합의의 절차를 통하여 성립될 수밖에 없는 한계를 가지고 있지만, 이러한 사회복지정책은 자유·평등·사회정의라는 가치이념을 바탕으로 국민 개개인의 다양한 이해를 고르게 반영할 수 있는 법적·제도적 장치를 구축하여야 한다.

　복지국가의 역할에 대한 이러한 관점은 다음과 같은 특성을 갖는다. 복지국가의 역할은 경제민주주의를 통한 자본주의 사회질서의 대대적인 개혁에서 찾아볼 수 있다. 즉, 복지국가는 사회정의 차원에서 사회문제와 그로 인한 고통의 해소는 물론 사회적 불이익이나 사회적 약자를 양산하게 되는 사회체제 또는 사회구조의 모순(예: 대기업의 독점적 시장 지배력, 부의 세습 등)을 제거하여야 하는 과제를 가지고 있다. 구체적으로, 복지국가의 역할은 경제질서의 사회화, 경제와 사회의 포괄적 민주화 그리고 국가의 법질서에서 진정한 민주주의 이념의 실현 등에 있다. 나아가 민주주의의 가치이념인 자유는 단순히 형이상학적 차원에서 논의되고 있는 자유로운 인간상이 아니라, 현실적 차원에서 사회적 부조리나 물질적인 궁핍으로부터 해방된 진정한 자유인으로서의 인간상을 지향하여야 한다.

4. 사회주의의 실현

　인간으로서의 진정한 존엄성은 사회주의의 이상적 사회에서 비로소 실현될 수 있다. 왜냐하면 사회주의는 정치·경제·사회의 모든 측면에서 완전한 평등사회를 지향하는 가치이념을 지니고 있기 때문이다. 이러한 관점에 따르면, 복지국가는 자본주의적 잔재를 완전하게 해소할 수 있을 때까지 과도기적으로만 필요로 하게 되며, 종국적으로 사회주의가 복지국가의 역할을 대체하게 된다. 나아가 일부 사회주의자들에 따르면, 복지국가는 노동자계급을 착취하고 정치적 지지기반이 허약한 자본주의의 생명을 연장시켜 주는 일종의 야전병원(Lazarett-Station독)으로서의 역할을 하게 되므로 자본주의와 함께 타도 대상이 되기도 한다.

그러나 이와 같은 사회주의의 실현은 이상과는 달리 국가가 정치 · 경제 · 사회 · 문화 등 전반적 분야를 평등의 관점에서 통제하게 되고 모든 의사결정이 중앙집권화됨으로써, 결과적으로 '사회 또는 국민 위에 군림하는 국가'의 등장을 초래하게 되는 모순을 보이게 된다.

제4장 사회사상과 복지국가의 유형

제1절 사회사상

1. 사회사상의 정의와 기능

사회사상은 인간이 지향하는 다양한 사회체제들의 철학적 배경이 된다. 그리고 사회사상은 복지국가의 양적·질적 수준을 결정하는 요인으로도 작용할 수 있다는 점에서 중요한 의미를 가지고 있다. 이러한 사회사상을 정치적 스펙트럼에 따라 나열해 보면, [그림 4-1]과 같이 자유주의, 진보주의, 집합주의로 정리해 볼 수 있다. 각각의 사회사상이 사회복지정책에 대해 가지고 있는 기본입장을 살펴보면 자유주의는 개인적 자율성과 시장기능의 중요성을 강조하고 있다. 반면, 집합주의는 복지문제에 대한 공동체적 해결과 국가의 역할을 주장하고 있다. 그리고 좌와 우의 중간에 위치한 진보주의는 실용적 차원에서 시장과 국가의 역할분담을 역설하고 있으며, 대표적으로 공리주의와 Rawls의 사회철학이 여기에 해당될 수 있다.

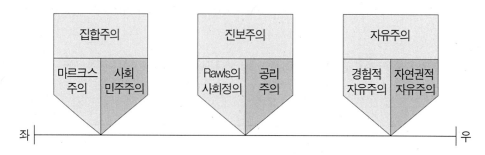

[그림 4-1] 사회사상별 정치적 스펙트럼

2. 사회사상의 종류

1) 자유주의

자유주의(libertarianism)는 Adam Smith와 같은 고전적 자유주의자의 사상에 뿌리를 두고 있으며, 이는 다시 정치적 관점에 따라 자연권적 자유주의(natural-rights libertarianism)와 경험적 자유주의(empirical libertarianism)로 구분된다.

(1) 자연권적 자유주의

자연권적 자유주의자들은 일부 예외적 상황을 제외하고는 국가 개입 자체를 도덕적으로 잘못된 것으로 간주하고 있다. 그리고 그들은 개인의 재산권을 도덕의 기준에서 파악하고, 이는 자연권으로서 보호를 받아야 한다는 입장을 보이고 있다.

자연권적 자유주의자인 Nozick(1974)에 따르면, 모든 사람은 자신의 노력에 상응하는 몫을 차지할 권리를 가지며, 이는 보유의 정의(justice in holding)로 명명하고 있다. 이와 같은 보유의 정의는 다음과 같은 세 가지 요소로 구성된다. 첫째, 획득의 정의(justice in acquisition)로서 보유는 경제활동을 통하여 획득한 대가를 중심으로 이루어져야 한다. 둘째, 이전의 정의(justice in transfer)로서 정당한 상속을 통한 부의 이전은 허용되어야 한다. 셋째, 교정의 원리(principle of rectification)로서 국가는 부당한 방법으로 획득한 보유를 환수하여 재분배의 재원으로 활용할 수 있다.

자연권적 자유주의자들에게 있어서 국가의 핵심적 임무는 국민의 재산권을 보호하는 데 있다. 이러한 차원에서 볼 때 국가의 지나친 과세 행위는 국민이 정당한 노력으로 획득한 소득이나 재산을 약탈하는 일종의 도적질로 간주할 수 있다. 이에 따라 조세를 주된 재원으로 하는 국가의 분배정책은 제한적 수준으로만 국한되어야 한다. 종합해 보면, 자연권적 자유주의자들에게 있어서 국가는 야경국가로서 그 역할을 치안, 국방, 사회질서의 유지 등 기본적 공공재의 생산으로 제한하여야 한다.

(2) 경험적 자유주의

경험적 자유주의자들은 고전적 자유주의의 전통을 현실 사회에 적합하게 재조정하여 적용해야 한다고 주장하고 있으며, 여기에는 Hayeck와 Friedman이 대표적인 학자다. 그리고 이들은 국가의 개입을 도덕적 사유 때문이 아니라, 그것이 가져다주게 될 부작용에 대한 우려 때문에 반대하고 있다.

경험적 자유주의는 다음과 같은 세 가지의 특징을 가지고 있다.

첫째, 개인의 자유가 가장 최우선적 가치를 가진다. Hayeck(1960)은 과도한 평등의 추구는 자칫 개인의 자유를 제약하거나 침해할 수 있다는 우려를 제기하고 있다.

둘째, 시장은 개인의 자유를 보호하고 경제적 편익을 창출하는 가장 효율적인 기구로 간주하고 있다는 점이다. 그리고 한 개인의 행위에 대해 시장이 제공하는 경제적 보상은 본인 자신뿐만 아니라, 그 자체로서 사회 전체의 편익으로도 가산된다.

셋째, 사회정의를 추구하는 것은 무익할 뿐만 아니라, 경우에 따라서는 유해하게 될 수도 있다. Hayeck(1976)에 따르면, 시장은 자연과 같은 초월적인 힘으로 승자와 패자를 결정짓는 경제적 게임과 유사하다. 따라서 그 게임의 결과는 좋거나 나쁜 것이지, 공정하거나 불공정한 것은 결코 아니라고 주장하고 있다. 이러한 차원에서 볼 때 사회정의는 단지 사람의 마음을 행복하게 만드는 믿음으로서 일종의 종교적 미신과도 같은 것이다. 이에 따라 만약 국가가 사회정의를 과도하게 추구하게 될 경우, 사람은 분배정의와 관련한 국가의 개입을 더욱더 요구하게 될 가능성이 높다. 따라서 Hayeck은 국가가 분배정의를 추구할수록 그에 비례하여 다른 사람의 이해를 통제해야만 하므로, 결과적으로는 개인의 자유를 억제하게 될 것이라는 우려를 제기하고 있다.

경험적 자유주의는 1970년대 이래 뉴 라이트(New Right)라는 사회사상으로 다시 출현하였다. 그리고 이러한 뉴 라이트 역시 고전적 자유주의에 그 뿌리를 두고 있으므로 사상적 지지자들은 흔히 '신고전학파'로도 불리고 있다. 뉴 라이트 사상은 제반 문제의 책임과 해결 주체가 개인이 되어야 한다고 보고, 국가의 역할에 대해서는 개인의 자유의지와 창의력을 제약할 수 있다는 점에서 반대 입장을 취하고 있다. 따라서 뉴 라이트는 국가의 사회복지정책이 빈곤구제와 같은 제한된 경우만으로 한정되어야 한다고 강조하고 있다. 그리고 뉴 라이트는 시장 기능에 대해 깊은 신뢰를 가지고 있다. 왜냐하면 그들에 따르면, 시장은 완전한 경쟁을 통하여 개인에게 선택의 범위를 넓혀 주고, 비용을 최소화하며, 그리고 생산자의 독점이윤을 방지할 수 있는 능력을 가지고 있다고 믿기 때문이다.

2) 진보주의

진보주의 또한 뉴 라이트와 마찬가지로 고전적 자유주의에 뿌리를 두고 있지만, 사상적 측면에서 다음과 같은 차별적인 특징을 보이고 있다. 첫째, 자본주의와 시장경제는 다른 어떠한 사회제도보다 효율적이라는 확고한 신념을 가지고 있다. 둘째, 그러나 자본주의는 빈곤과 불평등이라는 중대한 사회문제를 초래하고 있다는 사실도 인정하고 있다. 셋째, 국가는 이러한 사회문제를 통제할 수 있는 능력을 가지고 있다는 것을 믿고 있다. 따라서 진보주의자들은 사적 재산권을 본질적인 목표가 아니라, 국민의 보다 나은 삶을 위한 수단으로 간주하고 있다(Barry, 1973). 종합하면, 진보주의는 국가가 공리주의 또는 J. Rawls의 사회정의와 같은 사회개혁 사상에 따라 자본주의를 적절하게 통제할 경우, 효율성과 형평성의 목표를 동시에 실현할 수 있다는 견해를 가지고 있다.

(1) 공리주의
① 공리주의 사상의 주요 내용

공리주의(Utilitarianism)는 J. Bentham이 주장한 '최대다수의 최대행복'의 원칙에 따라 사회구성원의 총복지가 극대화될 수 있는 방향으로 자원이 배분되어야 한다고 주장하고 있다. 만약 총소득(예: 국내총생산)의 크기가 정해져 있다고 가정해 보면 이를 사회구성원에게 어떻게 분배하는 것이 가장 바람직한 방법인가? 공리주의 경제학자인 Edgeworth는 이 경우 모든 사람에게 소득을 완전히 균등하게 나누어 주는 것이 총복지를 극대화할 수 있는 가장 바람직한 방법이라고 주장하고 있다. 하지만 이를 위해서는 다음의 세 가지 가정이 동시에 충족되어야 한다.

- **첫 번째 가정**: 사회적 총복지는 각 개인들의 복지를 합한 것이다.[1]

$$TW = \Sigma W_i \text{ (단, TW: 총복지, } W_i: \text{개인의 복지, } i = 1, 2, 3 \cdots\cdots, n)$$

- **두 번째 가정**: 모든 사람이 동일한 복지함수를 가지며, 이 경우 복지는 오직 소득수준에 의해서만 결정된다.

$$W_i = f(Y_i) \text{ (} Y_i: \text{개인별 소득수준)}$$

- **세 번째 가정**: 소득이 증가함에 따라 소득의 한계효용이 점차 낮아지게 되는 한계효용 체감의 법칙이 적용된다.

$$MU_i = f'(Y_i) \text{ (단, MU: 한계효용, } f'(Y) \langle 0)$$

이러한 가정을 바탕으로 [그림 4-2]에서는 Edgeworth가 어떤 이유로 균등분배를 가장 바람직한 분배의 형태로 주장하게 되었는지를 설명해 주고 있다. 그림에서 가로축 AB는 총소득을 나타낸다. 이때 개인 A의 소득은 A를 원점으로 우측으로 갈수록 커지게 되고, 반대로 개인 B의 소득은 B를 원점으로 좌측으로 갈수록 커지게 된

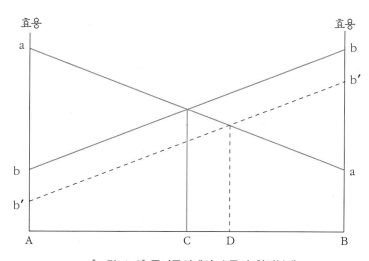

[그림 4-2] 공리주의에서 소득의 최적분배

출처: 이정우 · 이동수 역(2008)

■■■

1) 즉, 개인 A의 행위에 따른 효용의 변화는 전적으로 A 자신에게만 해당되고, 타인 B의 효용에는 아무런 영향을 미치지 않아야 한다는 것을 의미한다. 달리 표현하면, 개인 A와 B 사이에는 효용의 상호 의존성 (interdependancy of utility)이 존재하지 않아야 한다.

다. 그리고 개인 A의 한계효용(marginal utility)은 소득의 증대에 따라 반비례하므로 우하향하는 선분 aa가 되고, 개인 B의 한계효용은 같은 방식으로 좌하향하는 선분 bb가 된다. 이 경우 사회적 총효용(즉, 총복지)이 극대화되는 소득의 분배 상태는 개인 A와 개인 B의 한계효용이 균등(＝한계효용 균등의 법칙)하게 되는 C점(AC＝BC)으로서, 여기서는 개인 A의 소득과 개인 B의 소득이 균등하게 된다.

지금까지 살펴보았듯이, 공리주의는 사회적 총복지의 극대화를 위하여 국민 개개인의 소득수준이 균등하게 되는 평등분배의 원칙을 추구하게 되는 것을 알 수 있다. 따라서 만약 현실적으로 소득의 분배가 평등하지 않을 경우, 국가의 재분배 정책은 총효용의 극대화를 추구하는 공리주의의 목표와 부합될 수 있다.

하지만 이러한 Edgeworth의 이론은 다음과 같은 두 가지의 상황에서는 가정을 위반하게 되어 성립될 수 없는 문제가 발생할 수 있다.

첫째, 개인 A와 개인 B의 한계효용이 동일하지 않은 경우다. 가령 개인 B가 건강 문제 또는 탈세속적인 삶의 태도 등으로 돈에 대해 큰 가치를 두지 않고 살아가게 될 경우, 그의 소득에 대한 한계효용은 b′b′로 낮게 유지될 수 있다. 따라서 이 경우 사회적 총효용을 극대화할 수 있는 소득분배는 그림에서 D점이 되고, 이때의 소득분배는 개인 A의 소득이 개인 B의 소득보다 커지게 되어(그림에서 AD＞BD) 불평등한 결과를 초래하게 된다.

둘째, 개인 A와 개인 B의 효용을 수치로 측정할 수 없는 경우다. 이와 같은 상황의 경우 총복지가 극대화되는 소득의 분배원칙을 설명할 수 없는 문제가 발생하게 된다.

② 공리주의에 대한 비판

공리주의는 현실 사회의 복잡한 문제들을 명료하게 판단하고 행동할 수 있는 기준을 제시하고 있다는 점에서 의의가 크다. 하지만 공리주의에 대한 비판은 다음과 같이 정리해 볼 수 있다.

첫째, 개인별로 효용의 측정은 물론 타인과 비교도 가능하다는 가정이 매우 비현실적이라는 점이다.

둘째, 사회적 총복지의 극대화에만 관심을 가지고, 개인별로 소득이나 효용의 분배상태에 대해서는 별다른 관심을 가지지 않고 있다는 점이다. 이에 따라 만약 국가의 정책으로 극빈계층이 피해를 입게 되더라도 단지 총복지만 극대화될 수 있다면,

공리주의는 이와 같은 불공정성을 정당화하게 된다는 것이다.

(2) 사회정의

사회정의(social justice)는 사회복지정책의 핵심적인 사회사상으로서 위치를 차지하고 있다. 그러나 사회정의가 구체적으로 무엇이며, 또한 사회복지정책이 어떠한 방향으로 추진되어야만 사회정의가 실현될 수 있는지에 대해 명확한 해답을 제시할 수 없는 어려움이 있다. 왜냐하면 사람은 각자의 주관이나 처한 상황에 따라 사회정의를 달리 이해하려는 경향이 있기 때문이다. 따라서 여기서는 국민의 다수가 수용할 수 있는 사회정의의 개념과 기준에 대해 살펴보고자 한다.

① 사회정의의 개념

사회정의는 사회구성원 간의 관계 속에서 발생하게 되며, 특히 사회적 자원의 배분과정에서 제기될 수 있는 과제다. J. Rawls에 따르면, 사회적 자원의 배분방식이 도덕적으로 바람직하고 공정(fairness)한 것으로 인정받게 될 경우, 사회정의가 실현된 것으로 간주된다.

Rawls(1972)는 '계약이론(contract theory)'의 관점에서 사회정의의 기준을 제시하고 있다. 그의 계약이론은 자기중심적으로 행동하는 인간의 사회적 속성에서 출발하고 있다. 이 이론에 따르면, 인간은 독자적으로 행동하는 것보다 상호 협력하게 될 경우 각자에게 높은 이익이 돌아갈 수 있기 때문에 사회에서의 삶을 선택하게 된다. 그러나 인간은 협동에 따른 과실의 배분 과정에서 종종 서로 갈등을 겪게 될 수도 있다. 왜냐하면 인간은 속성상 보다 많은 분배의 몫을 차지하고자 하는 욕구를 가지고 있기 때문이다. 따라서 이러한 이해의 갈등을 해소하기 위하여 사회구성원이 보편적으로 합의할 수 있는 사회정의의 기준이 필요하게 된다.

② 원초적 상황

Rawls의 사회정의는 '원초적 상황(original position)'이라는 가상적 상황에서 출발하고 있다. 여기서는 아직 아무런 사회질서도 세워져 있지 않을 뿐만 아니라, 모든 사람이 '무지의 장막(veil of ignorance)'에 가려져 자신의 장래를 예측할 수 없는 상태로 설명된다. 하지만 바로 이와 같은 무지의 장막 뒤에서 사람들은 개인적 이해관계를 벗어나, 앞으로 사회가 갖추어야 할 기본질서와 사회정의의 기준에 대해 합의를 이끌어 낼 수 있다. 그리고 이렇게 도출된 합의를 Rawls는 사회계약(social contract)이라고 명명하였다.

사회계약의 협상과정에서 협상가들(negotiator) 상호 간 이해대립 현상이 발생하게 될 경우, 해결방안으로서 Rawls는 '최소극대화의 원칙(maxmin rule)'을 제시하고 있다. 이러한 원칙은 사회의 가장 가난한 사람에게 가장 큰 이득이 돌아갈 수 있도록 사회의 기본질서를 갖추어야 한다는 내용을 담고 있으며, 이는 Rawls의 사회정의관을 가장 집약적으로 보여 주고 있다.

종합하면, 원초적 상황은 무지의 장막과 함께 서로 다른 두 가지 역할을 하게 된다. 첫 번째는 복잡한 사회정의의 원칙을 도출하는 문제를 협상가의 선택 문제로 단순화시킨 분석 방법이며, 두 번째는 사회정의와 관련한 원칙의 도출과정에서 도덕적 정당성을 바탕으로 두고 있다는 점이다. 이러한 과정을 통하여 도출된 사회계약은 합리적일 뿐만 아니라 공평한 것으로서 Rawls는 '공평한 정의(justice as fairness)'라고 명명했다.

③ 사회정의의 원칙

Rawls는 사회정의의 구성 원칙으로서 다음의 두 가지를 제시하고 있다. 첫째, '자유의 원칙(liberty principle)'은 기본권으로서 자유와 신분 향상을 위한 기회가 사회구성원 각자에게 충분하고 동등하게 보장되어야 한다. 이러한 사회에서 개인은 타인의 자유와 양립할 수 있는 광범위하고 기본적인 자유를 누릴 수 있다. 둘째, '차등의 원칙(difference principle)'은 개인의 노력이나 능력에 따라서 사회적 자원의 배분이 차등적으로 이루어져야 한다는 것이다. 그러나 이러한 차등의 원칙은 결과적으로 개인들 상호 간 불평등을 초래하게 되는 문제가 있다. 하지만 그럼에도 불구하고 만약 선행적으로 사회의 가장 약자에게 최상의 배려가 돌아가게 되고, 동시에 기회의 평등을 통하여 신분의 이동성이 보장될 경우 차등의 원칙은 수용될 수 있다(Rawls, 1972).

Rawls의 이러한 두 가지 원칙은 종종 현실사회에서 충돌하게 되는 경우가 있다. 이 경우 '자유 우선의 원칙(priority principle)'에 따라 첫 번째 원칙이 두 번째 원칙에 절대적으로 우선하여 적용되어야 한다. 즉, 만약 가장 낮은 생활을 하는 사람에게 이익이 된다고 할지라도, 이로 인해 개인의 자유가 제한을 받게 된다면 그것은 결코 정당화될 수 없다는 것을 의미한다. 나아가, 불평등한 분배가 그 자체로서 사회적 약자에게 유리하게 작용하지 않는 한, 사회의 모든 중요한 재화들(광의의 차원에서 소득이나 부는 물론 자유와 기회 등)은 가급적 평등하게 분배될 수 있도록 해야 한다는 것이다.

④ 사회정의의 기준

이와 같은 우선순위에서 볼 때 우리는 사회정의의 상태를 용이하게 도출할 수 있게 된다.

첫째, 사전적으로 사회구성원 모두에게 동등한 권리와 의무를 부여하고 공정한 경쟁이 보장될 경우 사후적으로 이루어지게 되는 과실의 배분이 비록 개인별로 차이가 있더라도 공정한 것으로 인정받을 수 있다. 이러한 의미에서 교육, 사회 진출 등 자아실현의 기회가 출신배경, 권력, 재력, 술수 또는 기타 사회구조적 모순에 의해 불평등하게 될 경우 사회정의가 왜곡되고 각종 사회적 갈등이 표출될 수 있다.

둘째, 사회적 자원의 배분이 비록 불평등하게 이루어지더라도 과실의 배분을 통하여 사회구성원 모두에게 종전보다 나은 이익이 제공될 수 있을 경우 사회정의가 실현된 것으로 볼 수 있다. 이러한 과정에서 특히 사회적 약자에게 상대적으로 많은 이익이 돌아가고, 나아가 가진 자들의 권리행사가 사회적 약자의 이익을 보호할 수 있는 방향으로 이루어지게 될 경우 그 사회는 사회적 자원의 불평등한 배분에도 불구하고 높은 수준의 사회정의를 유지할 수 있다.

셋째, 사회적 자원의 배분과정에서 발생하게 되는 불평등이 사회적으로 용인될 수 있는 수준 이내의 범위에서 억제되어야 한다. 이와 관련한 기준으로서 Rawls는 최소한 사회문화적 최저수준까지는 모든 국민이 동등한 보장을 받을 수 있도록 하여야 한다고 주장하고 있다. 그러나 여기서 사회문화적 최저수준의 정도와 내용은 사회의 가치에 따라 국가별로 다르므로 객관적 기준을 제시할 수 없는 한계를 가지고 있다.

종합하면, Rawls의 '협동적 사회의 가치이념'은 다음과 같은 특성을 보인다. 평등의 관점에서 사회구성원 모두에게 최저수준의 생존권을 보장하고, 자유의 관점에서 동등한 자아실현의 기회와 공정한 경쟁을 보장하게 될 경우 그 사회는 분배의 불평등에 상관없이 사회정의를 유지할 수 있게 된다. 따라서 사회복지정책이 이러한 차원에서 자유와 평등을 보장할 수 있는 방향에서 수립될 경우 높은 수준의 사회정의가 실현될 수 있다.

3) 집합주의

집합주의(collectivism) 이론은 다양하게 존재하지만, 이들의 핵심적 목표는 평등이다. 이에 따라 자원은 공동체를 위하여 활용되어야 하고, 이를 위한 국가의 적극적인 개입이 요구된다. 그러나 역사적으로 볼 때 이러한 평등의 목표가 시장질서와 양립할 수 있는 것인지에 대한 견해는 일치하지 않고 있다. 일례로 마르크스주의자들에 따르면 자본주의는 본질적으로 불공정하기 때문에 국가가 대부분의 자원을 통제·배분하는 사회주의체제하에서만 평등의 목표가 실현 가능하다고 본다. 그러나 이와는 대조적으로 사회민주주의(Democratic Socialism)는 자본주의체제 내에서도 평등의 목표가 실현 가능하다고 주장하고 있다.

(1) 사회민주주의

사회민주주의자들의 핵심 목표는 평등, 자유 및 연대다. 비록 개인에 따라 이러한 목표들의 우선순위에 있어서 차이를 보일 수 있지만, 모두는 공히 사회정의를 구성하는 요소가 된다.

먼저, 평등은 사회민주주의자들에게 적극적인 목표가 된다. 왜냐하면 기회의 평등은 결과적으로 불평등을 존속시킬 수 있기 때문에 비록 반드시 완전한 결과의 평등이 아닐지라도 적극적인 평등의 추구가 요구되기 때문이다. 이러한 평등은 필요 (need)와 밀접한 연관이 있다. 그리고 이처럼 사회적 자원을 필요에 따라 분배하는 것은 평등의 기준을 강화시킬 수 있다.

다음으로, 사회민주주의자들에게 있어서 자유의 개념은 광범위하다. 여기서 자유는 물질적 궁핍이 없고 힘과 권력의 불평등이 없는 상태에서만 가능한 자유를 의미한다. 따라서 이는 법적·정치적 자유로부터 경제적 안정까지도 포함하는 매우 광범위하고 포괄적인 자유다. 그러므로 사람은 스스로 삶의 기반을 개선할 수 있는 힘을 가져야 하고, 임의적인 다른 힘에 예속되지 않아야 한다. 이와 같은 자유를 수호하기 위해서는 국가의 적극적 역할이 필수적인 요소가 될 수 있다.

마지막으로, 연대(fraternity)는 경쟁이나 이기심에 대비되는 용어로서 동지애를 바탕으로 하는 협력과 이타심을 강조한다.

사회민주주의자들은 개인의 이익추구가 자동적으로 사회의 이익(general good)으로 이어지게 된다는 자유주의자들의 주장에 대해 반대 입장을 취하고 있다. 뿐만 아니라 그들은 시장을 비민주적 분배기구로 간주한다. 왜냐하면 여기서 중요한 의사결정은 소수의 엘리트가 독점적으로 행사하게 되고, 이에 따라 다수의 일반 국민은 소위 시장의 힘이라는 자의적인 분배기구의 결정을 수용해야만 하기 때문이다.

이러한 비판을 종합하면, 시장기능에 의한 상품생산은 적절한 계획이나 조절이 없을 경우 비효율적이고 불평등하게 이루어지게 될 가능성이 높다. 따라서 사회민주주의자들은 국가의 시장개입이 바람직할 뿐만 아니라, 적극적으로 요구된다고 주장하고 있다.

(2) 마르크스주의

마르크스 사상의 핵심은 사회를 지배하는 생산양식(mode of production)이 그 사회의 정치·경제·사회 질서를 결정하게 된다는 것이다. 구체적으로 보면, 자본주의적 생산양식은 '생산과 생산수단의 분리' 그리고 '생산수단의 사적 소유'를 기반으로 하고 있다. 하지만 바로 이러한 이유로 인하여 자본주의는 경제조직 그 자체뿐만 아니라, 사회계층과 권력자원의 불평등한 구조를 형성하게 된다는 것이다.

마르크스주의자들이 자본주의를 비판하는 핵심은 노동자에 대한 자본가의 착취다. 현실적으로 대부분의 노동자는 저축 또는 다른 생산수단(예: 토지, 자본 등)을 소유하고 있지 못하므로 그들의 유일한 생존수단은 자신의 노동력을 판매하여 획득하게 되는 임금뿐이다. 그러므로 자본주의 생산양식하에서 노동자는 생존을 위하여 자신의 노동력을 팔도록 강요당하게 된다. 그리고 이러한 강제적 상황에서 자본가는 자신이 고용하는 노동자들로부터 잉여가치(surplus value[영]; Mehrwert[독])를 착취할 수 있게 된다.

자본가는 노동자에게 생존에 필요한 최저수준의 임금을 제공해 주는 대신, 과도한 노동시간을 요구함으로써 임금을 상회하는 잉여가치를 착취할 수 있다. 이러한 잉여가치는 자본가가 정상적으로 획득하는 시장이윤을 훨씬 초과하는 이윤이 될 수 있다. Marx에 따르면, 자본주의 사회에서는 자본가와 노동자 상호 간 힘의 불균형이 불가피하고, 이에 따라 소수의 힘 있는 자본가는 다수의 노동자를 이용하여 잉여가치를 착취하고 불균등한 분배를 향유하게 된다는 것이다.

이러한 자본가의 착취적 성향 때문에 Marx는 자본주의를 개혁의 대상이 아니라, 타도의 대상으로 파악했다. 따라서 그는 자본주의가 비인간적인 사회제도로서 결코 장기적으로 존속할 수 없을 것이라고 주장하였다. 결론적으로, Marx의 핵심 주장에 따르면, 자본주의 생산양식은 한 계급(다수이며 가난하고 착취당하는 계급)과 다른 계급(부와 정치적 영향력을 가진 힘 있는 소수의 지배계급) 간의 내적 갈등을 증폭시키게 되고, 이에 따른 계급 상호 간 충돌이 불가피하다는 것이다.

자본주의의 모순을 극복하고 진정한 사회주의 사회를 건설하기 위한 전략으로서 마르크스주의자들은 국가의 적극적인 개입을 주장하고 있다. 특히 그들은 경제적 불평등과 계급갈등을 해소하기 위한 차원에서 '생산수단의 사회화 또는 국유화'를 주장하고 있다. 왜냐하면, 생산은 개별 경제주체의 분업과 협업을 통하여 사회적으로 이루어지고 있음에도 불구하고, 이에 수반되어 발생하는 이윤은 소수의 자본가에게 귀속될 뿐만 아니라 생산자원의 사적 소유권이 마르크스주의가 추구하는 자유의 개념과 조화를 이룰 수 없기 때문이다. 따라서 국유화는 산업민주주의뿐만 아니라 마르크스주의의 목표를 달성하기 위한 불가피한 선택으로 간주되며, 동시에 정치적 민주주의와 조화를 이루기 위해서도 필요한 정치적 선택으로 파악된다. 나아가 국유화는 산업이 개인적 편익보다는 사회적 편익을 위해 기능을 할 수 있도록 보증하는 역할을 하게 된다는 점에서도 바람직한 조치로 받아들여질 수 있다.

제2절 사회사상별 복지국가에 대한 입장

복지국가는 다양한 사상적 배경이나 정치적 이데올로기를 토대로 성립·발전해 오고 있다. 이에 따라 복지국가를 이해하는 입장이나 자세들은 사회사상별로 상당한 차이를 보일 수 있다.

1. 자유주의

자연권적 자유주의는 복지국가가 개인의 자유를 침해하고, 과도하게 평등을 추구하여 자칫 도덕성의 훼손 문제를 초래하게 될 우려가 있다는 점에서 분명한 반대 입장을 보이고 있다. 반면, 경험적 자유주의는 복지국가를 소득재분배를 목표로 하는 제도적 복지국가(institutional welfare state)와 잔여적 복지국가(residual welfare state)로 구분하여 파악하고 있다. 이들에 따르면, 제도적 복지국가는 모든 자유주의자들이 분명하게 반대하고 있다. 그 이유는 경제적 힘과 정치적 힘이 엄격하게 분리되는 시장경제와는 달리, 제도적 복지국가에서는 이러한 두 힘이 결합된 계획경제(planned economy)로서의 특성으로 인해 자칫 개인의 자유를 억압하고 점차 전체주의로 이어질 위험이 높은 것으로 파악되기 때문이다.

반대로, 잔여적 복지국가는 매우 제한적인 사회복지의 목표만을 추구하게 된다. 일반적으로 사적 소유권과 완전경쟁시장을 기반으로 하는 자유사회는 분배적 불평등의 문제를 초래할 수 있다. 따라서 복지국가의 역할은 마땅히 빈곤구제와 사회안정과 같은 특정한 공공재의 생산에만 주력하여야 할 필요가 있다. 종합하면, 경험적 자유주의자들은 이처럼 검소한 복지국가가 자신들이 추구하는 시민사회의 이념과 부합될 수 있다고 판단하고 있다.

2. 진보주의와 사회민주주의

진보주의와 사회민주주의는 복지국가를 옹호하는 입장을 보이고 있다. Beveridge(1944)는 자신이 제기한 다섯 가지 사회악, 즉 빈곤·질병·불결·무지·나태를 극복하기 위하여 복지국가의 힘은 불가피한 것으로 간주하고 있다. 하지만 대다수 사회주의 학자들은 복지국가가 사회적 병폐를 완전히 치유하지 못하고, 이를 해결하기 위한 긴 여정에서 단지 한걸음을 내딛는 것에 불과하다고 인식하고 있다. 예를 들면, George와 Wilding(1994)은 "사회민주주의는 자유방임형 자본주의에서 사회주의로 이행하는 과정에서 형성된 하나의 중간 단계이며, 이러한 이행과정에서 복지국가는 특별한 역할을 하게 된다."라고 주장하고 있다.

종합하면, 진보주의와 사회민주주의는 복지국가에 대한 인식을 상당수준 공유하고 있음을 알 수 있다. 이러한 상호 관련성에 대해 Robson(1976)은 "진보주의는 해방(emancipation)을 추구하며, 역사적으로 자유를 위해 투쟁한 사회 전통의 계승자다. 그리고 사회민주주의는 사회연대 그리고 약자를 위한 강자의 책임과 의무를 적극적으로 주장하고 있다. 이러한 점에서 볼 때 진보주의와 사회민주주의는 논리적으로 충돌하기보다는 오히려 상호 보완적인 관계를 유지하고 있다."라고 주장하고 있다.

3. 마르크스주의

복지국가에 대한 마르크스주의자들의 견해는 그들 사이에서도 일치를 보이지 못하고 있다. 이러한 견해의 차이는 대략 두 가지로 정리해 볼 수 있다. 즉, 복지국가는 단지 자본가가 사용하는 억압적 도구인가, 아니면 노동자계급의 압력에 의해 점진적으로 탄생한 제도인가다(George & Wilding, 1994).

첫 번째 견해에 따르면, 복지국가는 지배계급에 의해서 제공되는 일종의 부적절한 보상금에 불과할 수 있다. 이에 따라 복지국가는 경제적·사회적 문제의 근본적인 원인보다는 단지 외형적 증상(갈등, 긴장 등)만을 다스리기 위한 목적의 제도이고, 불합리한 자본주의체제가 유지될 수 있도록 기여하게 된다는 점에서 실질적으로는 부적절한 제도가 된다. 이에 따라 복지국가는 자본가를 향한 적개심을 누그러뜨리고 사회적 긴장을 완화하는 작용을 하게 된다.

두 번째 견해에 따르면, 복지국가는 공히 노동자계급과 자본가계급의 이익에 기여하는 제도가 될 수 있다. 이에 따라 국가는 중립적인 심판자 또는 자본가 계급이익의 대변자로서뿐만 아니라, 노동자 계급이익 또한 적극적으로 수용해 주는 역할을 하게 된다.

마르크스주의자들의 입장에서 볼 때 복지국가는 양면적인 속성을 보이고 있다. 구체적으로, 복지국가는 사회복지의 증진과 개인의 힘을 향상시키고 맹목적인 시장의 힘에 대한 논리를 통제하는 기능을 하게 된다. 동시에 복지국가는 사람을 자본주의 경제의 요구조건에 적응시키기 위하여 그들을 통제하고 억압하게 되는 상반된 기능을 수행하고 있다(Gough, 1979).

제3절 복지국가의 유형

복지국가는 포괄적인 개념으로서 다양한 법, 제도 및 정책들로 구성되어 있다. 이에 따라 개별 복지국가는 특성별로 서로 뚜렷하게 구분하는 것이 현실적으로 불가능할 수 있다. 그럼에도 불구하고 복지국가의 공통점과 차이점을 중심으로 유형화하는 작업은 사회복지의 다양한 범주를 이해하는 데 도움을 줄 수 있다. 여기서는 복지국가의 유형화와 관련하여 논리적이고 체계적인 연구로 평가를 받고 있는

Esping-Andersen(1990)의 세 가지 복지국가 모형, 즉 자유주의적 복지국가, 보수주의적 복지국가 및 사회민주주의적 복지국가로 구분하여 각각의 특징에 대해 살펴보고자 한다. 하지만 이에 앞서 복지국가의 분류방식에 대한 이해에 필수적인 도움이 될 수 있는 탈상품화와 계층화에 대해 정리해 보고자 한다.

1. 복지국가의 유형화를 위한 기준으로서 탈상품화와 계층화

자본주의 사회에서 인간의 노동력은 일종의 상품으로서 시장에서 거래가 가능한 것으로 간주되고 있다. 그리고 오늘날 대다수의 국민은 노동력의 판매를 통해 얻게 되는 임금을 주된 소득원으로 생활하고 있다. 이렇게 볼 때 일반인의 생존은 상품으로서 노동력의 판매 그리고 그 재원으로 소비재의 구입을 통해 유지된다. 하지만 이와 같은 시장 의존적 생활양식은 삶의 불확실성과 불평등 및 인간성 소외의 원인으로 작용할 수 있다는 점에서 문제가 있다.

먼저 Esping-Andersen에 따르면, 탈상품화(de-commodification)란 인간이 자신의 생존을 시장에 의존하지 않고도 유지할 수 있는 정도를 의미한다. 일례로 탈상품화는 개인이 실업이나 노령 등으로 인해 근로활동을 못하게 되었을 경우, 대체소득(예: 연금급여, 실업급여 등)의 보장수준 그리고 인간의 생명이나 복지를 위한 상품(예: 의료서비스 및 의약품, 보육, 교육 등)에 대한 가격기능의 제한 또는 배제 등을 통해 측정해 볼 수 있다.

다음으로, 계층화(stratification)는 특정한 사회체제에 있어서 계급이나 신분적 분화체계를 지칭하는 용어다. 일반적으로 복지국가는 계층화로 인한 사회적 갈등이나 분열을 방지하는 기능을 하게 되나, 경우에 따라서는 이러한 계층화의 문제를 고착화시키거나 확대시키게 되는 사례도 있을 수 있다.

2. 복지국가의 유형별 분류

1) 자유주의적 복지국가

자유주의적 복지국가는 인간의 자유의지와 독립성을 최대한 보장하고 시장경제에 대한 신뢰를 강하게 가지고 있는 국가다. 여기에 해당되는 국가로는 미국, 영국,

캐나다, 호주 등이 있다. 자유주의 복지국가에서 국가의 역할은 개인별로 자유로운 경제행위에 따른 부정적 결과, 즉 빈곤문제의 사후적 구제에 초점이 맞추어져 있다. 따라서 이와 같은 성격의 복지국가에서는 공공부조 프로그램이 발달되어 있으며, 그 결과 탈상품화 효과와 재분배 기능이 상대적으로 미약한 것으로 밝혀지고 있다.

자유주의적 복지국가에서는 경제질서에 대한 국가 개입을 가급적 억제하고자 하므로, 적극적 노동시장정책이 발달되어 있지 않다. 그리고 사회복지 급여는 저소득층에 초점을 두며, 수급요건은 까다롭고 엄격하여 낙인의 문제와 빈곤의 은폐 문제가 심각하게 제기되고 있다. 이에 따라 탈상품화의 범위는 제한적이며, 국가의 사회복지정책은 자칫 계층화의 문제를 확대시킬 우려도 있다. 나아가, 공공부문의 사회복지서비스의 역할은 미미한 편이며, 이 역시 민간부문의 역할이 강조되고 있다.

2) 보수주의적 복지국가

보수주의적 복지국가는 달리 조합주의적 복지국가로도 하며, 이는 기존의 계층이나 지위 구조를 유지하고자 하는 성향 때문에 불려지는 이름이다. 사회복지제도는 주로 사전 대비적 성격이 강한 사회보험을 중심으로 운영된다. 이 경우 사회보험은 길드의 전통에 따라 직종별·직역별·지역별로 분화되어 직업에 따라 급여의 차이가 큰 편이나, 급여수준은 대체로 높은 편이다. 반면, 사회보험의 재분배 기능은 상대적으로 미미하다.

보수주의적 복지국가는 독일, 프랑스, 오스트리아 등 유럽의 대륙권 국가들이 해당된다. 이러한 국가들은 전통적으로 가부장제가 강하며, 남성생계부양자 모형에 속한다. 하지만 사회보험 중심의 복지국가는 위험 해결능력의 장점에도 불구하고, 높은 사회보험료 수준은 노동비용으로 전가되어 일자리 창출을 억제하고, 나아가 고용불안과 고도실업의 원인으로 주목을 받고 있다. 그리고 이러한 노동시장의 문제는 사회복지재정 악화로 이어지게 되는 취약성을 보이고 있다.

3) 사회민주주의적 복지국가

보편주의 원칙과 사회권을 통한 탈상품화 효과가 큰 복지국가의 유형으로서, 스웨덴, 핀란드, 노르웨이 등 주로 북유럽의 국가들이 해당된다. 이러한 국가들의 사회복지제도는 급여수준이 비교적 높고, 재분배 기능 또한 상대적으로 강한 편이다.

사회민주주의적 복지국가는 제도의 적용 대상이나 급여수준이 취약계층뿐만 아니라, 중간계층의 욕구까지 포함하는 관대하고 포괄적인 복지제도를 실시하고 있다. 따라서 이들 복지국가에서는 최소한의 생활수준보장을 넘어 높은 수준의 평등을 추구하고 있다. 여기서는 남녀평등이 보편적으로 실현되어, 이를 토대로 여성의 경제활동 참가율이 매우 높게 나타나고 있다. 나아가, 높은 수준의 복지국가를 유지하기 위한 선행적 조건으로서 해당 국가는 적극적 노동시장정책을 강력하게 추진하고 있으며, 그 일환으로서 복지와 노동이 상호 긴밀하게 연계된 사회정책 프로그램들(예: 시간제 근로+보충적 급여로서 부분연금제도 등)이 매우 잘 발달되어 있다.

4) 종합: 복지국가 유형의 비교

앞서 살펴본 세 가지의 복지국가 유형들은 〈표 4-1〉와 같이 정리해 볼 수 있다.

| 표 4-1 | 복지국가 유형의 특성별 비교

구분	자유주의	보수주의	사회민주주의
탈상품화 수준	낮음	중간 (가족생계부양자 모형)	높음
계층화	계층 간 불평등 존속	사회적 신분 격차의 유지	높은 수준의 평등
가족, 시장, 국가의 역할분담 체계	시장=핵심적 역할 가족/국가=제한적 역할	가족=핵심적 역할 시장=제한적 역할 국가=보충적 역할	국가=핵심적 역할 가족/시장=제한적 역할
복지국가의 기본목표	보편주의	직역별·직종별·지역별 협동주의(=조합주의)	보편주의
복지국가의 수준	최저생활보장	생활수준 보장	높은 수준의 평등한 급여
분배적 기능	미미함	미미함	매우 큼
노동시장과의 연계성	미미함	노동시장 중심의 사회복지정책	노동시장과의 연계성 매우 높음
대표적 국가	영국, 캐나다, 호주	독일, 프랑스, 이탈리아	스웨덴, 노르웨이

제2부 참고문헌

김태성(1994). 평등, 효율 그리고 사회복지. 사회복지연구, 제5호. pp. 3-33.

김태성, 성경륭(1995). 복지국가론. 경기: 나남출판.

전광석(2000). 한국사회보장법론(3판). 경기: 법문사.

Albert, H. (1967). *Marktsoziologie und Entscheidungslogik-ökonomische Probleme in soziologischer Perspektive*, Neuwied/Rh., Berlin.

Barry, B. (1973). *The Liberal Theory of Social Justice,* Oxford University Press.

Beveridge, W. (1944). *Full Employment in a Free Society*, Allen & Unwin.

Engelhardt, W. (1973). Leitbilder und Zielssysteme in der Politik: Grundsätzliche Aspekte, Sanmann, H. (Ed.), *Leitbilder und Zielsysteme der Sozialpolitik.* pp. 9-60.

Esping-Andersen, G. (1990). *The Three Worlds of Welfare Capitalism.* Cambridge: Polity Press.

Frerich, J. (1990). *Sozialpolitik-Das Sozialleistungssystem der Bundesrepublik Deutschland*, 2. Auflage.

Friedrich-Ebert-Stiftung (2009). *Lesebuch der Sozialen Demokratie 1 - Grundllagen der Sozialen Demokratie.*

Friedrich-Ebert-Stiftung (2012). *Lesebuch der Sozialen Demokratie 3 - Sozialstaat und Soziale Demokratie.*

George, V. & Wilding, P. (1994). *Welfare and Ideology*, Harvester Wheatsheaf.

Glaeser, S. (1980). Demokratie, Demokratisierung, *HdWW Bd.* 2. pp. 142-159.

Gough, I. (1979). *The Political Economy of the Welfare State*, Macmillan.

Hayeck, F. (1960). *The Constitution of Liberty*, Chicago University Press.

Hentschel, V. (1983). *Geschichte der Sozialpolitik in Deutschland 1880-1980*, Frankfurt a. M.

Herzog, R. (1988). Demokratie und Sozialstaat, v. Maydell, B. und Kannengießer, W.(ed.), *Handbuch Sozialpolitik*, pp. 79-84.

Heyde, L. (1925). Soziologie und Sozialpolitik, in: Schriften der Deutschen Gesellschaft für Soziologie, Serie I, Verhandlungen der Deutschen Soziologentage, Bd. 4, Tübingen.

Kraft, V. (1951). *Die Grundlagen einer wissenschaftlichen Wertlehre*, 2. Auflage, Wien.

Külp, B. (1969). Zur Zielproblematik in der Lehre von der Gesellschaftspolitik, Greib, F., Herder-Dorneich, Ph. & Weber, W. (Ed.), *Der Mensch im sozio-ökonomischen Prozeß*, Berlin.

Lampert, H. (1985). *Lehrbuch der Sozialpolitik*. Springer-Verlag, Berlin, Heidelberg, New York.

Molitor, B. (1957). Bausteine einer Theorie der Sozialpolitik: Überblick über die Problemstellung anhand neuerer Veröffentlichungen, *Hamburger Jahrbuch für Wirtschafts-und Gesellschaftspolitik*, 2. Jahr. p. 152.

Molitor, B. (1965). Vermögensverteilung als wirtschaftspolitisches Problem, Tübingen.

Nozick, R. (1974). *Anarchy, State und Utopia*, Brasil Blackwell.

Pilz, F. (1978). *Das sozialstaatliche System der Bundesrepublik Deutschland*, München.

Popper, K. R. (1980). *Die offene Gesellschaft und ihre Feinde*, 2. Bd., 6. Aufl. München.

Rawls, J. (1972). A Theory of Justice, Oxford University Press.

Rawls, J. (1975). Eine Theorie der Gerechtigkeit, 1. Auflag, Frankfurt/M.

Robson, W. A. (1976). Welfare State and Welfare Society, George Allen & Unwin, London.

Rupp, H.-H. (1980). Grundrechte, *HdWW* Bd. 3. pp. 709-726.

Sanmann, H. (1973). Leitbilder und Zielsysteme der praktischen Sozialpolitik als Problem der wissenschaftlichen Sozialpolitik, Sanmann, H. (Ed.), *Leitbilder und Zielsysteme der Sozialpolitik*. pp. 61-75.

Transfer-Ênquete-Kommission (1979). *Zur Einkommenslage der Rentner-Zwischenbericht der Kommission*, Bonn.

Voss, W. (1925). *Sozialpolitik als Wissenschaft-Eine Untersuchung über Objekt, Aufgabe und Methoden der Sozialpolitik*, Jena.

Watrin, C. (1976). Eine liberale Interpretation der Idee der sozialen Gerechtigkeit-Bemerkungen zum Buch von John Rawls Eine Theorie der Gerechtigkeit, *Haburger Jahrbuch für Wirtschafts-und Gesellschaftspolitik, 21.* Jg. pp. 45-61.

Weber, M. (1904). *Die Objektivität sozialwissenschaftlicher und sozialpolitischer Erkenntnis, Archiv für Sozialwissenschaft und Sozialpolitik, Bd. 19,* Tübingen. p. 22.

Weber, M. (1953). *Zum Begriff der Sozialpolitik, Wirtschaftstheorie und Wirtschaftspolitik,* Bern. p. 167.

Weber, M. (1968). *Der Sinn der Wertfreiheit der soziologischen und ökonomischen Wissenschaften,* Gesammelte Aufsätze zur Wissenschaftslehre.

Winterstein, H. (1973). Leitbilder und Zielsysteme der Sozialpolitik in der Bundesrepublik Deutschland, Sanmann, H. (Ed.), *Leitbilder und Zielsysteme der Sozialpolitik.* pp. 77-99.

사회복지정책의
목표 – 영역 – 기능

제3부에서는 사회복지정책의 핵심적 역할이 되는 사회문제의 해결기능과 방법을 중심으로 살펴보고자 한다. 먼저, 사회복지정책의 가치이념을 구체적인 정책목표로 정리하고, 이어서 정책의 선진화를 위한 차원에서 정책목표의 계량화를 위한 방법과 절차에 대해 알아보고자 한다. 다음으로는 사회복지정책의 특성이나 기능별 구분에 따라 기존의 다양한 사회복지제도들을 재분류해 보고자 한다. 마지막으로는, 시대별·국가별 제약 상황에 상관없이 사회복지정책이 수행해야 하는 본연의 기능을 이론적 차원에서 설명하고자 한다.

제5장 사회복지정책의 목표체계

제1절 목표의 의의와 목표설정의 구체화

1. 목표의 의의

인간과 사회의 바람직한 이상향(utopia)을 지향하는 제반의 가치이념이나 사회사상은 목표를 통하여 비로소 현실적인 모습을 갖출 수 있다. 구체적으로, 목표설정은 국가정책의 방향성을 제시하고 합리적인 수단의 동원이 이루어질 수 있도록 함으로써 가치이념의 실현을 가능하게 해 줄 수 있다.

사회복지정책은 사회의 다양한 가치이념을 바탕으로 다양한 목표를 추구하게 된다. 이러한 목표의 총체를 흔히 사회복지정책의 '목표체계(target system)'라고 한다. 일반적으로, 사회복지정책이 추구하는 제반의 목표들은 긍정적인 차원에서든 부정적인 차원에서든 상호 영향을 미치게 되며, 동시에 국가의 다른 정책이 추구하는 목표체계와도 밀접한 관련을 가지게 된다. 후자의 경우와 관련하여 예를 들면, 경제정책, 가족정책, 교육정책, 국방정책, 교통정책 등은 재원의 조달 및 지출 등 정책 수행과정에서 필연적으로 사회복지정책의 주된 관심사인 분배적 목표에 영향을 주게 된다. 나아가, 사회복지정책의 목표는 그 실현과정에서 종종 경제성장, 고용안정, 물가안정 등 경제정책의 목표체계에 파급효과를 미칠 수도 있다.

사회복지정책의 목표는 사회 전반의 영역에서 국가가 추구하는 일반 목표체계와의 관계에서 종합적으로 고려하여 설정되어야 할 필요가 있다(Transfer-Ênquete-Kommission, 1979). 이처럼 통합적 시각에서 사회복지정책의 목표체계가 수립될 경우 좁게는 사회복지정책의 실효성이 제고될 수 있고, 넓게는 국가의 제반 정책들이 상호 조화를 유지할 수 있도록 하여 궁극적으로는 사회의 건전한 발전이 가능하게 된다.

사회복지정책이 바람직한 방향으로 수립될 수 있도록 하기 위해서는 사전에 개별 목표들 간의 관계에 대한 연구가 필요하게 된다. 이러한 차원에서 사회복지정책의 목표는 수직적 · 수평적 차원에서 상호 관련성을 가지고 있다.

첫째, 수직적 차원에서 사회복지정책의 목표는 정책적 우선순위(priority rank)와 관련이 있다. 구체적으로, 사안의 경중에 따라 목표는 상위목표와 하위목표로 구분될 수 있다는 것이다. 이처럼 사안별로 중요성의 기준에 따라 목표체계가 설정될 경우 종종 하위목표를 수행함으로써 사회복지정책의 상위목표가 희생되는 불합리한 결과를 방지할 수 있다.

둘째, 수평적 차원에서 사회복지정책의 목표는 상호 중립적 · 보완적 · 경쟁적 관계를 가질 수 있다(Transfer-Ênquete-Kommission, 1981). 여기서 중립적 관계는 개별 목표 간에 아무런 영향을 주지 않고 독립성을 유지하게 되는 경우를 말한다. 그리고 보완적 관계는 특정한 목표를 추구하는 과정에서 다른 목표의 달성이 용이하게 되는 경우를 말한다. 반면, 경쟁적 관계는 특정한 목표를 추구함으로써 다른 목표의 달성이 제약을 받거나 희생되는 경우를 말한다.

종합하면, 국가는 합리성의 관점에서 개별 목표들 간의 관계를 감안하여 보완적 관계는 극대화하고, 경쟁적 관계는 최소화하는 방향으로 사회복지정책을 수립하여야 하는 과제를 가지게 된다.

2. 목표설정의 구체화

국가는 사회복지정책이 추구하고자 하는 목표를 구체화하여야 한다. 사회복지정책의 목표들이 구체성을 가지게 될 때 정책의 방향 설정, 개입방법 및 수단의 모색,

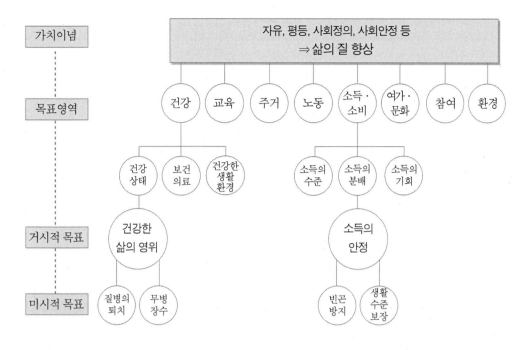

[그림 5-1] **사회복지정책 목표의 구체화 절차**

자료: Leipert, C. (1979). *Gesellschaftliche Berichterstattung: Eine Einführung in Theorie und Praxis sozialer Indikatoren*, p. 73을 요약하여 작성함

정책의 평가 등 일련의 작업이 합리적으로 이루어질 수 있기 때문이다.

사회복지정책의 목표는 [그림 5-1]과 같은 절차를 통하여 구체화할 수 있다.

사회복지정책이 추구하는 제반의 가치이념은 궁극적으로 국민의 '삶의 질 향상'을 지향한다. 그리고 이러한 가치이념은 국민의 일상생활을 구성하는 다양한 영역에 대한 국가의 정책적 개입을 통하여 달성될 수 있다. 사회복지정책의 일환으로서 국가가 개입하게 되는 '목표 영역(target area)'에는 건강ㆍ교육ㆍ노동ㆍ소득과 소비ㆍ사회적 신분ㆍ여가와 문화ㆍ주거 등이 있다.[1] 이러한 목표 영역은 세부적으로 〈표 5-1〉과 같이 정리할 수 있다.

목표 영역의 구분에 따라 각각의 영역에서 사회복지정책의 '목표(target)'들이 수립될 수 있다. 이러한 목표들은 정책이 지향하는 범위에 따라 다시 거시적 목표와

---

1) 국민의 복지에 영향을 주는 목표 영역들은 본문에서 언급한 항목 이외에도 다양하게 존재한다. 이러한 목표 영역을 정리하여 제시하고 있는 대표적인 자료로는 OECD(1976) 그리고 Zapf(1977)를 참조하기 바란다.

| 표 5-1 | **사회복지정책 목표 영역의 구성**

Ⅰ. 건강	Ⅱ. 교육
1. 건강 상태 2. 보건의료 3. 건강한 생활환경	1. 교육수준 2. 교육의 질 3. 교육의 다양성 4. 공교육과 사교육의 역할분담 5. 교육기회의 균등
Ⅲ. 주거	Ⅳ. 노동
1. 주택의 공급 2. 주택의 공간 3. 주거환경 4. 주거비용 5. 주거의 안정	1. 노동의 수요 2. 노동의 공급 3. 근로환경
Ⅴ. 소득과 소비	Ⅵ. 여가 및 문화
1. 소득수준과 소득의 증대 2. 소득의 분배 3. 소득의 불평등 4. 빈곤문제 5. 소비의 기회(상품의 종류·공급량·질)	1. 여가활동의 기회 2. 문화의 다양성 3. 문화활동의 기회
Ⅶ. 사회적 신분	Ⅷ. 참여
1. 사회적 신분의 다양성 2. 신분이동의 유연성 3. 신분의 안정	1. 정치적 참여 2. 경제적 참여 3. 사회적 참여 4. 정치적 신뢰

자료: Krupp, H. J. (1978). Bedingungen und Prinzipien einer integrierten Sozialpolitik, Pfaff, M. und Voigtländer H. (Ed.), *Sozialpolitik im Wandel*, Bonn, pp. 193-194를 요약하여 작성함

미시적 목표로 구분해서 살펴볼 수 있다.

거시적 목표는 추구하고자 하는 정책의 방향이 포괄적이고 광범위한 특성을 가지고 있다. 이에 따라 거시적 목표는 구체성의 측면에서 미흡한 점이 있다. 예를 들면, 소득이라는 목표 영역의 경우 거시적 목표는 '소득의 안정(income security)'이 될 수 있다. 소득의 안정은 국민이 안정된 소비생활을 영위하기 위해 반드시 필요로 하는 과제로서 모두가 사회복지정책의 목표로 인정할 수 있다. 그러나 소득의 분배가 구체적으로 어떠한 방향으로 이루어져야만 이러한 목표가 실현될 수 있는지에 대한 명확한 해답을 제시할 수 없다는 한계가 있다. 따라서 거시적 목표는 하부에 다시 다양한 미시적 목표들을 두게 되며, 이를 통하여 비로소 사회복지정책의 방향

을 구체화할 수 있다. 예를 들면, '소득의 안정'이라는 거시적 목표를 달성하기 위하여 사회복지정책은 구체적으로 '빈곤방지' 또는 '생활수준 보장'이라는 미시적 목표를 수행할 수 있다.

🔍 제2절 목표의 계량화

인간은 무한한 욕망을 가지고 있는 반면, 현실적으로 이를 충족시켜 줄 수 있는 자원 및 수단은 유한하다. 따라서 국가는 합리성의 차원에서 제반 목표들이 '최소 비용으로 최대 효과'를 달성할 수 있는 방향으로 정책을 수립하여야 하는 과제를 가지게 된다. 이러한 차원에서 사회복지정책의 실효성은 목표의 계량화를 통하여 달성될 수 있다. 목표의 계량화는 목표설정의 구체성 그리고 정책수행의 성과에 대한 객관적 평가의 측면에서뿐만 아니라, 목표에 대한 국민 홍보와 여론의 수렴 등 정보 제공의 측면에서도 중요한 역할을 하게 된다(Leipert, 1979).

1. 계량화 도구와 절차

사회복지정책이 대상으로 하는 많은 사회 영역 가운데 구체적으로 어떠한 것을 목표로 설정할 것인가 하는 문제는 정치적 합의의 과정을 통하여 이루어진다. 비록 특정한 목표에 대해 통일된 의견을 수렴하게 될 경우에도 목표의 실현 수준은 국가의 역량에 따라 상당한 차이를 보일 수 있다. 나아가, 목표는 개인이나 정당의 주관적 가치판단에 따라 상호 다른 수준으로 제시되는 경우도 있다.

이와 같은 언급한 사회복지정책의 목표는 [그림 5-2]와 같은 방법으로 수량적으로 파악할 수 있다.

1) 계량화 도구로서 목표지수

'목표지수(target scale)'는 목표와 관련한 내용을 수량적으로 측정할 수 있는 수단이다. 이것은 통상적으로 기수적(1, 2, 3, 4, 5……), 서수적(첫째, 둘째, 셋째, 넷째, 다섯째……) 또는 명목적(최고, 중간, 최소) 방법으로 표현된다. 예를 들면, 고용안정과 관

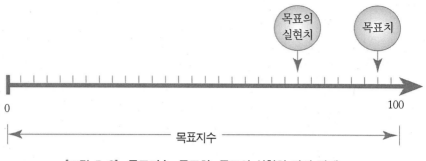

[그림 5-2] **목표지수, 목표치, 목표의 실현치 간의 관계**

련한 정책목표는 실업률을 목표지수로 하여 측정할 수 있다. 가령 실업자가 전혀 존재하지 않는 완전고용을 정책목표로 설정할 경우, 목표지수는 0%의 실업률로 표현할 수 있다.

그러나 사회복지정책의 목표를 목표지수로 나타내기 불가능하게 되는 경우가 종종 발생할 수 있다. 왜냐하면 사회복지정책은 국민이 일상생활의 과정에서 주관적 판단에 따라 인식하게 되는 사회현상을 주된 대상으로 하고 있기 때문이다. 이와 같은 문제는 적절한 '지표(indicator)'의 개발을 통하여 해결할 수 있다. 일반적으로 목표지수는 목표의 값을 직접적으로 표현할 수 있는 수단이 되는 반면, 지표는 간접적인 방법으로 그 값을 가늠할 수 있는 수단으로 활용되고 있다. 그러므로 지표를 통하여 계량적으로 파악하게 되는 수치는 목표지수 상의 값에 상응하는 것으로 간주할 수 있다.

사회복지정책의 효과성이나 효율성에 대한 평가가 종종 단일의 지수나 지표로는 불가능한 경우가 발생할 수 있다. 예를 들면, 건강이라는 목표 영역에서 '보건의료의 질 향상'은 '병원·의원의 수' '의료 인력의 수' '병상 수' '첨단의료장비의 도입 수준' 등 다양한 지표를 종합적으로 파악하게 될 경우에만 비로소 평가가 가능하게 된다. 그러나 이 경우 개별 지표를 단순히 합산하게 될 경우 현상을 제대로 파악할 수 없는 문제가 발생할 수 있다. 이러한 문제는 사안의 중요성에 따라 개별 지표의 가중치(weight)를 달리하게 될 경우 합리적으로 극복할 수 있을 것으로 판단된다.

2) 계량화 절차

(1) 상황 파악 및 분석

이는 어떤 상황에 대한 문제인식-정책 개입의 필요성에 대한 판단-개입 방향 및 수단 동원 등이 이루어지기 위해 선행적으로 요구되는 작업이다. 국가는 이러한 일련의 작업이 과학적이고 객관적으로 수행될 수 있도록 상황 파악-평가-진단의 작업에서부터 계량화가 이루어질 수 있도록 유도할 필요가 있다.

(2) 목표치의 설정

'목표치(target value)'는 사회복지정책을 통하여 달성하고자 하는 목표수준으로서, 이는 목표지수를 통하여 수량적으로 표현할 수 있다. 그리고 동일한 목표에도 불구하고 목표치는 개인이나 개별 정치집단의 주관적 판단에 따라 차이를 보일 수 있다.

(3) 목표의 실현치 측정

'목표의 실현치(realized target value)'는 정책적 개입을 통하여 실제로 달성한 목표의 값을 의미한다. 이러한 목표의 실현치는 목표지수상의 일정한 값으로 파악되며, 목표치와는 달리 하나의 값으로만 결정되는 특성을 보이고 있다.

(4) 목표의 달성도

'목표의 달성도(target achievement level)'는 사회복지정책의 성과를 평가할 수 있는 수단이 된다. 즉, 사회복지정책의 평가는 [그림 5-3]에서 보는 바와 같이 사전적으로 설정한 목표치($S_{2-목표}$)와 사후적으로 측정된 목표의 실현치(S_2)를 상호 비교함으로써 객관적으로 이루어질 수 있다. 이러한 목표의 달성도는 다음과 같은 방법으로 계산할 수 있다.

$$\text{목표의 달성도} = \frac{\text{목표의 실현치}}{\text{목표치}} \times 100$$

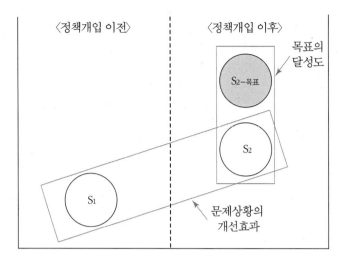

[그림 5-3] **정책개입의 성과 평가 방식**

(5) 정책의 효과 평가

이는 국가의 정책개입을 통하여 예전의 상황(S_1)에 비해 현재 상황(S_2)이 얼마나 개선되었는지를 조사해 봄으로써 정책효과를 파악할 수 있다.

2. 목표의 계량화 작업과 관련한 사례: 빈곤 및 불평등을 중심으로

여기서는 사회복지정책의 핵심적 대상이 되는 빈곤과 불평등의 측정방식을 간략하게 살펴보고자 한다.

1) 빈곤의 측정방식

비록 빈곤문제는 다양한 차원에서 발생하게 되지만, 편의상 소득을 기준으로 파악하게 되는 것이 일반적이다. 이때 빈곤계층은 사회의 관습에 근거하여 설정된 빈곤선(poverty line: Y_{PL}), 달리 표현하면, 최저생계비수준 이하로 생활하는 사람들로 구성된다. 따라서 빈곤계층의 규모를 파악하기 위한 목표지수로서 빈곤율은 [그림 5-4]에서 전체 국민(N) 가운데 빈곤계층(P)의 비율로 나타낼 수 있다. 이러한 빈곤율 지표를 통하여 국가는 빈곤의 실태나 규모를 파악하고, 나아가 빈곤문제의 해결을 위한 일환으로서 빈곤정책의 목표치를 제시하고 동시에 목표의 실현치와

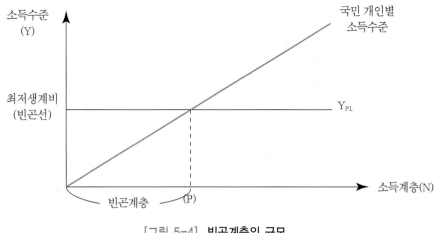

[그림 5-4] 빈곤계층의 규모

목표의 달성도를 각각 측정할 수 있다.

이와 같은 빈곤 규모의 측정방식은 매우 간단할 것 같지만, 종종 실제적인 빈곤계층의 일부가 여러 가지 이유로 제도적 보호망으로부터 배제되어 공식적인 빈곤인구의 통계에서 누락되는 '은폐된 빈곤문제'가 존재할 수도 있다. 왜냐하면 공공부조제도의 수급자격이 있는 사람 가운데 일부가 낙인문제나 제도에 대한 무지 등으로 인해 급여를 신청하지 않을 수 있으므로, 제도의 수급자 수는 실제적인 빈곤인구보다 낮게 나타날 수 있기 때문이다.

나아가, 설령 빈곤계층의 규모를 정확하게 파악할 수 있다고 할지라도, 빈곤율은 빈곤문제의 실상을 제대로 보여 주지 못하는 한계를 가지고 있다. 즉, 이와 같은 빈

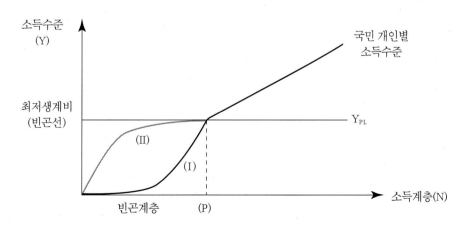

[그림 5-5] 빈곤수준의 사례별 차이

124

곤 측정방식은 가난한 사람의 실제 소득분포가 [그림 5-5]와 같이 사례별(Ⅰ, Ⅱ)로 현격한 차이를 보이고 있음에도 불구하고 그 정도를 파악할 수가 없어, 단지 빈곤현상의 한 측면만 보여 주게 되는 한계가 있다.

빈곤갭(poverty gap)은 빈곤율이 지표로서 빈곤 현상에 대한 정보력의 한계를 보완하기 위한 목적에서 개발되었다. 일반적으로, 빈곤갭은 빈곤계층 개개인의 실제 소득(Y_i)과 빈곤선(Y_{PL}) 사이의 차액을 합계한 총금액을 ① 빈곤선 또는 ② 국민소득(NI)으로 나누어 계산한 값이다. 이때 ① 빈곤선으로 나눈 지표값은 평균적인 빈곤수준(average depth of poverty)을 보여 주게 되고, ② 국민소득으로 나눈 지표값은 빈곤구제를 위한 국민의 비용부담 수준을 의미한다. 이와 같은 빈곤갭을 수식으로 표현해 보면 다음과 같다.

$$\cdot \text{평균적 빈곤수준} = \frac{\sum_{i=1}^{P} (Y_{PL} - Y_i)}{Y_{PL}}$$

$$\cdot \text{빈곤구제를 위한 상대적 비용} = \frac{\sum_{i=1}^{P} (Y_{PL} - Y_i)}{NI}$$

2) 불평등의 측정방식

(1) 소득 불평등의 정의

개별 가계는 자신이 보유하고 있던 생산요소(노동, 자본, 토지)를 시장에서 판매한 대가로 기업으로부터 일정한 금액의 소득(임금, 이자, 지대)을 받게 된다. 이때 개별 가계가 받은 소득의 분포 상태에 따라 만약 그 편차가 크게 나타날 경우 소득의 분배는 불평등한 것으로 평가해 볼 수 있다.

여기서는 이러한 불평등의 수준을 수량적으로 측정할 수 있는 방법에 대해서 살펴보고자 한다.[2] 이와 같은 계량화가 뒷받침될 경우에만 우리는 다음과 같은 의문

---

2) 한 사회에서 소득의 불평등 정도를 파악할 수 있는 측정도구로는 대표적으로 도수분포, 분산, 분산계수, 로렌츠곡선과 지니계수 등이 있다.

에 대한 답을 구할 수 있다. 구체적으로 먼저, 한 국가에 있어서 불평등의 수준은 어느 정도인가? 다음으로, 현재의 불평등 수준은 과거 10년 전에 비해 어떻게 변화했는가? 마지막으로, 이러한 불평등은 다른 나라 또는 OECD 국가 평균에 비해 어느 정도의 수준을 보이고 있는가? 따라서 이와 같은 질문에 대한 답이 뒷받침될 경우에만 비로소 국가는 불평등의 수준에 대한 문제인식과 평가 그리고 정책적 개입의 필요성에 대한 판단과 개입 방향 및 수단 동원의 결정 등과 같은 의사결정을 수행할 수 있다.

불평등에 대한 대표적인 측정도구로는 로렌츠곡선과 지니계수가 있다.

(2) 로렌츠곡선

로렌츠곡선(Lorenz Curve)은 불평등의 수준을 시각적 효과로 표현하기 위한 통계 기술적 장치다. [그림 5-6]에서 가로축은 인구 또는 가계의 누적백분율을 그리고 세로축은 가계 총소득의 누적백분율을 보이고 있다. 그리고 로렌츠곡선은 OaB선이 된다.

로렌츠곡선상의 각 점들은 x%까지의 소득계층이 전체 총소득에서 차지하는 몫의 비율(y%)을 보여 주고 있다. 일례로, [그림 5-6]의 a점은 소득의 하위 40%가 전체 총소득의 20%를 차지하고 있다는 것을 설명해 주고 있다.

만약 소득의 분배가 국민 모두에게 완전히 평등하다면 로렌츠곡선은 대각선 OB

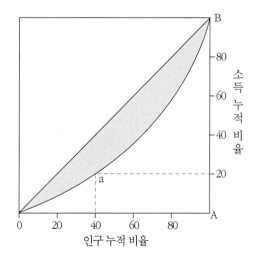

[그림 5-6] 로렌츠곡선의 특징

가 된다. 이러한 사실은 [그림 5-6]에서 x%까지의 소득계층은 정확히 전체 총소득의 x%를 차지하게 되는 것으로 표현해 볼 수 있다. 역으로, 만약 불평등이 점차 심화된다면 이 경우 로렌츠곡선은 대각선에서 점차 멀어지는 형태를 보이게 된다. 이에 따라 불평등이 가장 극심한 상황은 전체 총소득이 단지 한 사람에게만 몰려 있는 경우로서 그림에서 삼각형 OAB로 표현해 볼 수 있다.

(3) 지니계수

지니계수(Gini Coefficient)는 로렌츠곡선을 토대로 불평등도를 수량적으로 측정하는 방법으로서, 이는 [그림 5-6]에서 삼각형 OAB의 면적에서 빗금 친 부분이 차지하는 비율로 계산된다. 이에 따라 만약 소득이 완전하게 평등하게 분배되어 있다면 그 값은 0이 될 것이고, 반대로 만약 단지 한 사람이 전체 소득을 모두 독차지하고 있다면 지니계수는 1이 될 것이다. 현실적으로 볼 때 지니계수는 0에서 1 사이의 값을 가지게 된다. 그리고 지니계수가 0에 가까워질수록 이는 불평등의 개선 효과를 시사하게 된다. 반대로, 그 값이 1에 가까워질수록 이는 분배적 불평등이 심화되고 있다는 것을 나타내게 된다.

🔍 제3절 사회복지정책의 목표체계

국가는 사회복지정책을 통하여 다양한 목표를 추구하게 된다. 여기서는 사회복지정책에서 특히 중요시하는 목표를 중심으로 간략하게 살펴보고자 한다.

1. 빈곤문제의 해소

1) 빈곤의 개념 및 정의의 한계

빈곤정책은 모든 국민이 인간으로서의 존엄성을 유지하기 위해 필요로 하는 최소한의 소득수준 이상으로 생활할 수 있도록 지원하는 것을 목표로 한다. 일반적으로 빈곤문제의 해소라는 목표에 대해서는 광범위한 사회적 합의가 이루어질 수 있으나, 구체적으로 빈곤의 정의, 기준, 측정방법 등에서는 논란의 여지가 많다. 왜냐하면 빈곤의 양상은 다양한 형태로 나타날 수 있기 때문이다. 이에 따라 빈곤의 기준을 설정하는 문제는 객관적 잣대 없이 사회적 관념을 바탕으로 한 정치적 의사결정을 통하여 이루어지는 특성을 보이게 된다.

2) 빈곤의 종류

빈곤현상에 대한 객관적 개념정의의 부재에도 불구하고 빈곤문제는 일반적으로 절대적 빈곤과 상대적 빈곤으로 구분하여 사용되고 있다(Barr, 2004). 여기서 절대적 빈곤은 인간의 생존을 위해 반드시 필요로 하는 수준의 소득을 기준으로 파악된다. 따라서 초기의 빈곤 연구들은 빈곤을 객관적으로 정의하고자 하는 의도로 생존에 필요한 기본적인 영양요구량(basic nutritional requirement)을 현금으로 환산한 금액을 토대로 정의하고자 하였다. 그러나 빈곤에 대한 이러한 접근방식은 중대한 모순을 드러내고 있다. 왜냐하면 개인별로 필요한 영양요구량이 서로 다르기 때문에 모두에게 공통적으로 적용될 수 있는 표준적 기준의 제시가 불가능하고, 나아가 가난한 사람들 모두가 자신들에게 지원된 소득으로 이러한 영양기준을 충족시킬 수 있을 것이라고 기대할 수도 없기 때문이다. 이와 같은 절대적 빈곤의 개념은 육체적 생존을 위한 지원만이 받아들여질 수 있었던 시대에서 유래한 것이다. 그러나 이는 근래 들어, 특히 복지 선진국에서는 부적절한 개념으로 간주되고 있다. 왜냐하면 이러한 국가들의 국민은 물질적 생존에 필요한 수준 이상의 생활을 보장받고 있을 뿐만 아니라, 궁핍의 개념이 정서적·문화적 기준에도 적용되어야 한다고 생각하고 있기 때문이다.

반면, 상대적 빈곤의 개념은 매우 단순한 표현 방식이기는 하지만, 만약 어떤 개인이 자신이 가난하다고 느끼게 되면 그는 가난한 사람이 된다는 것이다. 이 경우 개인은 자신 주위의 환경과 비교하면서 스스로가 가난한지 여부를 느끼게 된다. 일반적으로 상대적 빈곤은 그 사회의 보편적인 생활수준에 따라 시간적·공간적으로 끊임없이 변화하는 특성을 보이게 된다. 이러한 의미에서 볼 때 전체 국민의 평균소득 등은 상대적 빈곤의 수준을 파악해 볼 수 있는 적절한 기준이 될 수 있다. 예를 들면, 평균소득의 일정 비율(예: 50%)을 상대적 빈곤선으로 설정하게 될 경우 그 이하의 소득으로 생활하는 모든 사람은 상대적 빈곤계층이 된다.

3) 빈곤정책의 기능과 역할

절대적 빈곤선(absolute poverty line)은 육체적 생존수준으로 정해지게 되는 반면, 상대적 빈곤선(relative poverty line)은 일반 국민의 생활수준 향상에 따라 지속적으로 상향 조정되어야 한다. 후자의 경우와 관련하여 만약 한 개인이 대다수의 국민에게 보편적으로 개방된 소비활동에 참여할 수 없다면 그는 가난한 사람으로 간주되어야 한다. 이러한 차원에서 볼 때 우리나라의 경우 텔레비전을 시청할 수 없는 사람이나 컴퓨터 또는 인터넷의 접근에 제약을 받는 아동은 문화적으로 가난한 사람이 된다. 그리고 이와 같은 결핍의 항목들을 추가적으로 고려하게 될 경우 상대적 빈곤선은 지속적으로 상향 조정되어야만 할 것이다.

또 다른 차원의 논의로서 빈곤선이 지속적으로 인상되어야만 하는 이유는 다음과 같이 설명해 볼 수 있다. 일반적으로 국민의 소득수준이 증가함에 따라 열등재(inferior goods)에 대한 수요가 감소하고, 결과적으로 그 재화에 대한 거래가 시장에서 사라지게 되는 경향이 있다. 이러한 소위 '풍요의 역설(paradox of affluence)'은 경제성장에 따른 부산물로서 신빈곤(new poverty)의 문제를 초래하게 된다는 것이다. 예를 들면, 점차 많은 수의 사람이 자가용을 소유하게 되면 대중교통은 승객 감소에 따른 재정적 부담으로 운임을 높여야만 하고, 이는 결과적으로 요금 인상이나 노선 폐지와 같은 문제를 야기할 수 있다. 또 다른 예로, 중앙난방이 보편화되면서 연탄을 생산하는 공장이 줄게 되어 연탄 수요자는 연탄을 구입하기가 힘들어지고 가격도 점차 비싸지고 있다. 이와 같은 상황을 고려한다면 빈곤선은 가난한 자가 다른 값싼 대체재를 구입할 수 있는 수준으로 인상되어야만 할 것이다.

4) 빈곤정책의 기본방향

일반적으로 절대적 빈곤은 물질적 궁핍으로 인하여 육체적 고통과 생존의 위협을 가져다줄 수 있다는 점에서 문제가 있고, 상대적 빈곤은 그 특성상 개인 간의 갈등과 사회적 혼란을 초래할 수 있다는 점에서 문제가 있다. 그리고 절대적 빈곤은 경제성장에 따른 국민소득의 증대를 통하여 해결할 수 있으나, 상대적 빈곤은 소득의 분배가 불평등한 사회에서 항시적으로 존재하게 된다. 오늘날 대다수 국가의 경우 빈곤정책은 절대적 빈곤문제를 완전히 해소할 수 있도록 하고, 대신 상대적 빈곤문제에 대해서는 일정한 수준 이내의 범위에서 제한하는 방향으로 이루어져 오고 있다.

2. 생활수준보장

1) 개념 및 정의

사회복지정책에 있어서 생활수준보장(living standard guarantee)은 빈곤문제의 해소와 함께 핵심적 정책 목표로 간주된다. 여기서 생활수준보장은 모든 국민이 일생동안 안정적인 생활을 영위할 수 있도록 하는 것을 추구하는 기능적 목표다. 따라서 이와 같은 정책목표로 인해 사회복지정책의 대상이 단순히 사회적 약자계층뿐만 아니라, 일반 국민으로까지 확대 적용될 수 있는 계기를 확보할 수 있게 되었다.

일반적으로 인간의 삶이 소비를 통해 유지되고 있다는 점을 감안해 보면, 개인의 생활수준은 소비활동을 유지해 나갈 수 있는 소득 흐름의 안정성(income smoothing)에 의해 영향을 받게 된다. 따라서 가령 개인이 노령, 질병, 실업, 장애, 산업재해 등의 이유로 소득원을 상실하게 되거나 소득이 급격하게 하락하게 되었을 경우, 그 소득을 대체해 줄 수 있는 별도의 제도가 마련되어야만 한다. 이러한 취지의 제도로는 국민연금제도, 고용보험제도, 산재보험제도 등에서 운영하고 있는 각종 현금급여들(연금, 실업급여, 휴업급여 등)이 해당된다.

2) 생활수준보장의 측정 지표

생활수준보장은 개인의 경제적 지위가 노령으로 인한 퇴직 또는 실업 등과 같은 사회적 위험으로 인하여 급격하게 하락하게 되는 문제를 방지하는 것을 추구하는 정책목표다. 이 경우 정책목표는 [그림 5-7]에서 보는 바와 같이 두 가지 방향에서 설정해 볼 수 있으며, 따라서 목표의 실현수준을 측정할 수 있는 지표 또한 각자 상이하게 된다. 다음에서는 여기에 해당하는 지표로서 소득대체율과 연금수준의 기능과 내용에 대해 살펴보고자 한다.

(1) 소득대체율
이는 개인별로 생애주기(life-cycle)의 관점에서 생활수준보장이라는 정책목표의

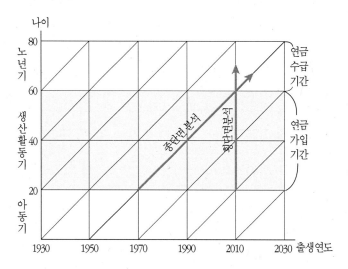

[그림 5-7] 종단면 분석과 횡단면 분석의 차원에서 생활수준보장

자료: Schmähl(1980). Verteilungswirkungen des Rentenversicherungssystems.

실현수준을 측정하는 지표로서, 주로 종단면 분석(longitudinal analysis) 방법을 활용하게 된다. 여기서 생활수준보장은 개인적 차원에서 위험 발생 전후의 소득이나 생활수준이 큰 격차가 없이 안정적으로 유지될 수 있도록 하는 것을 목표로 한다. 이러한 정책목표의 실현수준은 공적연금제도를 예로 들어 보면, [그림 5-7]에서 어떤 1950년 출생자 개인이 20세부터 59세까지 근로한 이후 2010년 퇴직하여 60세부터 받게 되는 연금이 자신의 퇴직 이전의 임금을 어느 정도 수준으로 대체해 주는가 하는 비율, 즉 '연금의 소득대체율(income replacement rate of pension)'이라는 지표를 통해 측정해 볼 수 있다. 이상과 같은 특성을 감안해 볼 때 소득대체율은 일종의 저축적 기능으로서, '소득의 시기적 이전(intertempral transfer of income)'을 바탕으로 하는 지표다. 즉, 소득대체율이란 개인이 근로활동시기에 납부한 보험료(일종의 강제저축)를 통하여 확보한 연금이 자신의 종전임금에서 차지하는 비율을 의미한다.

하지만 이러한 소득대체율은 기준의 선택에 따라 그 값이 현저한 차이를 보일 수 있다는 점을 유의할 필요가 있다. 첫째, 개인별로 근로활동 시기 동안의 어떤 임금(일례로, 퇴직전 임금 또는 생애 평균 임금 등)을 기준으로 선택하는가에 따라 소득대체율은 각각 상이할 수 있다. 둘째, 연금수급시기의 경우 구체적으로 어떤 시기의 연금을 기준으로 할 것인가에 따라 역시 소득대체율은 각각 차이를 보일 수 있다. 여기서 이러한 현상은 연금급여의 재조정 방식(예: 물가연동, 임금연동, 혼합방식) 그리고 급여조정의 시차(time log) 문제에 상당부분 연유하고 있다. 셋째, 공적연금제도는 상당한 수준의 재분배 기능을 수행하게 되므로 소득계층별로 누구를 기준으로 할 것인가에 따라서 소득대체율은 서로 현저한 차이를 보일 수 있다.

(2) 연금수준

이는 세대 간 부양의 차원에서 연금수급계층의 생활수준보장이라는 정책목표의 실현수준을 나타내는 지표로서, 주로 횡단면 분석(cross-sectional analysis) 방법을 통해 측정하게 된다. 여기서 세대 간 부양이란 '세대 간 연대의 원리'에 따라 항상 생산세대는 노인세대를 부양하고, 향후 생산세대의 노후문제는 미래의 생산세대가 책임을 지게 하는 방식을 의미한다. 이에 따라 노인세대는 과거 자신이 선배 세대의 노후보장을 위해 기여했던 보험 경력에 근거하여, 현재의 생산세대가 생산한 경제적 과실(예: 국내총생산)의 분배과정에 함께 참여할 수 있는 권한(Teilhaberecht독)을 가지게 된다(Schmähl, 1980).

노후의 생활수준보장에 있어서 이와 같은 세대 간 부양이 중요한 이유는 매년도 노인세대의 소비생활은 같은 해의 생산세대가 생산한 국내총생산을 기반으로 하여 유지될 수 있기 때문이다(Mackenroth, 1952). 달리 표현하면, 매년도 전체 국민의 물질적 생존 기반은 항상 그 해에 생산된 국내총생산이 되기 때문에 노후의 생활수준보장이라는 정책목표는 생산세대와의 분배협약, 즉 세대 간 계약에 의해 영향을 받게 된다는 것을 알 수 있다. 따라서 이러한 점에서 볼 때 생활수준보장과 같은 정책목표의 실현수준은 [그림 5-7]에서 매 시기(예: 2010년) 당시 노인세대의 연금과 생산세대의 임금소득을 상호 대비한 비율, 즉 연금수준(pension level, Rentenniveau독)이라는 지표를 통하여 측정할 수 있다.

(3) 표준소득대체율과 표준연금수준

이상에서 살펴본 바와 같이 공적연금제도의 생활수준보장 기능을 측정할 수 있는 지표로서 소득대체율과 연금수준의 분석방법, 노후보장의 기능 그리고 특징을 정리해 보면 [그림 5-8]과 같다. 일반적으로 공적연금제도의 급여수준은 개인별로 노동시장의 이력에 따라 그리고 제도적으로 다양한 소득재분배 기능으로 인하여 큰 편차를 보이게 된다. 이에 따라 생활수준보장의 기능을 측정할 수 있는 지표인 연금의 소득대체율이나 연금수준 또한 개인별로 상당한 차이를 보일 수 있다. 따라서 개별

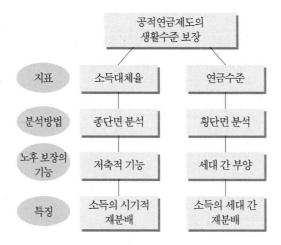

[그림 5-8] 생활수준보장 기능의 지표로서 소득대체율과 연금수준의 비교

지표들의 의미와 지표값들의 상호 비교를 용이하게 하기 위해서는 사전적으로 지표를 구성하고 있는 변수들을 표준화(standardization)할 필요가 있다. 가령, 40년의 가입 기간 동안 매 시기 전체가입자 평균소득(국민연금의 경우 평균소득월액)으로 공적연금제도에 가입한 사람(=표준가입자)에게서 표준소득대체율과 표준급여수준은 다음과 같은 방법으로 측정할 수 있다.

$$\text{표준소득대체율} = \frac{\text{표준가입자 개인의 최초 연금}}{\text{표준가입자 개인의 퇴직 직전 임금}}$$

$$\text{표준연금수준} = \frac{\text{표준가입자 개인의 최초 연금}}{\text{표준가입자의 퇴직 당시 전체 가입자 평균임금}}$$

※ 여기서 표준가입자는 40년 동안 지속적으로 평균임금의 수준으로 가입한 사람을 의미함

일반적으로 연금 등 사회보장급여의 경우와는 달리 임금소득에 대해서는 상대적으로 높은 조세와 사회보험료가 부과된다. 이에 따라 표준소득대체율이나 표준연금수준은 ① 제세를 공제하지 않은 총소득(gross income) 또는 ② 제세를 공제한 순

소득(net income)을 기준으로 할 것인가에 따라 그 값은 상당한 편차를 보일 수 있음을 유의하여야 할 필요가 있다. 나아가, 이외에도 표준소득대체율을 계산하고자 할 경우, 계산식의 분모에서 개인의 퇴직 전 임금을 ① 퇴직 직전의 최종임금 또는 ② 생애평균임금으로 할 것인가에 따라 지표 값이 차이를 보일 수 있다.

3) 빈곤문제의 해소와 생활수준보장의 상호 관계

사회복지정책의 목표로서 빈곤문제의 해소와 생활수준보장은 실행과정에서 종종 상호 배타적인 관계를 가질 수 있다. 왜냐하면 빈곤문제의 해소는 소득의 재분배를 통하여 국민의 경제적 지위의 편차를 해소 또는 완화하기 위한 목적으로 이루어지게 되는 반면, 생활수준보장은 개인의 경제적 지위가 일생 동안 안정화될 수 있도록 노력하게 되기 때문이다.

소득의 분배가 불평등하게 이루어지고 있는 자본주의 사회에서 사회복지정책이 생활수준보장을 주된 목표로 하게 될 경우 국민의 경제적 지위의 편차가 고착화되는 문제가 발생할 수 있다. 따라서 국가는 빈곤문제의 해소와 생활수준보장이라는 사회적 당면과제가 적절하게 조화를 이룰 수 있도록 사회복지정책을 수립하여야 할 책임이 있다.

3. 소득불평등의 완화

자본주의 사회는 이윤추구의 자유 및 경쟁시장의 원리와 같은 경제질서로 인해 사회계층 간 소득불평등 문제를 초래하고 있다. 특히, 최근 들어 세계화와 자유화의 추세는 인간의 삶의 현장 곳곳에서 불확실성을 심화시켜 소득의 양극화 문제를 야기하고 있다. 따라서 국가는 이와 같은 문제에 대처하여 다양한 형태의 분배정책을 실시해 오고 있다. 그리고 이러한 분배정책들로는 국가의 조세정책을 포함한 각종 사회복지정책을 대표적으로 손꼽을 수 있다.

분배정책의 당위성이나 필요성에도 불구하고 정작 소득불평등의 문제에 대한 정책적 판단은 그 원인이나 관찰 방식에 따라 달라질 수 있다.

첫째, 개인별로 능력의 차이로 인해 소득불평등의 문제가 발생할 수 있다. 이 경우 능력의 차이가 무엇으로 인해 연유되었는가에 따라 정책적 개입에 대한 판단이

상이할 수 있다. 만약 이러한 차이가 선천적 요인에 기인한 것이라면 소득의 편차는 일종의 운명으로서 수용되어야 것이다. 하지만 만약 능력의 차이가 후천적으로 부모의 경제력과 이에 따른 교육의 양적·질적 수준의 차이에 기인한 것이라면 사회 정의의 차원에서 국가의 개입이 필요하게 된다.

둘째, 개인별로 삶의 가치관이나 선호의 차이로 인해 발생하게 되는 소득불평등의 문제다. 가령 어떤 개인이 일반인과는 다른 가치관(예: 종교적 신념)을 추구함으로 인해 소득의 격차 문제가 발생하게 되었다면, 이는 개인의 자발적 선택의 결과로서 수용되어야 할 것이다. 따라서 이와 같은 부류의 가치관이나 삶으로 인해 초래된 빈곤이나 불평등의 문제에 대해서는 분배정책의 차원에서 국가 개입은 우선순위에서 뒤떨어질 수 있다.

셋째, 연령의 차이로 인해 불평등의 문제가 발생할 수 있다. 가령, 연공형 임금체계를 가진 기업에 있어서 중견간부 A 부장의 보수가 갓 신입한 B 사원보다 3배 많다고 가정해 보자. 하지만 이 경우 B 사원도 장차 중견간부가 되어 A 부장과 같은 수준의 보수를 받게 될 것으로 예상해 보면 A와 B 간 소득격차는 불평등의 차원에서 파악될 수 없는 문제로 판단된다.

넷째, 소득의 측정 기간에 따라 불평등의 양상이 달라질 수 있다는 점이다. 가령 생애소득이 서로 같은 A와 B가 있다면, 생애 전체의 차원에서 볼 때 양자 간에는 불평등의 문제가 존재하지 않게 된다. 그러나 A는 젊은 시기에 많은 소득을 벌었고, 반면에 B는 젊어서는 가난하였으나 늙어서 큰돈을 벌었다고 가정을 하면 양자 간에는 소득불평등의 문제가 상시적으로 존재하였던 것으로 파악해 볼 수 있다.

다섯 째, 개인 A와 B의 소득이 동일하다고 하더라도, 가족의 규모에 따라 생활수준이 달라질 수 있다. 일반적으로 가정은 소비의 공동체로서 가구원의 수가 많을수록 구성원 1인당 소비 규모가 줄어들게 되는 문제가 발생하기 때문이다. 따라서 이로 인해 발생하게 되는 소비기회의 불평등 문제는 별도의 '균등화지수(equivalence scale)'를 활용하는 방법을 생각해 볼 수 있다(이정우·이동수 역, 2008: 236ff.). 여기서 균등화지수는 가구의 소비생활에 있어서 규모의 경제효과가 작용하게 된다는 가정 하에서 독신가구 A와 3인 가정 B 사이의 소득불평등을 측정하기 위해 적용되는 가중치를 의미한다. 이에 따라 가령 B의 가정은 본인과 주부인 아내 그리고 미성년 아동으로 구성되어 있다고 가정해 보면, 일종의 가중치인 균등화지수(예: 각각 1 : 0.8 : 0.5)를 적용한 조정소득(adjusted income)이 산출된다. 그리고 이러한 방법으로 산출된

B의 조정소득을 A의 소득과 대비함으로써 양자 간 소득의 편차를 측정할 수 있다.

지금까지 살펴보았듯이, 소득불평등의 문제는 그 실체가 모호하고 또한 관찰 방법에 따라 전혀 상이한 결과를 보일 수도 있다. 하지만 그럼에도 불구하고 불평등의 문제는 빈곤문제와 함께 사회복지정책에 있어서 가장 핵심적인 위치를 차지하고 있다. 따라서 이와 같은 분야의 정책을 대상으로 한 학문적 연구가 활성화되어야 할 필요가 있다.

4. 사회복지정책에 대한 국민의 신뢰

사회복지정책은 국민의 연대적 기능을 바탕으로 이루어지고 있다. 따라서 사회복지정책에 대한 국민의 신뢰는 관련 정책이 추구하는 제반 목표를 성공적으로 달성하기 위하여 반드시 요구되는 사안이다. 예를 들면, 국민 개개인이 유사시 사회복지정책으로부터 적절한 보호를 받을 수 있다는 확신을 가지게 될 경우 조세 또는 사회보험료 등 비용부담의 문제에 의한 저항이 최소화될 수 있다. 나아가, 사회 전체의 복지수준은 단순히 물질적 차원의 풍요뿐만 아니라 주관적 차원에서 사회복지정책에 대한 신뢰와 확신이 뒷받침될 경우에만 극대화될 수 있다.

사회복지정책에 대한 국민의 신뢰는 다음과 같은 사안들에 의해 중대한 영향을 받게 된다.

첫째, 중장기적 차원에서 사회복지정책의 안정성이 보장되어야 한다. 예를 들면, 급여수준이나 비용부담이 경제적 상황이나 정치적 고려에 따라 수시로 변경될 경우 사회복지정책에 대한 국민의 불신이 증폭되는 문제가 발생할 수 있다. 따라서 국가는 국민에게 약속한 사회복지정책의 내용을 최대한 지키고자 하는 의지를 보여주어야 한다.

둘째, 사회복지정책의 운영이 가급적 모든 국민에 의해 공정한 것으로 인정받을 수 있도록 하여야 한다. 대다수의 사회복지정책은 분배정의의 실현을 일차적 목표로 하고 있다. 따라서 국가는 이러한 분배정책을 통하여 발생하게 되는 혜택과 부담이 공정하게 이루어질 수 있도록 노력해야 하는 과제를 가지고 있다.

셋째, 국민이 정치체제에 대해 신뢰할 수 있도록 하여야 한다. 일반적으로 사회복지정책은 정치적 의사결정 과정을 통하여 수립된다. 따라서 정치체제가 불안정하게 될 경우 사회복지정책에 대한 국민의 신뢰 또한 위축될 소지가 높다. 역으로, 사회복지정책에 대한 불신이 높아지게 될 경우 정치적 불안이 가중되는 문제도 발생할 수 있다. 종합하면, 사회복지정책에 대한 국민의 신뢰와 정치체제의 안정은 상호 밀접한 관련을 가지고 있음을 알 수 있다. 즉, 사회복지정책은 이러한 두 가지 요소가 긴밀하게 상호작용을 하게 될 경우에만 비로소 안정적으로 발전할 수 있다.

제6장 사회복지정책의 발전과정과 정책 영역

제1절 사회복지정책의 발전과정

1. 일반적 경향

근대적 형태의 사회복지정책은 산업의 발전과 함께 양적·질적으로 꾸준히 성장해 오고 있다. 초기 산업사회에 들어와 단순히 형식적으로만 자유를 보장받았던 인간은 사회복지정책의 기능 확대에 따라 점차 물질적 궁핍이나 근심으로부터 해방되어 실질적인 자유를 누릴 수 있게 되었다. 더 나아가, 오늘날의 복지국가는 자아실현의 기회를 균등하게 보장하고 국민 모두가 인간으로서 존엄성을 유지할 수 있는 물질적 전제조건을 광범위하게 충족시켜 주고 있다. 이에 따라 현대의 서구사회는 높은 수준의 사회안정과 함께 국민의 '삶의 질'을 획기적으로 개선할 수 있게 되었다.

산업화 이후 오늘날까지 서구의 사회복지정책은 대체로 그 개입 영역과 보호 대상 및 급여 내용의 세 가지 방향으로 발전해 오고 있다(Schäfer, 1985). 그리고 이러한 발전 경향은 우리나라에서도 유사하게 적용되고 있다.

1) 사회복지정책의 개입 영역

근대사회 이후 사회복지정책의 개입대상으로 하는 영역은 지속적으로 확대되어 오고 있다. 즉, 사회복지정책에 의한 해결을 필요로 하는 사회문제는 산업화 초기의 경우 산업재해, 노령, 질병, 실업, 빈곤 등 전형적인 사회문제에서 가족해체, 성차별, 임신, 출산, 육아, 사회적 일탈, 교육, 여가, 문화 등 다양한 분야로까지 확대되었다. 이에 따라 사회복지정책의 대상은 점차 일반 국민의 일상생활 영역으로까지 확대되었고, 사회복지정책은 일반사회정책으로서의 기능 전환을 보이고 있다. 이러한 추세 속에서 다양한 사회복지 관련 법제들이 제정되었고, 또한 사회복지 행정 관리기구의 설립이 활발하게 이루어지게 되었다.

2) 사회복지정책의 보호대상

사회복지정책에 의한 보호를 필요로 하는 대상이 꾸준히 확대되고 있다. 구체적으로, 사회복지정책의 보호대상을 초기의 경우 산업노동자, 빈민, 여성, 아동 등 전형적인 사회취약집단에 국한되었으나, 점차 사무직 근로자, 사업주, 자영업자, 농어민, 비경제활동 인구 등 전체 국민으로까지 확대되고 있다.

3) 사회복지정책의 급여 내용

사회복지정책의 급여 내용이 양적·질적으로 꾸준히 개선되고 있다. 이러한 경향은 다음의 세 가지 차원에서 확인해 볼 수 있다.

첫째, 급여의 지급기간이 점차 연장되고 동시에 수급요건 또한 완화되고 있다. 이러한 경향은 우리나라에서도 발견할 수 있다. 가령 우리나라 건강보험제도의 경우, 보험급여의 수급기간은 처음에는 6개월로 엄격히 제한하였으나, 1996년 240일, 1998년 300일 그리고 마침내 2000년부터는 연중 내내 보험혜택을 받을 수 있게 되었다. 그리고 보험급여를 받을 수 있는 진료권도 초기에는 본인의 선택에 따라 일부 지역으로 제한하였으나, 1998년 10월부터는 전국 어디에서나 의료혜택을 받을 수 있게 되었다.

둘째, 급여의 수준이 꾸준히 인상되고 있다. 이러한 경향은 특히 현금급여에서 뚜렷하게 나타나고 있다. 현금급여의 수준은 최초의 경우 수급자의 최저생계보장에서 점차 생활수준보장으로 상향 조정되고 있다.

셋째, 급여 종류가 다양화되고 동시에 질적으로도 개선되고 있다. 이러한 경향은 현물급여에서 두드러지게 나타난다. 사회의 성숙과정에서 국민의 관심사가 사회문제의 발생에 의한 피해의 보상보다는 문제의 예방 또는 피해의 극복(즉, 재활)으로 바뀌고 있다.

이러한 사회적 욕구를 충족하기 위하여 사회복지정책은 다양한 형태의 예방사업과 재활 프로그램을 급여 항목으로 추가하고, 학문과 기술의 발전에 따라 관련 사업 내용을 질적으로 향상시켜 오고 있다.

2. 사회복지정책 발전의 3대 요소

앞에서 사회복지정책의 발전과정에서 나타나고 있는 일반적인 특징에 대하여 살펴보았다. 그러나 실제로는 제반 사회복지제도의 도입 시기, 발전수준, 운영 형태 등은 국가별로 현저한 차이를 보이고 있다. 이러한 국가별 차이점은 대체로 [그림 6-1]에서 보여 주는 세 가지 요인의 상호작용에 의해 발생하게 된다(Lampert, 1984).

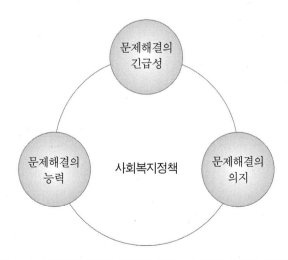

[그림 6-1] 사회복지정책의 발전과정에서 세 가지 요인의 상호작용

1) 문제해결의 긴급성

문제해결의 긴급성은 제반 사회문제에 대한 국가의 정책적 대응과정에서 우선순위의 결정에 중요한 요인으로 작용할 수 있다. 예를 들면, 특정한 사회문제가 다수의 국민에게 심각한 고통을 초래하고 동시에 사회적·정치적 불안을 야기하게 될 경우, 국가는 해당 문제를 우선적으로 해결하여야 할 필요성을 인식하게 된다.

이러한 관점에서 볼 때 제반 사회문제에 대한 사회복지정책의 대응은 일반적으로 다음과 같은 순서로 이루어지고 있다. 초기 산업사회의 경우, 노동자계층의 생존권을 직접적으로 위협하였던 부당해고, 저임금 또는 임금체불, 장시간 노동, 열악한 작업환경 등의 문제에 대처하여 각종 노동자 보호 입법이 최초로 마련되었다. 우리나라의 경우, 이에 해당하는 법률로서 「근로기준법」이 제반의 사회복지 입법에 우선하여 제정되었다. 다음으로, 산업재해, 질병, 노령, 실업 등의 사유로 소득활동이 불가능하게 되는 문제에 대비하여 각종 사회보험제도의 도입이 이루어졌다. 이후 시민사회의 성숙과정에서 한편으로는 사용자와 노동자 간 동등한 의사결정권을 보장하기 위한 목적에서 각종 노사관계법이 제정되었으며, 다른 한편으로는 노인·여성·아동·장애인 등 사회취약계층의 보호와 중산층의 재산 형성을 지원하기 위한 제반의 정책이 도입되기 시작하였다.

2) 문제해결의 능력

현대사회의 다양한 사회문제에 대처하여 사회복지정책은 그 기능을 지속적으로 확대하여야 하는 당면과제를 가지고 있다. 사회복지정책의 원활한 발전은 이를 물질적으로 뒷받침해 줄 수 있는 경제적 능력을 전제로 한다.

일반적으로 산업화는 높은 수준의 경제성장을 통하여 사회복지정책의 발전에 크게 기여하였다(Wilensky, 1975). 그러나 산업화의 발전과정은 국가별로 다른 양상으로 전개되어 왔으므로 사회문제에 대한 대처능력 또한 국가 간 상당한 차이를 보이고 있다.

3) 문제해결의 의지

사회복지정책의 발전이 이루어지기 위해서는 사회문제를 사회적 차원에서 해결하고자 하는 국민의 연대의식과 사회적 합의 그리고 이를 수용할 수 있는 정치적 기반으로서의 민주화가 선행되어야 한다. 예를 들면, 개인주의 사상이 팽배한 사회나 사회문제에 대한 국민의 반발을 강압적으로 통제하고 있는 독재국가의 경우 사회복지정책은 제한적인 수준에서 그치게 될 확률이 높다. 이러한 의미에서 비슷한 수준의 경제발전을 이룩한 국가 간에도 각국의 정치적·사회적 환경에 따라 사회복지정책의 발전수준은 상당한 차이를 보인다.

제2절 사회복지정책의 영역

사회복지정책은 국민의 복지증진을 일차적 목표로 하는 국가의 정책이다. 일반적으로 복지는 사람들이 물질적으로 넉넉하고, 정서적으로 안정된 삶을 영위하기 위해 필요한 조건을 최대한 충족시켜 줄 수 있을 경우 극대화될 수 있다. 또한 복지의 문제가 국민의 일상생활을 구성하는 광범위한 영역에서 발생하듯이 사회복지정책 또한 다양한 형태로 시행되고 있다. 제반의 사회복지정책은 [그림 6-2]에서 보는 바와 같이 특징별로 크게 보호정책, 균등화 정책 그리고 빈곤정책으로 구분하여 살펴볼 수 있다(Lampert, 1980).

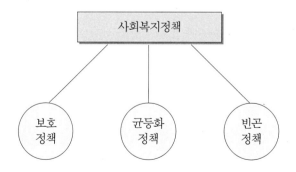

[그림 6-2] **사회복지정책 영역의 구분**

1. 보호정책

　사회복지정책은 국민의 존엄한 생존권 보장을 핵심적 목표로 하고 있다. 산업사회에 들어와 대다수 국민의 삶은 근로활동을 통해 얻게 되는 소득으로 유지되고 있다는 점에서 사회복지정책은 노동시장과 불가분의 관계를 가지게 된다. 따라서 국가가 노동현장에서 발생할 수 있는 여러 가지 사회문제에 대처하여 제도적 보호 장치를 개발·운영하는 작업 또한 사회복지정책의 일환으로 이해해 볼 수 있다. 이와 같은 취지의 보호정책(Schutzpolitik독)은 정책의 범주별 특성에 따라 [그림 6-3]에서 보는 바와 같이 노동자보호정책, 노동시장정책, 공동의사결정권(=노동자참여정책)으로 구분해 볼 수 있다.

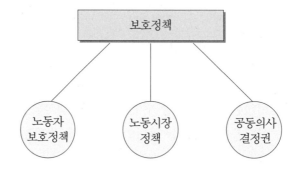

[그림 6-3] 노동자의 권익과 복지를 위한 보호정책의 범주

1) 노동자보호정책

　근대사회의 사회복지정책은 산업화의 역기능으로 노동자가 겪게 되는 사회문제(즉, 노동자문제)에 대응하여 정책적으로 대처해 나가는 과정에서 탄생하였다. 이러한 차원에서 볼 때 노동자보호정책이란 '노동의 사용 종속적 특성[1]'으로 인해 발생하게 되는 각종 불이익이나 피해로부터 노동자를 보호하기 위한 목적으로 이루어

---

1) 일례로, 산재사고 발생 시 보상을 위한 구성 요건으로서 개인의 행위가 근로자로서의 속성을 가지고 있는지 여부를 판단하기 위해 활용되는 기준이다. 구체적으로, 개인의 행위가 사용자의 관리·감독 및 작업 지시에 따라 이루어지고, 나아가 근로 시간이나 장소 등이 사용자의 지시에 구속을 받게 될 경우 사용 종속적 관계가 성립된 것으로 판단하게 된다.

지는 정책들을 의미한다. 구체적으로, 노동자보호정책은 노동자의 건강과 근로능력의 유지·증진, 노동자에게 불리한 근로조건과 근로환경의 개선, 그리고 각종 사회적 위험으로부터 노동자의 보호 등을 주된 목표로 하고 있다. 노동자보호정책은 먼저 정책의 영역별로 근로시간의 보호, 산업안전 및 보건, 임금보호, 고용관계의 보호, 다음으로 보호대상자의 범주별로 아동·청소년 보호, 여성 및 모성 보호, 장애인보호, 마지막으로 사회보험정책으로 구분해 볼 수 있다.

(1) 노동자보호정책의 영역별 분류

여기서는 노동자가 자신의 근로능력이나 기회를 위협하는 제반의 위험요인들로부터 보호를 받아 지속적인 고용관계를 유지할 수 있도록 지원해 주기 위한 목적의 정책들을 포함하게 된다.

① 근로시간의 보호

이는 근로자가 ① 장시간 근로에 따른 육체적·정신적 부담을 방지해 주고, ② 충분한 휴식시간의 제공을 통하여 건강의 보호 및 근로능력의 재생산 기회를 보장해 주고, 나아가 ③ 여가시간을 선용하여 노동자 개인의 자기계발과 사회참여의 기회를 제공하기 위한 목적으로 이루어지는 국가의 정책을 의미한다. 나아가, 이와 같은 근로시간의 보호를 통하여 근로자는 사업주로부터 부당한 노동력의 착취 그리고 그로 인한 질병이나 산업재해의 위험으로부터 보호를 받을 수 있다.

통상적으로 근로시간의 보호를 목적으로 하는 제도적 수단으로는 금지와 명령이 있다. 먼저 금지는 휴일 및 공휴일 근무의 금지 또는 제한과 청소년의 야간근로 금지가 있을 수 있으며, 다음으로 명령은 법정근로시간의 준수 의무, 하루 최대근로시간, 최소휴식시간, 법정휴가기간 등이 해당된다. 이외에도 독일 등 선진국에서는 상업이나 기타 유통업에 소속된 기업들의 상호 간 불필요한 과다경쟁을 방지하고, 아울러 해당 업종의 상인이나 종사자들의 휴식과 재생산의 보장을 목적으로 소위 「상점영업시간법(Ladenschlussgesetz^독)」을 운영하고 있다.

② 산업안전 및 보건

이는 산업재해와 직업병의 예방에 기여하여 근로자의 건강과 근로능력이 안정적으로 보호를 받을 수 있도록 하는 제반의 조치를 의미한다. 이를 위한 대표적인 제도적 수단으로는 청소년 및 임산부의 유해작업 금지, 작업시설의 안전을 위한 최소 기준의 설정 및 준수 의무, 근로감독관에 의한 작업감독의 권한 등이 있다. 그리고 이러한 작업안전의 조치에도 불구하고 발생한 산재사고나 직업병에 대해서는 「근로기준법」의 규정에 근거하여, 근로자의 과실 여부에 상관없이 전적으로 사용주의 보상책임이 인정되는 소위 '무과실 책임원칙'이 적용된다.

③ 임금의 보호

이는 대다수 노동자 가계의 경우 생계수단의 주된 원천이 근로활동을 통한 임금으로 충당되고 있다는 점에서 중대한 정책적 의미를 가지고 있다. 왜냐하면 임금의 안정적 지급은 당사자와 가족의 생존을 위해 반드시 필요로 하는 사안이 될 수 있기 때문이다. 따라서 국가는 임금 및 퇴직금의 체불이나 부당한 삭감이 발생하지 않도록 하고, 기업의 파산 등 부득이한 사유가 발생하게 되었을 경우에도 노동자의 권리가 우선적으로 보호를 받을 수 있도록 하고 있다.

임금의 보호와 관련한 주된 제도적 수단으로는 현물급여의 금지, 임금에 대한 담보나 저당의 제한 그리고 기업의 파산 시에도 3개월의 임금채권과 3년의 퇴직금에 대한 우선적 보상권 등이 있다. 여기서 임금채권에 대한 보상은 우리나라의 경우 사용주의 부담으로 조성된 '임금채권보상기금'에서 충당하고 있다.

④ 고용관계의 보호

일반적으로 자본주의 사회에서 거래와 계약의 자유는 기본권으로서 보장되고 있으나, 예외적으로 노동력의 거래와 근로계약은 대다수 국민의 생존권과 직결되므로 법적 규제가 엄격하게 적용되고 있다. 이에 따라 근로자는 사용주의 권한남용, 부당한 요구나 해고의 위협 등으로부터 보호를 받게 되며, 나아가 불가피한 인력감축의 사유가 발생하게 되었을 경우에도 국가는 고용주의 해고방지를 위한 사전적 노력 그리고 해고예고기간의 보장 등을 의무화하고 있다. 이러한 고용관계의 보호와 관련한 제반 규정은 특히 임산부·산재근로자·고령근로자 등에 대해 엄격하게 적용해 오고 있다.

우리나라의 경우 고용관계의 보호와 관련한 법률적 규정은 주로 「근로기준법」에 포함되어 있다. 동법률에서 근로자의 고용관계는 법적 권리로서 보호를 받을 수 있도록 하되, 다만 다음과 같은 세 가지 종류의 해고 사유를 제한적으로 인정하고 있다.

먼저, 정리해고로서 영업부진 또는 경기침체로 인한 작업량의 감소 등 기업의 경영상 사유로 인한 해고가 해당될 수 있다. 일반적으로 정리해고는 다수의 근로자들을 대상으로 한 대량해고의 형태로 이루어질 가능성이 높으므로 대상자의 선별을 두고 노사 또는 노노 간 갈등이 발생할 우려가 있다. 따라서 독일은 이 경우 노동조합이나 기업평의원회(Betriebsrat^독)의 주도로 근로자의 연령, 건강 상태나 가족 상황, 재취업의 가능성 등 소위 '사회적 고려조항(Sozialklauseln^독)'을 감안하여 대상자를 선별할 수 있도록 하고 있다.

다음으로, 징계해고는 기업이 비리 및 부정, 폭력, 무단결근 등 징계사유에 해당되는 근로자를 해고할 수 있는 권한을 인정하는 규정을 의미한다.

마지막으로, 통상해고는 근로자 개인 자신의 사유로 인한 해고로서 일반해고로도 불린다. 일례로, 이는 근로자가 질병 또는 근무능력이 현저하게 떨어져 맡은 바 업무를 제대로 수행하지 못하고 있는 것으로 입증될 경우 허용되는 해고의 사유를 의미한다.

일반적으로 해고의 대상이 되는 근로자에 대해서는 법률에서 정하는 바에 따라 해고예고제도를 적용하도록 하고 있다. 이는 해고 대상이 되는 근로자에게 구직활동을 위한 시간적 여유를 제공하고, 나아가 부당한 해고에 대하여 법적 대응을 할 수 있는 기회를 제공하기 위한 목적으로 운영되고 있다. 우리나라의 「근로기준법」에서는 이러한 해고예고기간을 해고 전 30일로 정하고 있다. 하지만 일반적으로 해고 이후 재취업의 기회가 근로자의 연령에 따라 일정한 차이를 보이게 된다는 점을 감안해 볼 때 이러한 해고예고기간은 근로자의 연령과 근속연수에 따라 차등 적용하는 방안이 바람직할 것으로 판단된다. 참고로 독일의 경우, 이러한 해고예고기간은 근로자의 연령과 근속연수에 비례하여 1개월에서 7개월까지 차등 적용하고 있다. 나아가, 대다수 서구 선진국의 경우 기업의 사유로 인한 해고 또는 부당한 해고의 경우 사용주는 근로계약의 해지에 따른 해고보상금을 지급하여야 할 의무를 지게 된다.

(2) 노동자 보호정책의 대상별 분류

아동 및 청소년, 임산부, 장애인 등 노동시장의 약자계층에 대해서는 노동력의 거래 과정에서 다음과 같은 특별한 보호가 이루어지게 된다.

첫째, 15세 미만의 아동에 대해서는 노동이 원칙적으로 금지된다. 그리고 15세 이상 청소년의 경우에도 건강에 유해한 작업이나 휴일근로의 금지가 강력하게 적용되며, 동시에 근로시간의 통제도 보다 엄격하게 이루어지게 된다.

둘째, 모성보호와 관련한 사항으로서, 먼저 임신한 근로여성에 대해서는 여성 자신은 물론 태아의 건강에 부정적 영향을 줄 수 있는 작업이나 야간 또는 휴일근로가 법적으로 금지된다. 다음으로, 임신 및 출산과 관련하여 산전·산후 3개월의 기간에 대해서는 유급의 모성휴가가 제공되도록 하고 있다. 마지막으로, 아동의 양육을 위하여 여성 또는 남성에게 1년의 기간 동안 육아휴직이 보장된다. 그리고 모성휴가와 육아휴직의 기간에 대해서는 해고금지의 규정을 적용받게 된다.

셋째, 장애인의 특별보호와 관련한 사항이다. 일반적으로 장애인의 경우 취업에 있어서 상대적으로 불리한 위치에 있으므로 일정 규모 이상의 사업장에 대해서는 장애인 의무고용의 규정이 적용된다. 그리고 만약 법률로서 정한 비율의 장애인을 채용하지 못한 사업주에 대해서는 일정한 금액의 고용분담금을 부과하게 된다. 나아가, 근로활동의 과정에서 장애인의 부족한 작업능력을 보완해 주기 위한 차원에서 채용장려금, 고용유지지원금, 작업설비의 지원 등이 이루어지고 있다.

(3) 사회보험정책

사회보험정책은 대다수 국가의 경우 노동자 계층을 대상으로 최초로 시행된 이후 점차 전체 국민으로 확대되어 가는 경향을 보이고 있다. 그럼에도 이러한 사회보험정책은 핵심적으로는 각종 사유로 근로능력이나 근로기회가 제한되어 생존권을 위협받게 되는 근로계층을 보호하는 것을 주된 목적으로 하고 있다.

사회보험정책의 사업영역은 크게 다음의 세 가지로 구분하여 살펴볼 수 있다. 첫째, 사회보험정책은 노령, 장애, 산업재해, 실업 등으로 소득활동이 일시적 또는 영구적으로 불가능하게 되었을 경우, 별도의 대체소득을 제공함으로써 당사자와 가족의 생존권이 보장될 수 있도록 하고 있다. 둘째, 사회보험정책은 노동자 계층의 생존을 위협하는 문제들이 발생하지 않도록 다양한 예방사업을 수행하고 있다. 셋째, 사회보험정책은 문제의 발생으로 소득활동을 중단한 사람들을 대상으로 그들의 근로능력을 재생산하고, 근로기회를 제공하는 재활프로그램을 개발하여 시행하고 있다.

종합하면, 이와 같은 세 가지 방향의 사업이 상호 유기적으로 연계되어 시행될 경우 사회보험정책은 노동자 계층의 생존권을 보호해 줄 수 있는 안전망으로서 기능을 하게 된다.

2) 노동시장정책

일반적으로 노동시장정책은 경제정책의 한 영역으로 분류된다. 구체적으로 노동시장은 수요자인 기업과 공급자인 노동자 상호 간 상품으로서의 노동력이 거래되고, 그 과정에서 노동의 가격인 임금이 결정되는 장소다. 그러나 노동력은 인간의 육체와 정신에 내재된 것으로서, 거래의 과정에서 자칫 인간으로서의 생존과 존엄성에 부정적인 영향이 발생할 수 있으므로 일반 상품과는 다르게 취급되어야 할 당위성이 있다. 따라서 노동상품은 국가가 노동시장정책을 통하여 별도로 설정한 보호장치의 테두리 내에서 거래될 수 있도록 하여야 한다. 이러한 점에서 노동시장정책은 사회복지정책의 중요한 영역으로 간주해 볼 수 있다.

노동시장정책은 노동의 기회가 보편적으로 보장될 수 있고, 동시에 국민 개개인이 자신의 적성과 능력에 적합한 분야에서 가급적 최상의 조건으로 일을 할 수 있도록 지원하는 국가의 정책을 의미한다. 이러한 노동시장정책의 목표는 세부적으로 완전고용정책, 노동시장의 불균형 해소를 위한 조정정책 그리고 임금정책을 통하여 실현될 수 있다.

먼저, 완전고용정책은 국민 모두가 안정된 생활을 영위할 수 있는 물질적 기반을 제공하고, 자아실현과 사회참여의 기회를 보편적으로 보장해 줄 수 있다는 점에서 중요한 의미가 있다. 또한 높은 수준의 고용안정이 이루어지게 될 경우 실업으로 인해 야기될 수 있는 사회불안과 사회복지수요(예: 실업급여)의 증가에 따른 경제적 부담을 최소화할 수 있는 장점도 있다.

다음으로, 조정정책은 노동시장에서 인력의 수요와 공급이 구조적인 측면에서 불일치하게 될 경우 발생할 수 있는 부작용을 해소하기 위한 차원에서 이루어지는 제반의 정책수단을 의미한다. 예를 들면, 비록 총량적으로는 인력의 수급이 균형을 유지하고 있으나, 부문별로 일부 지역이나 산업에서는 노동력의 초과공급 또는 초과수요 현상이 발생하게 될 경우 실업문제와 생산의 차질 문제가 동시에 발생할 수 있다. 이러한 노동시장의 불균형 현상을 해소하기 위하여 국가는 다양한 정책을 실시하여야 할 책임을 가진다. 여기에는 구직·구인 정보의 제공, 직업 상담 및 알선, 직업교육의 지원, 구직활동비 및 이사비용의 지원, 새로운 산업의 유치 지원 등이 있다.

마지막으로, 임금정책과 관련한 사항이다. 일반적으로 노사는 한편으로는 기업의 생존과 발전에 대해 이해의 일치를 보이지만, 다른 한편으로는 기업운영에 따른 이익 배분에 대해서는 상호 갈등관계를 가지게 된다. 따라서 임금정책은 노동자 계층의 생존권을 보장하고, 나아가 노동에 대한 대가가 공정하게 이루어질 수 있도록 하는 중요한 역할을 담당한다. 전자와 관련하여 국가는 법으로 매년 최저임금을 설정하여 노동자계층 모두가 생존을 위해 필요한 최저수준 이상의 소득을 보장받을 수 있도록 하고 있다. 그리고 후자와 관련하여 국가는 노사자율의 원칙과 노동3권(단결권, 단체교섭권, 단체행동권)을 법으로 보장함으로써, 임금 및 근로조건의 협상이 노사 간 대등한 입장(equal power)에서 이루어질 수 있도록 하고 있다. 여기서 특히 단체행동권의 보장은 기업의 경영과정에서 노동자가 사용자에 비해 불리하게 되는 현실을 보완하여 노사 간 협상력의 균형을 유지하기 위한 일환으로 제공되고 있다.

3) 공동의사결정권

공동의사결정권(Mitbestimmungsrecht^독)이란 어떠한 정책으로 인해 긍정적 또는 부정적 영향을 받게 될 것으로 예상되는 다수의 사람이나 집단이 정책 수립의 과정에 참여하여, 자신들의 이해를 반영할 수 있도록 하는 권리를 의미한다. 근로자에게 있어서 이러한 권리는 ① 기업가 또는 기업경영자에 의한 독단적 정책결정을 방지하고, ② 당사자의 이해를 반영하거나 또는 최소한 ③ 자신의 이해에 반하는 정책결정을 방어할 수 있는 기회를 제공해 줄 수 있다는 점에서 그 의의를 찾아볼 수 있다.

공동의사결정권은 정책 효력의 범위에 따라 기업 차원 그리고 전체 산업 차원으로 구분해 볼 수 있다. 먼저, 개별 기업 차원의 공동의사결정권은 기업의 경영과 관련된 의사결정과정에 노동자들 또는 그 대표가 참여할 수 있는 권리를 의미한다. 일반적으로 노동자는 기업운영의 객체로서 기업 내부의 위계질서와 관리체계에 편입되고 사용주가 설정한 근로조건과 작업 절차에 따라야 하는 신분적 관계, 즉 사용종속적 관계에 있다. 하지만 기업이 경제환경의 변화에 적응하고 이윤추구를 목적으로 시행하게 되는 경영합리화 전략은 종종 노동자에게 고용불안과 불이익으로 작용하게 되는 경우가 있을 수 있다. 이에 국가는 노동자의 권익을 보호하고 산업의 평화를 유지하기 위하여 민주적 차원에서 노사관계를 재정립해야 하는 과제를 가지게 된다. 대표적으로 노동자의 생존이나 중대한 이해와 직결되는 사안(예: 기업 정관의 변경, 임금 및 진급 체계, 사업장의 이전이나 폐쇄, 해고 및 근로조건 등)에 대한 노사 간 합의의 의무화, 기업경영에 대한 정보의 제공, 경영전략의 수립 및 변경 등 중요한 의사결정 과정에 노동조합의 참여권과 사전 동의의 보장의무 등이 있다.

다음으로, 전체 산업 차원의 공동의사결정권은 개별 기업의 차원을 넘어서 전체 근로집단에게 공동으로 영향을 미칠 수 있는 정책사안에 대해 노동조합이 참여할 수 있는 권한을 의미한다. 대표적으로 근로 조건 및 환경에 영향에 영향을 줄 수 있는 관계 법령(예: 「최저임금법」, 법정근로시간 등)의 제정 또는 개정, 노동자의 사회보장 등 복지권의 변경 등이 여기에 해당될 수 있다. 그리고 이러한 과제들은 개별 기업의 차원을 넘어서는 분야이므로 전체 산업을 대표하는 노동조합연합체(우리나라의 경우 한국노동조합총연맹, 민주노동조합총연맹)에서 담당하는 것이 합당할 것으로 판단된다.

2. 균등화정책

사회복지정책의 영역으로서 균등화 정책(Ausgleichspolitik^독)은 사회정의의 관점에서 공정성·공평성의 원칙을 훼손하는 제반의 요인을 제거 또는 완화함으로써 사회구성원 모두가 동등한 삶의 기회를 영위할 수 있도록 지원하는 것을 목표로 하고 있다. 구체적으로 균등화정책은 [그림 6-4]에서 보는 바와 같이, ① 인간으로서의 기본적 욕구가 모든 국민에게 고르게 충족될 수 있도록 하고, ② 공정한 경쟁을 위한 전제조건이 되는 기회가 평등하게 보장되어야 하며, ③ 외부 효과의 문제로 인해 개인 또는 가정이 부당하게 부담하고 있는 비용을 전체 사회가 공평하게 분담하도록 하는 것을 주요 행동전략으로 채택하고 있다. 이와 같은 취지의 균등화정책은 영역별 그리고 대상별로 구분하여 정리해 볼 수 있다.[2]

---

2) 균등화정책은 이외에도 전쟁, 폭동 등 사회적 모순에 의해 일부 개인들이 겪게 되는 신체적·경제적 피해를 전체 사회가 공동으로 부담하도록 하기 위해 이루어지는 정책 영역에서도 공히 적용될 수 있다.

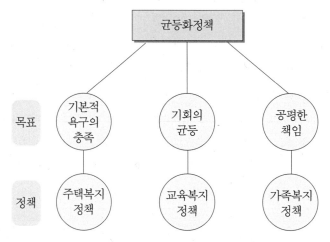

[그림 6-4] **균등화정책의 목표 영역별 유형**

1) 균등화정책의 영역

이는 균등화의 목표와 관련된 정책들을 영역별 또는 분야별로 정리한 것으로서, 대표적으로 주택복지정책, 가족복지정책, 교육복지정책이 해당될 수 있다([그림 6-4] 참조).

(1) 주택복지정책
① 정책의 도입 배경

주거는 인간의 생존에 필요한 3대 기본욕구인 의·식·주 가운데 하나를 차지하고 있다. 일반적으로 주택은 주거의 공간으로서 단순히 거주의 용도로서뿐만 아니라 국민의 건강, 신체적·정신적 기능의 재생산, 가족 기능의 유지 및 '삶의 질'에도 중대한 영향을 미칠 수 있다. 따라서 국가는 모든 국민이 소득수준이나 사회적 신분에 상관없이 기본적인 수준 이상의 주거권을 보장받을 수 있도록 노력하여야 할 책임이 있다.

서구 국가들에 있어서 주택복지정책은 산업화 초기 인구의 자연적 증가와 농촌인구의 대량적 도시 유입에 따른 주택시장의 부정적 파급효과를 방지하기 위한 목적으로 도입되었다. 이와 관련한 당시의 문제점으로서 주택수요의 폭발적 증가와 그로 인한 주거비용(특히 전세금이나 월세 등 임대료)의 폭등, 부동산 투기 그리고 열악한 주거환경 등을 언급해 볼 수 있다. 이러한 현상은 우리나라의 경제개발 단계에 서도 마찬가지로 발견할 수 있다. 하지만 당시 우리나라의 경우 이외에도 한국전쟁 에 따른 주택의 파괴 및 월남동포의 대량 유입 그리고 인구의 대도시 편중 등으로 인해 주택수급의 불균형이 첨예한 사회문제로 존재해 왔다.

② 정책의 목표와 현실적 한계점

주택복지정책의 목표는 일차적으로 모든 국민이 각자의 가족 상황이나 선호 그 리고 경제적으로 적합한 주택을 확보할 수 있는 환경을 조성하고, 이차적으로는 저 소득계층을 대상으로 주거의 공간이나 질적 측면에서 최저기준 이상을 충족하고 비용 측면에서 부담 가능한 주거기회를 보장하는 데 있다(Neumann, 1994). 하지만 이러한 정책목표는 주택시장의 불완전한 특성으로 인해 자유시장의 기능만으로는 원만하게 실현될 수 없는 한계를 가지고 있다. 즉, 주택은 다른 일반적인 재화들의 경우와는 달리 수요와 공급의 균형이 정상적 시장의 기능으로는 좀처럼 실현되기 어려운 속성을 가지고 있다는 것이다. 나아가 이와 같은 시장의 불균형으로 인한 피 해는 특히 저소득계층이나 다자녀가구에게 두드러지게 발생하게 되며, 따라서 국 가는 사회복지정책의 차원에서 주택시장의 문제에 개입하여야 할 책임이 있다.

③ 주택시장의 비정상적 특성

이상에서 살펴본 주택시장의 문제점은 다음과 같은 주택의 비정상적 특성에 기 인하는 것으로 생각된다.

첫째, 주택의 공급량은 시장 상황에 따라 임의로 늘이는 것이 한계가 있다. 왜냐 하면 주택의 건립을 위해서는 사전적으로 택지의 조성이 필요하게 되나, 이를 위한 토지는 일종의 '고정적 생산요소'로서 가격에 비탄력적인 특성을 가지고 있기 때 문이다. 따라서 주택의 공급이 절대적으로 부족하였던 산업화 초기 대도시 지역의 경우 주택의 미충족 수요는 고스란히 가격에 반영되어 노동자 등 저소득가정의 생 계유지에 큰 부담요인으로 작용하였다.

둘째, 주택은 부동산으로서 지역 간 비이동성(immobility)의 특성을 가지고 있다. 이에 따라 주택시장은 지역별 특성과 제약요인을 반영하는 각각 독립적인 부분시 장(partial market)으로 작용하여, 국가 전체적으로 볼 때 이는 주택 수급의 구조적 불 균형을 초래하는 주요 요인으로 작용하였다.

셋째, 주택시장은 지역별로 분산되어 있고, 동시에 가격·규모·위치·건립 연도 등 질적 측면에서 서로 이질적 시장(heterogenic markets)으로 구성되어 있다. 나아가 개별 주택시장의 경우 수요 및 공급 여건이 상이하게 작용하여 주택상품들 상호 간 호환성이나 대체성이 현저하게 제약을 받게 된다는 것이다. 이러한 상황에서 주택의 공급은 부지 확보의 제약성과 시장의 불투명성 등으로 인해 가격이나 소득의 변화에 비탄력적으로 반응하게 될 뿐만 아니라, 주택의 수요 또한 직장이나 자녀 교육 등의 문제로 인한 이동성의 제약과 재정적 부담능력의 한계 등으로 인해 시장의 불균형성 문제는 더욱 가중될 우려가 높다(Lampert & Althammer, 2007).

넷째, 일반적으로 주택은 상당한 구입비용이 소요되는 초장기성 내구재로서 주택의 건립·구입·매각·개보수 등과 같은 경제적 의사결정의 과정에서 상당한 불확실성을 수반하게 된다. 따라서 국가는 개별 가정이 각자에게 적합한 주거기회를 안정적으로 확보할 수 있도록 법·제도 그리고 금융 및 정보 차원의 지원체계를 구축하여야 할 필요가 있다.

④ 주택복지정책의 내용

지금까지 살펴본 주택시장의 불완전한 특성에도 불구하고 사람들은 주택이라는 경제적 상품을 포기하거나, 다른 어떠한 상품으로도 대체하여 욕구를 충족할 수 없는 특성을 보이고 있다. 따라서 주택의 기본적 기능과 특성을 감안해 볼 때 국가는 주거의 욕구를 자력으로 해결할 수 없는 저소득계층을 위하여 주택시장에 개입을 하여야 할 책임을 가지게 된다. 국가개입의 수단은 크게 주택의 수요, 공급 그리고 가격 및 계약과 같은 세 가지 영역으로 구분하여 정리해 볼 수 있다.

먼저, 공급의 측면에서 살펴본 주택복지정책의 수단은 다음과 같다. 이 경우 정책의 내용은 주로 저소득층 가구를 대상으로 주택공급이 원활하게 이루어질 수 있도록 하는 프로그램으로 구성된다. 우리나라의 경우 대표적으로 근로자복지주택, 사원임대주택, 근로청소년 임대아파트, 지역주민을 위한 영구임대아파트 그리고 최근 들어 신혼부부 등 무주택자를 위한 보금자리주택과 행복주택 등의 제도가 운영되고 있다. 국가는 이러한 종류의 주택들이 활발하게 공급될 수 있도록 주택 공급자인 건설업체나 사용주에게 택지의 저가 공급, 장기저리의 자금융자, 각종 세제의 감면 혜택과 같은 정책수단을 활용하고 있다. 나아가 국가는 일조권·공기 순환·소음 차단·보건위생 등 질적인 측면에서 일정한 요건을 충족하는 주택이 공급될 수 있도록 각종 규제 장치를 마련하고, 저소득계층의 밀집 거주에 따른 주변 환경의 슬럼화(특히 우범지역의 형성)를 방지하여야 하는 책임이 있다.

다음으로, 수요 측면에서 살펴본 주택복지정책의 수단은 다음과 같다. 첫째, 저소득계층이나 다자녀/대가족 등 소위 주거 빈곤계층의 주택 구입이나 임대수요를 지원하기 위하여 국가는 각종 세제 감면이나 장기저리의 자금융자 등을 실시하고 있다. 하지만 여기서 유의하여야 할 점으로서 세제 감면의 경우 상대적으로 소득이 높은 사람에게 더 많은 혜택이 돌아가게 하는 문제가 발생하므로, 그 대안으로서 국가가 대상자를 선별하여 직접 보조금을 지원하는 방식으로 전환하여야 할 필요가 있다(Voigtländer, 2014). 둘째, 주거 빈곤계층의 주거비 부담을 경감해 주기 위하여 국가는 월세보조금(rent subsidy) 등 주거비 지원제도를 운영하여야 한다.[3]

마지막으로, 전세·월세 세입자 가구의 안정적인 주거생활을 보장하기 위하여 국가는 다양한 종류의 세입자 보호규정을 마련하여 운영해 오고 있다. 우리나라의 경우 「주택임대차보호법」에서는 유사시 전세금이나 기타 보증금이 법률로서 정한 우선순위에 따라 보호를 받을 수 있도록 하고 있다. 이외에도 이 법률에서는 전세·월세(즉, 차임)의 과도한 인상이나 임대인에 의한 일방적 계약 해지를 규제하는 명문을 규정해 두고 있다. 구체적으로 이 법률에서는 임대차 계약기간 중 물가인상 등 차임의 인상 요인이 발생하였다고 하더라도 차임의 증액은 최대 20%를 초과할 수 없도록 하고 있다. 이와 같은 차임의 증액이 이루어진 이후 1년 이내에는 재차 증액을 요구할 수 없도록 명시하고 있다. 그리고 임대차 기간은 법률에 따라 2년으로 정하여 임차인과 그 가족에게 안정적인 주거권을 보장해 주고 있다.

⑤ 세입자 보호규정의 필요성과 문제점

독일 등 유럽의 국가들은 임차인의 주거권을 강력하게 보장해 주고 있다. 그 사례로서 독일의 경우 임대인에 의한 임대차 계약의 해지 사유를 엄격하게 제한을 하고 있으며, 특히 아동·장애인·환자 등이 있는 가정에 대해서는 보다 특별한 보호규정이 적용된다. 일반적으로 임대차 기간은 법률이나 계약서에 별도로 명시하지 않으며, 주택의 개보수 등 특별한 계약해지의 사유가 발생하지 않는 한 임대차 계약은

---

3) 이러한 주거비 지원제도의 사례로서 우리나라의 경우 국민기초생활보장제도의 급여 항목 중 하나인 주거급여가 있다. 하지만 독일 등 상당수 국가들의 경우 주거의 기본적 욕구를 감안하여 국민기초생활보장제도와 분리된 독자적인 주거부조제도를 운영해 오고 있다.

지속되는 것으로 간주한다. 나아가 계약의 효력이 지속되는 기간 동안 임대인은 법률로 정한 최소한의 수준[4] 이내에서만 차임의 증액을 요구할 수 있다.

이와 같은 엄격한 임대차 보호규정은 임차인의 안정적 주거권을 보장해 준다는 점에서 긍정적으로 평가를 받을 수 있다. 하지만 이처럼 임차인에 대한 과도한 보호규정은 임대인의 재산권 행사를 제약하여 중장기적으로는 오히려 임차인에게 불리하게 작용하게 될 우려가 있다. 왜냐하면 임대인의 경우 차임 등 가격결정권이나 재산 활용 및 처분의 자유가 제한되어 주택시장에 상품을 공급하고자 하는 유인을 상실할 수 있기 때문이다. 그리고 이러한 문제는 주택상품의 공급량을 감소시켜 만성적인 주택부족 현상을 초래하게 되고, 따라서 그 피해는 고스란히 새롭게 주택을 필요로 하는 사람에게 돌아가게 된다.

[그림 6-5] 대가족제도와 핵가족제도에서 생산과 소비의 관계

(2) 가족복지정책

산업화 과정에서 대가족제도가 해체되고 대신 핵가족이 보편화됨으로써 가족의 기능에 [그림 6-5]에서 보는 바와 같은 중대한 변화가 발생하게 되었다.

① 대가족제도의 특징

대가족제도는 혈연을 중심으로 다수의 세대가 하나의 공동체를 형성하여 생활하는 가족의 형태다. 이러한 대가족제도는 흔히 자급자족형 공동체로서, 공동의 생산과 소비를 통하여 유지되었다. 그리고 당시의 대가족제도는 대개의 경우 농업을 배

---

4) 지역별 물가수준이나 생활수준을 반영하여 매년 국가가 작성·공시하는 지역별 차임표(Mietspiegel^독)에서 정한 수준이다.

경으로 형성되어 일터와 집이 지리적으로 근접하였으며, 따라서 공동체의 유지가 용이하였다. 이에 따라 대가족제도에서는 가족구성원 가운데 일부가 질병, 노령, 장애, 출산 등의 사유로 생산활동에 참여할 수 없게 되었을 경우에도 물질적 생존이 가능할 수 있었으며, 나아가 소위 '사회화의 장(場)'으로서 아동의 양육과 교육 그리고 노인 또는 병자의 수발 및 정서적 지지 등의 기능도 수행하였다.

② 핵가족제도의 특징

반면, 핵가족제도는 주로 부부와 자녀 세대로 구성된 가족의 형태로서, 산업화 과정에서 인구의 도시유입에 따라 탄생하였다. 그리고 산업화는 집과 직장을 지리적으로 분리시켜, 결과적으로 대가족제도의 해체를 초래하였다.

대가족제도와는 달리 핵가족제도는 전적으로 소비의 공동체로서, 가족구성원의 소비생활은 가장이 외부에서 근로활동을 통하여 획득하게 되는 소득에 의존하게 된다. 일반적으로 개별 가정이 필요로 하는 소득수준은 가족의 수, 연령 구성, 건강 등 가족의 상황에 따라 차이가 발생할 수 있는 반면, 근로활동을 통하여 획득하게 되는 소득은 전혀 다른 잣대인 가장의 생산성에 따라 가계별로 차등화된다. 하지만 이와 같은 특징은 다음과 같은 문제의 소지를 가지고 있다. 먼저, 가족의 생존을 위해 요구되는 소득수준과 실제의 임금수준 간 괴리현상에 의해 개별 가정의 생활여건이 상호 간 격차를 보이게 되는 문제가 있다. 다음으로, 대가족제도의 해체에 따른 가족기능의 축소로 출산, 양육 및 교육은 해당 가정에 상당한 경제적 부담을 가져다주고 있다.

③ 가족복지정책의 필요성과 의의

일반적으로 가정은 인간의 생존을 유지하기 위한 기능을 하는 가장 최소 단위의 공동체이며, 연대적 기능의 측면에서는 다른 어떠한 사회제도보다 긴밀하게 작용하는 특성을 보이고 있다. 그리고 가정이 담당하고 있는 출산·양육 기능은 사회의 재생산과 사회적 기능의 유지를 위하여 반드시 필요로 하는 행위로 인정을 받고 있다. 이러한 측면에서 정서적으로 건전하고 물질적으로 풍요로운 가정의 육성과 보호는 사회복지정책의 핵심적 과제로 대두되고 있다(Erbe, 1986).

가족복지정책의 목표는 아동의 수, 성장단계 그리고 가족 상황의 차이에 따라 개별 가정이 겪게 되는 경제적·심리적·육체적 부담의 격차를 사회정의의 차원에서 균등화함으로써, 궁극적으로는 가족의 기능을 강화하고 동등한 자아실현의 기회를 제공하는 데서 찾아볼 수 있다. 따라서 이를 위한 정책은 크게 다음의 두 가지 방향으로 정리해 볼 수 있다(Wissenschaftlicher Beirat für Familienfragen, 2001). 먼저, 가족복지정책은 개별 가정이 아동의 출산·부양·양육·교육 등으로 인해 겪게 되는 물질적·정신적 부담을 사회가 공동으로 분담하도록 하는 보상적(補償的; compensative) 취지의 정책으로서, 이는 '가족 간 부담조정(Familienlastenausgleich^독)'으로 정리해 볼 수 있다. 다음으로, 가족복지정책은 개별 가정이 아동의 출산·양육·교육을 통하여 국가나 사회에 기여한 행위에 대한 보상적(報償的; remunerative) 취지의 정책으로서, 이는 '가족 간 기여 조정(Familienleistungsausgleich^독)'으로 요약해 볼 수 있다. 종합해 보면, 국가는 이상의 두 가지 방향의 가족복지정책 목표를 감안하여 정책의 범위와 수준 그리고 재정을 대폭적으로 확대하여야 할 책임이 있다.

가족복지정책의 목표를 달성하기 위한 정책수단은 다음과 같이 정리해 볼 수 있다.

④ 가족복지정책의 수단

일반적으로 자율적 시장 원리에 의해 결정되는 임금의 경우 가족복지의 기능이 극히 제한적으로만 반영될 수 있다. 따라서 국가는 개별 가정이 가족 고유의 기능을 수행하기 위해 부담하여야 하는 비용을 사회와 함께 분담할 수 있는 별도의 정책 방안을 개발하여야만 한다. 여기에는 대표적으로 가족의 상황을 고려한 조세부담의 차등화(예: 소득공제제도, 각종 조세감면제도), 아동수당 및 양육수당, 무상보육·무상급식·무상교육의 확대·피부양자에 대한 의료보험 적용과 전업주부의 노후소득보장 그리고 가족복지의 기능을 반영한 주택복지정책 등이 있다. 그 밖에 다양한 종류의 가족보호 및 정서적 지지 프로그램의 개발, 전업주부를 위한 사회복지정책 또는 사회 교육적 차원의 배려 등은 핵가족제도의 대표적인 문제점으로 지적되고 있는 가족기능의 약화(예: 가족구성원 간 갈등 심화와 가족해체 등)에 효과적으로 대처할 수 있는 수단으로 강조되고 있다.

(3) 교육복지정책

교육은 인적 자본(human capital)의 가치를 향상시키는 사회적 작업으로서 다음과 같은 기능을 하고 있다. 먼저, 개인적 차원에서 교육은 완성된 삶의 영위와 자아의 실현이 가능하도록 하고, 경제적·사회적 신분의 결정에도 중요한 역할을 하게 된다. 다음으로, 교육은 급속한 기술발전으로 인한 인적 자본의 조기 노후화 문제를 방지하고, 나아가 향후 지식정보화 산업을 선도할 수 있는 인력을 양성하는 기능을 하게 된다. 마지막으로, 사회적 차원에서 교육은 국민의 자질과 소양을 계발하여 경제의 발전은 물론 사회적 소통과 교류를 통한 건전한 시민사회의 건설에도 기여한다. 그러나 이처럼 교육이 가지고 있는 다양한 기능에도 불구하고 교육의 기회가 출신배경이나 부모의 경제력 등에 따라 개인별로 불공평하게 이루어지게 될 경우 각종 사회적 갈등이 표출될 우려가 있다.

교육복지정책의 목표는 사회정의의 차원에서 모든 국민이 자신의 소질이나 적성에 적합한 교육을 받을 수 있는 권리를 보장함으로써 사회의 첫출발이 동등하게 이루어질 수 있도록 하는 데 있다. 이러한 목표를 달성하기 위한 교육복지정책의 수단은 크게 교육의 수요와 공급으로 구분하여 살펴볼 수 있다.

첫째, 교육의 수요 측면에서 살펴본 정책적 수단은 주로 동등한 교육기회의 보장을 목표로 하고 있다. 여기에는 대표적으로 의무교육의 확대 실시, 저소득 아동 교육비의 감면(예: 방과후학교 자유수강권제도), 장학금 제도의 확충, 교육기간 동안의 생활비 지원과 사회복지정책적 보호 등이 있다.[5] 그 밖에 우리나라에서 오랜 논의 끝에 2010년부터 도입된 국가장학금제도 또한 교육수요의 측면에서 매우 유효한 정책수단이 될 수 있다. 이 중 든든학자금대출제도는 국가가 대학생의 등록금을 대납하고, 대학생이 졸업 후 취업하게 될 경우 그 비용을 분할하여 상환하게 되는 '소득연계 학자금 대출제도(income contingent repayment system)'다.[6]

둘째, 교육의 공급 측면에서 살펴본 정책적 수단은 주로 교육 인프라의 확충과 교육 내용의 질적 향상을 목표로 하고 있다. 여기에는 다양한 교육시설 및 프로그램(예: 방과후학교)의 운영과 교재의 개발, 우수한 교육인력의 확보 등이 있다.

종합하면, 교육복지정책은 수요 측면에서 교육의 기회를 동등하게 보장하고, 동시에 공급 측면에서 다양하고 질적으로 충실한 교육을 제공하게 될 경우에만 비로

5) 오늘날 대다수 서구 복지선진국에서는 학생을 대상으로 다양한 사회복지정책을 실시하고 있다. 예를 들면, 제반 사회보험의 의무 적용 및 보험료 부담의 경감 또는 면제, 기숙사 및 학생식당의 실비운영, 진학 및 취업 지도 등이 있다.
6) 다양한 형태의 학자금 융자제도와 교육정책적 효과를 설명한 자료로는 대표적으로 Barr(2004)를 참조하기 바란다.

소 정책의 실효성을 극대화할 수 있다.

2) 대상별 균등화정책

이는 사회복지정책의 대상자들을 연령·직업 및 신분·기타 사회적 특성에 따라 구분하여, 각자 삶의 단계에서 대표적으로 발생할 수 있는 경제적·사회적 불리의 문제를 사회정의의 차원에서 해소 또는 완화해 주기 위한 목적으로 이루어지는 정책을 의미한다. 산업화의 진전에 따라 한편으로는 노동자계층이 대량적으로 생성되었고, 또한 다른 한편으로는 직업이나 신분의 분화에 따라 서로 다른 특성과 사회문제를 안고 생활하는 다양한 사회계층의 탄생을 가져다주게 되었다. 이러한 사회계층으로는 대표적으로 경제적 신분의 측면에서 자영계층, 연령별 특성의 측면에서는 아동·청소년·노인, 그리고 사회적 신분의 측면에서 다양한 형태의 사회주변계층 등이 있다. 따라서 국가는 개별 사회계층의 속성별로 독특하게 발생하는 사회적 불이익을 해소하고, 모든 국민에게 동등한 삶의 기회를 보장하기 위하여 다양한 사회복지정책을 실시하여야 하는 과제를 안고 있다.

(1) 연령계층별 사회복지정책

연령별 구분을 바탕으로 실시되는 정책으로는 대표적으로 아동, 청소년 및 노인을 대상으로 하는 사회복지정책이 있다.

첫째, 아동복지정책의 필요성은 산업화와 함께 여성(특히 기혼여성)의 경제활동과 가족해체 현상이 증가함으로써 발생하게 된 가족의 아동보호기능 약화의 문제를 보완하기 위한 차원에서 대두되고 있다. 아동복지정책의 주요 영역으로는 아동의 건강보호, 심리적·정서적 성장환경의 보호, 육아 및 보육사업 그리고 학대아동 또는 빈곤아동의 보호 등이 있다.

둘째, 청소년복지정책의 필요성은 사춘기에 흔히 나타나게 되는 정서적 방황, 기성세대의 관습에 대한 반항, 진로 설정의 혼란 등으로부터 청소년을 보호하여 건전한 자아실현과 인격 형성이 가능하도록 지원하기 위한 차원에서 제기되고 있다. 이와 관련한 정책으로는 대표적으로 도덕적·정서적으로 건전한 청소년 문화와 교우관계의 육성, 직업과 사회에 대한 건전한 가치관의 형성, 청소년비행의 예방과 치유 그리고 청소년의 건강보호 등이 있다.

셋째, 노인복지정책의 필요성은 핵가족화의 사회경제적 파급효과로 인해 가족연대의 기능으로부터 배제되고 있는 노인계층의 경제적 궁핍, 육체적 고통 그리고 정서적 소외문제를 사회적으로 보호하기 위한 차원에서 대두되고 있다. 노인복지정책의 대표적인 영역으로는 소득보장, 의료보장, 건강의 유지 및 회복을 위한 사회적 지원 프로그램의 개발, 신체 및 거동의 불편을 겪고 있는 노인을 대상으로 한 각종 돌봄서비스 그리고 사회적 참여와 교류의 지원 등이 있다.

(2) 자영계층을 대상으로 하는 사회복지정책

자영계층은 독자적으로 사업을 운영하는 사람으로서, 종사 영역별로 영세상인, 가내공업자, 자유직업종사자(freelancer), 농어민 그리고 소수의 고소득자영업자(의사, 변호사, 세무사) 등 매우 다양한 형태로 구성되어 있다. 그리고 최근의 추세로서 기업별로 경영합리화의 차원에서 종전 기업 자체적으로 운영하였던 업무 부서(예: 경비, 운전, 판촉 등)를 독립시켜 외주화함으로써 해당 업무의 종사자들이 대거 자영업자의 신분으로 전환하고 있다. 하지만 이들은 근로자의 속성과 자영업자의 속성을 동시에 가진 일종의 '유사자영업자'[7]로서, 근로환경·보수·사회보장 등의 측면에서 일반근로계층과 비교해 볼 때 상대적으로 불리한 위치에 있다.

일반근로자의 경우와는 달리 자영업자는 경제적으로 다음과 같은 특성을 보이고 있다(Buschoff, 2007). 첫째, 소득의 흐름이나 발생 주기가 불안정하고 불규칙적이다. 둘째, 자영업 업종의 특성상 시장의 진입과 퇴출이 빈번하게 이루어지고, 동시에 소속 근로자의 경우에서도 직장 이동이 수시로 발생하게 된다. 셋째, 대체로 소득수준이 낮으며, 동시에 개인간 소득격차가 크게 나타나게 된다.

이외에도 농민의 경우, 농어촌의 심각한 고령화 현상뿐만 아니라, 기후변화와 시장개방의 영향으로 생존환경의 불안정성과 불확실성이 심화되어 가고 있다. 나아가 농산물 판매가격 대비 농업 경영용품 및 가계용품의 구입 가격의 비율을 보여 주는 패리티지수(parity coefficient) 또한 매년 그 격차가 벌어져, 농산품의 교역 조건이 점차 악화되고 있는 것으로 나타나고 있다. 이러한 현상은 시간이 지날수록 농가의 생활환경이 도시지역 근로자가구에 비해 열악해지고 있다는 것을 시사하고 있다.

---

7) 이들의 법률상 공식 명칭은 '특수형태고용 종사자'로서, 주로 지입제 차주, 레미콘 기사, 택배 및 퀵서비스 종사자, 보험 판매인, 학습지 교사 등이 여기에 해당된다.

국가는 자영계층을 대상으로 사회복지정책을 실시함으로써 일차적으로는 그들의 생활안정을 지원해 줄 수 있고, 이차적으로는 다음과 같은 '긍정적 외부효과'를 도모할 수도 있다. 후자와 관련한 정책효과의 일례로, 국가는 농어가에 대한 정책적 지원을 통해 자연환경이나 경제환경의 변화에도 상관없이 '식량의 안정적 자급자족 기반(= 식량안보의 기반)'을 구축할 수 있다. 이 외에도 예술가의 생활안정을 위한 사회복지정책은 문화·예술의 보호 및 육성을 통한 국가 이미지 개선의 효과를 가져다줄 수도 있다.

이상과 같은 정책의 일환으로서 국가는 개별 자영계층의 특성을 감안하여 다양한 사회복지제도의 개발과 각종 보조금을 통하여 적극적으로 대응할 필요가 있다. 먼저, 제도적 대응과 관련한 참고 사례로서 독일의 경우 농민사회보험제도, 예술가 사회보험제도, 의사·약사·변호사 등 고소득자영업자 연금금고 등이 있다. 다음으로, 후자와 관련한 사례로서 우리나라의 경우 농민을 대상으로 하는 장기저리의 영농자금 융자, 농가부채의 경감, 제세감면, 사회보험료 및 추곡수매가의 국고보조 등과 같은 제도가 실시되고 있다.

(3) 사회주변 계층을 대상으로 하는 사회복지정책

사회주변 계층을 대상으로 하는 사회복지정책은 이들에게도 인간다운 삶의 기회를 보장하기 위한 목적에서 실시되고 있다. 사회주변 계층은 이미 다양한 사회문제를 안고 생활하고 있는 집단으로서, 대표적으로 장애인, 난치병 환자, 약물중독자, 노숙자, 부랑인, 걸인 등이 있다.

사회주변 계층은 직면한 사회문제의 속성별로 상호 간 차이가 있으나, 다음과 같은 측면에서 서로 공통점이 있다. 첫째, 소득활동이 제한되어 당사자는 물론 가족의 생존이 심각하게 위협을 받게 된다. 둘째, 사회의 부정적인 인식으로 인하여 사회적 교류의 단절, 멸시 그리고 소외의 문제가 발생할 수 있다. 셋째, 집단별 특성의 이질화로 인하여 조직적 단결력이 약하고 정치적 차원에서 문제해결을 요구할 수 있는 협상력이 다른 일반집단에 비해 상대적으로 뒤떨어지는 특성을 보이고 있다.

사회주변 계층이 겪게 되는 사회문제와 사회적 불이익에 대처하여 국가의 사회복지정책은 다음과 같은 방향에서 모색되어야 할 필요가 있다. 구체적으로, 사회복지정책은 제반의 금전적 지원과 함께 사회심리·사회재활교육 프로그램을 동원하여 개인별로 생존과 자기실현의 기회를 제약하는 문제들을 치유하고, 자아존중 및

자구능력을 배양함으로써 궁극적으로는 건강한 사회의 일원으로서 독립이 가능하
도록 하여야 한다.

3. 빈곤정책

가난과 기아가 만연하였던 근대화 이전 그리고 근대화 초기에 빈곤정책은 국가
의 핵심적 사회복지정책으로서 기능을 수행하였다. 그러나 이러한 빈곤정책은 산
업화의 성숙과정에서 한편으로는 소득수준의 향상과 소득불평등의 완화, 다른 한
편으로는 근대적 형태의 각종 노동자보호 입법과 사회복지제도의 도입이 이루어지
게 됨에 따라 그 기능이 점차 축소되어 가는 경향을 보이고 있다.

그럼에도, 빈곤정책은 다음과 같은 측면에서 현대사회에 들어와서도 여전히 중
요한 기능을 담당하고 있다. 일반적으로 빈곤문제는 다양한 원인으로 발생하는 특
성을 보이고 있다. 국가의 다른 일반사회복지정책들은 대상별 또는 문제의 특성별
로 보호의 여부, 보호의 내용 및 수준 등을 차별화하고 있는 반면, 빈곤정책은 문제
의 발생 원인에 상관없이 국민의 생존권을 최종적으로 보장하는 기능을 담당하고
있다. 이러한 차원에서 빈곤정책은 일반사회복지정책이 운영 과정에서 불가피하게
초래하게 되는 '보장기능의 결함(security gap)'을 사후적으로 보완하는 역할을 하게
된다. 나아가 빈곤정책은 대상계층에 대한 금전적 지원은 물론 빈곤문제의 발생 원
인을 치유하고 경제적·사회적 재활을 지원하는 기능도 수행하고 있다.

제7장 사회복지정책의 기능

제1절 사회복지정책의 일반적 기능

현대사회는 다양한 형태의 사회문제를 초래하고 있으며, 이에 따라 인간의 사회적 욕구 또한 다양하게 분출되고 있다. 따라서 사회복지정책은 이러한 시대적 요청에 부응하여 다양한 기능을 수행하여야 하는 과제를 가지고 있다. 이 장에서는 사회복지정책이 수행하고 있는 대표적인 기능에 대해 살펴보고자 한다.

1. 사회질서의 형성과 교정의 기능

사회복지정책은 모든 국민이 존엄한 인간으로서 안정된 생활을 할 수 있도록 하기 위해 필요로 하는 사회질서를 만들어 나가는 기능을 하고 있다. 이를 위하여 국가는 사회복지정책 고유의 가치이념을 바탕으로 국민의 일상생활 전반에 대해 개입을 하여야 하는 책임을 가지게 된다. 그 결과, 사회복지정책은 초기의 노동자복지정책과 빈곤정책에서 출발하여 점차 양적으로 다양하고 질적으로 충실한 일반사회정책으로 발전해 오고 있다. 이처럼 복지국가의 영향력이 증가하게 됨에 따라 사회복지정책은 단순히 복지증진의 기능뿐 아니라 사회구조적 모순을 교정하고 새로운 사회질서를 형성하는 사회계량적 기능도 수행해 오고 있다(Bäcker, Naegele, Bispinck, & Hofemann, 2008).

　상당수의 학자들은 사회복지정책의 역할을 사회문제의 해결이라는 협의의 역할이나 기능으로 한정하려고 하는 경향을 보이고 있다. 그러나 이러한 시각은 사회문제의 원인을 제공하고 있는 사회의 구조적 모순은 방치한 채 단순히 사회문제 자체만을 사회복지정책의 대상으로 하는 문제가 있다. 따라서 사회복지정책의 양적·질적 발전은 이와 같은 시각의 한계를 극복하여 사회의 기본질서를 형성하고 있는 다양한 정책 영역에 복지국가의 가치나 이념을 실질적으로 반영할 수 있을 경우에만 비로소 가능하다([그림 7-1] 참조).

　광의의 사회복지정책은 [그림 7-2]에서 보는 바와 같이 경제정책, 조세정책, 교육정책, 문화·예술 정책, 가족정책 등과 같은 일반 공공정책 영역에 다음과 같은 사회복지의 목표 또는 기능을 반영하게 된다. 가령, 첫째 경제정책에 해당되는 경제성장, 물가안정, 고용안정, 공정한 경쟁질서의 확립 등과 같은 정책목표의 경우 경제적 측면에서의 영향력은 물론, 부가적으로 정책의 실행 방향 또는 방법에 따라 일반 가계의 소득 및 생활수준 그리고 소득의 계층 간 분배 등에 상당한 파급효과를 미칠

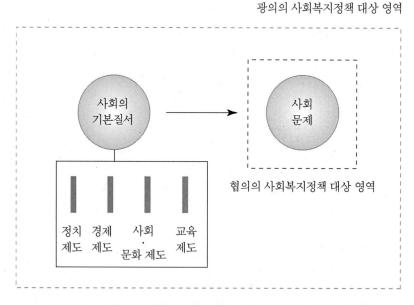

[그림 7-1] **사회복지정책의 역할 범위: 협의와 광의의 사회복지정책**

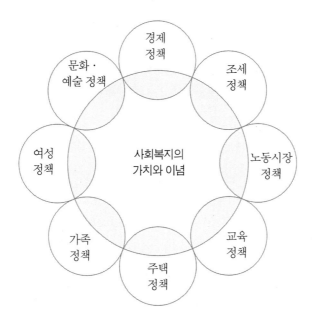

[그림 7-2] **일반 공공정책의 영역에서의 사회복지정책의 역할**

수 있다. 따라서 국가는 경제정책의 수립과 집행의 과정에서 일반국민의 생활안정, 사회적 약자의 보호 그리고 분배적 불평등의 완화 등과 같은 사회복지정책적 목표를 충실하게 반영해야 할 의무가 있다.

둘째, 조세정책은 국가재정의 확보를 본연적 목표로 하고 있으나, 이외에도 저소득가정, 다자녀가정, 노인 단독가구 또는 한부모가정, 장애인이나 환자를 부양하고 있는 가정 등 소위 사회적 취약계층의 보호 차원에서 조세감면 등과 같은 제도적 혜택을 제공하고 있다. 나아가 오늘날과 같이 전체 국민소득에서 국가 부분이 차지하는 높은 비중을 감안해 볼 때 조세정책은 누진세율이나 상속세 등과 같은 다양한 정책수단을 통하여 부의 편중이나 대물림 등에 의한 분배적 불평등의 완화에 크게 기여할 수 있다. 따라서 국가는 조세정책의 수립 및 집행 과정에서 사회정의나 분배정의와 같은 사회복지정책의 가치이념을 실현하기 위해 노력하여야 하는 과제를 가지고 있다.

셋째, 교육정책은 건전하고 지적 소양이 높은 민주시민의 양성과 국가경제의 발전에 기여할 수 있는 인적자본의 육성을 근본 목적으로 하고 있다. 나아가 교육은 개인의 경제적·사회적 지위나 신분의 결정에 중대한 영향을 미치는 변수로도 작용하게 되는 특성을 보이고 있다. 이와 같은 교육의 중요성에도 불구하고 교육의 기회에 대한 접근성이나 선택 범위가 개인 또는 부모의 신분이나 경제력에 따라 불공평하게 이루어질 경우 사회정의의 훼손과 각종 사회적 갈등의 요인이 될 수 있다. 따라서 국가는 교육정책의 고유한 목표에 더하여 교육기회의 다양성과 평등성, 그리고 사회 취약계층 아동의 교육보호 등과 같은 사회복지정책적 목표와 기능을 충분히 반영하여야 할 책임이 있다.

넷째, 문화ㆍ예술 정책은 문화 및 예술 산업의 보호와 육성을 통하여 국민의 지적ㆍ정서적 소양을 함양하고, 문화시민으로서의 자긍심과 다양한 문화욕구를 충족시켜 주기 위한 목적에서 이루어지는 국가의 정책을 의미한다. 그러나 이러한 문화ㆍ예술 정책은 다음과 같은 이유로 사회복지정책적 차원의 기능적 보완을 필요로 하게 된다. 먼저, 일반적으로 문인이나 예술가의 경우, 소득수준이 낮고 소득의 흐름이 불규칙하여 생계유지의 애로를 겪게 되거나 질병이나 노령 등과 같은 사회적 위험에 적절하게 대응할 수 있는 경제적 능력이 부족하게 되는 경우가 많다. 이와 같은 문제에 대처하여 독일이나 네덜란드 등과 같은 나라에서는 국가적 차원에서 별도의 예술가사회보험제도(Künstlersozialversicherung^독)를 도입하여 운영해 오고 있다. 다음으로, 문화ㆍ예술을 향유할 수 있는 권리와 접근성이 보편적으로 보장될 수 있도록 하기 위해서는 경제적ㆍ사회적 취약계층에 대한 국가적 차원의 지원이 요구된다. 우리나라의 경우 그 일환으로서 문화바우처제도와 문화예술시설 관람권 또는 이용권의 할인ㆍ면제제도 등을 운영하고 있다.

다섯째, 일반적으로 가정은 사회의 기본 단위로서 출산 및 양육을 통하여 사회구성원의 생산과 재생산의 기능, 나아가 사회적 기능 유지 등과 같은 중요한 역할을 담당하고 있다. 이러한 차원에서 가족정책은 혼인과 가정의 보호를 통하여 정서적으로 건전하고 물질적으로 풍요로운 가정의 보호 및 육성을 본연의 목표로 하고 있다. 하지만 빈곤, 사별, 이혼 또는 별거, 폭력, 질환 및 장애, 이주 등과 같은 이유로 가족 기능이 약화된 가정의 경우 이러한 순수한 가족정책만으로는 문제의 해결이 충분하지 못할 수 있다. 따라서 국가는 별도로 사회복지정책적 목표와 기능을 고유의 가족정책에 반영하여야 할 필요가 있다.

일반적으로 광의의 사회복지정책은 종종 일반 공공정책과 사회복지정책 간의 역할 중복 문제를 초래할 수 있다. 예를 들면, 실직가정의 경제적 어려움과 일역할 상실의 문제는 사회복지정책의 일환으로서 고용보험제도의 과제가 되고 있지만, 실업문제의 해소와 완전고용의 실현은 합리적인 경제정책과 노동시장정책을 통하여 달성할 수 있는 사안이다. 이러한 점을 감안해 볼 때 사회복지정책은 고용보험제도와 같은 독자적 영역에서뿐만 아니라 사회문제의 발생 영역인 노동시장에 대해서도 적절하게 개입하여야 하는 과제를 가지고 있다. 후자의 경우와 관련하여 국가는 사회복지정책의 가치이념과 목표를 바탕으로 노동시장에 적절하게 개입하여 장기실업자, 여성, 청소년, 장애인, 노인 등 사회적 약자의 고용기회나 고용여건을 개선할 수 있는 방향으로 정책을 수행할 수 있다.

2. 재생산 보장의 기능

현대 산업사회에서 대다수의 국민은 근로활동을 통하여 자신의 생존권을 보장하고 있다. 그러나 이러한 생존권은 근로능력을 제약하거나 근로기회를 위협하는 제반의 사회적 위험으로 인하여 항상 불안정한 상태에 놓여 있다. 따라서 사회복지정책은 인간의 생존을 위협하는 사회적 위험을 해소하고 모든 국민이 물질적·정서적 궁핍 없이 안정된 생활을 할 수 있도록 보장하는 방향으로 수립되어야 한다.

근로활동을 바탕으로 하는 생존양식이 보편화됨에 따라 사회복지정책은 국민이 스스로를 재생산할 수 있는 사회환경을 조성하여야 하는 과제를 가지고 있다. 여기서 재생산의 과제는 단순히 육체적 차원에서 근로능력의 재생산뿐 아니라 사회적·문화적 차원에서 내실 있는 인간성의 재생산도 포함하고 있다. 따라서 사회복지정책의 과제는 경제적·사회적 환경의 변화와 함께 꾸준히 확대되어야 하는 당위성이 있다.

재생산의 문제와 관련한 사회복지정책의 과제는 크게 다음의 세 가지 방향으로 요약할 수 있다.

첫째, 사회복지정책은 근로환경을 안정화시키고 생산현장에서 노동력 재생산의 기회를 보호할 수 있는 제도적 장치를 마련하여야 한다. 이와 관련한 제도로는 임금보장, 해고로부터의 보호, 산업안전, 근로시간을 포함한 제반 근로환경의 조성·개선 등이 있다.

둘째, 다양한 소비의 기회는 인간의 육체적·정서적 재생산을 보장하는 기능을 수행하게 된다. 따라서 사회복지정책은 소득의 단절이나 감소로 발생할 수 있는 경제적 애로와 소비기회의 제약문제를 해소할 수 있도록 할 필요가 있다. 이와 관련한 제도로는 대표적으로 연금급여, 실업급여, 상병급여, 기타 공공부조의 생계급여 등과 같은 현금급여가 있다.

셋째, 각종 사회복지서비스에 대한 지원을 통하여 인간의 육체적·정신적·정서적 기능이 재생산될 수 있도록 하여야 한다. 이러한 목적의 제도로는 의료보장, 각종 상담사업, 자조단체의 육성 및 지원 그리고 기타의 일반사회복지서비스 등이 있다.

3. 사회화의 기능

역사적으로 볼 때 국민경제에서 차지하는 사회복지정책의 비중은 꾸준히 증가하는 경향을 보이고 있다. 이에 따라 국민의 일상생활을 구성하는 다양한 영역이 사회복지정책의 대상으로 편입되고 있다. 종전 개인의 책임으로 방치되었던 문제가 점차 사회문제로 확대 인식되고, 그 결과 사회구성원 간의 삶의 기회가 재분배되는 사회화(socialization)의 과정이 빠르게 진행되어 오고 있다. 사회복지정책에서 사회화는 궁극적으로 사회문제의 공동체적 해결방식을 의미한다.

사회복지정책의 사회화 기능이 확대됨에 따라 역설적으로 국가가 각종 사회적 갈등의 소용돌이 속에 휘말리게 되는 문제가 발생하고 있다. 첫째, 사회복지재원의 조달과정에서 국가는 비용분담의 문제를 둘러싼 사회계층 간 이해 대립에 직면할 수 있다. 그리고 이러한 이해 대립은 자칫 생산활동의 차질과 정치적 불신으로 이어지게 될 위험성이 있다. 둘째, 사회복지정책의 실행과정에서 정책대상의 선택과 자원의 배분방식을 둘러싸고 각종 형평성 시비와 내적 갈등이 발생할 수 있다. 셋째, 사회복지정책의 사회화 기능이 지나치게 확대될 경우 기업의 비용부담이 증가하고 국민의 근로유인이 약화되어 결국 경제성장이 위축되는 문제가 발생할 수 있다. 그리고 경기 침체와 그에 따른 실업의 증가는 다시 정치불신과 사회혼란으로도 이어질 수 있다.

이와 같은 사회복지정책의 역기능에도 불구하고 사회복지정책은 다음과 같은 측면에서 순기능을 가지고 있다. 먼저, 사회복지정책은 막대한 규모의 재원을 분배하는 과정에서 상품에 대한 구매력을 증대시켜 기업의 안정적 생산활동과 새로운 일자리 창출에 기여할 수 있다. 또한 사회복지정책은 생산성의 향상을 위해 필요로 하는 전제조건을 충족시켜 줄 수도 있다. 예를 들면, 신기술의 급속한 발전은 그에 상응하는 능력과 자질을 갖춘 인적 자원이 뒷받침될 경우에만 비로소 경제성장의 효과를 최대한 발휘할 수 있다. 즉, 사회복지정책의 일환으로 이루어지는 일반교육, 직업교육 그리고 각종 보건·의료사업 등은 인적자본의 확대 재생산을 위해 요구되는 물질적·사회적 여건을 조성해 줄 수 있다.

4. 사회통합과 정치적 안정의 기능

사회복지정책은 사회안정과 정치질서의 유지라는 다분히 정치적 목적의 기능을 담당하고 있다. 이러한 사회복지정책의 기능은 국가에 의한 국민 개개인의 신변안전과 생활안정의 보장이라는 명분으로서 유지되고 있다.

산업화 초기에 서구 국가는 사회질서의 유지를 위한 일환으로 사회복지정책을 활용하였다. 당시 이들 국가에서 사회복지정책은 소위 '채찍과 당근'의 양면적 기능을 담당하였다. 구체적으로, 국가는 사회질서에 순종하는 사회적 약자에게 시혜적 차원에서 생존에 필요한 최소한의 복지혜택을 제공하고, 반면 정치체제를 거부하는 집단에 대해서는 사회적 격리와 강제노동 등의 억압적인 수단을 동원하였다. 이러한 관점에서 산업화 초기의 사회복지정책은 사회질서 유지 차원에서 일종의 '치안경찰적 기능'을 수행하였다(김태성·성경륭, 1995).

오늘날에 와서도 국가는 사회질서의 유지를 위하여 다음과 같이 우회적 방법으로 사회복지정책을 활용하고 있다.

첫째, 국가는 사회복지정책을 사회의 일반정책 영역으로부터 분리하여 독자적 영역으로 구축하고 있다. 이러한 방법을 통하여 국가는 각종 사회문제와 내적 갈등을 사회복지정책으로 수렴하고, 대신 문제의 발생 원인이 되고 있는 정치·경제·사회 체제를 안정시키려고 하고 있다. 예를 들면, 국가는 실업이나 빈곤 문제를 야기하는 사회구조의 모순은 은폐한 채 제반 사회적 논란이 전적으로 실업대책이나 빈곤정책에 국한될 수 있도록 하고 있다.

둘째, 국가는 사회복지정책을 사회문제별 또는 사회계층별로 다원화함으로써 사회적 갈등을 분산시키려 하고 있다. 그 결과, 사회적 갈등의 양상은 개별 사회복지제도를 중심으로 분리되어 나타나고 있다. 이러한 국가의 노력은 사회적 갈등에 대한 정치적 통제력을 용이하게 유지할 수 있다는 점에서 중요한 의미를 가지고 있다.

셋째, 국가는 사회복지정책을 사회통제의 수단으로 활용할 수 있다. 이와 관련한 대표적인 사례로서 사회복지정책의 대상자들은 자신의 신상과 관련한 모든 정보를 제공하고 국가의 관리 대상으로 편입되어야만 한다. 따라서 국가는 이러한 정보를 바탕으로 국민 개개인을 효과적으로 통제할 수 있는 능력을 확보할 수 있다.

이와 같은 제반의 부작용은 궁극적으로 사회복지정책의 민주화를 통하여 극복될 수 있을 것으로 판단된다. 구체적으로 사회복지정책에 대한 정치적 의사결정 과정에서 전체 국민의 의견이 고르게 수렴될 수 있고, 동시에 정책의 집행과정에 국민이 참여할 수 있는 여건이 마련되어야 한다.

제2절 경제순환과 사회복지정책의 기능

1. 경제순환의 이해

인간은 살아가는 동안 의식주의 기본적 욕구는 물론, 교육, 건강 유지, 여가활동 등 각종 사회적·문화적 욕구를 충족하기 위해 다양한 종류의 상품이나 서비스를 소비하게 된다. 그리고 이러한 소비활동이 충분한 수준으로 보장될 경우 개인의 복지수준은 최대화될 수 있다. 개인에게 있어서 이와 같은 소비활동이 가능하기 위한 전제조건으로서 상품이나 서비스가 충분히 공급될 수 있어야 하고, 동시에 이를 구입할 수 있는 소득이 뒷받침되어야 한다.

일반적으로 생산활동은 상품이나 서비스의 공급기능뿐만 아니라 개별 가계의 소득을 창출하는 기능도 수행하고 있다. 그리고 가계는 이러한 소득을 바탕으로 상품이나 서비스를 구입·소비함으로써 가족의 생활을 유지하고 생산활동에 참여할 수 있는 능력을 재생산할 수 있게 된다.

국가의 개입 없이 순수하게 민간 차원에서 이루어지게 되는 경제의 순환과정은 개략적으로 [그림 7-3]과 같이 설명해 볼 수 있다.[1] 과거의 자급자족사회와는 달리 현대사회의 개인은 시장에서 화폐를 매개수단으로 상품과 서비스를 생산하고 상호 교환함으로써 생활을 유지해 오고 있다. 세부적으로 시장은 인간의 생존문제와 관련하여 다음과 같은 기능을 하고 있다. 첫째, 인간의 최소 생존 단위인 가계는 [그림

---

1) 경제순환모형은 주로 경제학의 이론을 설명하기 위한 일환으로 활용되고 있다. 이와 관련된 국내 문헌으로는 김대식, 노영기와 안국신(1995)의 『현대경제학원론』, pp. 564-570을 참조하기 바란다.

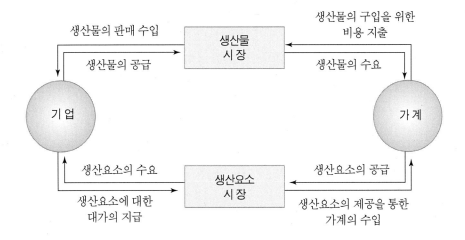

[그림 7-3] **민간 부문의 차원에서 본 경제순환모형**

7-3]의 하단에 표시되었듯이 자신이 소유하는 생산요소를 시장을 통하여 생산자인 기업에게 제공하고, 그 대가로 소득을 확보하게 된다. 여기서 생산요소란 상품이나 서비스의 생산에 직접적으로 투입되는 수단으로서 크게 노동, 자본 및 토지로 구분해 볼 수 있다.[2] 이 경우 개별 가계가 기업으로부터 받게 되는 소득은 각각 임금, 이자 및 지대로 구성된다. 둘째, 기업은 [그림 7-3]의 상단에 표시되었듯이 생산요소를 결합하여 상품이나 서비스를 생산하고, 시장을 통하여 수요자인 가계에 판매한다. 이러한 과정을 통하여 발생하는 수입은 기업이 개별 가계로부터 구입한 생산요소의 대가로 분배되고, 가계는 그 소득으로 소비활동을 할 수 있게 된다.

[그림 7-3]의 민간 차원의 경제순환모형은 다음과 같은 의미를 가지고 있다. 사회 전체적으로 볼 때 기업이 생산활동을 통해 획득하게 되는 수입은 가계의 소득으로 분배되고, 가계는 이러한 소득을 다시 생산물의 소비를 위해 지출하게 된다. 그리고 가계는 소비활동을 통하여 재차 생산활동에 참여할 수 있는 능력을 갖출 수 있다. 종합하면, 경제는 [그림 7-4]와 같이 생산-분배-지출의 자동적 순환을 하게 되며, 개별 가계는 이러한 경제순환 과정에서 외부의 도움 없이 스스로의 생존과 복지를 유지할 수 있다.

---

2) 기업이 소유한 자본이나 토지 또한 기업주의 가계가 소유한 생산요소로 간주할 수 있다.

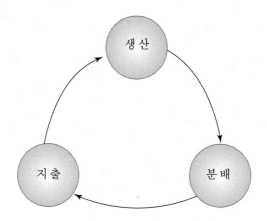

[그림 7-4] 생산-분배-지출의 자동적 순환과정

2. 경제순환의 과정에서 본 사회복지정책의 기능

앞에서 경제가 순환하는 과정에서 개별 가계의 생존권이 자동적으로 보장될 수 있다는 사실에 대해서 살펴보았다. 그러나 순수하게 시장의 기능으로 생존의 문제를 원만하게 해결하기 위한 전제조건으로서 개별 가계는 소득을 가져다줄 수 있는 생산요소를 충분한 수준으로 확보할 수 있어야만 한다. 이러한 의미에서 개별 가계가 소유하고 있는 생산요소는 해당 가계의 생존수단으로서 기능을 하게 된다.

한편, 생산요소를 제대로 소유하고 있지 못한 가계의 생존문제는 어떠한 방법으로 해결하여야 할 것인가 하는 과제가 제기될 수 있다. 현대사회에 들어와 대다수의 가계에서 노동, 자본 및 토지라는 생산요소 가운데 노동이 주된 생존수단이 되고 있으며, 노동의 대가인 임금은 가계의 중요한 소득원을 차지하고 있다. 왜냐하면 자본이나 토지의 경우, 주로 소수의 사회계층에게 편중되고 있어 일반 가계의 경우 생존수단으로서의 기능이 미약할 것으로 예상되기 때문이다. 이러한 의미에서 근로능력의 유지와 근로기회의 확보는 가계의 생존을 위해 반드시 필요로 하는 사안이 된다. 따라서 어떠한 이유에서든 근로를 할 수 없게 되었거나, 비록 근로활동을 하고 있더라도 그것을 통한 소득의 확보가 불충분하게 될 경우 당사자의 가계는 생존 위협에 직면할 수 있다.

실업, 노령, 산업재해, 질병, 양육 등의 사유로 소득활동을 제대로 할 수 없는 가계의 생존문제는 궁극적으로 사회적 기능을 통해 해결할 수 있다(Schäfer, 1981). 이러한 사회적 기능에 대한 설명은 다음과 같은 두 가지 가정을 필요로 하고 있다. 먼저, 전체 가계는 소득활동을 하고 있는 가계와 그렇지 못한 가계로 구분된다. 다음으로, 앞에서 설명한 민간 차원의 경제순환모형에서 국가와 사회보험제도가 추가된다.

소득활동을 할 수 없는 가계의 생존문제는 [그림 7-5]와 같은 방법으로 해결할 수 있다. 먼저, 국가는 경제순환과정에 개입하여 기업이나 소득활동을 하고 있는 가계로부터 세금을 징수하게 된다. 이러한 재정수입을 바탕으로 국가는 소득활동을 제대로 할 수 없는 가계를 위하여 일정한 소득을 지원해 줄 수 있다. 다음으로, 사회보험제도 또한 기업이나 소득활동을 하고 있는 가계로부터 보험료를 징수하고 국가로부터 일정한 보조금을 받아 소득활동을 하고 있지 않는 가계에 대해 부족한 소득을 보충해 줄 수 있다. 종합하면, 현대사회에서 인간은 다음과 같은 방법으로 생존의 문제를 해결하고 있다.

첫째, 소득활동을 하고 있는 가계의 경우 자신이 소유한 생산요소(주로 노동력)를 시장을 통해 기업에게 제공하고 그 대가로 소득을 확보하게 된다. 여기서 가계의 소득수준은 생산요소의 가치, 즉 생산성에 따라 결정된다. 이처럼 시장의 기능을 통하여 개별 가계에게 소득배분이 이루어지는 과정을 흔히 '일차적 소득분배(primary

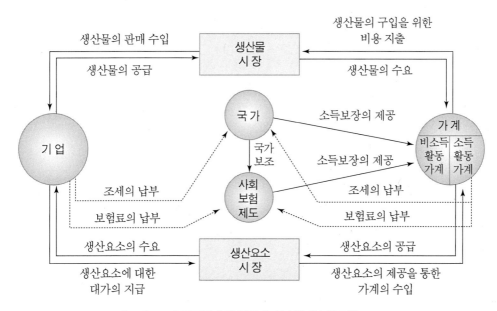

[그림 7-5] 국민경제의 차원에서 본 경제순환모형

income distribution)'라고 한다.

둘째, 비소득활동 가계의 경우 생존의 문제는 국가 또는 사회보험제도에 의한 보장정책과 분배정책을 통하여 해결할 수 있다. 구체적으로, 국가나 사회보험제도는 국민의 생존권을 보장하기 위한 목적으로 개별 가계 간 위험의 분산과 소득의 재분배가 이루어질 수 있도록 하는 사회적 기능을 수행하게 되며, 이러한 분배적 과정을 흔히 '이차적 소득분배(secondary income distribution)' 또는 '소득재분배(income redistribution)'라고 한다. 그리고 그 과정에서 비소득활동가계에게 제공되는 급여는 달리 이전소득(transfer income)이 된다.

요약하면, 국가 또는 사회보험제도는 시장의 자율적 기능에 의해 이루어지게 되는 분배의 결과(일차적 소득분배)에 대하여 사후적으로 재조정(이차적 소득분배)함으로써 비소득활동 가계의 생존문제를 해결하게 된다.

3. 시사점

오늘날 사회복지정책이 국민경제에서 차지하는 비중은 괄목할 만한 수준으로 높아지고 있다. 따라서 사회복지정책은 국민경제와의 상호작용을 충분히 감안하여 수립·집행되어야 할 필요가 있다. 경제순환의 관점에서 사회복지정책의 기능을 살펴보면 다음과 같은 시사점을 발견할 수 있다.

첫째, 미시적 차원에서 사회복지정책은 재원의 조달과 급여의 제공 과정에서 개별 경제주체의 경제행위에 상당한 영향을 미칠 수 있다. 예를 들면, 관대한 사회복지정책으로 기업의 비용부담이 과도하게 될 경우 한편으로는 기업활동과 근로동기가 위축될 수 있으며, 다른 한편으로는 국민의 복지의존 심리가 심화될 우려가 있다. 반면, 적절한 수준으로 사회복지정책이 실행될 경우 사회안정과 산업평화가 유지될 수 있으며, 이를 토대로 안정적인 경제질서의 정착이 가능할 수 있다. 즉, 국가는 경제의 순환과정에서 사회복지정책이 가져다주는 긍정적·부정적 효과를 감안하여 적절하게 정책을 수립하여야 하는 과제를 가지게 된다.

둘째, 거시적 차원에서 사회복지정책은 국민경제에 대한 파급효과를 충분히 고려하여 수립될 수 있도록 하여야 한다.[3] 가령, 사회복지정책으로 인한 비용부담이 과도하게 될 경우, 경기침체 및 경제성장의 둔화, 사회복지재원 조달의 애로 등의 부작용이 발생할 수 있다. 반면, 사회복지정책은 국내의 총 유효 수요를 진작시켜 경기의 활성화와 경제성장의 효과를 가져다줄 수도 있다.

셋째, 경제순환의 차원에서 볼 때 소득활동 가계와 비소득활동 가계의 생활은 공히 매년도 생산된 상품이나 서비스를 물질적 기반으로 해서 보장이 된다는 사실을 숙지할 필요가 있다(Mackenroth, 1952).[4] 구체적으로 소득활동을 하고 있는 가계는 매년 자신의 소득 가운데 일정 부분을 보험료와 조세 형태로 납부하게 되고, 이는 같은 시기 비소득활동 가계의 소득보장을 위하여 지출된다.[5] 즉, 사회복지정책을 통한 사회적 공존의 기능은 항상 같은 시기에 생산된 국민소득을 바탕으로 소득활동 가계와 비소득활동 가계 간 소득의 재분배를 통하여 이루어지게 된다.

제3절 사회복지계정의 기능

1. 사회복지계정의 정의와 기능

앞서 경제순환모형을 통하여 경제정책과 사회복지정책이 상호 밀접한 관련성을 가지고 있다는 사실에 대해 살펴보았다. 따라서 이러한 두 가지의 정책영역 간 상호작용을 계량적으로 파악하게 될 경우, 국가는 사회복지정책의 효과성과 효율성을 최대화할 수 있는 방향으로 정책을 수립할 수 있다. 구체적으로 국가는 실증적인 통계결과를 바탕으로 사회현상의 파악, 문제의 진단, 장래의 예측 그리고 해결방안의 제시 등의 작업을 과학적인 방법으로 수행할 수 있는 능력을 갖추게 된다.

사회복지계정(social budget; Sozialbudget독)이란 매년도 사회복지정책의 일환으로 소요되는 전체 비용의 내역을 각각 급여지출의 측면과 재정수입의 측면으로 구분하여 작성한 통계자료를 의미한다(Bundesministerium für Arbeit und Soziales, 2009).

---

3) 사회복지정책이 경제에 미치는 파급효과를 다양한 영역에서 구분하여 다룬 대표적인 문헌으로는 Hess(1975)를 참조하기 바란다.
4) 이와 유사한 관점에서 경제순환의 이론을 설명한 국내 문헌으로는 김대식, 노영기와 안국신(1995)의 『현대경제학원론』, pp. 567-570을 참조하기 바란다.
5) 경제순환의 차원에서 볼 때 개별 가계가 과거의 시기에 저축을 통하여 보유하고 있는 자본이나 토지는 다음과 같은 방법을 통해서만 현재의 생존수단으로 활용될 수 있다. 즉, 해당 가계는 자신이 보유한 자산을 판매하여 그 소득으로 현재 시기에 생산된 상품이나 서비스를 소비할 수 있다. 이러한 관점에서 볼 때 현재 우리나라의 사회보험제도에서 미래의 사회보장을 위하여 운용하고 있는 적립자산은 그 유용성이나 안정성 측면에서 논란의 여지가 있다(이정우, 2000).

이러한 사회복지계정은 법률을 근거로 하여 시행되고 있는 제반 사회복지정책을 대상으로 하고 있다. 따라서 국가나 사회보험에 의해 보장되고 있는 공공급여(public benefits)는 물론, 민간기업이 의무적으로 제공하여야 하는 법정민간급여(mandatory private benefits)가 사회복지계정에 포함될 수 있다(European Commission, 2004). 여기서 공공급여의 경우 사회복지 · 보건 · 노동의 보호를 목적으로 하는 국가의 재정지출과 사회보험의 급여 등 모든 형태의 이전급여(transfer payment) 그리고 사회복지정책의 일환으로 이루어지는 각종 세제혜택(tax benefits)이 해당된다. 그리고 법정민간급여의 경우 대표적으로 법정퇴직금, 출산전후휴가급여 그리고 유급의 상병휴가급여 등이 있다. 반면, 순수하게 민간의 자발적 의사를 바탕으로 이루어지는 기업복지, 자선사업, 자원봉사, 기타 불우이웃돕기 등은 사회복지계정에 포함될 수 없도록 하고 있다.

국민경제에서 차지하는 사회복지정책의 비중이 높은 수준을 유지하고 있는 세계적 추세를 감안하여 상당수의 학자들은 사회복지계정을 국민소득계정에 편입하여 그 영향력을 분석하고자 하는 노력을 해 오고 있다.[6] 이 경우 국민소득계정의 구성은 기존의 가계 부문, 기업 부문, 국가 부문, 해외 부문과 함께 신규로 사회복지 부문이 추가될 수 있다.

사회복지계정은 정책 입안자들에게 정보제공의 기능과 의사결정의 원조기능을 수행하고 있다(Frerich, 1990).

첫째, 정보제공의 기능으로서 사회복지계정은 전체 국가정책의 내역을 통합함으로써 한편으로는 사회복지정책이 국민경제에 미치는 파급효과의 분석이 가능하게 되고, 다른 한편으로는 한 나라의 전체 사회복지체계의 특징 및 결함(예: 보장의 공백 또는 급여의 중복)을 파악할 수 있는 기초자료로 활용될 수 있다.

둘째, 의사결정의 원조기능으로서 사회복지계정의 통계자료는 정책수립 및 개혁의 판단근거로 활용될 수 있다. 사회복지정책은 사회개혁을 목표로 하게 되므로 미래의 상황에 대한 전망이 필수적으로 요구된다. 따라서 국가는 사회복지계정의 통계자료를 토대로 과학적 방법으로 미래의 예측과 정책적 의사결정을 할 수 있다.

---

6) 이러한 일련의 노력은, 예를 들어 독일의 경우 정부가 임명한 사회조사위원회(Sozial-Ênquete-Kommission)의 위원인 Achinger, Bogs, Meinhold, Neundörfer 그리고 Schreiber에 의해 주도되었다. 그리고 그들은 1966년 사회복지계정의 작성 요령과 관련한 보고서를 독일 정부에 제출하였다.

종합하면, 사회복지계정은 현재의 사회현상에 대한 정보를 제공하는 정태적 기능(static function)을 가지고 있으며, 동시에 사회현상의 개선을 목표로 하는 정책적 의사결정에 도움을 주는 동태적 기능(dynamic function)을 수행하고 있다. 그리고 이러한 두 가지 기능은 각각 별개의 사안이 아니라 상호 유기적으로 연계되어야 할 필요가 있다.

2. 사회복지계정의 구성

사회복지계정이란 매년도 사회복지정책의 일환으로 이루어지는 제반 사업의 성과를 망라한 일종의 결산 보고서를 의미한다. 이러한 사회복지계정은 크게 급여지출의 측면과 재정수입의 측면으로 구분하여 작성될 수 있다.

1) 급여지출의 측면에서 본 사회복지계정

여기서 사회복지계정은 제반 사회복지급여를 제공하는 과정에서 소요되는 비용을 중심으로 작성한 통계자료를 의미한다. 이러한 사회복지계정은 먼저 총괄적 차원에서 사회복지비율, 다음으로 세부적 차원에서 제도별 기준과 기능별 기준으로 구분하여 작성되고 있다.

(1) 사회복지비율
우리나라의 경우 사회복지와 관련한 급여의 지출 규모가 매년 빠른 속도로 증가

| 표 7-1 | 우리나라 사회복지 지출 규모의 연도별 변화 추이(1990~2013)   (단위: 10억 원)

연도	1990	1991	1992	1993	1994	1995	1996	1997	1998	1999	2000	2001
사회복지 지출	5,893	6,884	8,528	10,007	11,921	14,847	17,455	21,443	30,792	37,201	33,967	38,360
연도	2002	2003	2004	2005	2006	2007	2008	2009	2010	2011	2012	2013
사회복지 지출	40,818	46,112	55,706	61,823	73,594	80,642	91,202	106,251	112,828	118,502	131,697	143,983

출처: 고경환·장영식·강지원·정영애(2014). 2013년 기준 한국의 사회복지지출, 보건복지부·한국보건사회연구원 정책보고서.

하고 있다. 〈표 7-1〉에서 볼 때 사회복지 지출 규모는 1990년 약 6조 원에서 2013년 현재 약 144조 원으로 연평균 14.9%의 높은 성장률을 기록하고 있다. 그러나 이러한 통계수치는 국가의 복지수준을 평가할 수 있는 판단 자료로서 한계를 가지고 있다. 왜냐하면, 가령 특정한 해의 사회복지지출 총액이 절대적 금액의 측면에서 증가하였다고 할지라도, 같은 해 국민소득의 증가 속도가 더 빠르게 이루어졌을 경우 사회복지수급계층의 상대적 지위는 오히려 하락하게 되는 문제가 발생할 수 있기 때문이다. 따라서 국가의 복지수준은 그 나라의 경제력 수준과 비교하여 파악하게 될 경우에만 비로소 올바르게 평가할 수 있다.

사회복지비율(social expenditure to the % of GDP; Sozialleistungsquote^독)이란 매년도 사회복지지출 총액을 같은 해의 국내총생산(GDP)과 대비하여 나타낸 통계지표를 의미한다. 이러한 사회복지비율은 국가의 복지수준을 가늠할 수 있는 지표로서의 기능은 물론, 사회복지에 대한 국민경제의 부담능력을 판단할 수 있는 수단으로도 활용될 수 있다.

[그림 7-6]은 주요 OECD 국가의 사회복지비율을 2011년 자료를 기준으로 보여주고 있다. 이에 따르면 프랑스 31.4%, 덴마크 30.3%, 벨기에 29.4%, 오스트리아 28.6%로 대체로 북유럽과 유럽의 대륙권 국가의 사회복지비율이 높게 나타나고 있는 것을 알 수 있다. 반면, 우리나라의 경우 사회복지비율은 이들 국가의 1/3 수준에 불과한 10.2%로, OECD 국가 가운데 멕시코 다음으로 가장 낮은 사회복지 수준을 기록하고 있다. 특히 1인당 GDP를 기준으로 볼 때 우리나라와 유사한 정도의 발전수준을 보이고 있는 국가[7]와 비교해 볼 경우에도 사회복지비율이 월등하게 낮게 나타나고 있다. 하지만 그럼에도 불구하고 고무적인 현상은 이러한 사회복지비율이 우리나라의 경우 매년 빠르게 증가해 오고 있다는 점이다. 구체적으로 [그림 7-7]과 같이 국가 및 공공기관의 공공사회복지비율 그리고 여기에 법정민간사회복지지출을 포함한 사회복지비율은 1990년 각각 2.68%와 2.98%에서 2013년 9.33%와 10.7%로 지난 20여 년 동안 약 3.4배 증가한 것으로 나타나고 있다.

---

7) 2009년 우리나라의 1인당 GDP(달러 27,168)는 세계 26위이며, 우리나라와 유사한 수준의 발전 국가로는 뉴질랜드 24위(달러 28,723), 이스라엘 25위(달러 27,674), 슬로베니아 27위(달러 27,004), 체코공화국 29위(달러 25,232), 포르투갈 30위(달러 24,021) 등이다(고경환 외, 2014).

국가 (단위: GDP 대비 %)

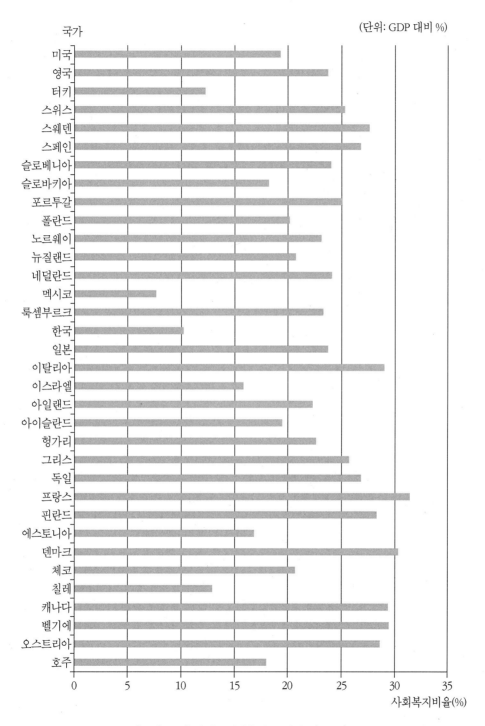

[그림 7-6] **사회복지비율의 국제비교(2011)**

출처: 고경환 외(2014). 2013년 기준 한국의 사회복지지출, 보건복지부·한국보건사회연구원 정책보고서.

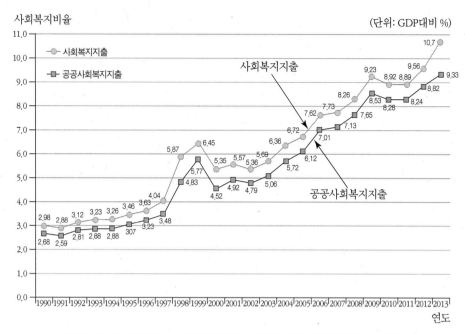

[그림 7-7] **우리나라 사회복지비율의 연도별 변화 추이(1990~2013)**

출처: 고경환 외(2014). 2013년 기준 한국의 사회복지지출, 보건복지부 · 한국보건사회연구원 정책보고서.

(2) 제도별 기준의 사회복지계정

일반적으로 사회복지정책은 무수히 많은 제도에 의해 운영되고 있다. 이러한 의미에서 개별 제도는 사회복지정책의 수행 주체로서 기능을 하게 된다. 제도별 기준으로 작성된 사회복지계정은 전체 사회복지급여체계를 제도별로 분류하여 보여 주며, 동시에 개별 제도의 경제적 · 사회적 역할 비중을 평가할 수 있는 자료로 활용될 수 있다는 점에서 그 의의가 있다.

다음의 〈표 7-2〉는 우리나라의 사회복지급여지출을 제도별로 분류하여 제시하고 있다. 여기서 우리나라 사회복지제도들의 역할 비중을 살펴보면 다음과 같은 특징을 발견할 수 있다.

첫째, 전체 사회복지 재정지출 가운데 가장 높은 비중을 차지하는 것은 사회보험으로서 2008년 최초로 도입된 노인장기요양보험을 포함한 5대 사회보험제도의 재정적 비중이 전체 비교 기간 동안 60% 내외를 차지해 오고 있다. 그리고 이러한 비중은 인구의 고령화와 개별 제도(특히 국민연금제도)의 성숙과정에 따라 앞으로도 더욱 높아질 것으로 예상된다.

| 표 7-2 | 제도별 기준에 의한 사회복지급여지출의 연도별 추이(1990~2013년) (단위: 10억 원, %)

주체	제도	프로그램	1990	1995	2000	2005	2010	2013
정부	공공부조	소계	599(10.2)	1,042(7.2)	3,199(9.6)	8,462(13.9)	17,030(15.1)	18,254(12.7)
		기초생활보장[1]	599	1,042	3,199	8,462	11,934	12,211
		기초노령연금	–	–	–	–	3,823	4,270
	사회보상	소계	355(6.0)	711(4.9)	1,051(3.1)	1,756(2.9)	2,830(2.5)	3,713(2.6)
		국가보훈	315	377	1,025	1,672	2,498	3,501
		재해구호[2]	40	33	19	28	168	18
		북한이탈주민 지원	–	1	7	50	74	91
		사할린동포	–	–	–	–	6	5
		고엽제, 위안부 보호	–	–	–	1	1	2
		의사상자 예우	–	–	–	5	6	4
	사회 서비스	소계	547(9.3)	1,446(9.9)	4,884(14.6)	8,716(14.3)	18,505(16.4)	29,816(20.7)
		시설보호[3]	39	291	545	161	6,506	11,016
		재가복지[4]	104	424	1,152	3,129	762	2,232
		근로복지[5]	51	166	1,862	269	2,723	5,243
		보건의료[6]	353	565	1,119	1,808	4,482	4,946
		주택보급	–	–	–	2,776	1,697	1,410
		교육복지	–	–	206	573	1,694	4,109
		교통통신 등 감면	–	–	–	–	622	772
		아동발달계좌	–	–	–	–	10	14
	사회보험	소계	3,896(66.0)	10,068(69.2)	19,808(59.3)	36,955(60.7)	66,435(58.9)	81,610(56.7)
		연금[7]	1,235	4,482	7,656	12,095	20,911	28,621
		의료보장[8]	2,122	4,450	9,774	19,242	34,781	40,881
		산업재해보상보험	539	1,134	1,456	3,026	3,549	3,822
		고용보험	–	2	922	2,592	5,364	5,851
		장기요양보험[9]	–	–	–	–	1,830	2,435
	민간복지서비스	교통통신 감면	–	55	272	715	591	573
기업	기업복지	소계	502	1,220(0.4)	4,193(0.8)	4,240(1.2)	6,201(5.5)	8,924(6.2)
		법정퇴직금	359(8.5)	984(8.4)	3,474(12.6)	3,182(7.0)	4,925(4.4)	4,214(2.9)
		퇴직연금	–	–	–	–	–	2,733
		산전후휴가급여	–	–	212	307	563	701
		유급질병휴가급여[10]	143	235	506	751	714	1,277
	사회복지지출		5,900 (100.0)	14,542 (100.0)	33,407 (100.0)	60,842 (100.0)	112,828	143,983 (100.0)

주: 1) 생계보호, 일시구호, 교육보호, 부랑인시설보호, 저소득층에 대한 직업훈련, 의료급여
2) 주택복구비, 이재민구호비
3) 장애인복지시설보호, 노인시설보호, 아동시설보호, 모자보호 및 선도보호시설 등
4) 재가장애인보호, 재가노인지원, 아동건전육성, 재가부녀 및 모자가정지원, 사회복지관 운영 등
5) 고용서비스, 직업훈련기관지원, 한국산업인력공단·장애인고용촉진공단의 직업훈련 및 운영비, 장애인보호작업장 운영비 등
6) 중앙 및 지방 정부의 보건 지출
7) 국민연금·공무원연금·사립학교교직원연금·군인연금·별정직우체국직원연금
8) 직장·지역·공무원·사립학교교직원건강보험
9) 장기요양급여비 중 방문요양, 방문목욕, 주야간 보호, 단기보호, 복지용구, 노인요양시설, 노인요양시설(구법), 노인전문요양시설(구법), 노인요양공동생활가정급여비임(단, 방문간호만 제외)
10) 근로자의 유급질병휴가에 대한 급여

출처: 고경환 외(2014). 2013년 기준 한국의 사회복지지출, 보건복지부·한국보건사회연구원 정책보고서.

둘째, 사회서비스는 예방과 재활의 중요성에 대한 인식 그리고 심리적 · 정서적 · 사회적 보호 및 지지욕구의 증가 등과 같은 시대적 추이에 따라 그 역할 비중이 지속적으로 증가해 오고 있다. 구체적으로 2013년 현재 사회서비스가 전체 사회복지재정에서 차지하는 비중은 20.7%로서 1990년의 9.3%와 대비해 볼 때 두 배 이상 증가한 것으로 나타나고 있다.

셋째, 빈곤계층의 생존권 보장을 목적으로 하는 공공부조의 재정적 비중은 2013년 현재 12.7%를 차지하고 있으며, 이는 1990년 10.2% 대비 약 25% 증가한 것으로 나타나고 있다. 그리고 이러한 현상은 무엇보다도 빈곤기준의 완화, 빈곤선의 상향 조정 그리고 기초연금과 같은 새로운 제도의 도입 등이 주된 요인인 것으로 판단된다.

넷째, 기업복지 및 사회보장의 경우 그 역할 비중이 점차 하락해 오고 있다. 그 주된 이유로는 공공사회복지의 재정적 역할 증가 그리고 해방과 한국전쟁 세대의 인구비율 감소 등을 언급할 수 있다.

종합하면, 우리나라의 경우 전체 사회복지급여 총액 가운데 약 60%가 보험료를 주된 재원으로 운영되는 사회보험에 의해 제공되고 있으며, 다음으로 사회서비스, 공공부조, 기업복지, 사회보상 등의 순으로 나타나고 있다.

(3) 기능별 기준의 사회복지계정

사회복지정책은 사회문제에 의해 국민이 겪게 될 수 있는 사회적 위험이나 생활상의 애로 문제를 해소해 주는 기능을 담당하고 있다. 기능별 기준에 의한 사회복지계정은 사회복지급여지출의 총액을 사회문제별로 분류하여 작성한 통계자료가 된다.

기능별 분류방식에 입각한 사회복지계정은 다음과 같은 측면에서 의의를 찾아볼 수 있다. 일반적으로 대개의 사회복지제도들은 제도의 성숙과정에서 그 기능을 다양한 영역으로 확대해 오는 경향을 보이고 있다. 예를 들면, 서구 복지국가의 경우 공적연금제도는 최초로 노후소득의 보장을 목적으로 시행되었으나, 점차 장애의 발생 또는 부양자의 사망에 따른 생계문제의 해결로까지 기능을 확장하게 되었다. 나아가 상당수의 국가에서는 장애연금의 급여지출을 절감하기 위한 목적으로 공적연금제도의 주도로 재활사업을 수행하는 경우도 있다. 이러한 일련의 경향에 따라 개별 사회복지제도 간의 기능의 중복 문제가 상당한 수준으로 발생하고 있다. 따라서 기능별 분류기준에 입각하여 작성된 사회복지계정은 개개의 사회문제에 대한 복지지출의 규모를 총체적으로 파악할 수 있도록 함으로써, 궁극적으로는 국가적 차원에서 사회복지체계의 균형적 발전을 위한 판단 자료로 활용될 수 있는 장점이 있다.

〈표 7-3〉은 2011년을 기준으로 우리나라를 포함한 주요 OECD 국가의 사회복지 비율을 기능별로 분류하여 보여 주고 있다. 급여 항목의 구성비와 관련하여 우리나라의 복지수준은 모든 측면에서 다른 OECD 국가에 비해 현저하게 뒤떨어지고 있음을 알 수 있다. 특히, 노령 · 유족 · 근로무능력(장애) 관련 급여 항목의 경우 프랑스, 독일, 스웨덴, 오스트리아, 덴마크, 이탈리아 그리고 일본은 모두 GDP의 10% 이상을, 그리고 영국과 미국은 각각 9.5%와 8.3%를 지출하고 있다. 그리고 OECD 국가 평균의 경우 그 비율은 11.2%로 비교적 높은 수준을 기록하고 있다. 그러나 우리나라의 경우 그 비율은 대략 3%의 수준에 불과한 것으로 나타나고 있다. 그리고 보건 부문에 대한 공공지출 또한 우리나라의 경우 GDP의 약 3.8%를 배정하고 있으나, OECD 국가 평균의 경우 그 비율은 6.2%를 차지하고 있다.

| 표 7-3 | 기능별 분류기준에 의한 사회복지비율의 국제비교(2011) (단위: GDP에 대한 %)

국가명	노령	유족	근로무능력	보건	가족	ALMP[1]	실업	주거	기타	계
한국	2.34	0.25	0.68	3.83	0.72	0.30	0.27	-	0.51	8.89
오스트리아	12.0	1.9	3.2	6.7	2.7	0.8	0.9	0.1	0.3	28.6
덴마크	8.4	0.0	4.9	6.7	4.0	2.2	2.2	0.7	1.0	30.3
프랑스	12.5	1.8	1.5	8.6	2.9	0.9	1.6	0.8	0.6	31.4
독일	8.6	2.0	3.2	8.0	2.2	0.8	1.2	0.6	0.2	26.8
이탈리아	14.5	2.6	2.2	7.0	1.5	0.4	0.8	0.0	0.0	29.0
일본	11.0	1.4	1.0	7.7	1.4	0.2	0.3	0.1	0.6	23.7
스웨덴	9.4	0.4	4.7	6.7	3.6	1.2	0.4	0.4	0.7	2706
영국	6.8	0.1	2.6	7.7	4.0	0.4	0.5	1.5	0.2	23.7
미국	6.0	0.7	1.6	8.1	0.7	0.1	0.8	0.3	0.9	19.3
OECD 평균	7.7	1.0	2.5	6.2	2.2	0.5	1.0	0.4	0.5	22.1

주: 1) ALMP(Active Labor Market Program)는 적극적 노동시장 프로그램을 뜻함
출처: 고경환 외(2014). 2013년 기준 한국의 사회복지지출, 보건복지부 · 한국보건사회연구원 정책보고서.

2) 재정수입의 측면에서 본 사회복지계정

사회복지의 급여지출과 재정수입은 동전의 양면으로 이해할 수 있다. 왜냐하면 사회복지급여의 제공이 이루어지기 위해서는 반드시 그에 상응하는 재정이 마련되어야만 하기 때문이다. 이러한 의미에서 사회복지재원의 조달문제는 중요한 정책적 결정사안이 될 수 있다. 구체적으로, 누구에게 그리고 어느 정도의 수준으로 비용을 부담하도록 할 것인가 하는 문제는 사회복지정책의 원만한 수행을 위하여 선행적으로 해결하여야 하는 과제로 대두되고 있다.

〈표 7-4〉는 우리나라 사회복지재원의 구성을 연도별로 구분하여 보여 주고 있는데, 다음과 같이 중요한 특징을 살펴볼 수 있다.

첫째, 전체 사회복지재정 규모의 연도별 추이와 관련한 사항으로서 그 규모는

| 표 7-4 | 사회복지재정 부담 주체별 부담 규모 및 부담 비율의 변화 추이(1990~2013)

(단위: 10억 원, %)

구분		1990	1995	2000	2005	2010	2013
공공 부문	정부[1]	1,501 (25.4)	3,200 (22.0)	9,134 (27.3)	18,933 (31.1)	37,751 (33.5)	51,040 (35.4)
	사회보험[2]	3,896 (66.0)	10,068 (69.2)	19,808 (59.3)	36,955 (60.7)	66,435 (58.9)	81,610 (56.7)
	소계	5,398 (91.5)	13,268 (91.2)	28,943 (86.6)	55,888 (91.9)	104,800	133,393
민간 부문	법정퇴직금	359	984	3,474	3,182	4,925	4,214
	퇴직연금	–	–	–	–	–	2,733
	산전후휴가급여	–	–	212	307	563	701
	유급질병휴가급여	143	235	506	751	714	1,277
	민간복지서비스[3]	–	55	272	715	591	573
	소계	502 (8.5)	1,274 (8.8)	4,464 (13.4)	4,954 (8.1)	8,028 (7.1)	10,590 (7.4)
사회복지지출		5,900 (100.0)	14,542 (100.0)	33,407 (100.0)	60,842 (100.0)	112,828 (100.0)	143,983 (100.0)

주: 1) 공공부조 및 사회복지서비스의 지출금액이며, 2004년부터 지방자치단체 단체사업 포함함. 2008~2009년의 공기업의 취업계층을 위한 교통요금감면은 정부로 구분됨.
　　2) 4대 사회보험의 급여액과 노인장기요양보험금급여액임.
　　3) 취업계층을 위한 민간기업의 교통·통신요금 감면액임.
출처: 고경환 외(2014). 2013년 기준 한국의 사회복지지출, 보건복지부·한국보건사회연구원 정책보고서.

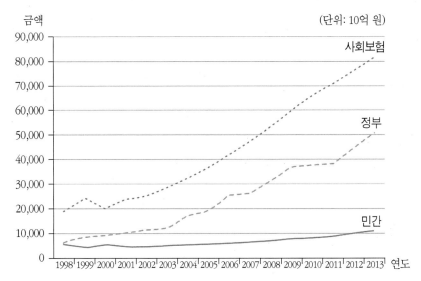

[그림 7-8] **부담 주체별 사회복지지출 규모의 변화 추이(1990~2013)**

출처: 고경환 외(2014). 2013년 기준 한국의 사회복지지출, 보건복지부 · 한국보건사회연구원 정책보고서.

1990년에서 2013년 사이의 전체 비교 기간 동안 매년 10~30%의 높은 증가율을 보이고 있다. 특히 2013년의 경우 이러한 사회복지재정의 규모는 약 144조 원으로 같은 해 국가 일반예산의 1/3 이상에 해당하는 높은 수준을 기록하였다.

둘째, 사회복지재원의 구성과 관련한 사항이다. 먼저, 사회보험이 비교 기간 동안 전체 재원의 60% 내외의 수준을 유지하여 가장 높은 비중을 차지하고 있다. 그리고 사회보험은 〈표 7-4〉와 [그림 7-8]에서 보여 주듯이 금액 면에서도 다른 부문에 비해 월등하여 2013년의 경우 약 82조 원의 재원을 부담하고 있다. 다음으로, 정부 부문의 사회복지재정 부담금액과 그 비중은 1990년 각각 약 1.5조 원, 25.4%에서 2013년의 경우 약 51조 원, 35.4%로 괄목할 만한 성장하고 있다. 마지막으로, 민간 부문이 법으로 정한 바에 따라 부담하게 되는 법정 민간복지의 재정 규모는 1990년 5,020억 원으로 전체 사회복지재정의 약 8.5%를 차지하였다. 하지만 이러한 법정민간복지는 이후 2013년에는 10조 5,900억 원으로 금액 면에서는 빠르게 증가하였으나, 같은 해 사회복지재정과 비교해 보면 7.4%로 그 비중이 점차 하락하는 추세를 보이고 있는 것을 알 수 있다.

3) 시사점

앞에서 우리나라의 사회복지계정을 급여지출과 재정수입으로 구분하여 살펴보았다. 통계자료의 분석과정에서 우리나라의 사회복지수준이 외국의 선진국가에 비하여 현저하게 낮게 실현되고 있다는 사실을 확인하였다. 그러나 이러한 사회복지의 현실은 몇 가지 측면에서 재평가되어야 할 필요가 있다.

첫째, 국가별 사회복지수준의 격차문제와 관련하여 다음과 같은 방향으로 시각을 정리해 볼 필요가 있다. 국가적 차원에서 볼 때 매년도 국민이 가지게 되는 복지욕구는 주어진 값(fixed amount)으로 생각해 볼 수 있다. 왜냐하면 이러한 복지욕구는 국민이 사회적 애로요인을 겪게 될 경우 문제의 해결에 필요로 하는 금액을 단순히 합산한 것으로, 아직 실현된 지출총액이 아니기 때문이다. 따라서 이 경우 핵심적 사안으로서 그에 상응하는 비용을 어떠한 방법으로 충당할 것인가 하는 문제가 제기될 수 있다. 구체적으로 복지비용을 개인적 차원에서 해결하도록 할 것인가, 또는 사회복지정책을 통하여 공동체적 차원에서 해결할 것인가 하는 정치적 선택의 문제가 등장하게 된다. 이러한 의미에서 국가 간 사회복지수준의 격차는 국민의 복지욕구에 대처한 사회적 해결능력의 차이로 이해해 볼 수 있다. 예를 들면, 사회복지의 수준이 높은 국가의 경우 국민의 복지욕구 가운데 많은 부분이 공동체적 차원에서 해결되도록 하고 있는 반면, 그 반대의 국가에서는 복지욕구의 대부분을 개인적 차원에서 해결하도록 일임하고 있다는 것을 의미한다.

둘째, 사회복지급여지출의 규모가 크다고 해서 복지국가의 기능과 국민의 생활수준이 반드시 높게 이루어지게 되는 것으로 평가할 수 없다는 사실이다. 왜냐하면 사회복지급여지출의 규모는 다음과 같은 부정적 요인에 의해 영향을 받을 수 있기 때문이다. 먼저, 사회적 위험과 갈등을 양산하는 국가의 경우 사회복지재정의 규모가 상대적으로 높게 나타날 수 있다는 점이다. 예를 들면, 국민의 건강수준이 전반적으로 취약하거나 대량실업의 문제를 안고 있는 국가의 경우 사회복지의 수급자가 늘어나게 되며, 이로 인하여 발생하게 되는 급여 규모의 증가는 국민의 '삶의 질' 향상으로 이해될 수 없다는 것이다. 또한, 사회복지급여지출의 규모는 국가별로 인구구조의 차이에 의해 크게 영향을 받을 수 있다는 점이다. 가령 인구의 노령화가 빠른 속도로 진행되고 있는 국가의 경우, 연금보험·의료보험·노인장기요양보험 등의 급여지출이 급속하게 증가할 수 있다. 마지막으로, 불합리한 복지수요 행위로 인하여 급여지출의 증가문제가 발생할 수 있다는 점이다. 이러한 현상은 국민의 복지의존심리, 급여의 과잉수급 또는 부정수급 등과 같은 도덕적 해이의 문제로 인하여 초래하게 될 소지가 있다.

셋째, 사회복지계정은 민간 부문에 의해 자발적으로 이루어지고 있는 다양한 복지행위를 통계의 대상으로 하고 있지 않다는 사실을 문제점으로 지적할 필요가 있다. 일반적으로 전체 국민의 복지수준은 법정사회복지제도와 민간복지제도의 활동을 통하여 결정되며, 이 경우 양자는 많은 부분에서 상호 경쟁적 관계에 있다. 이러한 차원에서 볼 때 가족이나 지역사회의 연대적 전통을 유지해 오고 있는 국가의 경우, 비록 사회복지재정의 지출 규모가 낮을지라도 전체적 차원에서 다른 국가에 비해 복지수준이 상대적으로 뒤처진다고 판정할 수 없는 문제가 발생하게 된다.

종합하면, 사회복지계정은 정보제공의 기능과 의사결정의 원조 기능을 통하여 사회복지정책의 합리성 제고에 상당한 기여를 하고 있다. 그러나 사회복지계정은 주로 재정적 측면에서 통계자료의 생산에 치우치고 있어 또 다른 정책적 관심사인 사회복지상품의 질이나 제도운영의 효율성에 대한 판단 자료로는 미흡한 점이 있다. 따라서 이러한 문제는 사회복지계정 통계생산의 기법을 부단히 개량하는 과정에서 극복할 수 있을 것으로 판단된다.

제4절 사회복지정책의 분배적 기능

사회복지정책은 더불어 사는 사회의 가치이념을 바탕으로 하고 있다. 그리고 이러한 사회의 건설은 사회구성원 간의 물질적 나눔을 통하여 실현될 수 있다. 따라서 사회복지정책은 궁극적으로 분배정책을 수행하기 위한 목적으로 존재하고 있다고 생각해 볼 수 있다.

여기서는 먼저, 분배정책의 일반에 대한 이해를 넓히기 위하여 정책의 개념, 이론 그리고 목표에 대하여 살펴보고자 한다. 이어서 분배정책이 추구하고자 하는 목표를 달성하기 위한 정책적 수단에는 어떠한 것이 있는지, 또한 분배의 종류에는 어떠한 것이 있는지 살펴보고자 한다.

1. 분배정책의 의의

1) 분배정책의 개념과 다차원성

분배정책이란 분배적 불균형의 문제를 해소 또는 완화하기 위한 일환으로 이루어지는 국가의 행위로서, 흔히 협의의 개념과 광의의 개념으로 구분하여 살펴볼 수 있다(Lampert, 1981).

협의의 개념으로서 분배정책은 소득이나 자산의 분배과정에 국가가 개입하는 일련의 행위를 의미한다. 그러나 사회구성원 간 나눔의 대상을 소득과 자산으로 국한할 경우 분배정책의 활동 영역이 제한될 가능성이 있다. 왜냐하면 분배의 왜곡문제는 직간접적으로 사회의 구조적 환경을 원인으로 하여 발생할 수 있기 때문이다.

반면에 광의의 개념으로서 분배정책은 정치적 · 경제적 · 사회적 차원의 권리와 의무가 사회정의의 차원에서 사회구성원 간에 동등하게 보장될 수 있도록 하는 국가의 정책을 의미한다. 이러한 의미에서 광의의 차원에서 논의되는 분배정책은 소득이나 자산의 나눔은 물론, 불평등을 야기하는 사회구조적 모순의 개선 또한 정책의 영역으로 포함하게 된다.

하지만 교재로서의 성격을 감안하여 여기서는 분배정책의 범위를 협의의 차원으로 한정시켜 살펴보고자 한다. 그러나 이 경우에도 분배정책은 목표 · 방향성 · 내용 등에 있어서 구체성의 확보에 어려움을 가질 수 있다. 왜냐하면 분배는 그 자체로서 다면적 특성(multidimensional character)을 가지고 있기 때문이다(Schmähl, 1980). 따라서 분배정책의 성과를 평가할 수 있기 위해서는 선행적으로 분배의 정의가 명확하게 이루어져야만 할 필요가 있다. 구체적으로 분배정책에 대한 올바른 연구 분석을 위해서는 분배의 ① 시간적 범위, ② 적용 단위, 그리고 ③ 대상 범위와 같은 판단기준이 정확하게 설정되어야만 한다는 것이다.

첫째, 분배 상태나 그 변화 상황을 파악하기 위해 요구되는 시간적 범위(time span)와 관련한 내용이다. 일례로 국민연금제도의 경우 운영 재원인 보험료를 징수하고 급여를 제공하는 과정에서 소득계층별로 분배상황에 상당한 영향을 미치게 되고, 동시에 개인별로는 생애주기별 소득의 배분 및 흐름에 영향을 줄 수 있다. 여기서 특정한 시점이나 시기에 있어서 제도 및 정책으로 인한 소득상황의 변화는 단기적 차원의 영향력으로서 횡단면 분석(cross-sectional analysis)을 통하여, 그리고 장기적 차원에서 개인의 전 생애기간 동안 제도의 영향력은 종단면 분석(longitudinal analysis)을 통하여 그 효과를 파악할 수 있다.

둘째, 소득에 대한 소비주체의 범위와 관련한 사항이다. 즉, 소득의 소비주체를 개인 단위 또는 가구 단위로 볼 것인가에 따라 분배 상황에 대한 판단이 달라질 수 있다는 점이다. 오늘날과 같은 산업사회에 있어서 불평등과 빈곤문제는 다음과 같은 이유로 발생할 수 있다. 일반적으로 가정은 소비의 공동체로서 가구의 규모, 연령, 건강상태 등에 따라 필요한 소득수준이 결정되는 반면, 가구의 실제 소득은 가장이 자신의 생산성에 따라 노동시장에서 벌어오는 소득수준에 의해 결정된다. 여기서 이와 같은 필요소득량과 실제소득량의 괴리는 가구의 생계유지를 어렵게 하는 요소로서, 이러한 문제는 시장의 기능이 아닌 거의 전적으로 국가의 분배정책을 통하여 해결될 수 있는 과제다.

셋째, 소득의 범위와 관련한 사항이다. 이는 소득의 상황에 대한 판단기준으로서 구체적으로 소득을 어디로까지 볼 것인가 하는 문제다. 일례로, 현금성 소득만으로 국한하게 될 경우에도 그 기준을 과세 이전의 총소득 또는 과세 이후 이전소득(transfer income)을 포함시킨 순소득을 기준으로 할 것인가 하는 차이가 존재할 수 있다. 아니면 자산 또한 처분하여 소득으로 전환할 수 있으므로, 자산을 소득으로 환산하여 이를 포함한 소득을 기준으로 개인별 소득 상태를 평가하는 방법이 있을 수 있다.

2) 분배의 이론

여기서는 협의의 차원에서 소득과 자산의 분배이론으로 구분하여 살펴보고자 한다.[8]

(1) 소득의 분배이론

소득의 발생과정은 앞서 살펴본 경제순환의 모형을 통하여 설명할 수 있다. 구체적으로, 기업은 가계에서 구입한 생산요소를 결합하여 상품이나 서비스를 생산하여 판매하게 되며, 그 과정에서 기업의 수입이 발생한다. 그리고 이러한 기업의 수

---

8) 분배정책과 관련한 국내 문헌으로는 이정우(1999)를 참조하기 바란다.

입은 생산요소의 제공자인 개별 가계의 소득으로 분배된다. 따라서 국민경제의 차원에서 볼 때 매년도 전체 기업이 창출하는 사회적 부가가치는 같은 해 전체 가계의 소득으로 전환된다.

소득의 분배이론은 사회적 부가가치를 어떠한 기준에 의해 나눌 것인가에 초점이 맞추어진다. 이러한 소득의 분배이론은 다음의 두 가지로 구분하여 살펴볼 수 있다.

첫째, 소득의 기능적 분배(functional distribution of income)는 개별 생산요소가 생산과정에서 수행한 기능에 따라 소득의 분배가 이루어지는 내용을 설명하는 이론이다. 소득창출의 수단으로서 생산요소는 크게 노동·자본·토지로 구성되며, 각자는 임금·이자 및 이윤·지대 형태로 소득을 획득할 수 있다.[9] 그리고 이 경우 소득의 분배에서 편차는 개별 생산요소가 사회적 부가가치의 생산과정에서 담당한 기여도(즉, 생산성)에 의해 영향을 받게 된다.

둘째, 소득의 개인별 분배(personal distribution of income)는 국민경제적 차원에서 전체 소득이 개개인 또는 사회계층별로 어떻게 분배되어 있는가를 분석하는 이론이다. 일반적으로 소득분배의 불평등 문제는 개별 생산요소의 기능적 측면에서뿐만 아니라, 이러한 생산요소의 분포가 개인별로 불균형하게 이루어질 경우에도 발생하게 된다. 예를 들면, 특정한 사회계층이 생산요소의 대부분을 소유하게 될 경우 분배적 불균형의 문제가 나타나게 된다.

소득의 개인별 분배이론은 사회계층별로 소득의 분포 상황을 연구대상으로 하고 있다. 일반적으로 사회계층 간 소득의 격차가 사회적 갈등의 원인으로 작용할 수 있다는 점에서 사회복지정책은 소득의 기능적 분배보다 소득의 개인별 분배를 상대적으로 중요한 정책적 관심사로 채택하고 있다.

(2) 자산의 분배이론

자산은 다른 말로 부(富) 또는 재산(財産)으로도 표현되며, 여기에는 적금·보험·주식·채권 등의 금융자산과 건물·기계·토지 등의 실물자산이 있다. 이러한 자산은 개인 또는 가계가 매년도의 소득 가운데 쓰고 남은 부분을 유보함으로써 획득할 수 있다.

---

9) 분배이론으로서 소득의 기능별 분배는 경제학에서 생산요소의 가격결정이론으로 설명되고 있다. 구체적으로 분배이론은 임금이론, 이자이론, 이윤이론 그리고 지대이론으로 구성되며, 이에 대한 내용을 설명하고 있는 문헌으로는 김대식, 노영기와 안국신(1995)의 『현대경제학원론』, pp. 399-482를 참조하기 바란다.

자산과 소득은 다음과 같은 측면에서 밀접한 상관관계를 가지고 있다. 첫째, 소득은 저축을 통하여 자산의 형태로 전환된다. 일반적으로 저축능력은 개인의 소득수준에 의해 영향을 받게 되므로 소득의 분배가 사회계층별로 어떻게 이루어지는가에 따라 자산의 형성이나 분포 또한 사회계층별로 차이가 발생할 수 있다. 둘째, 자산은 그 형태에 따라 이자, 이윤, 지대 등의 소득을 창출할 수 있는 수단이 된다. 따라서 자산의 분배가 불평등하게 이루어지게 될 경우 소득의 분배 또한 사회계층별로 불평등하게 되는 문제가 발생할 수 있다.

자산은 국민 개개인의 생활여건에 중대한 영향을 미치고 있는데, 이는 다음과 같은 자산의 기능에 기인한다(Werner, 1981). 첫째, 앞서 살펴보았듯이, 자산은 소득을 창출하는 기능을 수행하고 있다. 따라서 자산은 개인의 소비활동에 직접적인 영향을 미칠 수 있다. 둘째, 자산은 생활안정의 기능을 담당하고 있다. 왜냐하면 자산의 수준에 따라 실업, 질병 등의 사회적 위험에 대한 개인의 대처능력과 생계유지의 능력이 중대한 영향을 받을 수 있기 때문이다. 셋째, 자산은 개인의 자유를 보장하는 기능을 가지고 있다. 가령, 충분한 수준의 자산을 보유하고 있는 사람의 경우 물질적 궁핍에 의한 경제적 의존성으로부터 해방되어 다양한 자아실현의 기회를 향유할 수 있다.

3) 분배정책의 목표

(1) 소득의 분배정책과 관련한 목표

소득의 분배정책은 크게 다음과 같은 정책적 목표를 달성하기 위하여 실시되고 있다.

먼저, 소득의 분배정책은 전체 사회구성원의 생존권 보장을 중요한 목표로 하고 있다. 노령, 장애, 중대 질병 등의 사유로 소득활동을 할 수 있는 능력이 없거나 실업으로 소득활동의 기회가 상실된 사회취약계층의 경우 소득의 단절에 따른 생계의 위협문제가 발생하게 된다. 따라서 국가는 국민 개인 간의 소득 이전을 통하여 해당 계층의 생존권을 보장하여야 하는 책임을 지게 된다.

다음으로, 소득의 분배정책은 사회계층 간 소득의 불평등 문제를 완화함으로써 사회정의와 사회안정을 도모하여야 하는 과제를 가지고 있다. 이러한 취지의 분배정책은 다음과 같은 점에서 그 당위성이 있다.

첫째, 사회계층 간 소득의 분배는 종종 개인의 능력이나 노력 이외의 다른 요인에 의해 결정되는 경우가 있다. 예를 들면, 부모로부터 상속을 받거나 부당한 방법으로 획득한 자산을 토대로 하여 발생하는 소득은 사회적 갈등을 초래할 위험이 있다. 따라서 분배정책은 불로소득에 의한 분배적 불평등 문제를 해소함으로써 사회정의를 도모하여야 하는 과제를 가지게 된다.

둘째, 소득의 분배가 비록 개인의 능력과 노력에 비례하여 이루어지게 되는 경우에도 분배의 불평등이 사회적으로 용납될 수 있는 수준을 능가하게 되는 문제가 발생할 수 있다. 따라서 국가는 국민 개인 간의 내적 통합을 달성하기 위한 목적으로 분배정책을 실시하여야 하는 과제를 가지게 된다.

셋째, 시장의 기능을 통한 소득의 분배는 개별 가계가 처하고 있는 상황에 따라 필요로 하는 소득수준의 차이를 적절하게 반영할 수 없는 문제를 가지고 있다. 예를 들면, 부양가족의 수가 많거나 노약자를 수발하고 있는 가정의 경우, 다른 일반 가정에 비하여 경제적 부담이 높게 되는 문제가 발생할 수 있다. 따라서 국가는 소득의 분배정책을 통하여 가계 간 경제적 부담이 균등화될 수 있도록 하여야 하는 과제를 가지게 된다.

(2) 자산의 분배정책과 관련한 목표

자산의 분배정책은 사회정의와 자유라는 가치이념의 실현을 목표로 하고 있다. 이러한 목표를 달성하기 위하여 국가는 사회적 자산이 사회구성원에게 고르게 분산될 수 있도록 하는 정책을 실시하여야 할 필요가 있다.

먼저, 자산의 균등한 분배를 위한 정책은 사회정의 차원에서 그 당위성을 찾아볼 수 있다. 어떠한 사회체제에서든 인간의 물질적 생존과 사회의 번영은 궁극적으로 생산을 통하여 보장받을 수 있다. 이러한 의미에서 개인이 생산활동을 통하여 축적한 자산은 본인 자신은 물론, 전체 국민의 복리후생에도 상당한 기여를 하게 된다. 그러나 예를 들어 상속자산의 경우, 개인의 노력이나 능력과 무관하게 부의 이전이 이루어진다는 점에서 문제가 있다. 나아가 자산의 분배가 사회계층별로 심각한 수준으로 불평등하게 이루어질 경우, 소위 가진 계층은 자신의 자산을 토대로 더 많은 자산을 축적하게 되어 분배적 불균형의 문제가 가중될 수 있다. 따라서 국가는 사회적 자산이 전체 국민에게 고르게 분산될 수 있도록 함으로써 부의 편중문제를 해소하고 사회정의를 도모하여야 할 책임을 가지고 있다.

다음으로, 자산의 분배가 사회계층 간 평등하게 이루어질 수 있도록 하는 정책은 자유의 차원에서 그 정당성을 발견할 수 있다. 왜냐하면 자산은 개인이 경제적 궁핍으로부터 자유로울 수 있도록 함으로써 다양한 기회를 향유할 수 있는 물질적 기반을 제공할 수 있기 때문이다. 이러한 의미에서 자산의 평등한 분배는 사회구성원에게 자아실현을 위한 기회를 공정하게 제공할 수 있다는 장점이 있다.

그러나 어떠한 사회체제에서든 일정한 범위 이내에서 자산의 불평등한 분배가 용인되고 있다. 왜냐하면 개인의 능력이나 의지의 차이에 따라 자산형성 시 개인 간의 격차가 발생할 수 있기 때문이다. 그리고 자산의 축적이 평등의 관점에서 지나치게 제약을 받게 될 경우, 개인의 근로의욕이나 기업의 이윤동기가 위축될 가능성이 있다. 나아가 자산의 분배는 자칫 소유권의 보장을 근간으로 하는 자본주의 경제원리에 배치되는 문제를 초래할 수도 있다. 이러한 제반의 제약사항을 감안해 볼 때 자산의 분배정책은 이미 개인의 수중에 축적되어 있는 자산이 아니라, 가급적 새로이 형성되는 자산을 대상으로 실시하여야 할 필요가 있다(Lampert, 1981).

2. 분배정책의 수단

1) 소득의 분배정책

여기서는 분배정책을 소득의 기능적 분배와 개인별 분배로 구분하여 각각의 정책적 수단을 살펴보고자 한다.

(1) 소득의 기능적 분배에 영향을 줄 수 있는 정책적 수단
소득의 기능적 분배이론은 사회적 부가가치를 생산요소의 제공자인 개별 가계에 어떠한 방식으로 배분할 것인가 하는 문제를 다루고 있다. 일반적으로 소득의 분배는 개별 생산요소의 수요자와 공급자 간 상호작용을 통하여 성립되는 가격에 의해 결정된다. 이러한 관점에서 볼 때, 분배정책이란 국가가 시장의 기능에 개입하여 소득(엄밀히 말하면 생산요소의 가격)의 결정과정에 영향력을 행사하는 행위를 의미한다.

소득의 기능적 분배과정에서 이루어지는 분배정책의 수단은 정책의 영역별로 경쟁정책, 노동시장정책, 교육정책 그리고 자산형성정책으로 구분하여 살펴볼 수 있다.

첫째, 경쟁정책과 관련한 사항이다. 가령, 국내시장의 여건으로 인하여 일부 산업 영역에서 독과점 현상이 발생하게 될 경우 독점이윤의 문제가 발생하게 된다. 이러한 독점이윤은 일반 가계의 경제적 피해를 바탕으로 기업에게 부당한 이익을 제공하게 되고, 국가 전체적으로 분배의 불평등을 야기하게 된다는 점에서 문제가 있다. 따라서 경쟁정책은 상품이나 서비스의 가격결정에 있어서 기업의 지배력을 제한함으로써 소비자인 가계의 생활여건 향상과 분배적 왜곡현상을 완화해 주는 효과를 가져다줄 수 있다.

둘째, 노동시장정책의 일환으로 국가가 결사의 자유와 임금협상의 자율권을 법으로 보장하게 될 경우 근로계층은 기업이윤의 배분과정에서 유리한 위치를 차지할 수 있다. 즉, 근로계층은 교섭력을 바탕으로 상대적으로 많은 분배의 몫을 차지할 수 있으며, 이는 가계의 소득증대로 이어지게 된다.

셋째, 교육정책은 다음과 같은 두 가지 차원에서 중요한 분배정책의 수단으로 활용될 수 있다. 먼저, 교육정책은 인적 자본(human capital)으로서의 질과 상품으로서 노동력의 가치를 향상시켜 근로자 가계의 소득증대 효과를 가져다줄 수 있다. 다음으로, 교육정책에 입각한 지원이 특히 사회의 취약계층을 위주로 하여 이루어지게 될 경우 장차 좁게는 해당 가계의 소득수준 향상에 기여할 수 있고, 넓게는 분배의 불평등 문제를 완화할 수 있는 장점이 발생하게 된다.

넷째, 국가가 가계의 자산형성을 촉진하기 위한 정책을 실시하게 될 경우 자산 편중에 의한 소득의 불평등 문제가 상당 부분 해소될 수 있다. 구체적으로, 자산형성정책은 종전보다 많은 수의 가계에게 자산의 운용과정에서 발생하게 되는 이자소득이나 지대소득의 분배에 참여할 수 있는 기회를 확대해 줄 수 있는 장점을 가지고 있다.

(2) 소득의 개인별 분배에 영향을 줄 수 있는 정책적 수단

소득의 개인별 분배이론은 소득의 분배가 개인 또는 사회계층별로 어떻게 이루어져 있는가를 주된 관심사로 하고 있다. 국가는 일차적으로 시장의 기능을 통하여 결정된 소득의 분배구조를 분배정책을 통하여 이차적으로 재조정할 수 있다. 이러한 취지에서 동원할 수 있는 정책적 수단은 영역별로 조세정책, 사회복지정책 그리고 가격보조정책으로 구분하여 살펴볼 수 있다.

첫째, 조세정책은 국가의 재정수요를 충당하는 기능을 담당할 뿐만 아니라 소득의 불평등 문제에 대처할 수 있는 분배정책의 수단으로도 활용되고 있다. 특히 누진적 조세체계는 소득의 수준에 따라 조세부담을 차등화함으로써 개인 간 또는 사회계층 간 소득의 재분배 기능을 수행할 수 있다.

둘째, 사회복지정책은 그 자체로 중요한 분배정책의 수단으로서 기능을 하고 있다. 대표적인 사례로, 사회복지제도는 비용부담의 주체와 급여수급의 주체가 상이하여 사회계층 간 상당한 수준의 소득재분배 효과를 발휘하고 있다.

셋째, 저소득계층을 대상으로 하는 국가의 가격보조정책 또한 분배정책의 수단으로 활용될 수 있다. 대표적으로 국가의 재정적 지원을 바탕으로 이루어지는 영구임대주택제도나 장기저리의 생업자금 및 주택자금 융자제도 등은 저소득가계의 실질소득을 증대시키는 효과가 있다.

2) 자산의 분배정책

사회계층 간 자산의 분배구조에 영향을 줄 수 있는 정책적 수단은 다음 세 가지로 구분하여 살펴볼 수 있다.

첫째, 상속세는 자산의 이전과정에 개입하여 분배적 불균형의 문제를 완화할 수 있는 중요한 수단으로 활용되고 있다. 일반적으로 상속세는 상속자산의 수준에 따라 누진적 세율체계를 가지고 있어 과도한 부의 세습을 억제하고 사회계층 간 신분이동의 유동성을 보장할 수 있는 수단으로서 기능을 하고 있다.

둘째, 국가 주도에 의한 자산증식정책이 있다. 예를 들면, 국가가 공공기관의 민영화 과정에서 해당 기관 소유의 금융자산이나 실물자산을 서민 가계에 염가로 제공할 경우 자산분배의 불평등 문제가 상당 부분 해소될 수 있다. 그리고 저소득 가계의 자산증식을 위한 일환으로 이루어지고 있는 장기저리의 융자제도, 조세감면제도 및 보조금지원제도 역시 분배정책의 수단으로 활용될 수 있다. 그러나 이러한 제반 정책적 수단은 다음과 같은 측면에서 기능상의 한계를 보이고 있다. 예를 들면, 자산형성이 이루어지기 위해서는 해당 가계는 저축의 의사와 저축의 능력을 갖출 수 있어야만 한다. 현실적으로 볼 때 저소득가계의 경우 저축의 능력이 제약을 받게 되므로, 국가의 자산증식정책에 의한 경제적 혜택은 이른바 가진 계층을 위주로 이루어지게 될 수 있다. 그 결과, 사회 전체적으로 자산분배의 왜곡현상이 더욱 심화되는 문제가 발생할 수 있다.

셋째, 기업 차원에서 이루어지는 근로계층의 자산증식정책이 있다. 예를 들면, 기업이윤의 노사 간 배분과정에서 임금의 인상을 양보하고, 대신 기업의 자산에 대하여 일정한 지분을 요구하게 될 경우 근로자 가계의 자산증식이 이루어지는 효과가 발생하게 된다. 이 경우 기업은 무리한 임금인상에 의한 자본 조달의 애로 문제를 방지할 수 있고, 동시에 노사화합을 바탕으로 생산성 증대의 효과를 기대할 수 있다.

🔍 제5절 분배의 원칙과 종류

1. 능력의 원칙과 필요의 원칙

인간은 사회적 부가가치의 분배문제를 둘러싸고 항상 갈등을 겪게 된다. 따라서 분배정책은 사회구성원 모두가 합의할 수 있는 공정한 분배를 통하여 사회적 갈등을 해소하기 위한 목적으로 실시되고 있다. 그러나 공정한 분배는 사회철학의 차원에서 이루어지는 논의의 대상으로서 분배정책의 수행에 필요한 객관적 기준을 제시할 수 없는 한계를 가지고 있다.

여기서는 공정한 분배를 위한 정책 방향의 설정 기준으로서 능력의 원칙(Leistungsprinzip독)과 필요의 원칙(Bedarfsprinzip독)으로 구분하여 살펴보고자 한다.[10] 이러한 두 가지 원칙은 모두 사회의 중요한 가치이념인 평등의 사상을 바탕으로 분배정책의 방향을 제시하고 있다.

1) 능력의 원칙

능력의 원칙은 사회적 부가가치의 분배가 생산과정에서 개인이 수행한 기여도에 비례하도록 하는 사상을 바탕으로 하고 있다. 여기서 평등의 관점은 개인별로 생산의 기여도와 분배의 몫이 상호 일치하도록 하는 것을 의미한다. 이에 따라 생산과정

---

10) 분배정책의 철학적 기준으로서 능력의 원칙과 필요의 원칙에 대하여 설명한 대표적인 문헌으로는 Werner(1979: 48-77)를 참조하기 바란다.

에서 같은 수준의 능력을 발휘한 사람들에 대해서는 동등한 분배가 이루어질 수 있어야 하고, 능력의 차이가 있을 경우 분배의 몫은 당연히 개인별로 차별화되어야 한다. 고대 그리스의 철학자인 아리스토텔레스는 이러한 방식으로 분배가 이루어지게 될 경우 그 사회는 분배정의(distributive justice)를 실현하고 있다고 생각하였다. 그에 따르면, 비록 결과적 차원에서 소득의 수준이 개인별로 불평등하게 되더라도 모든 사람이 동일한 기준인 능력을 바탕으로 분배의 과정에 참여할 경우 공정한 분배가 실현될 수 있다.

능력의 원칙은 앞서 살펴본 '소득의 기능적 분배'를 이론적 근거로 하고 있다. 구체적으로, 개별 가계는 각자가 소유한 생산요소인 노동·자본·토지의 생산능력, 즉 생산성에 비례하여 소득을 할당받을 수 있다. 그러나 이러한 소득의 분배방식은 다음과 같은 점에서 문제점이 있다.

첫째, 일반적으로 생산은 다양한 종류의 생산요소가 상호 유기적으로 결합하여 이루어지는 특성이 있다. 따라서 생산과정에서 개별 생산요소가 수행한 기여도와 정확히 일치하는 소득의 분배는 이론적인 차원에서만 가능할 수 있다.

둘째, 분배의 기구로서 시장은 모든 생산요소를 동등한 차원에서 취급하고 있다. 즉, 시장은 경제적 고려에 따라 노동을 자본으로 임의로 대체할 수 있도록 하고, 나아가 소득의 분배과정에서 노동력의 소유자인 인간이 비인격체인 자본과 경쟁을 하여야 하는 문제를 초래할 수 있다. 그 결과, 노동력의 소유자인 인간은 종종 인격적 존엄성이 훼손당하는 문제에 직면할 수 있다.

셋째, 주관적 차원에서 노동자 개인이 스스로 평가하게 되는 생산의 기여도와 객관적 차원에서 시장의 기능에 의한 소득의 분배가 서로 일치하지 않게 되는 경우가 있을 수 있다. 여기서 전자가 후자보다 높다고 인식하는 근로자의 경우 시장에 의한 분배의 결과를 거부(market refusal)하는 문제가 발생할 수 있다.

넷째, 근로자의 생산성과 소득수준의 차이는 내부적 차원에서 개인 간 능력의 격차뿐만 아니라, 외부적 차원에서 시장의 환경이나 기업의 상황에 의해서도 영향을 받을 수 있다. 예를 들면, 우수한 생산 설비를 바탕으로 시장에서 독점적 위치에 있는 대기업에서 종사하는 근로자의 경우 생산성이나 소득수준이 다른 근로계층에 비해 월등할 수 있다. 이처럼 소득의 분배가 외부적 환경에 의해 차별적으로 이루어질 경우 사회적 갈등의 요인이 될 수 있다.

2) 필요의 원칙

필요의 원칙은 소득의 분배가 생산과정에서 개인의 기여도에 상관없이 인간의 욕구수준에 준하여 평등하게 이루어질 수 있도록 하는 사상을 바탕으로 하고 있다. 일반적으로 소득은 인간의 생존이나 복지욕구를 충족하는 수단으로 활용되므로 필요의 원칙은 소비욕구를 분배의 기준으로 채택하게 된다.

필요의 원칙은 인간의 사회적 공존을 목표로 하는 사회철학으로서 전형적인 분배정책의 사상적 기초를 제공하고 있다. 이러한 사상적 이념을 정책적으로 실현하기 위해서는 구체적인 분배의 기준이 마련될 수 있어야 한다. 그 일환으로서 모든 인간은 신의 피조물로서 완전히 평등하여야 한다고 생각해 볼 수 있다. 따라서 인간의 생존에 필요로 하는 소득 또한 모두에게 동등하게 분배되어야 한다. 그러나 인간은 신체조건·적성·자질 등 제반의 측면에서 상이하며, 나아가 각자의 상황에 따라 필요로 하는 소득수준 역시 차이를 보이게 되는 특성을 가지고 있다. 즉, 절대적 평등에 입각한 분배정책은 비록 형식적 차원에서 소득의 평등을 실현할 수 있으나, 현실적 차원에서 인간의 다양한 욕구를 무시하여 또 다른 불평등의 문제를 초래할 위험이 있다.

필요의 원칙에 입각한 분배정책은 인간의 다양성을 수용할 수 있는 방향으로 수립되어야 한다. 이러한 차원에서 절대적 평등사상에 입각한 분배정책은 그 대상을 최저소득으로 제한해 볼 수 있다. 구체적으로, 여기서 분배정책은 개인의 능력에 상관없이 모든 인간이 최저생계의 유지에 필요로 하는 소득수준까지 평등할 수 있도록 하는 목표를 수행하게 된다. 그러나 이 경우 최저소득의 수준에 대한 사회적 합의가 전제되어야 하고, 동시에 개인의 경제적·사회적 상황에 따라 필요로 하는 최저소득의 수준이 상이할 수 있다는 사실을 정책에 반영할 수 있어야 한다.

3) 능력의 원칙과 필요의 원칙 간 상호 보완의 필요성

분배정책의 사회규범으로서 능력의 원칙이나 필요의 원칙은 각각 독립적으로 기능을 할 수 없는 한계를 가지고 있다. 왜냐하면 능력의 원칙은 경제적·사회적 제반의 사유에 의해 능력을 제대로 발휘할 수 없는 계층의 생존권을 보장해 줄 수 없는 한계를 가지고 있기 때문이다. 그리고 필요의 원칙은 사회적 부가가치의 생산면에서 중요한 동기를 부여할 수 있는 개인의 능력과 의욕을 제약하는 문제를 가지고 있다.

　국가는 능력의 원칙과 필요의 원칙이라는 사회철학을 적절하게 조화시킬 수 있는 방향으로 분배정책을 수립하여야 한다. 그러나 분배정책의 수행과정에서 이러한 두 가지 원칙이 상호 경쟁관계에 처하게 될 경우 능력의 원칙이 필요의 원칙에 우선하도록 할 필요가 있다. 왜냐하면 인간의 무한한 욕망에도 불구하고 현실적으로 이를 충족시켜 줄 수 있는 물질적 수단이 한정된 사회의 경우 개인의 능력은 희소성의 문제를 극복할 수 있는 핵심적인 기능을 하게 되기 때문이다.

　분배정책의 기본방향으로서 능력의 원칙과 필요의 원칙은 다음과 같은 방법으로 조화를 이루어야 할 필요가 있다. 국가의 분배정책은 일차로 능력의 원칙을 토대로 하여 사회적 부가가치의 분배(distribution)가 이루어질 수 있도록 하고, 이차로 사회적 약자의 보호 차원에서 필요의 원칙에 입각한 소득의 재분배(redistribution)가 실현되도록 하여야 한다. 따라서 필요의 원칙은 능력의 원칙을 보충·보완하는 기능을 담당하게 된다. 이 경우에도 필요의 원칙은 개인이 스스로의 노력으로 획득한 소득이 사회적 최저수준에 미달할 경우 그 부족분을 보충해 줌으로써 능력의 원칙과 연계될 수 있도록 하여야 한다.

2. 분배의 종류: 소득의 시기적 재분배, 개인 간 재분배 및 세대 간 재분배

1) 소득의 시기적 재분배

　인간은 일생 동안 다사다난한 일들을 경험하며 살아가게 된다. 이에 따라 개인의 소득수준 또한 시기별로 큰 변화를 겪게 되는 문제를 가지고 있다. 예를 들면, 개인은 때로는 높은 수준의 소득을 획득하게 되는 경우도 있고, 때로는 소득수준이 낮아 생계를 제대로 유지할 수 없게 되는 어려움에 직면할 수도 있다.

　소득의 시기적 재분배(intertemporal redistribution of income)는 개인이 일생 동안 안정된 소득수준을 유지할 수 있도록 하기 위하여 실시되는 분배정책을 의미한다. 가령, 개인이 [그림 7-9]에서와 같이 정상적인 시기에 획득하게 되는 시장소득 가운데 일정 부분을 유보해 두었다가 노령, 실업, 질병, 장애 등 유사시에 이를 인출하여

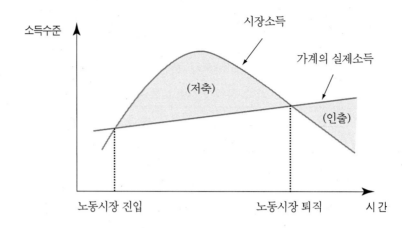

[그림 7-9] 소득의 시기적 재분배의 소득안정 효과

부족한 소득을 보충하는 방법을 생각해 볼 수 있다. 따라서 소득의 시기적 재분배는 일종의 '저축적 기능'을 바탕으로 개인의 소득이 시기별로 재분배될 수 있도록 함으로써 일생 동안 안정된 생활수준을 유지할 수 있도록 하는 역할을 한다. 이러한 취지로 이루어지고 있는 대표적인 사회복지정책은 공적연금제도다. 공적연금제도는 경제활동을 하는 가입자로부터 보험료를 거두어 적립하고, 향후 그 자금을 바탕으로 당사자의 노후 소득보장을 목적으로 연금을 지급하는 제도다.

2) 소득의 개인 간 재분배

자본주의 사회가 가지는 대표적인 약점으로 개인 간 분배의 불균형 문제가 있다. 이러한 문제는 궁극적으로 소득의 개인 간 재분배(interpersonal redistribution of income)를 통하여 해소될 수 있다. 소득의 개인 간 재분배는 그 기능에 따라 다시 소득의 수직적 재분배와 수평적 재분배로 구분하여 살펴볼 수 있다.

첫째, 소득의 수직적 재분배(vertical redistribution of income)는 소득수준을 기준으로 개인별로 소득이 재분배될 수 있도록 하는 정책을 의미한다. 즉, 소득의 수직적 재분배는 부유한 계층의 소득 가운데 일정 부분을 가난한 계층의 소득으로 지원해 주는 정책이다. 반면, 소득의 역진적 재분배란 사회복지제도나 정책의 역기능에 의해 오히려 저소득계층이 상위 소득계층을 경제적으로 지원하게 되는 모순 현상을 의미한다. 예를 들면, 소득계층별로 평균수명의 차이가 있다는 일부 연구결과를 수용하게 될 경우 국민연금제도에서 상대적으로 짧은 수명의 저소득 가입자는 자신이 납부한 보험료의 일부를 고소득 가입자의 노후 소득보장을 위해 지원하는 부정적 결과를 경험할 수 있다.

둘째, 소득의 수평적 재분배(horizontal redistribution of income)는 소득수준에 상관없이 특정한 사회적 기준을 바탕으로 개인별로 소득의 재분배가 이루어질 수 있도록 하는 정책을 의미한다. 이러한 유형의 분배정책이 이루어지는 대표적인 사례가 의료보험제도다. 우리나라의 국민건강보험제도는 가입자의 건강상태, 부양가족의 수 등에 상관없이 단순히 가입자의 소득을 기준으로 보험료를 부과하고 있다. 이에 따라 동일한 수준의 소득계층은 동일한 보험료를 부담하게 되는 반면, 제도의 혜택은 가입자 개인별로 건강상태나 가족의 상황에 따라 차이가 있는 재분배의 효과가 발생하게 된다.

3) 소득의 세대 간 재분배

산업사회에서 대다수 인간의 생존문제는 근로를 통하여 확보하게 되는 소득을 바탕으로 해결해 오고 있다. 그러나 이러한 생존양식은 더 이상 근로활동을 할 수 없는 노령계층에게는 적용될 수 없다는 점에서 문제가 있다.

따라서 이와 같은 노령계층의 생계문제는 앞서 살펴본 소득의 시기적 재분배나, 여기서 살펴볼 소득의 세대 간 재분배(intergenerational redistribution of income)를 통해서도 해결할 수 있다.[11] 이와 관련한 내용은 [그림 7-10]의 '중첩세대모형(Overlapping Generation Model)'으로 간략하게 설명해 볼 수 있다. 그림의 세로축에

생애주기＼시기	1기	2기	3기	4기	5기
전반부 근로주기	A_1	B_1	C_1	D_1	E_1
후반부 근로주기	Y_2	A_2	B_2	C_2	D_2
노후주기	X_3	Y_3	A_3	B_3	C_3

← 소득의 세대 간 재분배

소득의 시기적 재분배 →

[그림 7-10] 중첩세대모형을 통해서 본 소득의 시기적 재분배와 세대 간 재분배의 기능적 비교
출처: Ribhegge(2004)의 내용을 임의로 재구성함

서 개인의 생애주기는 2개의 근로활동주기(각각 근로활동의 전반부와 후반부) 그리고 1개의 노후주기로 구성되며, 가로축에서 각각의 시기는 개별 주기에 소요되는 기간 (예: 모두 20년으로 가정)을 나타낸다. 이에 따라 매 시기에는 근로활동주기의 전반부와 후반부의 근로계층 그리고 노령계층이 중첩되어 존재한다.

예를 들면, 그림에서 제3기의 노후주기에 있는 A_3의 노후 소득보장을 위한 방법론의 하나로 소득의 시기적 재분배는 당사자 자신의 근로활동주기인 A_1과 A_2의 기간 동안 매년도 소득의 일정 부분을 축적하여 향후 노후주기의 생계를 위한 재원으로 활용하는 방법을 의미한다. 이러한 의미에서 소득의 시기적 재분배는 당사자를 중심으로 자신의 소득 가운데 일부를 생산주기에서 노후주기로 이전하게 되는 '소득의 시기적 이전(intertemporal transfer of income)'과 같은 기능을 하게 된다.

반대로 이와는 달리 소득의 세대 간 재분배는 A_3의 노후 소득보장이 같은 시기(제3기)의 근로활동주기에 있는 다른 세대 C_1과 B_2의 재정적 지원으로 이루어진다. 구체적으로, 소득의 세대 간 재분배는 근로활동주기에 있는 생산세대가 매년 획득하게 되는 소득 가운데 일정 부분을 같은 해의 노인세대에게 이전해 주는 기능을 하게 된다. 그리고 향후 이러한 생산세대(C_1와 B_2)가 제4기 또는 제5기에 가서 각각 노인세대(B_3와 C_3)가 될 경우 역시 같은 방식으로 제4기의 생산세대(D_1과 C_2) 또는 제5기의 생산세대(E_1과 D_2)가 재차 노인부양의 책임을 맡게 된다. 따라서 이 경우 앞서 소득의 시기적 재분배에서와 같이 노후자산의 축적을 위한 별도의 준비 기간이 필요로 하지 않으므로 노후소득보장제도의 도입과 동시에 기능적 효력(도입 당시 노인세대의 노후소득보장)을 발휘할 수 있다. 하지만 이처럼 세대 간 재분배의 기능을 토대로 하는 노후소득보장제도가 영속적으로 유지되기 위해서는 장래의 노인부양 책임을 맡게 될 자녀세대가 적정한 수준으로 태어나야만 한다.

이러한 의미에서 소득의 세대 간 재분배를 바탕으로 하는 노인부양의 기능은 노인세대-생산세대-자녀세대 간의 '세대 간 계약(generational contract)'을 통하여 이루어진다. 하지만 세대 간 계약은 노인부양에 따른 채무관계를 담보할 수 있는 적립

---

11) 소득의 시기적 재분배는 개인이 자신의 노후생계를 위하여 생산주기에서 일정한 소득을 축적하는 방식으로, 이는 '적립방식'의 기본적 기능을 토대로 하고 있다. 반면, 소득의 세대 간 재분배는 별도의 기금적립 없이 매년도의 생산세대가 자신의 소득 가운데 일부를 노인부양을 위해 지원하는 방식으로, 이는 '부과방식'이라고도 한다. 이러한 적립방식과 부과방식의 주요 기능과 특징은 이 책의 제14장 제2절에 상세히 다루고 있다.

기금의 부재로 정상적인 시장의 기능을 통해서는 성립될 수 없는 한계가 있다. 따라서 이와 같은 세대 간 계약은 통상적으로 제도 가입과 보험료의 부담에 대한 국가의 법적 강제력을 통해서만 유지될 수 있다.

소득의 시기적 재분배와 소득의 세대 간 재분배의 공통점은, 원칙적으로 모든 개인은 근로활동주기에 일정한 비용(보험료)을 부담하여야 하고, 이를 근거로 하여 각자는 자신의 노후 소득보장을 위한 급여 청구권을 확보하게 된다는 점이다. 하지만 양자의 궁극적인 차이점으로서 소득의 세대 간 재분배는 제도의 도입 초기 기여경력을 제대로 갖추지 못한 세대에 대해서도 노후 소득보장의 혜택을 제공해 줄 수 있는 장점을 가지고 있다.[12] 가령, 노후 소득보장제도가 제1기에 최초로 도입되었다고 가정해 볼 경우 같은 시기 기여경력이 전무한 노인세대(X_3)나 상대적으로 짧은 중년 및 고령의 생산세대(Y_2)에 대해서도 노후 소득보장이 이루어질 수 있다. 그리고 이러한 비기여세대의 노후 소득보장을 위한 재정적 비용은 먼 장래에 가서 만약 제도가 폐지될 경우 당시의 생산세대 또는 정부가 부담하여야 한다.

🔍 제6절 보장의 기능과 분배적 기능의 딜레마

노령, 질병, 장애, 실업, 부양자의 사망 등 소위 '사회적 위험(social risks)'과 빈곤은 인간의 생존을 위협하는 중대한 문제다. 국가는 국민의 생존권을 보호해야 할 책임이 있으므로 이와 관련한 개인의 의사결정에 개입할 권한을 가지고 있다. 따라서 이를 위한 국가의 전략은 크게 다음의 두 가지 방법이 있을 수 있다. 첫 번째 전략으로서 국가는 사전적으로 위험에 대비한 기구(예: 사회보험)를 조직하여 사람들이 의무적으로 가입하도록 함으로써 각자의 생존을 공동으로 보장하게 하는 방법이 있을 수 있다. 두 번째 전략으로서 국가는 사람들이 각자 자유의지와 판단에 따라 스스로 문제를 해결해 나가도록 하되, 다만 이들 가운데 피해를 자력으로 극복할 수 없는 빈곤계층에 대해서만 사후적으로 국가가 구제해 주는 방법이 있을 수 있다. 이

---

12) 이와 유사한 사례는 우리나라의 경우 2008년 7월 1일 최초로 도입된 노인장기요양보험제도에서 찾아볼 수 있다. 이 제도는 시행 초기부터 보험료의 납부 경력이 전무한 치매 또는 중풍 노인에게 보호의 혜택을 제공해 왔다.

경우 문제집단에 대한 보호는 물질적 나눔, 즉 분배적 기능을 통해 이루어지게 된다. 이 절에서는 인간의 생존전략으로서 보장과 분배의 주요 기능 및 내용에 대해 살펴보고자 한다.

1. 위험의 분산과 보장기능

인간은 사회적 동물로서 집단을 형성하여 살면서 생존을 위협하는 제반의 위험들로부터 스스로를 보호할 수 있는 지혜와 능력을 갖추고 있다. 이러한 인간의 생존양식은 집단이 가지고 있는 중요한 기능인 위험의 분산을 통하여 이루어지게 된다. 구체적으로 위험의 분산은 구성원 중 일부가 위험에 처하여 겪게 되는 고통을 전체 집단이 공동으로 분담하도록 하는 방식을 의미한다.

위험의 분산은 집단의 내부에서 위험으로 인해 고통을 겪는 사람들과 그렇지 않은 사람들 간에 소득을 이전하는 기능을 하게 된다. 그러나 위험의 분산은 다음과 같은 점에서 소득의 (재)분배와는 다른 기능적 특성을 보인다. 일반적으로 위험의 분산은 구성원 간 호혜성의 원리(principle of reciprocity)를 바탕으로 피해를 공동체적으로 해결하게 된다. 구체적으로, 위험의 분산에 입각한 소득의 이전은 공동체의 구성원 각자가 자신에게도 발생할 수 있는 위험으로부터 스스로의 생존을 보장하기 위한 목적으로 지불하는 비용(즉, 보험료)을 의미한다.

이와 같은 생존양식은 전통사회에서 길드나 춘프트 또는 우리나라의 향약, 두레, 계 등에서 찾아볼 수 있으며, 오늘날에 와서는 보험이 대표적인 사례가 될 수 있을 것이다. 가령 보험의 예를 들어서 보면, 자동차보험에서 자동차 사고를 당한 가입자와 무사고 가입자 상호 간 소득의 이전은 위험의 분산 차원에서 이루어지는 것으로서, 진정한 의미에서 소득의 재분배와는 별개다. 따라서 이 경우 개인이 보험료를 지불한 대가로서 구입하는 것은 보험금품이 아니라, 유사시 자동차 사고가 발생하게 될 경우에도 그로 인한 경제적 피해로부터 보호를 받을 수 있다는 안도감(Sicherheitsgefühl^{독}) 또는 확실성을 구입하게 된다는 것이다.

보험은 보험 사고로 인한 개인의 경제적 피해를 보상해 주는 기능을 하게 되며, 이는 달리 '보장기능(security function)'으로도 불린다. 이 경우 보상의 내용 및 수준은 '보장성'으로 표현되며, 통상적으로 보험상품의 가격인 보험료에 비례하게 된다. 일례로, 자동차보험에서 종합보험상품은 책임보험상품보다 보험료가 비싼 대신, 보장성의 혜택은 폭 넓고 또한 높은 수준으로 제공된다. 같은 맥락에서, 만약 개인이 제반의 사회적 위험(예: 질병 또는 노령)으로부터 안정적인 삶을 영위하고자 할 경우 보장성이 높은 사회보험을 선택해야만 할 것이다. 하지만 이 경우 개인은 그에 상당하는 높은 비용, 즉 사회보험료를 부담할 수 있는 능력과 수용 의사를 가지고 있어야만 한다.

2. 분배적 기능

분배적 기능이란 나눔을 통하여 사람들 상호 간 소득이 실제적으로 이전되는 것을 의미한다. 사회복지정책에 있어서 분배란 기업이 생산요소를 사용한 대가로서 가계에게 분배(distribution)한 임금·이자·지대 소득에 대하여 국가가 분배정책의 목표에 따라 다시 교정하는 행위, 즉 재분배(redistribution)를 지칭하고 있다. 일반적으로 보장기능을 토대로 하는 보험의 경우 보험료의 부담과 혜택이 상호 엄격한 상관관계(즉, 수지상등의 원리)를 유지하게 되는 반면, 분배의 경우 부담과 혜택이 각자 독립적으로 이루어지게 되는 특성을 보이고 있다.

분배는 각종 사회제도나 정책을 통하여 강제적으로 이루어지는 제도적 분배 그리고 인간의 이타적 심리에 근거한 기부행위(예: 자선 또는 공동모금 등)와 같은 자발적 분배로 구분해 볼 수 있다. 여기서 후자는 순수한 가치에도 불구하고 나눔에 대한 도덕적 책임을 기피하는 무임승차자의 문제, 정책효과의 제한성과 편중성, 형평성 왜곡 등과 같은 부작용을 감안해 볼 때, 분배정책의 수단으로서 효과성이 제한적일 것으로 판단된다.

그러나 제도적 분배 또한 사회문제의 해결에 있어서 그 역할이나 기능이 제한적일 수 있다. 왜냐하면 분배의 경우 부담과 혜택이 상호 연계되어 있지 않으므로, 사람들은 자신의 분배적 책임을 거부하고자 하는 경향(부담회피 또는 납부저항)을 보일 수 있기 때문이다.

3. 보장기능과 분배적 기능의 역할관계

사회복지정책에 있어서 보장기능과 분배적 기능은 공히 사회문제의 해결을 위한 중요한 정책수단이 된다. 그리고 각자는 사회문제의 특성에 따라 각각 고유의 역할 영역을 가지고 있지만, 종종 정책수단으로서 서로 영역이 중복되는 경우도 있다.

예를 들어 설명해 보면, 현행 우리나라 국민연금제도의 보험료는 성별 구분 없이 공히 9%로 정해져 있다. 하지만 성별 평균수명(2011년 현재 남성 77.6세, 여성 84.4세)의 격차를 감안해 볼 때 여성은 국민연금으로부터 높은 분배적 혜택을 누리게 되는 것을 알 수 있다. 그리고 그에 따른 비용은 평균수명이 상대적으로 짧은 남성이 부담하게 되고, 따라서 남성으로부터 여성에게로 소득의 재분배가 상당한 수준으로 발생하게 되는 것으로 판단해 볼 수 있다.

하지만 만약 보험료의 납부의무가 시작되는 연령은 현행 국민연금에서와 같이 18세로 둔 상태에서, 제도의 적용 연령만 출생 시점으로 앞당겨 정해 둔다면, 이 경우 성(性)은 미지의 정보가 된다.[13] 이러한 상황에서 성별 수명 격차로 인한 남성 대 여성 간 소득의 이전은 보험에서 위험분산의 결과로서, 따라서 보장기능의 일환으로 생각해 볼 수 있다(Wagner, 1985). 종합해 보면, 어떠한 사회문제를 보장기능 또는 분배적 기능으로 해결해야 할 것인가 하는 의사결정은 문제의 속성에 따라 이루어져야만 하는 제약이 있지만, 경우에 따라서는 정치적 의지에 따른 정치적 선택의 사항이 될 수도 있다.

보장기능과 분배적 기능이 서로 경합적 관계를 가지게 될 경우, 정책수단의 선택은 비용효과성 그리고 시장경제 원리와의 정합성 등을 감안하여 신중하게 판단하여야 할 필요가 있다. [그림 7-11]에서 가령 어떤 사람 A가 늙어서 빈곤상태(A_{po})에 있다고 생각해 보자. 이때 A가 노후에 빈곤하게 된 이유가 젊어서부터 내내 가난했기 때문이라면, 이는 상당 부분 우리나라의 빈곤정책에 있어서 제도적 결함을 주된 원인으로 판단해 볼 수 있을 것이다. 하지만 반대로 A가 늙어서 빈곤하게 된 이유가 만약 중대 질병에 따른 과중한 의료비 부담으로 인한 가계파탄의 결과라고 한다면, 이는 우리나라 의료보장정책의 기능결함을 주된 원인으로 생각해 볼 수 있다. 나아가 만약 우리나라에서 노후빈곤의 원인이 전반적으로 사회보장 제도적 체계의 공백 문제와 급여수준의 열등성 때문이라고 한다면[14], 이는 분배적 기능보다는 보장기능을 강화할 수 있는 제도적 노력을 통해 해결해야 할 과제다.

---

13) 참고로, 스위스의 장애연금제도(IV)에서 보험료의 납부의무는 18세부터 시작되나, 제도의 적용은 '모든 자연인(alle natürlichen Personen)'으로서 출생 시점부터 이루어지고 있다(Widmer, 2008: 35f.). 이와 같은 규정에 따라 스위스에서는 소득활동이 전적으로 불가능한 선천성 또는 중도 장애인에 대해서도 장애연금의 혜택이 돌아가고 있다.

14) 우리나라 사회보장 제도체계의 공백 문제는 대체로 광범위하게 존재하고 있는 것으로 평가해 볼 수 있다.

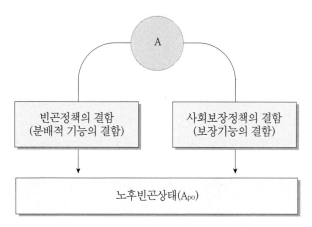

[그림 7-11] **노후빈곤의 원인**

　사회보험제도는 보장기능과 분배적 기능을 동시에 수행하게 된다. 하지만 이러한 두 가지의 기능은 현실적으로 제도운영의 과정에서 상호 충돌하게 되는 경우를 종종 발견할 수 있다. 일반적으로 보장기능은 보험의 원리에서 연유하는 것으로서, 사람들은 위험으로 인한 물질적·신체적 피해로부터 보장을 받기 위한 목적으로 보험상품을 구입하게 된다. 여기서 보장성은 보험상품의 가격을 결정하는 요소로서 사람들은 위험으로부터 높은 보장혜택을 받고자 할 경우 그에 상당하는 보험료의 인상을 수용해야만 한다.

　하지만 만약 사회보험제도에 과도한 분배적 프로그램이 존재하게 될 경우 분배적 부담자가 되는 다수의 사람들은 사회보험료의 인상을 반대하게 될 가능성이 높다. 왜냐하면 이 경우 그들에게는 '사회보험료의 인상 대비 보장성의 증대효과'라는 교역조건이 불리하게 작용할 수 있기 때문이다. 종합해 보면, 사회보험제도에 있어서 보장기능과 분배적 기능은 공적보험으로서의 당위성에도 불구하고, 현실적으로는 상호 기능적으로 경쟁관계에 있을 가능성이 높다. 특히 사회보험제도에서 과도한 분배적 기능은 종종 사회보험 본연의 보장기능을 제약하여 앞서 [그림 7-11]에서와 같은 빈곤문제는 물론 불평등의 문제도 동시에 초래하게 될 수도 있다.

　따라서 사회보험제도에 있어서 보장기능과 분배적 기능은 다음과 같은 방향으로 재정리하여야 할 필요가 있다. 개략적인 방향으로서 사회보험제도는 보장기능을

대표적으로 질병의 치료기간 동안 소득의 공백 문제를 해결해 줄 수 있는 상병급여(sick-pay)의 부재 그리고 산재보험에서 통근재해 인정의 엄격성 등을 지적해 볼 수 있다.

중심으로 운영하되, 분배적 기능은 공공부조제도로 이관하는 방안이다. 여기에 해당될 수 있는 사례로서 우리나라의 경우 현행의 고용보험제도와는 별도로 '실업부조제도'를 도입하는 방안을 생각해 볼 수 있다. 이에 따라 고용보험제도는 순수하게 제도의 가입자를 대상으로 법률로 정한 급여를 제공하고, 대신 실업부조제도는 학생이나 장애인 또는 미취업자의 소득보장과 취업지원을 담당하도록 하는 것이다. 또 다른 방향으로서 현행과 같이 사회보험제도는 보장기능과 분배적 기능을 동시에 수행하도록 하되, 사회보험의 분배적 역할로 인한 비용은 전액 국가의 재정적 지원으로 충당하는 방법이 있을 수 있다.[15]

---

15) 사회보험제도의 분배적 기능으로 인해 발생한 재정적 비용의 국가 책임 논리와 정부보조금의 필요성은 이 책의 제14장 제3절을 참조하기 바란다.

제3부 참고문헌

고경환, 장영식, 강지원, 정영애(2014). 2013년 기준 한국의 사회복지지출. 보건복지부. 한국보건사회연구원 정책보고서.

김대식, 노영기, 안국신(1995). 현대경제학원론. 서울: 박영사.

김태성, 성경륭(1995). 복지국가론. 경기: 나남출판.

우재현(1994). 산업복지원론. 서울: 청암서원.

이정우(1999). 소득분배론. 서울: 비봉출판사.

이정우(2000). 노후소득 담보장치로서 국민연금 적립기금의 유용성에 관한 연구. 사회보장연구, 16(1), 179-205.

이정우, 이동수 역(2008). 복지국가와 경제이론. 서울: 학지사.

Achinger, H., Bogs, W., Meinhold, H., Neundörfer, L., & Schreiber, W. (1966). *Soziale Sicherung in der Bundesrepublik Deutschland* (Sozialênquete), Stuttgart, Berlin, Köln, Mainz.

Bäcker, G., Naegele, G., Bispinck, R., & Hofemann, K. (2008), Sozialpolitik und soziale Lage in Deutschland, 4. Auflage, VS Verlag, Wiesbaden.

Barr, N. (2004). The Economics of the Welfare State, 4th Edition, Oxford University Press.

Briefs, G. (1926). *Das gewerbliche Proletariat, Grundriß der Sozialökonomik*, IX. Abteilung, 1. Teil.

Bundesministerium für Arbeit und Sozialordnung (1999, 2000). *Materialband zum Sozialbudget.*

Bundesministerium für Arbeit und Soziales. (2009). Sozialbericht 2009.

Bundesministerium für Arbeit und Sozialordnung (2011). *Übersicht über das Sozialrecht.*

Buschoff, K. S. (2007). Neue Selbständige und soziale Sicherheit – Ein europäischer Vergleich, *WSI Mitteilungen* 7/2007, pp. 387-393.

Erbe, R. (1986). Familienlastenausgleich über die gesetzliche Rentenversicherung?,

Wirtschaftsdienst, Hf. 4. pp. 194-202.

European Commission (2004). European Social Statistics: Social Protection Expenditure and Receipts.

Frerich, J. (1990). *Sozialpolitik: Das Sozialleistungssystem der Bundesrepublik Deutschland*, 2. Auflage, Oldenbourg-Verlag, München, Wien.

Hess, W. (1975). *Ökonomische Aspekte der Sozialen Sicherung - Eine Untersuchung über die umverteilungs-, konjunktur - und wachstumspolitische Bedeutung des Sozialversicherungshaushaltes unter besonderer Berücksichtigung der schweizerischen Verhältnisse*, Verlag Paul Haupt, Bern und Stuttgart.

Hoffmann, W. G. (1965). *Das Wachstum der deutschen Wirtschaft seit der Mitte des 19. Jahrhunderts*, Berlin u.a.

Krupp, H. J. (1978). Bedingungen und Prinzipien einer integrierten Sozialpolitik, Pfaff, M. & Voigtländer, H. (Ed.), *Sozialpolitik im Wandel*, Bonn.

Lampert, H. (1981). Verteilungspolitik, *WiSt*, Hf. 2. pp. 71-77.

Lampert, H. (1984). Grundzüge der Sozialpolitik in der Bundesrepublik Deutschland, Lampert, H. & Kühlewind (Ed.), *Das Sozialsystem der Bundesrepublik Deutschland-Bilanz und Perspektiven*, BeitrAB 83. pp. 1-18.

Leipert, C. (1979). *Gesellschaftliche Berichterstattung - Eine Einführung in Theorie und Praxis sozialer Indikatoren*, Springer-Verlag.

Mackenroth, G. (1952). Die Reform der Sozialpolitik durch einen deutschen Sozialplan, Schriften des Vereins für Socialpolitik, N. F. Bd. 4, Berlin.

Michel, E. (1953), *Sozialgeschichte der industriellen Arbeitswelt*, 3. Auflage, Frankfurt/M.

Neumann, L. F. (1994). *Wohnungsmarkt in der Krise? - Beiträge aus der Praxis in Ost und West*, Bund-Verlag.

OECD (1976). *Measuring Social Well-Being - A Progress Report on the Development of Social Indicators*, Paris.

Partsch, M. (1983). *Prinzipien und Formen sozialer Sicherung in nicht-industriellen Gesellschaften*, Sozialpolitische Schriften, Berlin.

Ribhegge, H. (2004). *Sozialpolitik*, Verlag Bahlen, München.

Ritter, G. (1991). *Der Sozialstaat: Entstehung und Entwicklung im internationalen Vergleich*, 2. Auflage, München.

Schäfer, D. (1981). Soziale Sicherung: Sozialökonomische und sozialgeschichtliche Begründung, *WISU*. pp. 185-190.

Schäfer, D. (1985). *Soziale Sicherung: Die Entwicklung des deutschen Systems,*

WISU, Hf. 7, pp. 361-366.

Schmähl, W. (1980). Verteilungswirkungen der Rentenversicherungssystems, *WISU Hf.* 1, pp. 43-47, 93-97, 145-148.

Transfer-Ênquete-Kommission (1979). *Zur Einkommenslage der Rentner - Zwischenbericht der Kommission*, Bonn.

Transfer-Ênquete-Kommission (1981). *Das Transfersystem in der BRD*, Stuttgart u. a.

Voigtländer, M. (2014). Herausforderungen der Wohnungspolitik aus ökonomischer Perspektive, bundeszentrale für politische Bildung, *Aus Politik und Zeitgeschichte 2014* / Wohnen.

Wagner, G. (1985). Interpersonelle Umverteilung in der gesetzlichen Rentenversicherung, *Wirtschaftsdienst vol. 65* Hf. 6, pp. 190-196.

Weddigen, W. (1957). *Grundzüge der Sozialpoltik und Wohlfahrtspflege, Stuttgart.*

Werner, H. (1979). *Verteilungspolitik*, UTB.

Werner, J. (1981). Verteilungspolitik-Grundlegung und Ziele, *WiSt*, Hf. 8. pp. 373-378.

Widmer, D. (2008). *Die Sozialversicherung in der Schweiz*, 6. Auflage, Zürich · Basel · Genf, Schulthess.

Wilensky, H. L. (1975). *The Welfare State and Equality: Structural and Ideological Roots of Public Expenditures*, Berkeley: University of California Press.

Wissenschaftlicher Beirat für Familienfragen (2001). *Gerechtigkeit für Familien - Zur Begründung und Weiterentwicklung des Familienlasten - und Familienleistungsausgleichs*, Bundesministerium für Familie, Senioren, Frauen und Jugend(ed.), Kohlhammer.

Zapf, W. (1977). *Lebensbedingungen in der Bundesrepublik Deutschland - Sozialer Wandel und Wohlfahrtsentwicklung*, Frankfurt/New York.

사회복지정책의 기본원리

사회문제는 사회의 기본질서가 작동하는 과정에서 발생하게 되는 부작용으로서, 사회구성원 공동의 노력으로 극복하여야 할 필요가 있다. 하지만 이와 같은 사회문제의 해결방법은 대개 다양하게 존재하므로, 국가는 그중 가장 합리적인 방안을 선택하여야 하는 책임을 가지고 있다. 제4부에서는 사회복지정책의 수립에 기본이 되는 사회철학과 원칙의 문제에 대한 이론적 고찰을 해 보고자 한다.

제8장 연대성의 원칙과 원조성의 원칙

연대성의 원칙(Solidaritätsprinzip^독)과 원조성의 원칙(Subsidiaritätsprinzip^독)은 더불어 사는 사회의 가치이념을 실현하기 위한 사회철학(social philosophy) 또는 사회윤리(social ethics)로서 본연의 의미를 가지고 있다. 그리고 이러한 두 가지 원칙은 사회문제의 해결방안으로서 사회복지정책과 분배정책의 방향 설정에도 중대한 영향을 미치게 된다.

제1절 연대성의 원칙

국가나 조직이 정치적 · 경제적 · 사회적으로 어려운 상태에 처하게 될 경우 종종 다양한 형태의 내적 갈등이 발생할 수 있다. 이 경우 사람들은 사태의 진정을 위하여 흔히 구성원 간의 연대성에 호소하게 된다. 여기서는 먼저 연대성에 대한 본래의 의미를 살펴보고, 다음으로 이러한 용어가 사회복지정책의 수립과정에서 가지게 되는 함의를 모색해 보고자 한다.

1. 연대성의 정의

연대성이란 원래 법률 용어인 '연대보증(Solidarhaftung[독])'이라는 말에 그 기원을 두고 있다. 여기서 연대보증은 한 사람의 채권자에 대하여 다수가 채무변제의 책임을 지도록 하는 법률적 장치가 된다. 이에 따라 실제로 돈을 빌린 채무자가 채무불이행의 상황에 처하게 될 경우 다수의 보증인이 공동으로 채무를 변제하도록 함으로써 파산에 따른 경제적 피해가 분산되도록 하고 있다. 사회복지정책에서 연대성은 법률적 연대보증의 원리를 응용하여 사회적 위험의 해결방안으로 활용하고 있다. 즉, 연대성의 원칙은 특정한 사회적 위험으로 피해를 입은 소수를 위하여 다수가 그 비용을 공동으로 부담하도록 하는 방식이다.

일반적으로 연대성은 조직 내부의 구성원 간 결속력 또는 유대감을 의미하며, 다른 말로 동료의식(Brüderlichkeitsgefühl[독]) 또는 연대의식(Solidaritätsgefühl[독])으로도 표현되고 있다. 이러한 연대성의 수준은 특정한 사안에 대하여 얼마나 많은 수의 조직구성원이 공동의 관심사로 인식할 수 있는가에 따라 차이를 보이게 된다(Frerich, 1990). 예를 들면, 사용자 또는 사용자 단체에 대항하여 노동자계층 간의 연대성은 고용안정, 임금인상 등 근로조건의 개선이라는 공동의 이익을 추구하는 과정에서 용이하게 유지·강화될 수 있다. 이러한 의미에서 연대성은 조직구성원 간 '한배를 탄 공동체 의식'을 전제로 하여 긴밀하게 이루어질 수 있다.

2. 연대성의 원칙과 사회복지정책

사회복지정책은 인간이 일상생활 과정에서 직면하게 되는 사회문제를 공동의 노력으로 해결할 수 있도록 하기 위하여 마련된 사회제도로 정의해 볼 수 있다. 여기서 연대성이란 조직의 구성원 개개인이 해당의 사회문제를 공동의 관심사로 인식하고, 동시에 집단적 노력으로 극복하고자 하는 의지를 갖는 것을 의미한다. 따라서 구성원 간 연대의식이 긴밀하게 유지될수록 개별 사회복지정책이 가지게 되는 사회문제의 해결능력은 그에 상응하는 수준으로 높아지게 된다.

사회문제의 해결방식으로서 연대성은 다음과 같은 두 가지 특성을 가지고 있다. 그리고 이러한 두 가지 특성은 종종 상호 이율배반적으로 되는 경우가 있다.

첫째, 연대성은 사회문제의 해결과정에서 조직구성원 간 '이타적 희생정신'을 필요로 한다. 이러한 이타적 희생정신은 사회문제로 고통을 겪고 있는 동료를 아무런 조건 없이 도와줄 수 있는 의사를 의미한다.

둘째, 연대성은 사회문제에 대한 집단적 대처 수단으로서 상호성, 구체적으로 '상부상조의 정신'을 바탕으로 한다(Winterstein, 1976). 고대 로마에서는 상부상조의 정신을 '유사시 보호를 받기 위한 목적으로 지금 피해를 입은 다른 사람을 도와주고자 하는 의지'로 정의하였다(Brück, 1976). 이러한 관점에서 볼 때 연대성은 사후적 차원에서 피해로 고통을 겪고 있는 타인에 대한 자선행위가 아니라, 사전적 차원에서 사회문제에 대한 공동체적 대응전략의 일환으로 이해할 수 있다.

이와 같은 연대성의 두 가지 특성을 종합하여 설명하면 다음과 같다. 연대성의 원칙은 '전체는 개인을 위하여 그리고 개인은 전체를 위하여'라는 정신을 배경으로 하고 있다(O. v. Nell-Breuning, 1957). 여기서 전자와 후자는 각각 개인주의적 그리고 집단주의적 사회철학의 출발점으로서 개인의 이해와 사회의 이해 간 우선순위의 선정과 관련하여 끊임없이 논란의 대상이 되고 있다. 구체적으로 개인주의(individualism)는 이기주의(egoism)의 관점에서 사회는 단지 개인의 이익을 보호하기 위하여 존재한다고 인식하는 사회철학이다. 반면, 집단주의(collectivism)는 이타주의(altruism)의 관점에서 사회의 이익이 개인의 이익에 우선한다는 사회철학이다. 따라서 후자의 관점에 따르면 사회는 스스로의 존재 목적을 가지며, 개인과 사회 간 이해의 대립현상이 발생하게 될 경우 개인은 마땅히 전체를 위하여 희생하여야만 한다.

그러나 Nell-Breuning의 주장에 따르면, 연대성은 개인주의 또는 전체주의라는 일방적 논리를 지양하고, 대신 두 가지를 절충하는 사회철학이 된다. 구체적으로 연대성의 원칙은 개인의 이해와 전체의 이해가 균형적으로 반영될 수 있도록 하는 상호주의(mutualism)를 바탕으로 하고 있다. 그리고 이러한 전제조건이 충족될 경우 사회복지정책은 사회문제의 공동해결을 위해 요구되는 구성원 개개인의 연대의식을 최대한의 수준으로 동원할 수 있다.

3. 조직의 규모와 연대성의 수준

연대성의 원칙은 근대사회 훨씬 이전부터 사회문제의 공동체적 해결을 위한 일환으로 활용되어 온 오랜 사회적 관습이다. 이러한 연대성은 초기의 경우 공동의 관심사를 배경으로 결성된 소규모 집단의 조직연대성(Gruppensolidarität^독)으로부터 출발하였다. 여기에는 대표적으로 혈연 또는 지연공동체 그리고 직장 또는 동일 직종 단위의 공제조합(예: 중세 유럽의 길드나 춘프트) 등이 있다.

소규모 공동체를 대상으로 하는 연대성의 경우 다음과 같은 점에서 개별적인 특성을 가지고 있다(Meier, 1999). 즉, 공동체에 대한 개인의 연대의식은 당사자의 자유의지에 달려 있다. 구체적으로 개인은 공동체에 대한 정서적 소속감이나 심리적 유대감에 따라 연대의식의 수준을 달리할 수 있다. 그뿐 아니라 개인의 연대의식은 공동체에 대한 도덕적 의무감이나 조직 내부의 강제적 규범에 의해 영향을 받을 수도 있다. 종합하면, 소규모 자발적 조직의 경우 연대성의 동원능력이 절대적으로 미흡할 뿐 아니라, 연대의식의 수준이 개인별로 차이를 보이게 되어 근대사회 이후 대규모로 발생하고 있는 사회문제를 해결하기에는 한계가 있었다. 이에 따라 근대적 형태의 사회복지정책은 최초로 저임금 근로계층 등 노동시장의 취약계층을 대상으로 실시된 이후, 점차 전체 국민을 대상으로 확대·적용되어 오고 있다.

사회보험제도의 가입 계층이 확대될 경우 [그림 8-1]과 같이 사회문제의 해결능력은 그에 상응하는 만큼 향상될 수 있다. 왜냐하면 공동체의 규모가 커질수록 위험분산의 효과가 증가하게 되는 소위 '규모의 경제(economy of large scale)'가 작용하기 때문이다. 그러나 가입 계층의 확대는 가입자 간 연대의식에 부정적인 영향을 미칠 수 있다는 점에서 문제가 있다.

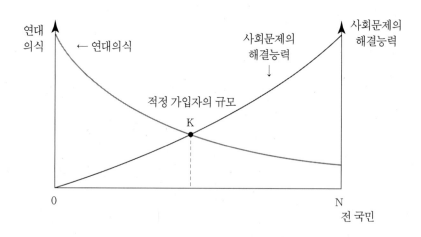

[그림 8-1] 공동체의 규모가 사회문제의 해결능력과 구성원의 연대의식에 미치는 영향

일반적으로 연대성의 강도는 조직구성원 내부의 동질성과 밀접한 관련을 가지고 있다. 예를 들면, 조직구성원 개개인의 이해가 충실히 반영될 수 있는 소집단(예: 가족, 친지, 직장, 직종)의 경우 조직의 연대성이 비교적 긴밀하게 유지될 수 있다. 따라서 이러한 집단은 공동의 관심사를 해결하기 위해 필요로 하는 비용의 분담과 관련하여 용이하게 합의를 도출할 수 있고, 동시에 혜택의 배분 시 갈등을 최소한의 수준으로 억제할 수 있다. 반면, 집단의 규모가 커질수록 동질성이 희박하게 되어 구성원 간 연대의식이 약화되는 문제가 나타날 수 있다. 그 결과, 대규모 집단의 경우 문제의 공동체적 해결과정에서 각종 이해의 상충과 내부적 갈등이 발생하게 될 확률이 높다.

사회보험제도의 적용 확대는 사회복지의 기능과 사회문제의 해결능력을 확충하기 위한 국가의 정책적 노력으로 이해할 수 있다. 그러나 이는 실질적인 의미에서 구성원 간 동질성과 연대의식을 저하시켜 전체보다는 개인의 이익이 우선하는 이기주의적 의식을 강화하는 모순을 초래할 수 있다. 달리 표현하면, 사회보험제도의 적용 확대에 따라 직업 및 직종, 소득의 수준·형태(예: 임금, 사업소득, 농업소득)·발생주기 등 제반의 측면에서 상호 이질적 집단이 단일 조직에 의해 관리될 경우, 구성원 간 연대의식이 약화되어 오히려 사회문제의 해결능력이 위축될 가능성이 높다.[1] 나아가 사회보험제도에 대한 국민의 연대의식이 약화될 경우 제도의 가입과 보험료의 납부를 기피하는 문제가 발생할 수도 있다. 이처럼 자발적 차원의 연대의식이 부족하게 되는 문제에 대처하여 국가는 불가피하게 연대의식의 강요, 즉 제도의 가입과 보험료 납부의 의무 등 강제적 규정을 동원하게 된다. 그러나 강요된 연대의식은 사회보험제도 운영의 경직성, 관료성 그리고 비민주성 등의 부작용을 초래하게 될 우려가 있다.

종합하면, [그림 8-1]에서 K 점은 조직의 연대의식과 사회문제의 해결능력이 상호 일치하는 가장 최적 규모의 위험 공동체로 이해해 볼 수 있다. 그리고 이와 같은 논리는 독일, 오스트리아, 프랑스 등 소위 조합주의형 복지국가의 이론적 배경이 되고 있다. 실제로 해당 국가들의 경우, 의료보험, 연금보험, 산재보험 등은 직종별·

---

1) 이와 같은 이유로 독일 등 다수의 국가에서는 농민을 위한 사회보험제도를 별도로 운영하고 있다. 왜냐하면 농민의 경우 소득의 형태(실물소득), 소득의 발생주기 그리고 사회적 위험의 종류나 내용이 일반 근로자와 상이하기 때문이다.

직역별 · 지역별로 분리된 다수의 조합에 의해 운영되고 있다.

4. 사회의 유형과 연대성: 게마인샤프트, 게젤샤프트 및 게노센샤프트

인간은 사회적 동물로서 이웃과 다양한 관계를 가지며 살아가게 된다. 이 경우 인간은 자신이 속한 단체나 집단의 성격에 따라 소속감, 공동체 의식 또는 연대 의지를 달리하게 되는 속성을 보이게 된다. 그리고 이와 같은 현상은 사회복지정책의 실행 환경에 중대한 영향을 줄 수 있으므로, 사회의 유형별 특성에 대한 분석이 필요하게 된다. 여기서는 이러한 취지에 부합될 수 있는 사회의 유형으로서 독일의 사회학자 Tönnies(2012)가 구분한 게마인샤프트(Gemeinschaft), 게젤샤프트(Gesellschaft) 그리고 게노센샤프트(Genossenschaft)를 토대로 하여 살펴보고자 한다.

1) 게마인샤프트

게마인샤프트는 혈연 또는 종교적 신념의 동질성을 배경으로 형성된 공동체를 의미한다.[2] 일례로, 가족은 혈연을 중심으로 형성된 집단으로서, 구성원 상호 간에 아무런 이해타산 없이 순수하게 정서적 교감을 토대로 작동하게 된다. 그리고 가족은 본인의 선택이 아니라 운명적으로 결성된 공동체로서, 자연적인 감성이나 욕구와 같은 본질적 의지(Wesenswille독)가 관계 형성과 행동을 지배하게 된다. 이에 따라 가정에서는 합리적이고 타산적인 시장원리보다는, 주관적 감성이나 본능에 기초한 이타적 심리가 주도를 하게 된다. 이러한 특성을 가진 가정에서 구성원이 질병, 장애, 사망 등과 같은 사고를 겪게 되었을 경우 전체 가족은 그 불행을 함께 교감하고, 문제해결을 위해 무한한 연대적 의지를 보이게 된다.

---

2) 독일에서는 동일한 종교적 배경을 가진 사람들이 함께 종교적 의식을 행사하고, 경우에 따라서는 주거 및 생활도 함께하는 공동체를 게마인데(Gemeinde독)라고 부른다.

2) 게젤샤프트

게젤샤프트는 독일어 사전 *DUDEN*에 따르면, 특정한, 정치적·경제적·사회문화적 환경을 배경으로 가진 사람들이 공통적으로 추구하는 목표나 이익을 위해 결성된 조직체를 의미한다. 이에 따라 게젤샤프트는 구성원 각자가 어떠한 의도를 가지고 성립된 단체나 조직으로서, 개개인은 자신의 이익을 도모하기 위하여 그 목적에 관계되는 인격의 일부분만을 상대방과 결합하게 되는 특성을 보이고 있다.[3] 이에 따라 구성원 상호 간의 관계는 본질적으로 소원하고, 종종 이해가 충돌할 경우 상호 경쟁 또는 대립 관계가 될 가능성도 있다. 따라서 Tönnies는 게젤샤프트를 구성원들 각자가 이해타산을 토대로 자신들의 자의적 의지(Kürwille^독)에 따라 결성된 집단으로 정의하였다.

종합하면, 게젤샤프트는 자기중심적이고 타산적인 개인들 각자가 전적으로 자신들의 이익을 추구하게 되는 사회로서, 타인을 위한 배려나 지원은 항상 반대급부를 전제로 이루어지게 되는 특성을 보이고 있다. 나아가 이러한 성격의 사회에서 공동의 문제해결을 위한 연대의지는 구성원들 각자가 연대에 따른 비용을 상회하는 혜택을 기대할 수 있을 경우에만 원활하게 작동될 수 있다.

3) 게노센샤프트

게노센샤프트는 동일한 종류의 업종이나 사업장들이 상호 전략적으로 결합하여 구성원들 공동의 생존이나 번영을 도모하기 위해 결성된 조직을 의미한다. 일례로, 중세시대의 길드나 춘프트는 동일한 업종의 가내수공업자나 영세상인의 조합으로서 원료의 공동 구입, 판매시장의 지역별 분할, 공급 물량의 조절 또는 가격의 담합 등을 통해 과당경쟁을 방지하고, 당시의 산업화 과정에서 불확실한 정치적·경제적·사회적 환경에서 공동의 생존전략을 모색하였다.

게노센샤프트는 조합주의적 사회 전통에 근거하여, 조합원 전체의 공동이익을 도모하기 위해 결성된 조직을 지칭하는 용어다. 그리고 여기서는 가부장적 지배관계가 아니라 형제적 동료관계를 원형으로 하는 수평적 연합체로서 공동체적 특성

---

3) 이와 같은 용어적 의미에 따라 독일에서는 영리를 추구하는 회사도 게젤샤프트로 지칭하고 있다.

이 상대적으로 강하게 작용하게 된다.

오늘날 독일이나 프랑스 등 유럽의 대륙권 국가들의 사회보장제도 또한 그 기원을 이와 같은 성격의 조합에서 찾아볼 수 있다. 독일의 경우 비스마르크 재상이 세계에서 최초로 도입하였던 사회보장제도(1883년 의료보험, 1884년 산재보험, 1889년 연금보험)는 별도의 조직(예: 사회보험공단)을 신설하는 방식이 아니라, 예전부터 개별 조합들에서 자체적으로 운영해 왔던 사회적 위험에 대한 공제 기능을 법률로 독립적인 공적 법인(Öffentlich-rechtliche Körperschaft[독])으로 전환하는 방식을 채택하였다. 이러한 역사적 배경에 따라 오늘날 독일은 대표적인 '조합주의형 복지국가'로 불리고 있다. 이에 따라 독일의 사회보장 조직체계는 단일의 독점적 조직이 아니라, 다수의 조합들에 의해 분산 운영되고 있다. 일례로, 독일의 의료보험제도는 2013년 총 134개의 질병금고(과거 우리나라의 의료보험조합)를 지역별 · 직역별 · 직장별로 분할하여 운영해 오고 있다.

4) 사회의 유형별 사회복지정책 실행 환경

〈표 8-1〉은 지금까지 살펴본 세 가지 유형의 사회를 속성별로 구분하여 보여 주고 있다. 게마인샤프트는 공동사회, 게젤샤프트는 이익사회 그리고 게노센샤프트는 협동사회로 정의하고 있다. 그리고 개별 사회에서 사회복지정책의 실행 환경을 보여 줄 수 있는 구성원 간 결합의지 또는 연대의지의 수준을 기준으로 살펴보면, 각각은 크기별로 '게마인샤프트 > 게노센샤프트 > 게젤샤프트'로 정리해 볼 수 있다(Tönnies, 1907). 그리고 이 중에서 게노센샤프트는 공동사회와 이익사회 양쪽의 특성을 동시에 가지고 있지만, 조합형 협동체로서 공동체적 성격이 상대적으로 강하게 작용하는 집단이다. 왜냐하면 어떠한 문제에 대해 공동으로 해결하고자 하는 연대의지는 통상적으로 집단 구성의 동질성이 매우 중대한 요소로 작용하기 때문이다. 이러한 의미에서 볼 때 연대의지는 집단의 크기에 반비례하는 특성을 보이게 된다. 즉, 유대감, 이타적 정신 등 타인을 위한 연대의지는 '게마인샤프트 → 게노센샤프트 → 게젤샤프트'로 이동할수록 점차 줄어들게 되는 특성을 보이고 있다.

반면, 사회문제를 해결할 수 있는 능력은 '규모의 경제 원리(economy of large-scale)'에 따라 집단의 규모에 비례하는 특성을 보이게 된다. 따라서 오늘날과 같이 위험과 불확실성이 대량적으로 존재하는 사회에 있어서 사회복지정책의 대상은 전체 국민으로 확대되어야 할 필요가 있다. 하지만 이 경우 사회문제를 공동으로 해결하고자 하는 개인들의 연대의지는 그에 비례하여 줄어들게 되는 부작용이 발생할 수 있다.

종합하면, 사회복지의 목표와 현실이 상호 충돌하는 상황에서 국가의 정책적 개입 환경이 매우 제한적인 것을 알 수 있다. 그리고 이와 같은 문제를 효과적으로 해결하기 위해서는 사회의 유형별 특성을 파악하여 차별화된 정책전략과 개입수단의 개발이 필요하게 된다.

| 표 8-1 | 사회의 종류별 사회복지정책의 실행 환경

사회의 종류	게마인샤프트	게노센샤프트	게젤샤프트
사회의 특성별 분류	공동사회	협동사회	이익사회
문제해결을 위한 연대의지	○	△	×
사회문제의 해결능력 (위험의 분산능력)	×	△	○

참고: ○-가장 효과적; △-비교적 효과적; ×-가장 낮음

제2절 원조성의 원칙

1. 원조성의 정의

원조성의 원칙은 가톨릭교회의 전통적 사회철학으로서 1931년 로마 교황의 사순절 교지 제5장 '새로운 사회질서'를 통하여 최초로 공론화되었다. 당시 교황 비오(Pius) 11세가 제시한 교지의 취지는 다음과 같이 정리해 볼 수 있다. "과거 우리 선조들이 그렇게 살아왔던 것처럼, 현대에 와서도 모든 인간은 상호 화해와 공존을 위하여 서로 도우며 살아야 할 도덕적 의무가 있다. 이와 관련하여, 가령 이웃이 곤경에 처하게 되었을 경우 사람은 그를 진정으로 도울 수 있는 방법을 모색하여야 할 책임이 있다."

여기서 진정한 도움과 관련한 핵심 내용은 소위 '사회원조의 절차'에서 찾아볼

수 있다. 제반 문제에 대한 일차적인 책임자로서 개인은 스스로 자구노력의 의무를 충실히 수행하여야만 한다. 예를 들면, 개인이 독자적으로 극복할 수 있는 문제를 사회가 대신 해결해 주게 될 경우 의존심리가 생겨 독립적인 인간성의 훼손 문제가 발생할 수 있다. 그러나 개인의 자구노력에도 불구하고 문제의 극복이 미흡하게 될 경우 그 부족분에 대하여 보조적·보충적 차원에서 가족 및 친지, 지역사회, 직장, 자선단체, 자치단체 그리고 국가의 순으로 사회원조가 이루어지도록 하여야 한다.[4] 이러한 사회원조의 절차는 도움을 제공하는 주체의 측면에서뿐만 아니라 원조의 시간적 흐름의 측면에서도 순서대로 적용될 수 있도록 요구하고 있다.

원조성의 원칙은 사회적 공존의 기능이 개인의 자구노력에서부터 출발할 수 있도록 하여야 한다는 것을 주장하는 사회철학이다. 이에 따라 사람은 모두 각자의 판단에 따라 자신의 생존문제를 스스로 해결할 수 있는 책임과 권리를 가지고 있다. 만약 자신의 생존문제를 해결할 수 있는 역량이 부족한 사람의 경우에도 가족, 친지, 지역사회 등 자발적 차원의 민간복지가 국가적 차원의 공적 복지보다 우선적으로 적용될 수 있도록 하여야 한다(Ruland, 2000). 이 경우 국가나 사회는 개인이 자신의 역량을 최대한 발휘할 수 있는 공정한 사회질서를 형성하고, 나아가 개인 각자가 자신의 기본권, 특히 자아실현의 기회를 동등하게 행사할 수 있도록 필요한 물질적 전제조건을 충족시켜 주어야 할 책임을 가지게 된다(Kreikebohm, 2010).

2. 원조성의 원칙과 사회복지정책

사회복지정책의 사상적 토대로서 원조성의 원칙은 자구노력 우선주의에 따라 정책의 기능을 제약하고, 나아가 국가의 사회적 책임을 최소한의 수준으로 제한을 하는 문제를 가지고 있다.[4] 나아가 원조성의 원칙이 바탕으로 하고 있는 '사회원조의 절차'는 부단히 변화하고 있는 경제적·사회적 환경에 대처하여 사회복지정책 또는 분배정책의 역동적 전개에 장애요인이 되고 있다. 이러한 문제인식을 바탕으로

---

4) 사회원조의 절차와 유사한 개념을 소개한 문헌으로는 김태성과 성경륭(1995)의 『복지국가론』, pp. 65-71을 참조하기 바란다. 이와 관련하여 저자들은 '사회적 원조의 동심원 모델'을 제시하고 다음과 같이 설명을 하고 있다. "이 모델의 핵심적 내용은 제도화된 보편적 복지 제공의 통로가 결여된 조건하에서 한 개인이 문제 상황에 빠졌을 때 자신과 가장 가까운 사람부터 점점 거리가 먼 사람 혹은 기관으로 도움을 구하는 범위를 확대해 나간다는 것이다."

O. v. Nell-Breuning(1957)은 원조성의 원칙을 현대적 개념에 맞게 다음과 같이 세 가지로 재해석하고 있다.

첫째, 당사자의 자구노력이 우선하여야 하며, 사회원조 또한 이러한 자구노력을 지원하기 위한 차원에서 이루어져야만 한다. 왜냐하면 단순히 동정적 차원에서 이루어지게 되는 사회원조는 개인의 창의성이나 자립의식을 약화시켜 진정한 의미에서의 도움이 되지 못하기 때문이다. 종합하면, 생활상의 애로에 대처하여 개인의 자구노력은 항상 사회원조에 선행할 수 있도록 하여야 한다.

둘째, 개인의 자구노력이 반드시 사회원조에 우선하는 것은 아니다. 왜냐하면 일부의 경우 사회원조가 선행되어야만 개인의 자구능력이 확보되는 경우도 있기 때문이다. 예를 들면, 고기잡이의 경우 그물과 고기를 잡는 방법에 대한 사회적 지원이 있을 경우 비로소 개인의 자립이 가능하게 되는 경우가 있다. 그러므로 개개인의 사정을 고려하여 자구노력 또는 사회원조의 우선순위가 결정되어야 할 필요가 있다.

셋째, '사회원조의 절차'는 원조에 있어서 가족-친척-이웃-직장-자선기관-국가의 순서적 개념이 아니라, 다양한 사회원조집단 간의 관계에서 파악되어야 한다. 일반적으로 사회원조는 문제를 겪고 있는 당사자와 심리적으로나 지리적으로 근접한 주체에게 위임하는 것이 바람직하다. 왜냐하면 이러한 원조주체는 피해 당사자의 상황이나 욕구를 비교적 용이하게 파악할 수 있을 뿐 아니라 가장 적절한 사회적 서비스를 제공할 수 있는 능력을 가지고 있는 것으로 판단되기 때문이다. 이 경우 국가는 원조주체에게 과도한 부담이 돌아가지 않도록 별도의 지원체계를 마련할 필요가 있다. 그러나 이상의 내용과는 반대로 일부 문제의 경우 사회 또는 국가 전체적 차원에서 해결하는 것이 바람직한 경우도 있다. 그러므로 사회적 원조주체의 선정 문제는 지원의 효과성과 비용의 효율성 등을 감안하여 합리적으로 결정되어야 한다. 이러한 의미에서 원조성의 원칙을 유연하게 해석하고 이를 현실에 적합하게 적용하려고 하는 노력이 필요하다.

제3절 종 합

인간은 모든 측면에서 사회와의 관계 속에서 삶을 유지해 오고 있다. 예를 들면, 개인은 국민복지를 바탕으로 이루어지게 되는 사회안정을 통하여 자신의 복지를 안정적으로 향유할 수 있으며, 반대로 국민복지는 개인이 각자의 복지를 최대한으로 추구하는 과정에서 극대화될 수 있다(Blüm, 1974).

연대성의 원칙과 원조성의 원칙은 더불어 살 줄 아는 인간의 지혜를 대변하는 사회철학으로서 사회문제를 해결할 수 있는 방향을 제시하고 있다.

연대성의 원칙은 사회문제를 집단적으로 해결하기 위한 목적으로 운영되는 사회복지제도에서 활용이 되는 사회철학이다. 여기서 사회문제의 해결 기능은 구성원 간 결속력에 의해 중대한 영향을 받게 되는 특성을 보이고 있다. 그리고 이러한 결속력은 해당 제도가 전체 구성원의 이해를 균형적으로 반영할 수 있을 경우에만 긴밀하게 유지될 수 있다. 따라서 연대성의 원칙을 바탕으로 형성된 사회조직은 흔히 '위험 공동체(Risikogemeinschaft^독)' 또는 '이익 공동체(Interessengemeinschaft^독)'로 명명된다(Beck, 1991). 사회문제의 해결을 위한 중대한 기능에도 불구하고 연대성의 원칙은 전체 구성원 공동의 이익을 추구하게 됨에 따라 개인의 개별적 욕구가 제대로 반영될 수 없는 문제가 있다. 또한 연대성의 원칙에서 강조하는 결속력은 조직의 운영과정에서 종종 개인보다는 공동의 이해를 우선하여 자칫 전체주의 또는 집단주의로 전도될 위험성이 있다.

반면에, 원조성의 원칙은 사회문제를 해결하는 데 개인 또는 그와 인접한 사회주체의 책임의식을 우선적으로 강조하고 있다. 원조성의 원칙은 연대성의 원칙에서 지적되었던 문제점을 상당 부분 해결할 수 있는 장점을 가지고 있다. 즉, 사회원조의 개별성을 바탕으로 개개인의 욕구에 가장 근접한 복지혜택을 제공할 수 있으며, 소집단별 위험 극복의 기능에 의해 다원적이고 민주적인 제도운영이 가능하게 한다. 그러나 원조성의 원칙은 원조의 개별적 특성 때문에 대규모의 사회적 위험에 대처할 수 있는 능력이 미흡하게 되는 단점이 있다.

연대성과 원조성은 다음과 같은 방식으로 상호 의존적 관계를 유지하고 있다. 연대성은 상대방의 어려움에 대해 공동의 책임으로 받아들이고, 엄격한 이해타산 없이 도움을 제공하고자 하는 의사로서, 달리 연대의지로 표현해 볼 수 있다. 하지만 이와 같은 연대의지는 공동체 구성원들의 비용부담이 적정한 수준을 넘어 과도하게 될 경우 점차 약화될 가능성이 높다. 따라서 이 경우 원조성의 핵심이 되는 자기책임의식은 개인 각자가 당면한 문제를 스스로 해결하여 다른 사람에게 비용이 전가되는 문제를 가급적 최소화하는 방향으로 작용하게 된다. 그리고 개인에게 있어서 이와 같은 마음가짐은 과도한 분배적 부담으로 인한 연대의지의 약화 문제를 사전에 예방해 줄 수 있다.

그러나 자기책임의식은 각 개인이 비용을 스스로 부담할 수 있는 능력이 전제될 경우에만 가능한 사안이 될 수 있다. 따라서 이러한 경제적 능력이 뒷받침되지 못하는 사람에 대해서는 연대적 차원의 지원이 필요로 하게 된다. 종합해 보면, 연대성은 자기책임의식을 토대로 유지될 수 있고, 반대로 자기책임의식은 자력으로 해결이 어려운 계층에 대한 보충적 차원의 연대적 지원이 전제될 경우에만 지켜질 수 있다(Lampert & Althammer, 2007).

사회복지제도의 합리적 운영을 위한 차원에서도 연대성의 원칙과 원조성의 원칙은 상호 적절하게 조화를 유지하여야 할 필요가 있다. 예를 들면, 사회보험제도는 가입자 간의 연대적 기능을 바탕으로 공동의 문제를 해결하도록 하는 대표적인 사회제도다. 그러나 사회보험제도의 이와 같은 특징은 가입 계층의 확대에 따라 점차 제도 운영의 획일성·관료성·경직성 등의 문제를 보이게 될 위험이 있다. 따라서 이러한 문제를 해결하기 위한 방안의 하나로서 '자치운영의 원리(Selbstverwaltungs prinzip독)'가 있다.[5] 여기서 자치운영은 원조성의 정신에 입각하여 가입자가 사회보험제도의 운영과정에 직접 참여할 수 있도록 함으로써 그들의 이해와 창의성을 정책에 반영하고 제도운영의 민주성을 보장할 수 있는 방안으로 활용 가능하다. 종합하면, 원조성의 원칙은 사회보험제도의 관리운영 시 권력의 집중 현상을 해소하고, 가급적 많은 가입자에게 권력을 분산하도록 하는 장점이 있다.

현대사회에 들어와 국민의 복지욕구는 실로 다양하게 표출되고 있다. 그리고 이와 같은 국민 각자의 복지욕구를 적극적으로 수용해 나가는 과정에서 사회복지의 다원주의(pluralism)가 등장하고 있다. 그러나 복지 다원주의는 전체 사회복지체계의 조화성 문제를 초래할 수 있다. 이러한 복지체계의 무질서 문제를 해결하기 위하여 연대성의 원칙과 원조성의 원칙은 다음과 같은 방법으로 역할분담을 할 필요가 있다. 먼저, 원조성의 원칙은 횡적인 측면에서 다양한 사회원조 주체들 간의 동반자적 관계를 형성하고, 종적인 측면에서 사회문제의 해결에 필요한 사회원조의 절차를 설정함으로써 전체 사회복지체계의 연계성과 조화성을 도모할 수 있다. 다음으로, 연대성의 원칙은 원조성의 원칙에서 발생할 수 있는 사회원조 주체의 개별성 문제를 합리적으로 보완하여 사회 전체적으로 조직의 결속력을 유지·강화할 수 있다.

---

5) 사회보험제도의 자치운영과 관련한 내용은 이 책의 제15장에서 자세히 다루고 있다.

제9장 보험의 원칙, 공급의 원칙 및 부조의 원칙

사회문제로 인해 야기되는 제반의 사회적 위험이나 빈곤문제는 국가의 책임으로 해결해야 할 당위성이 있다. 여기서 살펴보는 보험의 원칙, 공급의 원칙 그리고 부조의 원칙은 이러한 문제들을 어떠한 방법으로 해결할 것인가 하는 정책적 의사결정에 중요한 판단 근거가 될 수 있다. 그리고 개별 원칙들은 제5부에서 살펴보게 될 사회복지제도의 설계과정에서도 중요한 역할을 하게 된다. 구체적으로, 특정한 원칙의 선택에 따라 사회복지제도의 적용대상, 급여의 내용 및 수준, 재원의 조달 및 관리 방식 그리고 행정관리방식 등에서 상당한 차이가 발생할 수 있다.

제1절 보험의 원칙

1. 개념의 정의

사회보험제도는 보험의 원칙(Versicherungsprinzip[독])을 응용하여 제반의 사회적 위험이나 애로 요인을 해결해 오고 있다. 여기서 보험이란 특정한 위험을 집단적 노력으로 극복할 수 있도록 고안된 제도적 장치다. 이러한 보험의 기능은 크게 두 가지로 정리해 볼 수 있다.

첫째, 보험은 가입자 간 위험분산의 기능 또는 위험조정(Risikoausgleich^독)의 기능을 수행하게 된다. 이에 따라 보험은 조직구성원 중 일부가 위험의 발생으로 곤경에 처하게 되었을 경우, 그 비용을 전체에게 분산하도록 함으로써 위험의 공동체적 극복 기능을 하게 된다. 달리 표현하면, 보험은 조직구성원 간 연대적 기능을 의미하는 상부상조의 원리를 바탕으로 위험을 해결하도록 하고 있다.

둘째, 보험은 배타적 자구성의 원칙을 바탕으로 하고 있다. 경제학적인 측면에서 살펴볼 때 보험이란 일종의 상품으로서 이의 소비를 통한 효용(구체적으로 위험으로부터의 보호)을 누리기 위해서는 사전에 적절한 가격(즉, 보험료)을 지불하여야만 한다. 따라서 가격을 지불하지 않은 사람의 경우 아무런 보험의 혜택이 제공되지 않게 된다.

종합하면, 보험이란 가입자 간 상부상조의 원칙과 자구성의 원칙이 혼합된 상품을 의미한다. 사회적 관점에서 이러한 두 가지 원칙의 연관성은 다음과 같이 이해할 수 있다. 즉, 보험제도는 집단적 호혜주의의 정신에 입각하여 피해를 입은 사람과 그렇지 않은 사람 간의 '보호의 거래'로 해석할 수 있다.[1] 지금까지의 내용을 다시 설명해 보면, 보험이란 개별적으로는 불확실하나 집단적으로 예측이 가능한 사고나 위험에 대처하여 금전적·물질적 피해를 사전에 미리 대비하는 제도적 장치를 의미한다(kolb, 1984). 보험의 원칙은 위험의 해결방안으로서 상업보험과 사회보험에 적용되고 있다. 여기서는 각각의 특징에 대해 살펴보고자 한다.

2. 상업보험의 특징

상업보험은 일반 상품이나 서비스와 같이 민간기업(즉, 보험회사)에 의해 생산되고, 동시에 시장의 기능을 통해 정상적으로 거래된다. 따라서 보험회사가 제반의 위험을 대상으로 제공하고 있는 일련의 서비스를 보험상품이라 한다. 대표적인 보험

---

1) 제8장의 연대성의 원리에서 설명하였듯이, 보험의 기능은 다음과 같이 요약해 볼 수 있다. "지금 내가 피해를 입은 제삼자를 도와주는 이유는 나중에 내가 유사한 피해를 당하게 될 경우 그에 상응하는 보호를 기대하기 때문이다." 보험의 기능과 유사한 전통적 사회관습으로는 향약·두레·계 등이 있으며, 그 밖에 민간 차원의 각종 행사에서 이루어지는 부조금·조의금도 그 일환으로 이해할 수 있다.

상품으로는 자동차보험, 생명보험, 화재보험, 건강보험, 도난보험 등이 있다. 일반적으로 상업보험은 다음과 같은 네 가지의 특성을 가지고 있다(Müller, 1988).

첫째, 보험상품의 거래관계는 공급자와 수요자 간 자율적인 계약에 의해 성립된다. 이 경우 보험상품의 가격과 거래량은 다른 일반 상품이나 서비스와 마찬가지로 시장의 경쟁 기능에 의하여 결정된다. 그리고 보험상품의 구입자는 가격을 지불하는 대가로 향후 위험이 발생하게 되었을 경우 공급자인 보험회사로부터 적절한 보상을 청구할 수 있는 권리를 확보하게 된다.

둘째, 보험상품의 운영을 위해 필요로 하는 재원은 전적으로 보험상품의 가격인 보험료 수입에 의해 충당된다. 일반적으로 보험료의 수준은 상품의 구입자 개인별로 위험 발생의 등급에 따라 차등으로 결정되도록 하고 있다. 따라서 상업보험의 경우, 개인별 차원에서 비용의 부담과 보장의 혜택이 상호 균형을 유지할 수 있도록 하는 '수지상등의 원칙(equivalence principle)'이 엄격하게 적용되고 있다. 보다 엄밀하게 말하면, 이는 '개인별 수지상등의 원칙(individual equivalence Principle)'으로서 가입자 개인별로 보험계약의 체결 시점을 기준으로 향후 납부하게 될 보험료 총액의 기댓값(expected value)과 위험 발생 시 수령하게 될 것으로 예상되는 보장 총액의 기댓값이 상호 일치하도록 하는 것을 의미한다. 이에 따라 보험상품의 거래과정에서 위험의 발생 확률이 높은 집단은 그렇지 않은 집단에 비해 상대적으로 높은 수준의 보험료를 부담하여야만 한다.

셋째, 상업보험의 관리운영은 영리주의를 바탕으로 하는 기업 형태로 이루어지며, 상품의 운영에 따른 이익은 물론, 손실 또한 전적으로 보험의 공급자인 보험회사가 책임을 지게 된다.

넷째, 보험회사의 파산에 대비하여 기금의 적립이 의무화되고 있다. 일반적으로 보험상품의 경우 보험료의 지불이 이루어지고 난 이후 일정 기간 동안 보장의 혜택이 제공되는 시차의 문제가 있다. 이러한 보험상품의 특성을 감안하여 국가는 보험 가입자의 청구권을 보호하기 위한 목적으로 그에 상당하는 수준의 기금을 적립하도록 의무화하고 있다.

상업보험의 경우 소득의 이전효과는 시점의 선택에 따라 큰 차이를 보이게 된다. 먼저, 보험계약 시점을 기준으로 살펴볼 경우 보험상품은 철저히 수지상등의 원칙에 따라 거래되므로 가입자 간 소득의 이전효과가 발생하지 않게 된다. 여기서는 단지 개인별로 위험의 발생 전후 간 소득의 시기적 재분배 기능을 통하여 소득의 안정화 효과(income smoothing effect)가 나타나게 된다. 이러한 의미에서 보험료는 일종의 저축적 기능을 담당하고 있다. 반면, 위험 발생 시점을 기준으로 살펴볼 경우 보험제도에서는 위험이 발생한 집단과 그렇지 않은 집단 간 소득의 이전효과가 나타나게 되며, 이는 보험제도가 가지고 있는 위험분산의 기능에 기초를 두고 있다. 따라서 이 경우 비용의 부담과 보장의 혜택이 균형을 유지할 수 있도록 하는 수지상등의 원칙이 적용되지 않게 된다.

3. 사회보험의 특징

사회보험은 가입자의 보험료 수입으로 운영되며, 위험의 분산 그리고 부담과 혜택의 상관관계가 적용된다는 점에서 상업보험과 유사한 특성을 보인다. 그리고 일반 상업보험과 같이 사회보험제도에서도 가입자가 일정한 요건을 충족하게 될 경우 보험급여의 법적 청구권이 인정되고 있다. 이러한 의미에서 개인이 사회보험제도에 납부하게 되는 보험료는 일종의 재산권으로서 보호받게 된다(Ruland, 1986).

사회보험은 다음과 같은 점에서 상업보험과 그 성격을 달리하고 있다(Winterstein, 1976).

첫째, 상업보험과는 달리 사회보험은 수지상등의 원칙이 상대적으로 완화되어 적용된다. 왜냐하면 사회보험은 보험의 원칙에 입각한 위험분산의 기능 이외에도 별도로 '사회적 조정(sozialer Ausgleich독)' 또는 '연대적 조정(Solidarausgleich독)'을 목적으로 다양한 형태의 분배적 기능을 수행하고 있기 때문이다. 여기서 후자와 같은 기능을 바탕으로 사회보험은 소득수준에 상관없이 가급적 많은 수의 국민에게 사회적 위험에 대한 보장의 혜택을 고르게 제공할 수 있다. 하지만 이러한 사회적 조정은 보험 본연의 기능을 벗어나는 사업으로서 사회보험제도에서는 일정한 제한을 받아야 한다(Kolb, 1986). 왜냐하면 사회보험제도 내에서 과도한 사회적 조정은 보험의 기능을 훼손하는 무원칙성의 문제뿐만 아니라, 자칫 국가가 자체의 예산으로 수행하여야 할 정책과제를 사회보험제도로 전가하는 부작용이 발생할 수도 있기 때문이다.

둘째, 제도의 가입과 보험료의 납부 시 강제성의 원칙이 적용된다. 나아가 보호의 내용 및 수준 또한 본인의 의사와 상관없이 제삼자인 국가에 의해 일방적으로 결정된다. 사회보험의 운영에 있어서 이러한 강제성의 원칙은 예방적 차원에서 국가가 개인의 비합리적인 소비 성향을 교정함으로써 적절한 수준의 미래 대비를 할 수 있도록 한다는 점에서 그 당위성을 찾아볼 수 있다. 나아가 사회보험은 소득의 재분배 기능을 통하여 사회통합과 정치적 안정이라는 목표를 추구하게 되며, 이러한 기능은 강제성이 수반될 경우에만 효과적으로 이루어질 수 있다.

셋째, 사회보험의 운영에 필요로 하는 재원은 가입자 본인은 물론, 제삼자의 비용부담으로 충당된다. 구체적으로 사회보험의 재원은 가입자가 부담하는 보험료 이외에도 사용주의 보험료 지원 및 정부의 재정보조로 구성된다.

넷째, 상업보험의 경우 위험의 발생으로 인한 비용은 전적으로 보험회사가 부담하게 되는 반면, 사회보험의 경우 그 비용은 연대성의 원칙에 따라 전체 가입자의 공동부담을 통해 해결된다. 나아가 사회보험의 운영과정에서 발생할 수 있는 제반의 제도적 위험(예: 보험재정의 수지적자 문제)의 경우에 대해서도 전체 가입자가 공동으로 책임을 지도록 하고 있다. 그리고 국가는 사회보험제도의 최종 책임자로서 제도의 운영 및 재정 등 전반의 사항에 대해 법적 관리의 의무를 가지고 있다. 이러한 차원에서 볼 때 사회보험의 경우 상업보험과는 달리 가입자의 청구권을 충당할 수 있는 수준의 기금적립이 불필요하게 된다. 왜냐하면 사회보험제도에 있어서 기금의 고갈문제와 그로 인한 급여지급 불능사태는 원칙적으로 발생할 수 없기 때문이다.

다섯째, 사회보험제도의 운영은 통상적으로 국가가 아닌 별도의 공익적 기구(예: 사회보험과 관련한 각종의 관리공단)에 의해 이루어지게 된다. 우리나라의 경우 보험의 원칙을 바탕으로 운영되고 있는 제도로는 의료보험, 연금보험, 산재보험, 고용보험 그리고 노인장기요양보험이 있다. 이러한 개별 제도들이 대상으로 하는 사회적 위험과 그로 인한 피해 그리고 피해에 대한 보상적 차원에서 제공되는 급여의 내용을 요약하면 〈표 9-1〉과 같다.

보험의 원칙은 다양한 형태의 사회적 위험에 대한 해결방안으로 활용될 수 있다. 오늘날 일부 선진국가에서는 앞서 언급한 전형적 형태의 사회보험제도 외에도 별도의 제도를 도입하여 다른 종류의 사회적 위험을 해결해 오고 있다. 예를 들면, 스웨덴에서 실시되고 있는 부모사회보험제도(parental social insurance)는 임신·출산·육아 등으로 발생하게 되는 개별 가정의 경제적 부담을 사회가 공동으로 부담할 수 있도록 하고 있다. 이에 따라 스웨덴은 산전후 휴가급여, 육아휴직 급여 그리고 모성휴가 기간 동안의 연금보험료 등이 부모사회보험제도에서 지원되고 있다.

| 표 9-1 | 5대 사회보험제도가 대상으로 하는 사회적 위험과 급여 내용

사회보험제도	사회적 위험	애로 요인	급여
의료보험제도	질병	• 치료비용의 부담문제 • 소득의 단절문제	• 요양급여(현물급여) • 상병급여(현금급여)[1]
연금보험제도	노령 · 장애 · 사망	• 소득의 단절문제	• 노령연금 · 장애연금 · 유족연금
산재보험제도	산업재해로 인한 부상 · 질병 · 사망	• 치료비용의 부담문제 • 간병비용의 부담문제 • 치료의 과정에서 소득의 일시적 단절문제 • 장애 또는 사망으로 인 한 소득활동능력의 상실 문제	• 요양급여 • 간병급여 • 휴업급여 • 장애연금 · 유족연금
고용보험제도	실업 고용불안	• 소득의 단절문제 • 실직의 문제	• 구직급여(실업급여) • 취업촉진수당 등
노인장기요양 보험제도	노인성 질환에 의한 장기요양보호	• 장기요양보호로 인한 비 용부담의 문제	• 재가급여(방문요양 · 방문목욕 · 방문간호 등) • 시설급여(노인요양시설, 노인요양공동생활시설)

주: 1) 현재 우리나라 의료보험제도에서 제공되지 않는 급여의 내용임

4. 상업보험과 사회보험의 주요 기능 비교

지금까지 살펴본 상업보험과 사회보험의 주요 기능을 요약하여 정리해 보면 〈표 9-2〉과 같다.

| 표 9-2 | 상업보험과 사회보험의 주요 기능 비교

주요 기능	상업보험	사회보험
보험의 특징	상품으로서 보험(보험상품)	사회적 목적의 탈상품적 보험
핵심 기능	위험분산	위험분산＋사회적 조정
제도의 가입	개인의 자율적 선택	법률적 강제
운영재원	당사자 본인의 보험료	노 · 사 보험료＋정부보조금

손실·적자·파산 등의 피해에 대한 부담 주체	보험회사	전체 가입자
적립기금의 규모	전체 급여권을 충당할 수 있는 기금의 적립 의무	소규모의 완충기금
운영주체	보험회사	공적 법인 형태의 공단 또는 국가

제2절 공급의 원칙

1. 개념의 정의

공급의 원칙(Versorgungsprinzip^독)은 국가의 가부장적 역할을 바탕으로 사회문제를 해결하는 방식이다. 구체적으로 국가는 국민의 친권자 또는 부양 의무자로서 국민이 겪고 있는 제반 애로 요인을 해소해 주고, 나아가 국민의 생존에 필요한 소득이나 물자를 제공해야 하는 책임이 있다. 이 경우 국가는 선입견이나 편애 없이 가급적 공정한 혜택이 돌아갈 수 있도록 노력해야만 한다.

공급의 원칙은 사회문제의 해결방식에 따라 다시 사회보상의 원칙과 보편성의 원칙으로 구분해 볼 수 있다. 사회보상의 원칙은 사회적 기여 행위 또는 국가나 사회가 끼친 개인의 피해에 대한 특별보상, 즉 '인과성의 원리'에 입각하여 사회문제를 해결하는 방식이다. 그리고 보편성의 원칙은 문제 발생의 원인에 상관없이 특정한 피해 현상 그 자체를 대상으로 보편적인 보호가 이루어질 수 있도록 하는 방식이다. 여기서는 이 두 가지 원칙에 대해 자세히 살펴보고자 한다.

2. 사회보상의 원칙

'사회보상의 원칙(soziales Entschädigungsprinzip^독)'은 특정한 집단에 대한 특별보상의 취지로 운영되고 있는 사회복지제도에서 주로 적용되고 있다. 이 경우 특별보상의 정당성은 먼저 공공의 이익을 위한 봉사 또는 그에 따른 피해에 대한 국가적 차원의 보상(報償; reward), 다음으로 전쟁·범죄 등에 의한 재난이나 독재정권의 부당한 권력행사에 의한 개인적 피해의 보상(補償; compensation)에서 찾아볼 수 있

다.[2]

    일반적으로 개인의 공익활동은 국가체제나 사회질서의 유지 그리고 사회안정에 중대한 기여를 하게 된다. 따라서 국가는 개인적 차원의 순수한 공익 행위를 적극적으로 장려하기 위하여 적절한 수준의 공로보상과 피해의 보상제도를 마련해야 할 책임이 있다.[3] 우리나라의 경우 이러한 취지로 운영되고 있는 대표적인 사회제도로는 국가유공자보훈제도와 의사상자보호제도 등이 있다. 국가유공자보훈제도는 순국선열, 애국지사, 전몰·전상 군경, 순직·공상 공무원 등을 보호의 대상으로 하고 있으며, 의사상자보호제도는 강도 또는 화재 등으로 곤경에 처한 타인을 돕다가 피해를 입게 된 민간인을 보호하기 위한 취지로 운영되고 있다.[4]

    개인의 경제적·육체적·정신적 피해가 종종 사회적 원인에 의해 발생하게 되는 경우가 있다. 이 경우 사회의 운영에 대한 최종 책임자로서 국가는 개인의 피해에 대하여 보상 의무를 가지게 된다. 예를 들면, 전쟁 중 민간인의 희생이나 재산상 손실 등은 외교적·군사적인 사유로 발생한 것이므로 국가의 보상책임이 제기될 수 있다. 그리고 북한이탈주민에 대한 사회적 지원의 당위성 또한 국토의 분단과 군사적 대치 상황이라는 시대적 모순에 의한 개인의 피해를 보상하기 위한 차원에서 찾아볼 수 있다.[5] 그 밖에 각종 정치적·사회적 모순이나 부조리로 발생한 피해에 대해서도 마땅히 국가적 차원의 보상을 필요로 하게 된다. 예를 들면, '5·18 광주민주화운동 피해자 보상제도' '일본군 종군위안부 특별보상제도' '고엽제 피해자 보상제도' 등이 이러한 범주에 속한다. 나아가 '범죄피해자 구조제도'는 치안권력을 독점하는 국가가 범죄 예방 및 방지의 의무를 제대로 수행하지 않음으로써 발생한 민간인의 육체적·경제적 피해에 대하여 보상을 하기 위한 목적으로 운영되고 있다.

---

2) 사회보상의 근본 취지와 이에 입각하여 운영되고 있는 사회제도를 설명한 문헌으로는 전광석(2000)의 『한국사회보장법론』, pp. 350-372를 참조하기 바란다.

3) 참고로 독일의 경우 공무원연금제도는 공로보상의 정신에 입각하여 운영되고 있다. 왜냐하면 공무원은 직업의 특성상 공공의 이익을 위해 종사하는 것으로 간주할 수 있기 때문이다. 따라서 독일의 공무원연금제도는 공무원 개인의 비용부담이 없이 전액 국가의 일반재정으로 운영되고 있다.

4) 우리나라의 경우, 「국민체육진흥법」 제14조(선수 등의 보호와 육성) 그리고 제22조(기금의 사용 등)에 근거하여 국위를 선양한 체육인과 국가대표 선수들의 복지증진을 목적으로 운영되고 있는 체육연금도 이와 같은 성격의 제도로 이해해 볼 수 있다.

5) 북한이탈주민을 위한 사회적 지원방안에 대한 문헌으로는 이정우와 김형수(1996)를 참조하기 바란다.

사회보상의 원칙에 따라 운영되는 사회복지제도의 특징은 다음과 같이 정리해 볼 수 있다(Molitor, 1987).

첫째, 상호성의 원칙(principle of reciprocity)이 결여되어 있다는 점에서 보험의 원칙과 차이가 있다. 즉, 여기서는 당사자의 사전적 비용부담(보험료의 납부)의 여부에 상관없이 공공에 대한 기여 또는 피해의 현상에 대하여 급여가 제공되도록 하고 있다. 그리고 급여수준 또한 개인별로 사회적 기여도의 수준이나 피해의 정도에 따라 차등적으로 결정된다.

둘째, 급여는 개인의 경제적 수준이나 사회적 신분에 상관없이 정해진 일정한 요건(예: 공익의 기여도 또는 피해의 수준 등)을 충족할 경우 지급된다.

셋째, 해당자의 경우 급여에 대한 당연한 법적 청구권이 인정된다. 이 경우 청구권은 당사자의 사회적 기여나 피해를 토대로 하여 발생하게 된다.

넷째, 관련 제도의 운영에 따른 소요 재원은 전액 정부의 일반 재정에서 충당된다. 그리고 사회보상의 원칙에 입각한 제도들은 사회보험제도의 경우와는 달리 국가(즉, 중앙정부)가 직접 관리한다.

3. 보편성의 원칙

1) 개념 및 특징

'보편성의 원칙(Universalprinzip[독])'은 소위 '무차별성의 정신'에 입각하여 법으로 정한 사회문제에 직면한 모든 사람을 보호해 주기 위한 목적으로 운영되는 사회복지제도에서 적용된다. 이 경우 제도적 보호의 대상은 원칙적으로 해당 국가에 소속된 전체 국민이 되며, 나아가 경우에 따라서는 일정한 거주 요건을 충족한 외국인도 해당될 수 있다.

보편성의 원칙에 기초하여 운영되는 사회복지제도들은 공통적으로 다음과 같은 특징을 갖고 있다(Molitor, 1987).

첫째, 제도의 적용이 보편적 · 포괄적으로 이루어진다. 이에 따라 정치적 · 경제적 · 사회적 신분의 차이에 상관없이 모두에게 동등한 보호의 혜택이 돌아갈 수 있어 '사각지대의 문제'가 근본적으로 해결될 수 있다.

둘째, 급여수준이 모두에게 평등하다. 즉, 모든 국민은 동일한 수준의 사회적 보호를 받을 수 있게 되어, 소득불평등의 문제가 상당 부분 완화될 수 있다.

셋째, 보편성의 원칙에 입각한 사회복지제도는 전적으로 국가의 일반재정으로 운영되며, 이에 따라 제도의 관리운영 또한 정부에 의해 이루어지게 된다.

넷째, 급여는 국가의 재정적 부담능력을 감안하여 통상적으로 기초적 욕구(basic needs)를 충족시켜 줄 수 있는 수준에서 결정된다.

2) 제도적 운영 사례

우리나라의 경우 보편성의 원칙에 입각한 사회복지제도는 현물급여를 중심으로 매우 제한적으로만 존재하고 있다. 대표적인 사례로서 모든 초중등학생을 대상으로 하는 무상급식과 무상보육 그리고 「노인복지법」에 근거를 둔 교통비 지원과 감면혜택 등 일부 경로우대제도 등이 있다.[6]

반면, 선진 외국의 경우 보편성의 원칙을 바탕으로 하는 사회복지제도들은 제도의 종류는 물론, 보호의 내용 및 수준 또한 우리나라에 비해 월등하게 유지되어 오고 있다. 이와 관련하여 국민건강보장제도와 국민기초소득보장제도가 대표적 사례로서 손꼽힐 수 있다.[7] 먼저, 국민건강보장제도 관련 사례로는 영국, 이탈리아, 뉴질랜드, 스웨덴, 덴마크 등의 '국민건강서비스제도(National Health Service: NHS)'가 있으며, 여기서는 일반재정으로 전체 국민에게 무상으로 의료혜택을 제공해 주고 있다. 다음으로, 국민기초소득보장제도 관련 사례로는 덴마크와 캐나다의 '기초연금제도(Basic Pension System)'가 있다. 이들 국가에서는 조세재원을 바탕으로 일정한 수급요건(주로 거주 및 연령 요건)을 충족하는 모든 국민에 대하여 동일한 금액의 노후소득을 보장해 주고 있다.[8]

그리고 이외에도 현재 세계적으로 활발하게 논의되고 있는 기본소득제도(Basic Income Scheme) 또한 보편성·무조건성의 원칙을 핵심적 기능으로 하고 있다(최광은, 2011: 15f.). 기본소득제도는 국민배당제도(national dividend)로도 불리며, 이는 인간의 생존을 위해 필요한 최소한의 소득을 일종의 국민 배당금의 형태로 모든 국민

---

6) 이외에도 초중등학생을 대상으로 하는 무상의 의무교육 또한 보편성의 범주에 포함될 수 있을 것이다.

7) 그 밖에 보편성의 원칙을 바탕으로 하고 있는 사회제도로는 현재 유럽의 대다수 국가에서 공교육 전반에 대해서 적용하고 있는 '무상 의무교육'이 있을 수 있다.

8) 외국인에 대해서는 국내 거주기간에 비례하여 기초연금액이 차등 지급되고 있다.

에게 제공하는 것을 목표로 하고 있다. 이러한 기본소득제도의 근본취지는 주변 환경의 불확실성이나 소득의 양극화 현상에도 불구하고 인간으로서 기본적 생존권이 안정적으로 보장을 받을 수 있도록 하고, 나아가 인간의 생존권이 노동시장에 지나치게 종속되는 문제를 방지하여 삶을 자유롭게 선택할 수 있도록 지원하기 위한 목적을 가지고 있다.

그 밖에도 보편성의 원칙에 바탕을 둔 사회복지제도로는 아동수당, 장애수당 등이 있다.

3) '보편성의 원칙'의 장단점

보편성의 원칙에 입각한 사회복지제도는 적용대상의 포괄성이나 급여수준의 평등성 측면에서 긍정적으로 평가를 받고 있다. 또한 이러한 원칙은 이 장의 제3절의 내용 중 부조의 원칙에서 소위 '자산조사(means test)'로 인해 발생할 수 있는 사회적 낙인효과로 인한 수급권의 포기 문제(=빈곤의 은폐 문제) 그리고 '경제적 자립과 복지수급권'의 배타적 관계로 인한 사회복지 의존심리의 심화 문제 등을 해결할 수 있는 장점이 있다.

그러나 보편성의 원칙은 다음과 같은 측면에서 문제를 가지고 있다. 먼저, 복지재정의 제약에도 불구하고 보호의 필요성이나 당위성이 상대적으로 낮은 사회계층(중산층 이상의 고소득계층)에게도 사회적 혜택이 무차별적으로 돌아가게 되어 '목표효율성(target efficiency)'의 원칙이 훼손될 가능성이 높다. 다음으로, 제도의 운영재원이 일반재정에서 충당되므로 여러 가지의 불합리한 문제가 발생할 수 있다. 이와 관련한 내용은 다음과 같이 정리해 볼 수 있다.

첫째, 급여의 수준은 별도의 급여산식을 통해 개인별로 결정이 되는 것이 아니라, 국가에 의해 일방적으로 책정된다. 그 결과, 급여의 내용이나 수준이 개인의 욕구나 경제적 상황과는 상관없이 결정되어 종종 급여의 과부족 문제가 나타날 수 있다.

둘째, 사회복지예산은 국가의 다른 지출 항목과 경쟁관계를 가지게 되므로 국가의 재정상황에 따라 급여수준이 수시로 변동하는 문제가 발생할 수 있다.

셋째, 보편성의 원칙에 입각한 사회복지제도는 종종 정당 간 지지도의 제고를 위한 수단으로 활용되기도 한다. 그 결과, 급여 수준이 정치적 경쟁과정에서 점차 상향 조정되어 국민경제적 차원에서 재정적 부담이 가중되는 문제가 발생할 수 있다.

4) 우리나라 무상급식 및 무상보육의 논쟁에 대한 평가

무상급식과 무상보육은 부모의 소득수준에 상관없이 모든 학령기의 아동에 대해서는 무상의 급식 혜택이 그리고 영유아에 대해서는 무상의 보육 혜택이 보편적으로 돌아갈 수 있도록 하는 취지의 정책이다. 그러나 바로 이러한 이유에서 무상급식과 무상보육은 선심성·낭비성 복지, 불합리하고 비효율적 복지시책의 대표적 사례로 비판받고 있다. 하지만 이와 같은 비판은 대상자를 선별하는 사회복지의 행정방식을 잘못 이해하여 비롯된 오해다.

일반적으로 자녀를 부양하고 있다는 사실은 빈곤 또는 경제적 어려움과 매우 높은 상관관계를 갖는다. 자녀를 출산하고 양육하는 부모는 대개 나이가 젊은 부부로서 지출은 많은데 수입은 상대적으로 적기 때문에, 일생에서 가장 경제적으로 어려운 시기에 있을 확률이 높다. 게다가 부부 가운데 한 사람은 양육 때문에 직장을 그만두거나 양육을 대신해 줄 수 있는 인력을 구해야 할 수도 있다. 물론 일부 '금수저'를 배경으로 가진 예외적인 부모도 있을 수 있다. 하지만 바로 이러한 예외적 상황만을 보고서 무상급식 대상자의 선별이 전적으로 잘못되었다고 비판할 수 없을 것으로 생각된다. 이와 같은 비판은 마치 일부 애연가가 장수하였으므로 흡연이 건강에 해롭다는 주장이 틀렸다는 근거로 활용되는 경우와 같다.

무상급식과 무상보육은 반드시 빈곤계층이 아니더라도 일생에서 가장 경제적으로 어려운 시기의 젊은 부모를 지원해 준다는 점에서 정당성이 있다. 특히, 정부가 인구정책에서 중점을 두고 있는 '출산장려정책'을 고려하면 무상급식과 무상보육은 매우 당연하다. 젊은 부부의 출산에 대한 의사결정에 영향을 미치는 변수는 '가난이나 빈곤'이 아니라 주로 '경제적 어려움'이기 때문이다. 이러한 차원에서 볼 때 무상급식과 무상보육 그리고 더 나아가 보편적 아동수당은 개인별로 생애주기 동안의 소득을 시기적으로 재분배(중고령시기 → 출산·양육시기)하는 기능을 하게 된다(이정우·이동수 역, 2008: 366ff.).

Barr(2004)에 따르면, '자녀를 양육한다는 사실'은 정책대상자를 식별할 수 있는 일종의 지표(indicator targeting)가 된다. 따라서 해당 가정에 무상급식과 무상보육을 제공하는 것은 그 자체로서 이미 선별적 복지다. 그런데 그중에서 또다시 부모의 소득을 기준으로 대상자를 선별하겠다는 것은 설득력이 떨어진다. 더구나 무상급식과 무상보육은 서비스의 형태로 제공되는 일종의 현물급여다. 종종 현금급여에서 발생할 수 있는 '목적 이외의 용도로 활용'되는 사례를 근본적으로 차단할 수 있어 효율성도 매우 높다고 볼 수 있다.

무상급식과 무상보육은 양육책임자(주로 여성)의 가사 및 육아 부담을 덜어 주어 취업 기회를 조성해 줄 수 있는 효과를 가지고 있다. 나아가 무상급식과 무상보육은 별도의 소득조사 없이 제공되므로 근로유인에 대한 부작용을 최소화할 수 있는 장점을 가지고 있다. 왜냐하면 만약 소득조사에 근거하여 무상급식과 무상보육의 혜택이 선별적으로 주어진다면 여성의 소득활동으로 인해 무상의 혜택이 줄어들거나 중단되는 가정의 경우 해당 여성은 근로동기를 그만큼 상실하게 되는 문제가 발생할 수 있기 때문이다.

무상급식과 무상보육은 세대 간 형평성의 차원에서도 매우 타당하다. 정부는 예산의 제약에도 불구하고 노인에게는 기초연금, 건강보험 특별지원 및 각종 경로우대 등 비교적 폭넓은 혜택을 제공하고 있다. 반면에 아동·청소년에게는 그다지 인상적인 혜택이 돌아가지 못하고 있다. 이런 상황에서 그나마 있는 무상급식과 무상보육마저 폐지하거나 그 기능을 대폭 축소한다는 것은 세대 간 형평성을 크게 훼손할 수 있다.

우리 사회의 저출산 문제는 젊은 세대의 개인주의나 이기주의에서 비롯된 것이 아니다. 오히려 이러한 현상은 출산과 양육, 교육에 이르기까지 가정의 책임을 사회가 함께 분담할 수 있는 제도적 시스템의 미비로 인해 발생하게 된 결과로 볼 수 있다. 따라서 국가는 세계에서 가장 낮은 출산율로 인한 인구절벽의 문제에 효과적으로 대처할 수 있는 정책이나 대책을 보여 주어야 한다. 이러한 의미에서 볼 때 무상급식과 무상보육은 출산장려정책에 대한 국가의 의지나 진정성을 파악할 수 있는 선행 지표가 될 수 있다.

🔍 제3절 부조의 원칙

1. 개념의 정의

현대사회에서 생존권은 자유권과 함께 국민의 기본권으로 인정받고 있다. 특히 생존권은 모든 국민을 물질적 궁핍에서 해방시켜 인간의 존엄성과 자아실현의 자유를 보장해 줄 수 있다는 점에서 그 의의가 있다. 여기서 부조의 원칙(Füsorgeprinzip[독])은 빈곤문제를 해결하여 국민의 생존권을 보장하기 위한 수단으로 활용되고 있다.

일반적으로 빈곤문제는 다양한 원인으로 발생하는 특성이 있다. 예를 들면, 개인이 제반의 사회적 위험이나 애로요인에 대하여 스스로의 대처능력을 제대로 갖추고 있지 못할 경우 빈곤문제가 발생하게 된다. 즉, 빈곤문제는 그에 대한 개인의 대처능력과 밀접한 관련이 있다. 이러한 차원에서 부조의 원칙은 빈곤문제에 대한 개인의 능력과 사회적 보호기능을 적절하게 조화하는 개념이 된다. 즉, 부조의 원칙은 일차적으로 자유주의의 관점에서 개인이 스스로 문제를 해결할 수 있도록 하고, 그러한 능력이 부족하여 빈곤문제에 처하게 될 경우 이차적으로 사회적 지원이 이루어질 수 있도록 하는 것이다.

일반적으로 부조의 원칙은 생계유지 능력이 없거나 생활이 특히 어려운 극빈계층을 대상으로 그들의 생계보호 및 자활지원을 목표로 하는 사회복지제도에서 적용되고 있다. 여기서 사회적 보호의 수준으로서 생존권 범위는 '육체적 생존을 위해 반드시 필요로 하는 최저수준(physisches Existenzminimum[독])'에서 점차 '건강하고 사회문화적인 최저수준(gesundes und soziokulturelles Existenzminimum[독])'으로 확대되고 있다(Gebel, 2000). 우리나라의 경우 대표적으로 국민기초생활보장제도와 기초연금제도가 부조의 원칙에 입각하여 운영되고 있다. 이외에도 외국의 경우에는 저소득계층의 주거권을 보장하기 위한 '주택부조제도' 그리고 저소득 실업계층의 생계와 자활을 보장하기 위한 '실업부조제도' 등을 실시하고 있다.

2. 부조의 원칙의 특징

부조의 원칙을 바탕으로 하는 사회복지제도는 대체로 다음과 같은 공통적인 특징을 가지고 있다.

첫째, 부조의 원칙은 급여 제공 시 '상호성의 원칙'이 적용되지 않는다는 점에서 공급의 원칙과 유사한 특성이 있다. 다만 부조의 원칙에서는 대상자의 사전적 비용부담은 물론, 사회적 기여나 피해의 원인에 상관없이 빈곤현상 그 자체를 대상으로 급여가 제공된다는 점에서 공급의 원칙과 차별성을 보이고 있다. 바로 이러한 특성에 따라 부조의 원칙은 빈곤문제에 대한 개인적 사유(예: 부주의, 태만 등)나 자립능력의 유무에 상관없이 사회적 차원의 보호를 제공해 줄 수 있다.

둘째, 사회적 차원의 보호 및 지원의 경우 '후순위의 원칙(Nachrangprinzip독)'이 적용된다. 이에 따라 개인은 앞서 원조성의 원칙에서 언급한 '사회원조의 절차'에 의거하여 먼저 자신의 자산·소득·일반사회복지제도의 급여 등을 우선적으로 활용하여야 하며, 다음으로 부양 의무자(예: 가족, 친지)로부터 지원을 받은 이후에도 계속하여 생활의 어려움을 겪게 될 경우 비로소 사회적 차원의 지원을 받을 수 있는 자격을 가지게 된다. 이러한 사회원조의 절차에 따라 부조의 원칙은 흔히 '최후의 안전망(last safety net)'으로 불리고 있다.[9]

셋째, 급여수준과 관련하여 부조의 원칙에서는 '보충성의 원칙(Ergänzungs-prinzip독)'이 적용된다. 예를 들면, 특정 개인의 소득이 빈곤선 이하로 떨어져 생계의 유지에 애로를 겪게 될 경우 그 부족분(즉, 빈곤선과 개인 소득의 차액분)에 대해 보충적으로 급여가 제공된다. 이러한 소득의 부족분을 산출하기 위해서는 사전적으로 대상자와 그 가족에 대한 소득 및 재산의 조사(즉, 자산조사; means test)가 필요하다.

넷째, 부조의 원칙에 입각한 사회적 보호는 '개별성의 원칙(Individualitätsprinzip독)'을 바탕으로 이루어지고 있다. 이에 따라 급여 내용과 수준은 빈곤 상태에 노출된 개인의 상황과 생활여건을 감안하여 차별적으로 이루어지게 된다. 여기서 부조의 원칙이 중요한 가치로 추구하고 있는 사회적 형평(social equity)은 현실적으로 다음과 같은 기능을 하게 된다(김기원, 2000). 부조의 원칙은 대상자 모두에게 사회적 최

---

9) '최후의 안전망'의 내용과 기능에 대해서는 제11장에서 자세히 다루고 있다.

저수준까지 동등한 보호를 제공하게 되는 수평적 형평(horizontal equity)을 기하고, 동시에 보호대상자 가운데 서로 다른 처지에 있는 사람들을 각각 다르게 대우해 줌으로써 수직적 형평(vertical equity)을 도모하게 된다. 종합하면, 수직적 형평에 입각한 대상자별 구분 처우는 결과적으로 모든 대상자를 사회적 최저수준까지 동등하게 하는 수평적 형평을 가져다주게 된다.

다섯째, 급여의 종류는 크게 일반생계보호와 특별보호(Leistungen für besondere Lebenslagen[독])로 구분해 볼 수 있다. 먼저, 일반생계보호는 빈곤가계의 생계를 보장해 주기 위한 목적의 급여로서, 주로 현금급여의 형태로 운영된다. 다음으로, 특별보호는 법으로 정한 별도의 애로 요인(예: 장애, 질병, 임신 및 출산, 주거, 수발 등)이 존재하게 될 경우 가계의 과도한 경제적 부담을 경감해 주기 위한 목적의 급여로서, 사안별 특성에 따라 현물의 서비스 또는 현금 형태로 운영된다. 여기서 후자와 같은 특별보호가 필요하게 되는 이유는 암과 같은 중증질환이나 치매, 중풍, 장애 등으로 고가의 치료비용이 요구될 경우 일반 가계에서도 그것을 부담할 경제적 능력이 부족하게 되는 문제가 발생할 수 있기 때문이다. 따라서 특별보호는 개별 애로 요인들의 특성을 감안하여 수급자격의 인정기준(주로 소득 및 자산 기준)을 각각 달리 적용하여야 할 필요가 있다.

여섯째, 급여는 대개의 경우 한시적으로 지급된다. 왜냐하면 부조의 원칙은 근본 취지에 따라 빈곤현상이나 과도한 경제적 부담의 요인이 발생한 기간 동안에 한해서만 보호를 해 줄 수 있도록 하고 있기 때문이다.

일곱째, 대상자는 원칙적으로 제도적 보호를 요구할 수 있는 법적 권리를 가지게 된다. 그러나 구체적으로 급여의 내용이나 수준은 대상자의 경제적·사회적 여건에 대한 관할 자치단체의 조사와 판단에 의해 결정되도록 하고 있다. 특히 부조의 원칙에서 중요시하는 자활지원은 관할 자치단체의 재량적 판단을 요하는 특성을 보이고 있다.

여덟째, 부조의 원칙에 입각한 사회복지제도의 재원은 국가의 일반재정에서 충당된다. 해당 제도의 관리운영은 보호의 내용과 수준이 개개인의 경제적·사회적 욕구나 지역별 상황에 따라 신축성 있게 결정되어야 하는 제도적 특성을 감안하여 통상적으로 개별 자치단체의 주도로 이루어지게 된다. 이에 따라 제도의 운영재원은 대개의 경우 중앙정부와 자치단체의 공동재정으로 충당된다.

부조의 원칙에 입각하여 운영되는 사회복지제도의 특징은 다음과 같이 요약할 수 있다. 해당 제도의 경우 급여는 보충성의 원칙에 따라 개인의 자구력이 부족한 부분만 보완해 주게 되므로 가장 적절한 수준의 지원을 통한 사회적 보호의 목표 효율성을 실현할 수 있다는 장점이 있다. 그러나 부조의 원칙은 대상자의 수치심을 유발하는 낙인효과, 그리고 자산조사에 따른 본인 및 가족의 사생활 침해의 문제를 초래할 수 있다. 이러한 문제점 때문에 대상자의 신청 기피 현상이 발생할 수 있으며, 사회 전체적으로는 빈곤문제의 은폐 또는 축소 문제가 나타나게 될 수도 있다 (Kortmann, 1978). 나아가 부조의 원칙에서 보충성의 원리는 개인적 차원의 자구노력이 그에 비례하여 빈곤한 당사자의 급여수준을 떨어뜨리거나, 심지어 경우에 따라서는 수급자격을 상실하게 하므로 사회복지에 대한 의존심리를 고착화시키게 되는 부작용을 초래할 수도 있다.

3. 부조의 원칙의 역할 재정립

서구 복지선진국의 공통적 특징은 한편으로 급속한 산업화의 진전은 국민소득의 양적 팽창을 가져왔으며, 다른 한편으로 사회복지제도의 성숙은 분배적 불평등 문제의 완화에 기여해 오고 있다는 것이다. 그리고 근대화 초기와는 달리 대량 빈곤의 문제는 상당 부분 해소되었으며, 이에 따라 전체 사회복지재정 가운데 부조의 원칙을 바탕으로 운영되는 제도들이 차지하는 비중도 점차적으로 낮아지고 있다.

현대사회에 들어와 공공부조의 역할 재정립 문제가 지속적으로 제기되고 있다 (Brück, 1976). 공공부조는 일반 사회복지제도의 보호망에서 탈락하거나 소득수준이 미미한 계층의 최저생계를 보장해 줄 수 있는 최후의 안전망으로서 본연의 의미를 찾아볼 수 있다. 그러나 공공부조는 종래의 빈곤계층에 대한 생계보호 차원에서 이루어지고 있는 현금급여의 비중을 축소하고, 점차 현물급여나 사회복지서비스 급여로 전환해 나가는 방안을 모색할 필요가 있다. 이러한 방안은 궁극적으로 개별 사회복지제도 기능의 유기적 연계를 강조하고 있다. 먼저, 공공부조는 빈곤의 예방 또는 극복 등 자활과 관련한 사업들을 중점적으로 개발하여 실시하도록 하여야 한다. 다음으로, 사회보험제도는 이를 바탕으로 적용 대상을 확대하고 급여수준을 현실화함으로써 국민 개인이 빈곤문제에 대해 자립적으로 대처할 수 있는 여건을 조성해 나갈 필요가 있다.

🔍 제4절 세 가지 기본원칙의 비교 및 종합 평가

1. 세 가지 원칙의 비교: 노후소득보장의 해결방안을 중심으로

보험의 원칙, 공급의 원칙 그리고 부조의 원칙은 모두 제반의 사회적 위험이나 애로 요인을 해결하기 위한 방안으로 활용될 수 있다. 〈표 9-3〉은 각각의 원칙이 가지고 있는 특징을 요약하여 보여 주고 있다.

| 표 9-3 | **사회복지정책 기본원칙의 특징 비교**

구 분	보험의 원칙	공급의 원칙		부조의 원칙
		사회보상의 원칙	보편성의 원칙	
대표 제도	연금보험제도, 의료보험제도, 산재보험제도, 고용보험제도, 장기요양보험제도(그 밖에 우리나라에 없는 부모사회보험제도 등)	국가유공자보훈제도, 의사상자보호제도, 북한이탈주민보호제도, 범죄피해자구조제도	무상급식, 무상보육, 무상교육(그 밖에 현재 우리나라에 없 는 아동수당, NHS 등)	국민기초생활보장제도(그 밖에 우리나라에 없는 주택부조제도, 실업부조제도 등)
급여의 지급 사유	특정한 사회적 위험으로 인한 피해의 발생	개인의 사회적 기여나 그에 의한 피해에 대한 보상, 대량재난 또는 사회적 부조리에 의한 개인적 피해의 보상	특정한 전제조건 없이 모두에게 일괄적 보장	빈곤(이 경우 빈곤현상에 대한 개인의 귀책사유나 근로능력의 유무를 불문하고 보편적인 보호)
급여 수준	개인의 경제적 기여의 수준 (예: 보험료의 수준)이나 별도의 급여산정방식에 의해 결정	사회적 기여도 또는 피해 정도에 따라 별도로 결정	정치적 의사결정에 따라 별도로 책정	개인의 경제적·사회적 사정에 대한 평가와 자산조사에 따라 구분 처우
급여 종류	현금급여＋현물 및 사회서비스급여	현금급여＋현물 및 사회서비스급여	현금급여＋현물 및 사회서비스급여	현금급여＋현물 및 사회서비스급여
재원 조달 방법	노사 반반 부담의 보험료와 일정한 수준의 국가보조	조세	조세	조세
행정 관리	공익적 법인으로서 독립기구(각종 사회보험관리공단)	국가(중앙정부)	국가(중앙정부)	국가(지방정부)

　여기서는 예를 들어, '노후소득보장'의 문제를 선정하여 보험의 원칙, 공급의 원칙 그리고 부조의 원칙이 각각 어떠한 방식으로 문제를 해결하게 되는지를 살펴보고, 개별 원칙의 장단점을 비교·평가해 보고자 한다.

1) 개별 원칙의 일반적 기능

　현대사회에서 개인이나 가계의 생계 문제는 대개 근로활동을 통해 얻게 되는 소득으로 해결하게 된다. 이러한 점에서 노령인구의 소득활동의 중단은 당사자나 그 가족의 생계유지에 중대한 위협 요인으로 작용할 수 있다. 따라서 노후소득보장 문제에 대한 사회적 차원의 개입은 퇴직에 따른 근로소득의 상실 문제에 대처하여 소득원을 어떠한 방법으로 마련할 것인가 하는 과제로 요약해 볼 수 있다. 여기서는 노후소득보장이라는 사회적 과제를 해결하는 방안으로서 세 가지 기본원칙의 기능을 비교우위성의 관점에서 살펴보고자 한다.

(1) 부조의 원칙

　여기서 노후소득보장 문제의 해결방안은 자유로운 시장경제의 원리에서 출발한다. 이에 따르면, 개인은 원칙적으로 자신의 노후대책을 스스로 마련하여야 하는 책임이 있다. 따라서 개인은 사전적으로 합리적인 안목을 바탕으로 자신의 평생소득을 시기적으로 적절히 배분하여야만 한다. 그리고 국가의 책임은 사후적으로 단지 경쟁사회의 피해자인 저소득 노령계층에 국한되고, 이 경우 국가는 노후의 최저생계 유지를 위해 필요한 소득만을 지원한다.

　부조의 원칙에 입각한 노후소득보장제도는 과거 중세봉건사회의 구빈제도에서 그 전형을 찾아볼 수 있으며, 이는 산업화 초기의 야경국가[10]에서도 비슷한 방법으로 적용되어 왔다. 이후 산업화의 진전과 함께 보험의 원칙이나 공급의 원칙에 바탕을 둔 노후소득보장제도가 도입됨에 따라 부조의 원칙은 점차 그 기능이 위축되어

---

10) 야경국가(Nachtwächterstaat[독])란 근대화 초기의 자유방임주의 국가관으로서 국가는 시장에 대한 개입을 최소화하고 국방, 외교, 치안 등과 같은 질서 유지의 역할만을 담당해야 한다고 주장하였다. 이러한 야경국가의 유래는 독일의 사회주의자 Ferdinand Lassale이 이와 같은 자유방임적 국가관이 노동자의 착취를 정당화하고 부르주아지와 같은 소수의 특권집단에 대한 계급이익만을 위해 봉사한다고 비판하면서 사용한 데서 비롯되었다(네이버 지식백과).

오고 있다. 그러나 오늘날에 와서도 대다수 복지선진국에서는 연금 수급권이 없거나 그 수준이 극히 낮은 빈곤노인 가구를 대상으로 별도의 부조방식 기초연금제도를 운영해 오고 있다.

일반적으로 부조의 원칙은 보험의 원칙이나 공급의 원칙을 기능적으로 보완하는 역할을 하게 된다. 왜냐하면 보험의 원칙과 공급의 원칙은 급여의 산정방식이나 급여수준이 정형화ㆍ표준화되어 개인별로 다양한 욕구를 유연하게 반영해 줄 수 있는 능력이 부족하기 때문이다.

참고로, 우리나라 기초연금제도는 소득 하위 70%의 노인계층을 대상으로 각자의 소득ㆍ자산ㆍ연금급여 수준을 감안하여 차등적으로 소득을 지원해 주고 있다는 점에서 부조방식의 제도로 평가해 볼 수 있다. 그리고 해외 사례로서 호주나 뉴질랜드 등의 국가에서는 국민연금제도 자체가 부조의 원리를 바탕으로 운영되고 있다. 이에 따라 일정 소득 이상의 고소득 노인계층의 경우 국민연금의 수급자격이 인정되지 않으며, 그 이하의 노인계층에 대해서는 각자의 소득 및 자산 수준에 따라 연금급여를 차등 지급하고 있다.

(2) 보험의 원칙

보험의 원칙에 입각한 노후소득보장의 방안으로는 국가의 책임으로 실시되는 공적연금제도가 있다. 이러한 공적연금제도는 사전적으로 제도의 가입과 보험료 납부를 토대로 하여 사후에 노후소득의 보장이 이루어질 수 있도록 하고 있다. 여기에서 제도의 가입과 보험료 납부의 의무규정은 '강제적 자구책'의 일환으로서 노후에 안정적인 소득원을 확보하기 위한 전제조건이 된다. 이러한 공적연금제도의 노후소득보장 기능은 무엇보다도 가입계층의 범위, 보험료 및 급여의 수준, 소득의 시기적 그리고 개인 간 재분배의 수준 등에 의해 영향을 받게 된다.

(3) 공급의 원칙

앞서 살펴보았듯이, 공급의 원칙은 그 기능별 특성에 따라 사회보상의 원칙과 보편성의 원칙으로 구분된다. 공급의 원칙 가운데 보편성의 원칙에 입각한 노후소득보장제도에는 국가의 일반재정으로 운영되는 기초연금제도가 있다. 이러한 기초연금제도는 일정한 연령 이상의 모든 노인 계층에게 개개인의 경제적 수준에 상관없이 정액의 연금급여를 제공함으로써 노후빈곤 문제가 해결될 수 있도록 하고 있다.

2) 개별 원칙의 기능 비교

국민의 노후소득보장을 목적으로 국가가 구체적인 제도를 마련하고자 할 경우, 앞서 살펴본 세 가지 기본원칙 중 하나를 선택해야 하는 문제가 발생하게 된다. 여기서는 이러한 정책적 의사결정 시 중요한 판단기준이 되는 내용들을 살펴보고자 한다.

대표적으로 크게 사회복지정책적 차원의 효과성(effectivity)과 경제적 차원의 효율성(efficiency)으로 구분하여 비교해 볼 수 있다. 즉, 국민의 노후소득보장과 관련한 합리적인 제도 설계의 문제는 항상 최소한의 비용(효율성)으로 최대한의 사회복지 효과(효과성)를 달성하는 과제로 요약할 수 있다. 따라서 경제적 목표와 사회복지정책적 목표 간의 적절한 조화가 필요하며, 이는 제도에 대한 국민의 신뢰도 제고와 정책적 실현 가능성의 확보에도 상당한 영향을 미칠 수 있다.[11]

(1) 사회복지정책적 효과성 비교

보험의 원칙, 공급의 원칙 및 부조의 원칙이 가지는 사회복지정책적 효과성은 다시 적용범위의 포괄성, 소득의 재분배 효과 그리고 급여의 수준으로 나누어 비교해 볼 수 있다.

① 적용범위의 포괄성

사회복지정책은 되도록 많은 수의 국민에게 제도적 혜택을 보장하기 위해 노력해야 하는 과제를 가지고 있다. 같은 맥락으로 노후소득보장제도를 도입하고자 할 경우, 국가는 사전적으로 어떠한 기본원칙이 이러한 과제의 달성에 비교우위를 가지고 있는지에 대해 다음과 같은 정책적 판단을 하여야만 한다.

첫째, 공급의 원칙을 바탕으로 하는 기초연금제도의 경우 전체 국민을 대상으로 하기 때문에 적용범위가 가장 넓은 장점이 있다. 둘째, 보험의 원칙에 입각한 연금보험제도의 경우 보험료의 부담능력이 전제되어야 하므로 적용범위가 공급의 원칙에 비해 상대적으로 낮게 나타난다. 셋째, 부조의 원칙에 의한 기초연금제도는 빈곤

---

11) 사회복지정책의 효과성과 효율성에 대해 설명한 논문으로는 Kirsch(1983) 그리고 Baltensperger(1976)를 참조하기 바란다.

노인계층만을 대상으로 하게 되므로 적용범위가 가장 협소하게 된다.

종합하면, 공급의 원칙을 바탕으로 하는 기초연금제도는 노후빈곤 문제의 보편적 해결을 위한 가장 효과적인 방안이 될 수 있다.

우리나라의 경우, 노후소득보장 문제는 기본적으로 보험의 원칙을 바탕으로 해결하고자 하는 정책적 의지를 찾아볼 수 있다. 그 일환으로서 국민연금제도의 급속한 적용 확대가 이루어져 오고 있다. 그러나 국민연금제도는 그 역사가 짧아 1988년 최초 도입 당시 이미 일정 연령을 초과한 노령계층은 제도의 적용에서 제외되었으며, 장년 및 고령의 경제활동계층의 경우 제도의 가입 기간이 부족하여 노후 소득원의 확보에 중대한 결함 문제가 발생하고 있다. 나아가 제도의 성숙 이후에도 근로조건이 불안정한 상당수 주변부 경제활동계층의 경우 제도의 중도 탈락이나 낮은 수준의 소득에 의해 여전히 노후빈곤의 문제에 직면하게 될 것으로 예상된다.[12] 이러한 문제에 적절하게 대처하기 위해서는 국민연금제도의 기능 확충은 물론, 빈곤 노인계층을 대상으로 하는 부조제도(우리나라의 경우 기초연금제도)의 보완적 역할이 필요하다.

② 소득의 재분배 효과

사회복지제도의 핵심적 과제가 되는 국민의 생존권 보장은 궁극적으로 사회구성원 간의 물질적 나눔을 통해 실현될 수 있다. 노후소득보장제도가 수행하는 재분배의 기능은 세 가지 기본원칙의 선택에 따라 차이를 보인다.

먼저, 일반적으로 소득의 재분배 효과는 공급의 원칙에서 가장 높게 나타난다. 왜냐하면 여기서는 모든 노령계층에 대하여 동일한 수준의 소득을 보장해 주고, 소요재원은 조세를 통하여 개개인의 부담능력에 따라 조달되기 때문이다. 그러나 공급

---

12) 공적연금제도의 역사가 100년이 지난 독일의 경우에도 노후빈곤의 문제는 여전히 상당한 규모로 존재하고 있는 것으로 알려져 있다. 이와 관련하여 Bäcker(1988)는 독일을 2/3 정도가 완전한 노후소득보장에 따른 경제적 안정을 향유하고 있는 반면, 그 외 계층의 경우 빈곤선 주변의 소득으로 어려운 생활을 해 오고 있다. 이러한 문제는 상당 부분 사회복지제도, 특히 공적연금보험제도의 역기능에서 비롯되는 것으로, 보험제도는 개별 가입자들이 노동시장에서 차지하고 있던 상대적 지위를 퇴직 이후 연금수급 시에도 수평적으로 이전하는 기능을 하게 된다. 다시 말하면, 사회보장제도로서 공적연금제도의 역기능은 제도의 적용과 연금수급 수준의 결정에 노동시장 관련성이 크다는 데 기인하고 있다. 따라서 공적연금보험제도의 사회정책적 기능을 확충하기 위해서는 실업자, 시간제 근로자, 계절적 근로자 등 비정규적인 부문에서 종사하고 있는 경제활동인구의 제도 적용 방안과 소득의 재분배 기능을 강화하는 방안이 적극적으로 모색되어야 할 필요가 있다(Landenberg, 1987).

의 원칙에 의한 기초연금제도는 별도의 소득지원을 필요로 하지 않는 고소득 노령
계층에게도 연금을 지급하게 되어 목표 효율성 차원의 문제가 제기될 수 있다.

다음으로, 부조의 원칙에 입각한 기초연금제도는 국가의 일반재정으로 저소득
노령계층의 최저생계를 보장하기 위한 목적으로 운영되고 있다. 이 경우 급여는 개
인의 사전적 기여 없이 빈곤현상 그 자체를 대상으로 제공되므로 상당한 수준의 소
득재분배 효과가 발생할 수 있다. 그러나 기초연금제도의 경우 자산조사에 따른 대
상 범위의 협소와 낙인효과에 따른 신청 기피 현상 등으로 재분배 효과가 공급의 원
칙에 비해 월등하게 낮게 나타난다.

마지막으로, 보험의 원칙을 바탕으로 하는 연금보험제도의 경우 연금급여의 수
준은 종전소득과 보험료의 납부기간에 비례하여 개인별로 상당한 차이를 보인다.
이러한 소득비례형 연금보험제도(income-related pension system)는 개인별로 경제활
동 시기에서의 경제적 지위가 향후 연금의 수급 시기에도 그대로 이어지게 되는 문
제가 있다. 따라서 연금보험제도의 경우 조세재원으로 운영되는 보편적 기초연금
제도와 부조 방식의 기초연금제도에 비해 재분배의 효과가 낮게 나타난다.

③ 급여 수준

노후소득보장제도는 안정된 노후생활의 보장을 궁극적인 목표로 하고 있다. 이
러한 정책적 목표는 노후소득보장제도가 어느 정도의 수준으로 급여를 제공할 수
있는가에 의해 영향을 받게 되며, 노후소득보장제도의 급여수준은 세 가지 기본원
칙 가운데 어떠한 것을 선택하는가에 따라 차이를 보일 수 있다.

일반적으로 보험의 원칙을 바탕으로 하는 소득비례형 연금보험제도의 경우 가입
자에게 상대적으로 높은 수준의 연금급여를 보장해 줄 수 있는 장점을 가지고 있다.
이러한 형태의 연금보험제도는 가입자 개개인의 '종전 생활수준의 보장'을 주된 목
표로 하게 될 뿐만 아니라, 급여수준의 상향 조정을 위해 보험료를 인상하여야 할
경우에도 가입자의 반발을 용이하게 해소할 수 있다. 왜냐하면 보험료 부담의 증가
에 따라 향후 개인의 연금급여 또한 상향 조정될 수 있을 것으로 기대되기 때문이
다. 반면, 공급의 원칙이나 부조의 원칙에 입각한 기초연금제도는 제도의 기본정신
이나 예산의 제약 등에 의해 급여의 수준이 통상적으로 '최저소득의 보장'으로 제
한을 받게 된다.

(2) 경제적 효율성 비교

모든 사회복지제도는 본연의 사회복지정책적 기능은 물론, 해당 제도가 국민경제에 미치게 될 파급효과를 동시에 감안하여 운영되어야 할 당위성을 가진다. 이러한 차원에서 세 가지의 기본원칙은 노후소득보장제도의 운영 시 경제적 파급효과를 달리할 수 있다.

먼저, 공급의 원칙은 경제에 부정적인 영향을 미치게 될 확률이 가장 높다는 점에 문제가 있다. 왜냐하면 기초연금제도는 개개인의 소득수준에 상관없이 전체 국민에게 동일한 수준의 노후소득을 보장해 주게 되므로 사회적 자원의 낭비를 초래하게 될 우려가 높기 때문이다. 나아가 기초연금제도는 소요재원의 규모를 감안해 볼 때 국민경제의 차원에서도 상당한 부담 요인으로 작용하게 될 가능성이 있다.

다음으로, 경제에 대한 부정적 문제는 부조의 원칙에서도 나타날 가능성이 있다. 그러나 여기서는 제도의 대상은 빈곤계층으로 엄격하게 제한하게 되고, 급여의 수준 또한 자산조사와 보충성의 원리에 입각하여 결정된다. 따라서 국민경제의 부담은 보편적 기초연금제도와 비교해 볼 때 상대적으로 낮게 나타나게 될 것으로 판단된다. 그리고 개인은 급여의 신청 시 각종 낙인효과의 불이익을 겪게 될 수 있으므로 근로동기의 약화 문제는 일부 사회계층에게서만 발생할 것으로 예상된다.

마지막으로, 연금보험제도의 경우 연금급여는 원칙적으로 개인의 종전 소득수준과 제도 가입기간에 비례하여 결정되므로 노후소득보장에 대한 개인의 책임의식이 비교적 강하게 유지될 수 있을 것으로 기대된다. 나아가 노후여가의 연장을 위하여 조기 퇴직을 하고자 할 경우 당사자는 대개 연금급여의 삭감 등 상당한 불이익을 감수하여야만 하므로 근로 기피의 문제가 가장 미약하게 나타나게 된다. 이러한 의미에서 보험의 원칙에 입각한 연금보험제도는 개개인의 행위에 따른 이익 또는 불이익이 당사자 본인에게 귀착되기 때문에 시장경제 원리에 가장 부합할 수 있는 장점이 있다.

(3) 세 가지 기본원칙의 기능에 대한 종합 평가

지금까지 살펴본 노후소득보장의 문제와 관련한 보험의 원칙, 공급의 원칙 그리고 부조의 원칙의 기능적 특성은 〈표 9-4〉와 같이 정리해 볼 수 있다.

국민이 일상생활 과정에서 겪게 되는 제반의 사회적 위험이나 애로 요인에 대처하여 오늘날 실로 다양한 형태의 사회복지제도들이 운영되고 있다. 이러한 개별 사

| 표 9-4 | 노후소득보장에서의 보험의 원칙, 공급의 원칙 및 부조의 원칙 기능 비교

구 분		보험의 원칙	공급의 원칙	부조의 원칙
사회복지 정책적 효과성	적용범위의 포괄성	△	○	×
	소득의 재분배 효과	×[1]	○	△
	급여의 수준	○	×	×
경제적 효율성		○	×	△

참조: ○-가장 우수; △-보통; ×-가장 나쁨
주: 1) 소득비례형 연금보험제도에 한하여 적용됨

회복지제도의 경우 순수하게 한 가지의 기본원칙을 토대로 하여 이루어지는 사례는 극히 드물며, 대개의 경우 세 가지 기본원칙이 상호 혼합되어 운영된다. 왜냐하면 개개의 사회복지제도가 추구하는 다양한 사회복지정책의 목표는 어느 한 가지의 기본원칙만으로는 달성할 수 없기 때문이다.

예를 들면, 오늘날 상당수의 서구 복지국가에서는 실업자, 출산 및 육아 휴직 여성, 군인, 저소득계층, 학생 등의 사회보험제도 가입을 유도하기 위하여 보험료의 경감 또는 면제 제도를 마련해 두고 있다.[13] 그러나 이러한 종류의 제도적 규정은 순수한 보험의 원칙에 생소한 개념으로서 오히려 공급의 원칙이나 부조의 원칙에 바탕을 두고 있다.

종합하면, 사회보험제도는 비록 보험의 원칙을 기본정신으로 하여 운영하고 있으나, 순수한 보험의 원칙이 가져다줄 수 있는 기능적 결함을 보완하기 위하여 별도로 부조의 원칙이나 공급의 원칙을 가미하여 운영하는 경우가 있다.

2. 『사회보장기본법』상 사회보장 분류기준의 타당성에 대한 비판적 평가

우리나라에서 『사회보장기본법』은 국민의 인간다운 생활을 도모하기 위한 일환으로서 사회보장제도의 확립과 그 효율적인 발전을 기하기 위한 목적으로 1963년 최

13) 우리나라의 경우에도 10인 미만 영세사업장 저임금근로자와 사업주의 국민연금 및 고용보험 보험료를 감면해 주는 '두루누리 사업' 그리고 출산·군복무자·실업자를 위해 국가가 국민연금보험료를 대납해 주는 다양한 종류의 '연금 크레딧 제도'가 운영되고 있다.

초로 도입되었다. 이후 동 법률은 수차례에 걸쳐 수정되었으며, 최종적으로 2013년의 대폭적 개정 이후 현재에 이르고 있다.

현행 법률에 따르면 『사회보장기본법』은 사회보장에 관한 국민의 권리와 국가및 지방자치단체의 책임을 정하고, 이를 실현하기 위한 사회보장정책의 수립 및 추진과 관련한 제도적 기본사항을 규정하는 것을 본연의 목적으로 명시하고 있다. 여기서 사회보장은 모든 국민이 다양한 사회적 위험으로부터 벗어나 행복하고 인간다운 생활을 향유할 수 있도록 자립을 지원하고, 사회참여·자아실현에 필요한 제도와 여건을 조성하여 사회통합과 행복한 복지사회를 실현하는 것을 기본이념으로채택하고 있다.

그 일환으로서 동 법률 제3조 제1항에서는 사회보장을 출산, 양육, 실업, 노령, 장애, 질병, 빈곤 및 사망 등의 사회적 위험으로부터 모든 국민을 보호하고 국민 삶의질을 향상시키는 데 필요한 소득·서비스를 보장하는 사회보험, 공공부조, 사회서비스로 규정하고 있다. 이에 따라 같은 제3조의 2항, 3항, 4항에서는 각각 사회보험, 공공부조, 사회서비스의 역할과 기능을 정의하고, 끝으로 5항에서는 사회보장에 대한 국민의 권리와 국가의 책임 범위를 '평생사회안전망'으로 규정하고 있다. 여기서 '평생사회안전망'이란 생애주기에 걸쳐 보편적으로 충족되어야 하는 기본욕구와 특정한 사회적 위험에 의하여 발생하는 특수욕구를 동시에 고려하여 소득·서비스를 보장하는 소위 '요람에서 무덤까지의 맞춤형 사회보장제도'를 말한다.

『사회보장기본법』은 사회보장의 이념, 기본원칙, 역할 범위 등을 규율하여 사회보장 입법의 기본 지침으로 활용하기 목적으로 도입된 법률이다(김기원, 2016). 구체적으로 『사회보장기본법』은 각각 개별적인 사회보장 관련 법률들을 지배하는 기본적인 법이념, 문제해결의 공통적 또는 차별적 원칙, 용어의 정의 등을 규정하여 궁극적으로는 전체 사회보장법체계의 일관성과 체계성을 유지하는 기능을 수행해야한다.

이상에서 살펴본 『사회보장기본법』의 기본 취지를 감안해 볼 때 동 법률에 명시된 사회보험, 공공부조 그리고 사회서비스는 다음과 같은 이유로 인해 사회보장 분류기준으로서 적절하지 않은 것으로 판단된다.

먼저 문제해결의 원칙과 수단이 대등한 분류기준으로 다루어지고 있기 때문이다. 일반적으로 사회보험과 공공부조는 공히 사회문제를 해결하기 위한 일종의 전략·방향·기본원칙으로서 역할을 하게 되는 반면에, 사회서비스는 사회문제의 발생으로 인한 피해 당사자들의 사회적 욕구(상담, 재활, 돌봄, 교육, 지지 등)를 충족시켜주기 위한 수단이 될 수 있기 때문이다.

다음으로 현행과 같은 사회보장 분류체계로는 여기에 포함되지 못하는 사회보장제도들이 상당수 존재할 수 있기 때문이다. 일례로 무상보육·무상급식·아동수당 등 보편적 급여 그리고 국가보훈제도나 재난구호제도 등에서 사회보상적 성격의 급여들이 대표적으로 해당될 수 있다.

합리적이고 보편타당한 사회보장 분류기준을 마련하는 작업은 단순히 학문적 차원에서뿐만 아니라, 정책적 차원에서도 매우 중요한 과제가 될 수 있다. 왜냐하면 이러한 작업은 거시적 차원에서는 국가의 전체 사회보장체계를 통합적이고 체계적으로 파악할 수 있는 균형적 시야를 제공해 줄 수 있을 뿐만 아니라, 미시적 차원에서는 분류기준의 토대가 되는 기본원칙에 따라 개별 제도의 특성 파악과 대안이 될 수 있는 원칙의 동원능력이 함양될 수도 있기 때문이다.

현행 『사회보장기본법』에서 사회보장 분류방식은 이 책의 제9장 제1절에서 제3절에서 살펴본 내용을 토대로 〈표 9-3〉과 같이 변경하는 것이 바람직할 것으로 판단된다. 먼저 사회보장의 분류기준은 사회문제의 해결방식이나 전략에 따라 보험의 원칙, 공급의 원칙, 부조의 원칙으로 구분하고, 이 중 공급의 원칙은 다시 제도적 특성에 따라 사회보상의 원칙과 보편성의 원칙으로 분리하도록 한다. 다음으로 사회서비스는 표의 내용 중 급여의 종류에서 현금급여에 대응하는 현물급여에 포함시키도록 한다. 이상과 같은 사회보장 분류방식은 현행 사회보장제도들의 대부분을 새로운 분류체계에 포괄할 수 있을 뿐만 아니라, 사회보장 기본원칙과 수단을 합리적으로 구분시킴으로써 제도적 이해의 혼돈을 방지할 수 있는 장점이 있다.

제10장

원인주의 원칙과 결과주의 원칙

여러 명의 사람이 유사한 피해를 입게 된 사고가 발생하였더라도 그 발생원인이 개인별로 다르게 되는 경우가 있을 수 있다. 이러한 경우 피해에 대한 보상이 개인별로 어떠한 방법으로 이루어져야 할 것인가 하는 문제가 제기될 수 있다. 즉, 위험발생의 원인에 따라 각각 다른 방법으로 보상이 이루어져야 할 것인지, 또는 위험발생의 원인과는 상관없이 동일한 피해현상에 대해 동일한 내용의 보상이 이루어질 수 있도록 할 것인지 하는 문제다. 여기서는 이러한 문제제기에 대한 논리적 근거로서 원인주의의 원칙과 결과주의의 원칙에 대하여 살펴보고자 한다.

제1절 원인주의 원칙

원인주의 원칙(Kausalprinzip독)은 동일한 피해 현상이라고 할지라도 발생원인이 다를 경우 각각 별도의 보상이 이루어지도록 하는 것을 기본원칙으로 한다. 원인주의 원칙에 입각한 사회복지정책은 개개의 사회적 위험별로 별개의 사회복지제도들이 존재하며, 급여의 내용이나 수준 그리고 재정의 운영 또한 각각 독립적으로 이루어진다. 나아가 동일한 종류의 위험에 대해서도 사회복지제도는 종전 우리나라의 의료보험에서처럼 사회계층별 특성에 따라 다수의 조직(즉, 의료보험조합들)으로 분리·운영되는 경우가 있을 수 있다.

위험의 해결방식으로서 원인주의 원칙의 특징은 무엇보다도 제도적 다양성에서 찾을 수 있다. 이와 관련한 예로, 네 명의 사망자가 발생하게 되었고, 사망원인이 각각 전쟁, 산업재해, 질병 그리고 교통사고에 있다고 가정해 보자. 이러한 상황의 경우 개별 사안은 각각 별도의 운영주체(우리나라의 경우 국가보훈처, 산재보험, 의료보험 및 민간 자동차보험)에 의해 해결된다. 따라서 동일한 사망사고임에도 불구하고 보호의 내용과 수준이 사안에 따라 현저한 차이를 보일 수 있다.

원인주의 원칙은 피해의 발생원인에 따라 책임의 주체 및 한계를 명확히 할 수 있는 장점을 가지고 있다(Brück, 1976). 구체적으로 원인주의 원칙에서 피해에 대한 보상의 의무는 위험을 야기한 당사자 또는 그러한 종류의 위험에 대해 총괄적 관리 책임을 가지고 있는 기관이 담당한다. 이러한 원인주의의 기본정신은 보험의 원칙이나 사회보상의 원칙에 입각하여 운영되는 사회복지제도에서 주로 적용되고 있다. 왜냐하면 보험의 원칙이나 사회보상의 원칙은 사회적 보호와 관련하여 인과성의 원칙을 엄격하게 적용하고 있기 때문이다.

반면, 원인주의 원칙에 입각한 사회복지제도들은 다음과 같은 문제점을 노출하고 있다(Strasser, 1979).

첫째, 앞서 지적하였듯이 동일한 피해 현상임에도 불구하고 그 발생원인에 따라 차별적인 보호가 이루어지게 되어 형평성의 시비와 사회적 갈등의 요인이 될 수 있다.

둘째, 사회복지제도가 다양함에 따라 한편으로는 급여의 중복 또는 과잉수급의 문제, 다른 한편으로는 보장의 결함 문제(즉, 사각지대의 문제)가 발생할 수 있다. 달리 표현하면, 동일한 피해 현상에 대하여 어떤 사람은 두 개 이상의 사회복지제도로부터 동시에 보호를 받게 되는 반면, 다른 사람은 아무런 보상을 받지 못하게 되는 문제가 발생할 수 있다. 예를 들면, 동일한 장애 현상이 발생하게 되었을 경우에도 근로자의 산재사고에 대해서는 모두 산재보험과 국민연금의 장애연금 수급자격이 부여되는 반면, 전업주부의 일반 사고에 대해서는 아무런 제도적 보호가 이루어질 수 없는 문제가 발생하게 된다.

셋째, 같은 종류의 원인으로 여러 사람이 유사 피해를 입게 되었을 경우에도 보호의 수준이 각각 다르게 되는 문제가 발생할 수 있다. 예를 들면, 노령이라는 사회적 위험에 대비한 노후소득보장제도는 우리나라의 경우 직업상의 신분에 따라 각각 국민연금, 공무원연금, 사립학교교직원연금 그리고 군인연금의 형태로 운영되고 있다. 이에 따라 비슷한 소득을 가진 다수의 사람이 나이가 들어 퇴직하였을 경우 연금급여의 수준은 제도에 따라 차이를 보이게 되는 문제가 발생한다. 그 밖에 개인이 직업상의 신분 변화(예: 공무원 → 일반 회사원)로 제도 변경의 사유가 발생하게 될 경우 당사자는 각종 불이익(예: 기존의 가입경력 상실의 문제)이나 행정적 불편을 겪게 될 수 있다.

넷째, 유사한 성격의 위험에 대한 중복적인 제도운영으로 과도한 관리운영비의 지출과 사회적 비효율성의 문제가 발생한다.

다섯째, 피해의 발생원인이 불명확하게 될 경우 관련 기관 간 행정적 마찰로 피해 당사자에게 불이익이 발생할 수 있다. 이러한 문제는 질병의 문제에서 쉽게 발견할 수 있다. 질병의 경우 종종 그 원인이 개인의 신체적 특성이나 생활습관에서 비롯된 일반적인 질병인지 또는 직업의 수행과 관련한 산업재해(즉, 직업병)인지를 명확하게 규명하기 어려울 경우가 있다. 이처럼 책임 소재가 불분명할 경우 비용부담의 책임을 둘러싸고 의료보험과 산재보험 간의 행정적 마찰이 발생할 소지가 다분히 존재한다.

제2절 결과주의 원칙

결과주의 원칙(Finalprinzip[독])은 동일한 피해 현상에 대해 그 발생원인에 상관없이 동일한 수준의 급여를 제공하는 것을 기본원칙으로 한다. 그리고 급여수준의 개인 간 차이는 피해 정도에 따라 이루어지게 된다. 원인주의 원칙의 특징인 제도적 다양성과는 달리, 결과주의 원칙에서는 하나의 제도가 가급적 많은 종류의 위험을 포괄적으로 관리할 수 있도록 하고 있다.

원인주의 원칙은 급여 제공에 앞서 피해의 발생원인을 중요시하는 과거 지향적인 자세를 취하게 된다. 즉, 제도적 보호가 이루어지기 위해서 사전적으로 사고 발생의 원인 그리고 자격 요건의 충족 여부 등에 대한 엄격한 심사를 한다. 반면, 결과주의 원칙은 위험발생의 원인을 불문하고 피해 그 자체의 극복, 즉 미래 지향적이고 능동적인 자세를 강조하고 있다(Molitor, 1987). 이러한 의미에서 결과주의 원칙은 실질적인 개인의 피해를 대상으로 적절한 급여를 신속하게 제공하게 되어 위험 극복의 효율적인 방안으로 평가받을 수 있다.

결과주의 원칙에 입각한 사회복지제도들은 다음과 같은 장점을 가지고 있다.

첫째, 동일한 피해 현상에 대해 동일한 급여를 제공하게 되므로 원인주의 원칙의 문제점으로 지적되고 있는 형평성의 문제가 상당 부분 해결될 수 있다.

둘째, 피해 당사자의 피해 정도에 따라 적절한 급여를 제공함으로써 급여의 과다 지급 또는 보장의 결함문제가 해결될 수 있다.

셋째, 유사한 성격의 사회복지제도들을 일원화함으로써 관리운영비가 절감될 수 있고, 나아가 행정적 업무처리 절차의 간소화를 통하여 개인의 편익이 제고될 수 있다.

반면, 결과주의 원칙은 다음과 같은 사안이 문제점으로 지적되고 있다.

첫째, 피해발생의 원인에 상관없이 단순히 그 결과를 바탕으로 급여를 제공하게 되므로 피해에 대한 책임 소재가 명확하게 규명되지 않을 가능성이 높다. 이에 따라 제도의 오용 등 도덕적 해이(moral hazard)의 문제가 나타나 개인적 책임이 사회로 전가되는 문제를 초래할 우려가 있다.

둘째, 동일한 피해 현상에 대해 동일한 급여를 제공하는 것을 원칙으로 하므로 개개인의 실질적인 피해에 대해 적절한 보상이 이루어지지 못하게 될 가능성이 있다. 왜냐하면 동일한 신체 부위에 피해(예: 손가락 절단)가 발생하게 되었을 경우에도 직업의 종류(예: 피아니스트 대 단순 기능공)에 따라 실제적인 피해의 규모는 개인 간 상당한 차이를 보일 수 있기 때문이다. 결과주의 원칙에서 이러한 부적절한 보상의 문제는 현물급여에서보다 현금급여에서 주로 발생할 수 있다.

제3절 종합적 시사점

1. 원인주의 원칙과 결과주의 원칙의 기능 비교

오늘날 많은 복지선진국에서는 방만한 사회복지 행정관리체계의 유지 및 운영에 대한 사회적 비판이 제기되고 있다. 대표적으로 Bäcker(1988)는 이러한 문제와 관련하여 다음과 같이 지적하고 있다. "오늘날 서구 국가의 사회복지제도는 마치 열대의 정글처럼 무수히 많이 존재하게 되어 한편으로는 개별 제도 간 영역의 중복 문제, 그리고 다른 한편으로는 제도의 부재 문제가 동시에 발생하고 있다. 이에 따라 복지국가라는 고층건물은 점차 현대사회의 흉물로 변모하고 있다."

이와 같은 사회복지체계의 불균형 문제는 사회복지와 관련한 제도의 역사적 발전과정에서 비롯되었다. 예를 들면, 개별 국가의 경우 산업화 과정에서 발생하게 된 제반의 사회적 위험이나 애로요인을 사안에 따라 별도의 형태로 제도를 도입함으로써 해결해 왔다. 그러나 이 경우 유사한 기능을 수행하는 기존 사회복지제도와 역할 조정의 문제가 등한시되었을 뿐만 아니라, 일단 도입된 제도는 사회의 발전에 따라 업무 영역을 부단히 확대하게 되었다. 그 결과, 한 국가 내에서 유사한 성격의 사회문제에 대해 중복되는 제도가 존재하게 되어 한편으로는 급여의 내용이나 수준의 차이에 의한 형평성 시비의 문제, 다른 한편으로는 관리비용의 낭비는 물론 업무 영역의 중첩에 따른 잦은 행정적 마찰과 국민의 불편이 발생하게 되었다.

결과주의의 원칙은 유사한 기능을 수행하는 사회복지제도들을 통합할 수 있는 이론적 기초를 제공할 수 있을 뿐 아니라, 사회복지정책적 기능 측면에서도 원인주의 원칙보다 탁월한 장점이 있다. 왜냐하면 원인주의 원칙은 사전적으로 정해진 요건을 충족할 수 있는 사람만을 보호의 대상으로 하게 되는 반면, 결과주의 원칙은 사후적으로 피해 현상을 대상으로 포괄적으로 보호해 줄 수 있기 때문이다.

종합하면, 결과주의 원칙은 한편으로 사회복지제도 관리운영의 효율성 측면, 그리고 다른 한편으로 제도적 보호의 보편성 그리고 형평성 측면에서 긍정적인 효과를 가져다줄 수 있을 것으로 판단된다.

2. 정책대안

사회복지정책적 효과성과 경제적 효율성의 측면에서 결과주의 원칙이 원인주의 원칙에 비해 우월하다는 사실에 대해 살펴보았다. 그러나 상이한 역사적 배경을 바탕으로 각각 독립적으로 유지·발전해 온 한 나라의 사회복지제도들을 결과주의 원칙에 입각하여 재편을 시도한다는 것은 현실적으로 상당한 한계에 직면할 수 있다. 대표적으로, 이러한 과정에서 이루어지게 되는 제도 간 통폐합은 기존의 이해집단(예: 가입계층, 사회복지 관료집단 등)으로부터 심각한 반발을 초래할 우려가 있다.

왜냐하면 개별 제도의 통폐합은 부담 및 급여 수준의 변동은 물론 기구의 축소를 필연적으로 수반하기 때문이다. 그리고 제도의 통폐합은 종전의 개별 제도에서 적용되던 재원의 조달과 급여의 제공 간의 논리적 연계성을 허물어뜨리게 될 가능성이 높다. 예를 들면, 특정한 사회적 위험에 대처하여 기존의 가입자들이 조성한 재원을 전체 국민에 대한 보편적 보장을 위해 사용하게 될 경우 무원칙성의 문제와 그에 따른 사회적 반발이 발생할 수 있다.

한 나라의 전체 사회복지체계는 조화와 균형을 유지하며 발전하여야 할 당위성을 가진다. 그러므로 그 일환으로서 원인주의의 원칙과 결과주의의 원칙은 상호 적절한 보완관계로 유지되어야 한다. 이러한 과제와 관련하여 Albers(1976)는 '원인주의 원칙에 입각한 재원의 조달과 결과주의 원칙을 바탕으로 하는 급여의 보장'을 제안하고 있다. Albers의 제안은 현실적 여건을 감안하여 기존의 위험별로 분리된 사회복지제도체계를 유지하는 대신, 중복적인 사안의 경우 공동재정을 통한 공동사업을 실시하도록 하는 중도적인 입장을 취하고 있다. 이러한 방안은 한편으로는 개별 사회복지제도의 무분별한 기능 확대를 억제하고, 다른 한편으로는 동일한 사안의 피해에 대해 가급적 유사한 수준의 급여를 지급함으로써 사회적 형평성을 유지할 수 있다는 장점이 있다. 또한 Albers의 제안에 따르면, 공동사업에 필요한 재원은 위험발생의 특성에 따라 제도별로 차등적으로 부과한 금액으로 조정하여야 한다. 이에 따라 앞서 언급한 개별 사회복지제도의 통합과정에서 발생할 수 있는 재원의 조달방식과 지출방식 간의 논리적 충돌의 문제가 상당 부분 극복될 수 있다.

제4부 참고문헌

김기원(2016). 사회보장론. 서울: 정민사.

김기원(2000). 공공부조론. 서울: 학지사.

김태성, 성경륭(1995). 복지국가론. 경기: 나남출판.

이정우, 김형수(1996). 탈북이주자 사회정착지원 개선방안. 한국보건사회연구원, 연구보고서, 96-08.

이정우, 이동수 역(2008). 복지국가와 경제이론. 서울: 학지사.

전광석(2000). 한국사회보장법론(3판). 경기: 법문사.

최광은(2011). 모두에게 기본소득을: 21세기 지구를 뒤흔들 희망 프로젝트. 경기: 박종철판사.

Albers, W. (1976). *Möglichkeiten einer stärker final-orientierten Sozialpolitik*, Göttingen.

Bäcker, G. (1988). Normalarbeitsverhältnis und soziale Sicherung: Sozialversicherung und/oder Grundsicherung?-Sozialpolitische Handlungsnotwendigkeit und - alternativen bei Dauerarbeitslosigkeit und Ausbreitung ungeschützter Arbeitsverhältnisse, *Zeitschrift für Sozialreform*, Jg. 34, Hf. 10. pp. 595-629.

Baltensperger, E. (1976). Effizienz-und Verteilungsaspekte der sozialen Sicherung, *Schweizerische Zeitschrift für Volkswirtschaft und Statistik*, 112. Jg. pp. 427-455.

Barr, N. (2004). *Economics of the Welfare State*, 4th edition, Oxford University Press

Beck, U. (1991). *Politik in der Risikogesellschaft-Essays und Analysen*, Suhrkamp Verlag.

Blüm, N. (1974). Solidarität & Subsidiarität in der Sozialpolitik, Christmann, A., Hesselbach, W., Jahn, M. & Mommsen, E. W. (Ed.). *Sozialpolitik*. pp. 279-284.

Brück, W. (1976). *Allgemeine Sozialpolitik*.

Frerich, J. (1990). *Sozialpolitik-Das Sozialleistungssystem der Bundesrepublik Deutschland*, 2. Auflag, Oldenbourg Verlag, München, Wien.

Gebel, R. (2000). Das letzte Netz, Bundesarbeitsblatt, 1. pp. 5-10.

Kirsch, G. (1983). Effizienz und Effektivität: Zielbestimmung in der Sozialpolitik, Pfaff, M. (Ed.) *Effizienz und Effektivität staatlicher Transferpolitik in der Wirtschaftskrise*, Berlin. pp. 10-26.

Kolb, R. (1984). Die Bedeutung des Versicherungsprinzips für die gesetzliche Rentenversicherung, *Deutsche Rentenversicherungs, Hf. 4*, pp. 177-187.

Kolb, R. (1986). "Strukturreform oder Strukturverbesserung des Rentenrechts?", *Deutsche Rentenversicherung, Hf. 1/2 pp.* 1-12.

Kortmann, K. (1978). Probleme der Armut im Sozialstaat, Pfaff, M. & Voigtländer, H. (Ed.). *Sozialpolitik im Wandel,* Bonn. pp. 127-144.

Kreikebohm, R. (2010). *Solidarität und Subsidiarität als Ausprägung des "Sozialen" in den Zeiten der Finanz- und Wirtschaftskrise*, TU Braunschweig-Institut für Rechtswissenschaften, *RATUBS Nr. 6.*

Landenberg, M. (1987). Das Alterssicherungssystem: Barriere für eine Arleitsmarkt-flexibilisierung?, *Zeitschrift für Sozialreform*, Jg. 33.

Meier, R. (1999). Solidarität in der sozialen Sicherung, BSV. (Ed.). *Soziale Sicherheit,* 2. pp. 60-62.

Molitor, B. (1987). *Soziale Sicherung*, Verlag Franz Vahlen.

Müller, W. (1988). Das Versicherungsprinzip – Zum Gefahrengemeinschaftsmythos in Versicherungstheorie und -praxis, Rolf, G., et. al. (Ed.). *Sozialvertrag und Sicherung: Zur ökonomischen Theorie staatlicher Versicherungs- und Umverteilungssysteme*, Frankfurt/Main; New York, Campus Verlag. pp. 129-146.

Ruland, F. (1986). Notwendigkeit und verfassungsrechtliche Grenzen einer Reform der Finanzierung von Sozialversicherung, Bieback, K.-J. (Ed.). *Die Sozialversicherung und ihre Finanzierung*, Frankfurt. pp. 141-181.

Ruland, F. (2000). Subsidiaritätsprinzip und gesetzliche Rentenversicherung, *Deutsche Rentenversicherung*, Hf. 7. pp. 395-404.

Strasser, J. (1979). *Grenzen des Sozialstaates – Soziale Sicherung in der Wirtschaftskrise.*

Tönnies, F. (1907). *Die Entwicklung der sozialen Frage.*

O. v. Nell-Breuning (1957). Solidarität und Subsidiarität im Raume von Sozialpolitik und Sozialreform, Boettcher, E. (Ed.). *Sozialpolitik und Sozialreform*, Tübingen.

Winterstein, H. (1976). Prinzipien der sozialen Sicherung, *WiSt*, Hf. 9. pp. 33-437.

제5부

사회복지제도의 구성요소

사회복지제도란 국가가 제시하는 사회복지정책의 목표를 실현하기 위하여 마련된 일련의 제도적 장치를 의미한다. 이러한 사회복지제도로는 우리나라의 경우 국민연금제도, 건강보험제도, 산업재해보상보험제도, 고용보험제도, 노인장기요양보험제도, 국민기초생활보장제도 등 다양한 종류가 존재한다. 이처럼 사회복지제도의 필요성에 대한 공통된 인식과는 달리 제도의 운영방식 그리고 기능 및 내용은 실제적으로 국가 간에 상당한 차이를 보이고 있는 것이 사실이다.

개별 사회복지제도는 고유의 정책목표를 실현하기 위하여 각자 다양한 형태의 제도적 구성체계를 갖추고 있다. 제5부에서는 사회복지제도의 설계 시 기본이 되는 구성요소로서 사회적 애로요인, 적용대상, 급여, 재원조달 및 재정관리방식 그리고 행정관리체계에 대해 살펴보고자 한다. 이러한 구성요소에 대한 분석들은 개별 사회복지제도의 특성 파악과 국가 간 비교를 용이하게 하고, 나아가 우리나라 사회복지정책의 발전 방향을 수립하는 데 중요한 도구나 수단으로 활용될 수 있다는 점에서 그 의의를 가진다.

제11장 사회적 애로요인

제1절 사회적 애로요인의 내용과 종류

1. 사회적 애로요인의 내용

앞서 제2장에서는 사회문제를 정치적·경제적·사회적 기본구조를 원인으로 하여 발생하는 다양한 종류의 사회적 병리현상으로 정의하였다. 이러한 제반 사회문제는 발생원인이나 종류의 차이에도 불구하고 모두 인간의 일상생활에 중대한 위기를 초래하게 된다는 공통점을 가진다.

따라서 여기서는 이러한 생활상의 위기가 발생하게 되는 과정에 대해 주목할 필요가 있다. 구체적으로, 사회문제는 사회적 병리현상에 의해 다양한 형태의 '사회적 애로요인(soziale Tatbestände^독)'을 양산하게 되고, 이러한 사회적 애로요인이 직접적인 원인 제공자가 되어 인간은 일상생활의 유지에 심각한 위협을 받게 된다. 따라서 사회복지제도는 국민의 생활안정을 목표로 사회적 애로요인의 예방과 해소를 위하여 노력해야 한다.

인간의 생존에 지장을 초래할 수 있는 제반 요인 중 구체적으로 어떠한 것을 사회

268

적 애로요인으로 간주할 것인가 하는 과제는 가치판단의 문제로서 시대적·공간적으로 상당한 차이를 보이고 있다. 예를 들면, 과거 전통사회의 경우 생존권 보장의 문제는 농촌에서는 대가족제도를 기반으로 가족구성원 간 소득의 분배 그리고 도시에서는 장인제도 또는 동일 직종의 공제조합 구성원 간 소득의 분배를 통하여 해결해 왔다. 나아가 당시의 경우 지역사회 단위의 지연적·혈연적 유대감 또한 제반 사회적 애로요인의 연대적 해결에 큰 몫을 담당하였다. 따라서 이 시기에는 전체 국민을 대상으로 하는 국가적 차원의 사회복지제도에 대한 필요성이 대두되지 않았다. 오늘날에 와서도 이러한 가족·직장·지역 단위의 전통적 사회복지제도는 산업화의 속도가 미진한 상당수의 국가에서 유지되어 오고 있다.

근대화 과정에서 산업의 급속한 발전은 국민경제적 차원에서 산업구조의 변화 그리고 국민생활의 차원에서 사회구조의 변화를 가져오게 되었다. 산업화와 함께 종전 농업 중심의 전통적 산업구조가 제조업과 서비스업을 위주로 하는 근대적 산업구조로 탈바꿈함에 따라 임금근로계층의 양적 팽창과 인구의 도시집중 현상이 발생하게 되었으며, 이는 개인의 일상생활에도 많은 변화와 충격을 야기하였다. 동시에 핵가족화의 진전에 따른 대가족제도의 해체와 지연적·혈연적 유대감의 약화는 전통적 사회보장장치의 붕괴를 초래하였다. 이러한 사회환경의 변화에 따라 개인은 제반의 사회적 애로요인으로부터 자신을 보호할 수 있는 안전장치를 상실하게 되었다. 나아가 산업사회가 지닌 구조적 특징으로 인해 개인은 종전의 전통사회에 비해 월등히 많은 종류의 위험에 노출되게 되었다. 이에 국가는 전적으로 새롭고 다양한 형태의 사회복지제도를 도입·운영해야 하는 과제를 가지게 되었다.

2. 사회적 애로요인의 종류

사회적 애로요인은 사회구조를 원인으로 하여 발생하는 제반 사회적 위험이나 문제로서 국가적 차원에서 해결해야 할 당위성을 지닌다. 그러나 인간의 생존에 지장을 초래하는 제반 위험 요소 중 실제로 어떠한 것을 사회적 애로요인으로 간주할 것인가 하는 문제는 국가별로 상당한 차이를 보이고 있다.

국제노동연맹(ILO)은 1944년 필라델피아 총회에서 산업사회의 대표적인 사회적 애로요인에 대한 목록을 작성하여 개별 회원국에게 공동체적 차원의 대처를 권고하였다. 여기에는 노령, 질병, 장애, 산업재해, 부양자의 사망, 실업, 출산 및 육아 그리고 비정상적인 긴급상황이 언급되어 있다. 이에 이어서 국제노동연맹은 1952년 '사회보장 최저기준에 관한 협약(Social Security Minimum Standards Conventions)'을 제정하여, 모든 회원국들이 다음의 아홉 가지 종류의 급여에 대한 최저기준으로서 적용범위, 급여의 내용 및 수준, 기여자와 수급자의 권리 그리고 행정관리의 요건을 준수하도록 의무화하였다(ILO, 1998). 여기에 해당되는 급여로는 요양급여, 상병급여, 모성급여, 실업급여, 가족급여, 산재급여, 장애급여 그리고 유족급여가 있다. 사회적 애로요인에 대처한 이와 같은 급여에 대한 최소기준은 1948년 유엔의 '일반인권선언' 그리고 1961년 '유럽사회헌장(European Social Charter)'에서도 마찬가지로 반영되었다.

유럽사회헌장에서는 제반 사회적 애로요인에 대처한 사회복지정책의 과제로서 소득보장(income security)의 문제는 물론, 다음과 같은 분야에 대한 국민의 권리를 명시하고 있다(Schäfer, 1985). 즉, 보건 및 건강의 권리, 사회적·의료적 원조의 요구권, 사회복지서비스의 청구권, 장애인의 직업교육 및 재활의 권리, 경제적·사회적 차원의 가족보호 그리고 모성보호의 권리 등이 여기에 해당된다.

제2절 사회적 애로요인과 사회안전망의 역할

1. 사회적 애로요인에 의한 생활상의 문제점

제반 사회적 애로요인은 인간의 일상생활에 심각한 지장을 초래하게 된다. 그리고 이러한 생활상의 곤경은 사회적 애로요인 그 자체에 의해 발생하는 것이 아니라, 그것이 원인 제공자가 되어 야기하게 되는 별도의 문제점이라는 사실에 주목할 필요가 있다. 예를 들면, 현대사회의 대표적인 사회적 애로요인으로 간주되는 '노령'에 대한 보호는 신체적 노화현상을 대상으로 하는 것이 아니라, 그에 따라 초래되는 제반 생활상의 애로점(예: 퇴직으로 인한 소득의 단절)을 대상으로 하게 된다. 마찬가지로 '질병'이라는 사회적 애로요인 또한 질병 그 자체의 신체적 병리현상이 사회적 보호의 대상이 되는 것이 아니라, 그에 따라 발생하는 치료비용의 부담 문제 그리고 해당 기간 동안의 소득 공백이 보호의 대상이 된다.

사회적 애로요인으로 개인이 겪게 되는 문제점은 크게 소득 문제, 부담능력의 문제 그리고 심리적 · 정서적 문제로 구분해서 살펴볼 수 있다.

첫째, 소득 문제는 노령 · 질병 · 장애 · 산업재해 · 출산 및 육아 등의 사회적 애로요인에 의해 개인이 근로능력을 영구적 또는 일시적으로 상실하게 되거나, 실업이라는 사회적 애로요인으로 근로기회를 상실하게 될 경우 발생하는 소득의 단절 현상을 의미한다. 소득의 단절 문제는 개인의 일상생활 유지에 필요한 각종 상품이나 서비스의 구매력을 제한하게 되어 당사자에게 생활수준의 하락이나 빈곤과 같은 생활상의 애로를 초래하게 된다. 이러한 문제에 대해 사회복지제도는 상실된 소득의 일부 또는 전부를 대신하는 현금급여의 지급을 통해 '소득대체적 기능(income substitution function)'을 수행하게 된다. 이와 관련한 대표적인 급여로는 각종 연금급여(노령연금, 장애연금, 유족연금), 실업급여, 산전후휴가급여, 육아휴직급여 등이 있다.

둘째, 부담능력의 문제는 특정한 사회적 애로요인을 극복하기 위하여 필요로 하는 소득이 개인의 경제적 부담능력을 초과할 경우에 발생한다. 예를 들면, 질병의 치료 또는 다자녀(多子女)의 부양 및 교육에 필요한 비용이 과도하게 들 경우 당사자와 그 가족은 생활상의 애로를 겪을 수 있다. 따라서 사회복지제도는 개별 가계의 경제적 부담을 경감해 주기 위하여 현금급여 또는 현물급여의 형태로 소득을 지원하는 소위 '소득보충의 기능(income supplement function)'을 수행하게 된다. 이와 관련한 성격의 급여로는 양육수당[1]이나 아동수당 등과 같은 현금급여와 요양급여, 재활급여, 무상급식 그리고 장기요양급여(시설급여와 각종 재가급여) 등과 같은 현물급여가 있다.

셋째, 심리적 · 정서적 문제는 사회적 애로요인의 발생에 의해 개인이 겪게 되는 각종 정서적 혼란, 사회적 고독 및 일탈행위 등을 말한다. 대표적으로 퇴직 · 실업 · 장애 등에 의한 일 역할의 상실과 인적 교류의 단절은 당사자에게 상당한 정신적 충격과 함께 생활상의 지장을 초래하게 된다. 이러한 문제를 해결하기 위하여 사회복지제도는 당사자에게 다양한 형태의 사회복지서비스를 별도로 제공하여야 하는 과제를 가지게 된다.

■ ■ ■

---

1) 양육수당은 보육시설을 이용하지 않고 있는 영유아로서 부모의 소득수준이 일정 기준 이하(2012년 이후부터 소득 하위 70%까지로 확대됨)일 경우 수급자격이 주어지며, 급여수준은 아동의 연령에 따라 월 10~20만 원의 범위에서 지급된다. 아동수당은 대다수의 선진국에서 운영 중인 제도이지만, 우리나라에서는 예산 확보의 문제 등으로 아직 도입하지 못하고 있다.

일반적으로 사회적 애로요인이 발생할 경우 이와 같은 제반 문제들이 연쇄적·복합적으로 발생한다는 점에서 개인적 차원의 문제해결이 불가능할 수 있다. 예를 들면, 장애의 문제가 발생할 경우 당사자는 소득활동의 중단에 따른 경제적 궁핍은 물론, 치료 및 재활에 필요한 비용부담의 문제와 사회적 부적응의 문제에 직면할 수도 있다. 따라서 개별 사회복지제도들은 사회적 애로요인으로 초래되는 문제점을 면밀히 분석하여 다양하고 전문적인 지원 프로그램을 급여체계에 포함시킬 필요가 있다.

2. 사회안전망의 종류와 기능

사회적 애로요인으로 발생하는 제반의 문제점으로부터 국민을 보호하기 위해서는 별도의 안전장치가 마련되어야 한다. 이러한 안전장치는 흔히 '사회안전망(Social Safety Net)'으로 불리며, 통상적으로 국가의 전체 사회복지제도가 사회안전망으로서 기능을 하게 된다.

사회안전망은 역할과 기능에 따라 [그림 11-1]과 같이 일차적 안전망과 이차적 안전망으로 구분할 수 있다.

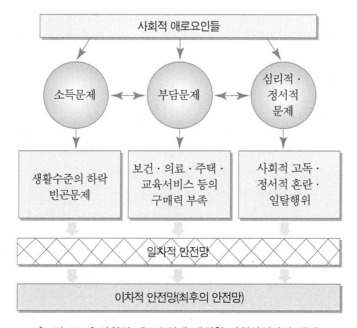

[그림 11-1] 사회적 애로요인에 대처한 사회안전망의 체계

1) 일차적 안전망

일차적 안전망은 개인이 경제적·사회적 기여를 통하여 스스로 확보하게 되는 보호장치로서, 일반적으로 보험의 원리 또는 공급의 원리를 바탕으로 운영되는 제반의 사회복지제도들이 여기에 해당된다. 이러한 일차적 안전망은 다음과 같은 특성을 가지고 있다.

첫째, 급여의 수급자격이나 급여수준이 개인의 사전적 기여나 노력(예: 국가나 사회를 위한 봉사나 헌신 등)에 연계되어 결정되는 '능력의 원칙'이 적용된다.

둘째, 개인의 기여에 연계된 제도적 보호가 이루어지게 되므로 시장경제의 원리에 가장 부합되는 사회안전망이 될 수 있다. 이에 따라 당사자는 보호의 청구에 대한 법적 권리와 도덕적 정당성을 확보할 수 있다.

셋째, 일차적 안전망은 우리나라의 경우 노령·질병·장애·실업 등과 같은 사회적 애로요인별로 구분하여 각각 별개의 사회복지제도들로 운영되는 '원인주의의 원칙'을 바탕으로 하고 있다. 이에 따라 가령 다수의 사람들이 유사한 생활상의 어려움(예: 소득의 단절)을 겪게 될 경우에도 그 원인별로 구분하여 각각 별도의 제도적 보호가 이루어지는 특징을 보이게 된다.

일차적 안전망은 그 기능상의 특성에 의해 다음과 같은 문제점을 보인다.

첫째, 일차적 안전망은 급여의 내용과 수준이 사전적 기여도에 따라 개인별로 차이를 보이므로 급여의 과부족 문제와 불평등 문제가 발생할 수 있다.

둘째, 일차적 안전망은 기여능력이 부족한 사회적 취약계층에 대하여 적절한 보호를 제공할 수 없는 기능적 한계를 가지고 있다. 달리 표현하면, 일차적 안전망은 그물코가 너무 넓어 제도적 보호로부터 탈락하는 계층이 상당수 존재하게 된다는 문제점이 있다. 따라서 한 나라의 사회복지체계가 전적으로 일차적 안전망을 중심으로 짜일 경우 소득 불평등이나 빈곤문제가 등한시되고, 경제적·사회적으로 능력이 있는 계층만이 사회복지정책의 주된 대상이 되는 모순된 현상이 발생할 위험도 있다.

2) 이차적 안전망

이차적 안전망은 최후의 안전망(Last Safety Net)으로도 표현된다. 이러한 이차적 안전망은 일차적 안전망으로부터 탈락하게 되거나 적절한 수준의 급여를 받지 못하게 되는 계층을 사후적으로 보호하기 위한 목적으로 운영되고 있다.

이차적 안전망은 다음과 같은 특성을 보이고 있다.

첫째, 이차적 안전망은 국민의 기본적 욕구수준을 평등하게 보장하기 위한 목적으로 운영되며, 급여수준은 개인의 기여 경력과는 무관하게 '필요의 원칙'을 바탕으로 결정된다.

둘째, 일반적으로 이차적 안전망은 국민의 기본권인 생존권이 보편적으로 보호를 받을 수 있도록 하기 위한 목적으로 운영되며, 문제의 발생원인에 상관없이 모든 생활상의 위기문제를 보호의 대상으로 하는 '결과주의 원칙'을 토대로 한다. 따라서 이차적 안전망의 그물코는 그 기능적 목표에 부합하도록 일차적 안전망에 비해 촘촘하게 짜일 필요가 있다. 구체적으로 이차적 안전망은 빈곤 현상 그 자체를 보호의 대상으로 하며, 통상적으로 부조의 원칙을 바탕으로 운영되는 사회복지제도들이 여기에 해당된다.

이와 같은 이차적 안전망의 기능적 특성으로 여러 가지 문제점이 발생하는데, 대표적으로 다음과 같은 것들이 지적될 수 있다.[2]

첫째, 이차적 안전망은 개인의 기여나 노력과 무관하게 수급자격이나 급여수준이 결정되므로 시장경제의 원리와 상충되는 문제를 보이게 된다.

둘째, 이차적 안전망은 기초적인 생존권 보장을 목적으로 운영되므로 종종 저소득계층의 경우 근로동기의 약화나 급여의 부정수급 유인 등과 같은 사회적 자원의 유출 문제(leakage problem)를 야기할 우려가 높다. 특히 이차적 안전망은 개별 가계의 소득이 최저생계비 이하일 경우, 그 부족분을 메꾸어 주는 '보충성의 원리'를 토대로 운영되므로 잠재적 한계세율(marginal implicit tax)[3]의 문제로 인해 빈곤계층의 자립동기가 약화되는 빈곤함정(poverty trap)의 문제를 초래할 수도 있다.

셋째, 이차적 안전망에서 수급자격과 급여수준은 '보충성의 원칙'에 기초하여 결

---

2) 빈곤구제를 목표로 하는 이차적 안전망의 기능적 특징과 빈곤구제 효과 그리고 문제점 등에 대해 상세하게 설명하고 있는 대표적인 자료로는 Barr(2004)의 『Economics of the welfare state』를 완역한 역서인 이정우와 이동수(2008)의 『복지국가와 경제이론』, pp. 347-380을 참조하기 바란다.
3) 잠재적 한계세율이란 사회복지 수급자가 자활을 통해 추가적으로 얻게 되는 소득(ΔW)으로 인해 상실하게 되는 급여(ΔB)의 비율($=\frac{\Delta B}{\Delta W}$)로 나타낼 수 있다. 여기서 수급자가 국가로부터 받고 있는 급여의 삭감은 달리 당사자인 개인이 그에 상당하는 만큼 세금을 납부하게 되는 것과 같은 효과를 가지게 된다.

정되므로 개인이나 가족에 대한 자산조사를 필요로 하게 된다. 그러나 이러한 행정적 절차는 종종 수치심, 낙인 문제를 야기하여 실제적인 빈곤계층이 급여의 신청을 기피하게 되는 사각지대의 문제(poverty gap problem)를 초래하게 될 우려도 있다.

3) 일차적 안전망과 이차적 안전망의 합리적 구축 방안

(1) 기본방향

자본주의 국가는 제반 사회복지제도들을 가급적 시장경제의 기본원리에 부합할 수 있는 방향으로 운영해야 하는 과제를 가지고 있다. 그리고 만약 그것이 불가능할 경우에도 국가는 사회복지제도의 운영에서 비롯되는 시장경제의 충격이 최소한의 수준에서 억제될 수 있도록 노력하여야만 한다. 이러한 의미에서 일차적 안전망과 이차적 안전망 간의 합리적 역할분담이 요구된다. 구체적으로, 국가는 시장경제의 기본정신에 부합될 수 있는 일차적 안전망을 중심으로 사회복지체계를 구축하고, 이차적 안전망은 일차적 안전망을 보완하는 방향으로 구축할 필요가 있다.

(2) 빈곤구제제도로서 이차적 안전망의 구축 방안

이차적 안전망은 일차적 안전망이 초래할 수 있는 기능적 결함을 보완하여 국민의 최저생활을 보장해 주기 위한 목적으로 운영되는 공공부조제도를 의미한다. 한 나라에서 이러한 이차적 안전망의 구축방안은 다음의 두 가지로 구분해 볼 수 있다.

첫째, 범주적(categorial) 방안으로서 이는 이차적 안전망을 빈곤의 원인이나 내용별로 구분하여 각각 별개의 제도로 운영하는 방법을 의미한다. 구체적으로 살펴보면, [그림 11-2]와 같이 노령과 장애, 질병과 부상, 실업, 장기요양보호, 주거 등과 같은 사회적 애로요인별로 독자적인 이차적 안전망을 운영하는 방법이다. 이러한 범주별 공공부조제도는 빈곤의 발생원인(예: 노령, 장애) 또는 빈곤의 내용(예: 주거)별로 구분하여 선별된 대상자에게 자신의 욕구에 근접할 수 있는 급여 프로그램(예: 급여의 종류, 수준, 지급기간 등)을 제공해 줄 수 있는 장점이 있다. 하지만 이와 같은 범주별 공공부조제도는 과거 구빈법의 전통에서와 같이 '자격 있는(deserving)' 가난한 자(예: 노인, 아동, 장애인 등)와 '자격 없는(undeserving)' 가난한 자(예: 젊은 실업자 등)로 분리되어 자칫 빈곤구제의 사각지대와 사회적 갈등 문제를 초래하게 될 우려가 있다.[4]

사회적 애로요인		노령 및 장애	질병 및 부상	실업	장기요양	주거
일차적 안전망		공적연금제도 (국민연금, 공무원연금 등), 퇴직연금제도	국민건강 보험제도	고용보험제도	노인장기요양 보험제도	개인적 노력으로 해결. 주거마련을 위한 국가의 세제 또는 분양가 지원
이차적 안전망	범주별 공공부조	기초연금제도	의료급여제도[2]	(실업부조제도)[1]	노인장기 요양부조[2]	(주거부조제도)[1]
	비범주별 공공부조	국민기초생활보장제도				

[그림 11-2] **사회적 애로요인별 사회안전망의 구성체계**

주: 1) ( ) 안은 현재 우리나라에는 존재하지 않는 제도임
　　2) 국민기초생활보장제도의 급여 항목임

둘째, 이와는 반대의 비범주적(non-categorial) 방안으로서 이는 빈곤의 원인이나 내용에 상관없이 단일의 제도로 통합하여 운영된다. 우리나라의 경우 국민기초생활보장제도가 여기에 해당된다. 이러한 제도는 빈곤의 원인보다는 빈곤 현상 그 자체에 대하여 정책적 관심을 가지고 있으며, 단지 개인의 욕구나 수준에 따라 수급자격을 구분하는 경향이 있다. 따라서 비범주적 제도는 위기에 처한 사람이 안전망에서 누락되는 사각지대의 문제를 최소화할 수 있는 장점을 가지고 있으나, 빈곤의 범주별로 나타날 수 있는 이질적인 욕구를 제대로 반영해 줄 수 없는 한계를 보이고 있다.

빈곤구제를 위한 이차적 안전망의 구축방안으로서 범주별 공공부조제도와 비범주별 공공부조제도의 특징과 각각의 장단점을 감안해 볼 때, 범주별 방안과 비범주별 방안은 한 나라의 이차적 사회안전망을 구축하는 데 상호 대립적 또는 경쟁적 관계보다는 보완적 관계를 유지할 수 있는 방향으로 설계되어야 할 필요가 있다. [그림 11-2]에서 보여 주듯이, 빈곤 문제는 발생원인이나 내용이 상이할 수 있으므로 먼저 범주별 특성에 따라 별도의 제도적 프로그램을 적용하는 것이 목표 효율성의 차원에서 바람직한 방안이 될 수 있을 것이다. 하지만 이러한 범주별 공공부조제도

━━━

4) 비버리지 보고서(1942)는 범주별 공공부조제도를 옹호하면서 소위 정당한 빈곤의 원인을 여덟 가지(실업, 퇴직, 질병, 부상, 부양자의 사망, 장애, 출산, 다자녀의 양육 및 기타)로 정하여 각각에 대한 제도적 대응방안을 제시하였다.

에서는 사각지대의 문제나 급여의 불충분성 문제가 발생할 수 있으므로 추가적인 보호장치로서 비범주적 공공부조제도가 마련되어야 한다. 이러한 의미에서 볼 때 국민기초생활보장제도는 전체 사회안전망 가운데 가장 최후의 안전망으로서 기능하게 된다.

(3) 일차적 안전망과 이차적 안전망의 기능적 연계 방안

국가는 전체 사회안전망이 합리적으로 운영될 수 있도록 하기 위하여 일차적 안전망과 이차적 안전망 간에 기능의 연계체계를 구축하여야 한다. 이와 관련한 중요한 내용은 다음과 같다.

첫째, 국가는 일차적 안전망이 본연의 기능을 충실히 수행할 수 있는 제도적 여건을 마련하여, 보장의 결함(security gap)과 같은 사각지대의 문제에 의한 이차적 안전망의 부담을 최소화할 수 있도록 노력하여야 한다. 이와 관련한 대표적인 방법으로는 일차적 안전망의 적용대상이나 급여수준을 확대하고, 동시에 저소득계층에 대해서는 보험료의 납부면제 또는 경감 프로그램 등과 같은 지원제도가 다양하게 개발되어야 할 필요가 있다.

둘째, 이차적 안전망을 통한 사회적 보호 또한 궁극적으로 수급자의 기초생활 보장과 자립을 지원하는 소위 '생산적 복지정책'을 기본전략으로 하여 구축될 수 있도록 해야 한다. 그러나 이것은 다양한 종류의 지원과 재정적 뒷받침이 전제되어야만 비로소 가능하게 되므로, 이차적 안전망의 구축과 운영에 필요한 예산의 확보와 프로그램 개발이 충분한 수준으로 이루어질 필요가 있다.

제3절 사회적 애로요인의 성격별 분류

제반의 사회적 애로요인은 공통적으로 개인의 일상생활에 지장을 초래한다. 그러나 이러한 애로의 강도는 개별 문제의 특성에 따라 다르게 나타날 수 있다. 따라서 국가는 재원 동원의 제약성을 감안하여 제도적 보호의 우선순위 및 보호수준의 결정 그리고 예산의 배정 등을 사회적 애로요인별로 차등화할 필요가 있다.

사회적 애로요인에 대한 국가개입의 우선순위를 결정하는 데 중요한 판단기준으로는 피해의 지속기간과 위험발생의 예측 가능성이 있다(Schäfer, 1983). 즉, 개별 애

로요인의 속성별로 ① 문제의 발생에 따른 피해의 지속기간, ② 위험발생의 예측 가
능성에 차이가 발생할 수 있다.

1. 피해의 지속기간

개인이 사회적 애로요인으로 발생하게 되는 피해를 극복하여 다시 정상적인 일
상생활을 영위할 수 있을 때까지는 상당한 기간이 소요된다. 일반적으로 피해의 지
속기간이 길게 나타나는 애로요인일수록 국가의 사회복지정책적 개입이 우선적으
로 필요하게 된다. 왜냐하면 이러한 속성을 가진 애로요인의 경우 다른 종류의 애로
요인에 비해 피해 당사자의 물질적·정신적 고통이 상대적으로 오랫동안 지속되기
때문이다.

개별 사회적 애로요인의 특성에 따라 피해의 지속기간은 차이를 보일 수 있다. 예
를 들면, 질병 또는 실업의 경우 그 특성상 피해가 단기적·경과적으로 발생하게 되
며, 피해 당사자는 이러한 문제를 비교적 짧은 시일 내에 극복할 수 있을 것으로 예
상된다. 반면, 노령 또는 장애로 근로능력을 상실하였을 경우 그 피해는 장기적·영
구적으로 지속될 가능성이 높다. 특히 노령의 경우 소득의 단절문제 외에도 별도로
신체기능의 약화에 따른 의료 및 간병 서비스의 수요가 증가하게 되어, 그에 상응하
는 비용의 부담 문제가 추가적으로 발생할 수도 있다.

피해의 지속기간이 짧은 애로요인은 문제의 극복이 비교적 용이하게 이루어질
수 있다. 예를 들면, 피해 당사자는 종전 자신이 저축하였던 돈을 인출하거나 융자
를 받아 일시적인 생활상의 애로를 해결할 수 있다. 반면, 피해가 장기적·영구적으
로 지속되는 애로요인은 대개 개인적 차원에서의 문제해결이 불가능하다. 따라서
국가에 의한 사회적 보호가 우선적으로 필요로 하게 된다.

2. 위험발생의 예측 가능성

제반의 사회적 애로요인 가운데 국가개입의 우선순위를 결정하는 문제는 위험의
발생시기나 피해의 규모에 대한 사전 예측의 가능성 여부를 근거로 하여 이루어질
수도 있다. 왜냐하면 예측이 가능한 애로요인의 경우 개인은 사전에 적절한 대비책
을 마련할 수 있는 시간적 여유를 가질 수 있기 때문이다.

일반적으로 노령의 경우 인간이 살아가는 동안 누구나 거치게 되는 삶의 단계로 이해될 수 있다. 나아가 노령으로 인한 근로활동의 중단(즉, 퇴직) 시기는 일반적으로 예측이 가능하다. 따라서 개인은 근로활동 기간 동안에 적절한 방법(예: 저축, 보험 가입, 부동산의 구입 등)으로 자신의 노후를 대비할 수 있다. 이와는 달리 실업·장애·부양자의 사망 등은 일상생활 과정에서 불시에 직면하게 되는 사회적 애로요인으로서 그에 대한 사전적 대비가 어려운 문제가 있다. 이러한 측면에서 볼 때 예측이 불가능한 애로요인일수록 사회적 차원의 보호가 우선적으로 필요하게 된다.

위험발생의 예측 가능성과 관련하여 질병은 양극단의 중간에 위치하는 사회적 애로요인이 될 수 있다. 질병은 인간이 살아가는 과정에서 누구나 겪게 될 수 있다는 점에서 일정 부분 사전적 대비가 가능하다. 그러나 질병의 경우 발생 시기, 빈도 그리고 피해 규모 등은 개인별로 차이가 있으므로 이에 대한 예측과 사전적 대비가 어렵다는 문제점이 있다. 나아가 중대 질병의 경우 피해 당사자인 환자와 가족은 치료비용의 부담 문제와 해당 기간 동안 소득 단절로 인해 이중적 고통을 겪게 될 가능성이 높으므로 사회적 차원의 보호가 우선적으로 필요하게 된다. 유사한 맥락으로서, 노령은 생명이 유지되는 한 누구에게나 해당되는 '상식적 위험(common risk)'이 될 수 있다. 하지만 개인이 스스로 자신의 노후를 대비하기 위해 필요한 경제적·사회적 변수들(예: 기대수명, 건강수명, 양 변수의 차이, 이자율, 물가 변화, 실업률 등)은 개인적 차원에서 좀처럼 파악하기 어렵다는 점에서, 노령은 '불확실한 위험(uncertain risk)'이 될 수도 있다. 따라서 국가의 공적연금제도는 국민이 이와 같은 불확실성의 문제로 인해 겪게 될 수 있는 피해를 미연에 방지하고 보고하기 위한 목적으로 필요하게 된다.

일부 사회적 애로요인의 경우 개인적 차원에서 피해 규모나 발생 시기의 조절이 가능한 경우도 있다. 예를 들면, 모성과 관련하여 출산 횟수와 출산 시기 등은 일반적으로 개인이 스스로 조절할 수 있는 사회적 애로요인에 해당된다. 이러한 관점에 국한하여 볼 경우 모성보호는 여타의 사회적 애로요인에 비해 상대적으로 보호의 긴급성이 떨어진다고 볼 수 있다.

제4절 사회적 애로요인과 사회복지제도

　사회복지정책은 문제의 인식과 해결방안의 모색 등 전반적인 과정에서 상당한 수준의 정치적 판단이 요구되는 영역이다. 제반 생활상의 문제들 가운데 어떠한 것들을 사회적 애로요인으로 간주할 것인가 하는 과제는 물론, 이러한 사회적 애로요인들을 어떠한 방법으로 해결할 것인가 하는 과제 또한 가치판단을 바탕으로 한 정치적 선택의 문제로 정의해 볼 수 있다.

　사회적 애로요인의 해결은 궁극적으로 제도적 차원, 즉 사회복지제도의 도입·실시를 통하여 이루어지게 된다. 사회적 애로요인에 대한 구체적인 대응전략의 일환으로서 사회복지제도를 어떻게 설계할 것인가 하는 문제는 정치적 선택과 관련한 사항이다. 왜냐하면 사회문제의 해결방안은 다양하게 존재할 수 있기 때문이다. 여기서는 사회복지제도 설계의 기준으로서 기본원칙의 선택 문제와 사회적 애로요인에 대한 개념정의의 문제에 대해 살펴보고자 한다.

1. 기본원칙의 선택과 사회복지제도의 설계

　사회적 애로요인에 대한 제도적 대처방안은 기본원칙의 선택에 따라 다르게 제시될 수 있다. 이러한 기본원칙으로는 제9장과 제10장에서 살펴본 보험의 원칙, 공급의 원칙, 부조의 원칙 그리고 원인주의 원칙, 결과주의 원칙이 있다.

1) 보험의 원칙, 공급의 원칙 및 부조의 원칙

　제반 사회적 애로요인에 대처하는 세 가지 기본원칙은 각자 고유의 해결방안을 제시해 줄 수 있다는 점에서 그 중요성이 있다. 그러나 세 가지 기본원칙에 대한 선택은 개별 사회적 애로요인의 특성을 감안하여 이루어질 필요가 있다.

　현재 우리나라에서는 사회적 애로요인별로 노령·장애·부양자의 사망·질병·산업재해·실업·노인장기요양보호의 경우에는 '보험의 원칙'을, 전쟁피해·자연재해·범죄피해·공익적 행위의 수행과정에서 발생한 피해의 경우에는 '공급의 원칙'을, 그리고 빈곤문제의 경우에는 '부조의 원칙'을 바탕으로 하여 별개의 사

| 표 11-1 | 복지국가 유형의 특성별 비교

기본 원칙	사회적 애로요인	관련 제도	집행기관
보험의 원칙	노령·장애·부양자의 사망	국민연금제도 공무원연금제도 사립학교교직원연금제도 군인연금제도	국민연금관리공단 공무원연금관리공단 사립학교교직원연금관리공단 국방부
	질병	국민건강보험제도	국민건강보험공단
	산업재해	산업재해보상보험제도	근로복지공단
	실업	고용보험제도	고용노동부–고용지원센터
	노인의 장기요양보호	노인장기요양보험제도	국민건강보험공단
공급의 원칙	전쟁 피해, 독립운동 또는 민주화운동으로 인한 피해	국가유공자예우제도	국가보훈처
	수해 등과 같은 자연재해	재해구호제도	보건복지부–자치단체
	범죄피해	범죄피해자구조제도	법무부
	민간인으로서 공익활동 중 발생한 피해	의사상자보호제도	보건복지부
부조의 원칙	일반적 빈곤 문제	국민기초생활보장제도	보건복지부–자치단체
	저소득계층의 의료비부담 문제	의료급여제도	보건복지부–자치단체
	노인 및 장애인의 빈곤 문제	기초연금제도	보건복지부–자치단체

회복지제도들이 운영되고 있다. 이러한 기본원칙의 분류 방법을 토대로 한 사회복지제도들은 〈표 11-1〉과 같이 정리해 볼 수 있다.

오늘날 대다수의 국가가 〈표 11-1〉의 기본원칙의 분류기준에 따라 사회적 애로요인을 해결하고 있다. 그러나 일부 예외적인 사례로는 다음과 같은 것이 있다.

먼저, 질병에 의한 의료비부담 문제의 경우 대다수의 국가는 '보험의 원칙'을 바탕으로 하는 공적의료보험제도로 해결하고 있다. 그러나 영국·이탈리아·덴마크·핀란드·스웨덴·뉴질랜드 등의 국가는 조세방식의 '공급의 원칙(구체적으로, 보편성의 원칙)'을 기반으로 모든 국민에게 무상의 의료서비스를 제공하는 국민건강서비스제도(national health service system: NHS)를 운영하고 있다. 그리고 미국은 의료비 부담 문제를 민간의 상업의료보험 위주로 해결하고 있으며, 단지 노인계층이나 일부의 저소득계층을 대상으로 각각 '보험의 원칙'에 입각한 의료보험제도

(medicare system) 그리고 '부조의 원칙'을 바탕으로 한 의료보호제도(medicaid system)를 운영하고 있다.

다음으로, 노령·장애·부양자의 사망에 의한 소득상실 문제는 일반적으로 '보험의 원칙'을 바탕으로 하는 공적연금제도에 의해 해결되고 있다. 그러나 덴마크·캐나다 등의 일부 국가는 조세를 재원으로 하는 '공급의 원칙(구체적으로, 보편성의 원칙)'을 통하여 전체 국민의 노후소득보장 문제를 해결해 오고 있다. 또한 독일·오스트리아 등의 일부 국가는 공무원 또는 군인에 대한 노후소득보장제도에 대해서는 이들이 수행하고 있는 업무의 공익성을 감안하여 '공급의 원칙(구체적으로, 사회보상의 원칙)'을 적용하고 있다.[5] 따라서 이 국가들의 해당 계층은 별도의 사전적 기여(즉, 보험료의 납부) 없이 전액 조세재원으로 노후소득을 보장받게 된다.

2) 원인주의 원칙과 결과주의 원칙

이 두 가지 기본원칙은 제반의 사회적 애로요인을 원인별로 구분하여 각각 별개의 사회복지제도로 운영할 것인가(원인주의 원칙) 아니면 위험의 발생원인에 상관없이 동일한 피해 현상에 대하여 하나의 사회복지제도로 통합 운영할 것인가(결과주의 원칙) 하는 정치적 의사결정과 관련이 있다.

일반적으로 '보험의 원칙'은 사회적 애로요인의 발생원인별로 별도의 사회복지제도들을 운영하는 특성을 보이고 있다. 그러나 일부 국가에서는 유사한 성격을 가진 사회적 애로요인을 하나의 사회복지제도에서 총괄하여 해결하려고 하는 경향을 보이고 있다. 여기서는 이와 관련한 유럽 국가들의 제도적 사례에 대하여 살펴보고자 한다.

(1) 네덜란드의 장애사회보험제도와 스위스의 장애연금제도

장애는 개인의 근로능력과 일상생활의 수행능력을 제약하는 공통적인 특성을 가지고 있는 반면, 장애의 발생원인은 다양하게 존재할 수 있다. 오늘날 대다수의 국가에서는 장애문제에 대처하여 그 원인별로 구분하여 연금보험, 의료보험, 산재보

---

5) 참고로, 우리나라를 비롯한 상당수의 국가에서는 공무원의 노후소득보장 문제를 소위 '보험의 원칙'을 기초로 한 공적연금제도로 해결하고 있다.

험 등 다양한 사회복지제도들을 운영하고 있다. 그러나 이러한 제도적 다양성은 유사한 피해 현상을 차별적으로 보호하게 됨으로써 나타나는 형평성의 문제, 행정관리 비용의 낭비, 국민의 불편 등 많은 문제점을 보이고 있다. 나아가 선천성 장애나 초기 장애의 경우 보험의 원칙을 바탕으로 운영되는 사회보험제도에서는 제도적 보호를 받지 못하는 사각지대의 문제를 초래하게 될 가능성도 높다. 이와 같은 문제에 대처한 제도적 방안으로서 네덜란드와 스위스의 사례를 각각 살펴보고자 한다.

먼저, 네덜란드는 현재 독립적 형태의 장애사회보험제도를 운영하고 있으며, 피해의 발생원인에 상관없이 거의 모든 형태의 장애문제가 제도의 보호 대상이 될 수 있도록 하고 있다. 구체적으로 살펴보면, 장애사회보험제도에서는 산재장애, 질병 또는 사고에 의한 일반장애, 선천성장애 등을 불문하고 이 모든 사항에 장애연금과 재활급여를 제공하고 있다.

네덜란드의 장애인 사회복지체계는 독특한 형태를 가지고 있다.[6] 예를 들면, 네덜란드에서는 별도의 산재보험제도를 운영하지 않고 있다. 왜냐하면 산재환자에 대한 의료서비스와 휴업급여[7]의 경우에는 의료보험제도에서, 그리고 장애연금과 재활급여의 경우에는 장애사회보험제도에서 보호가 이루어지도록 하고 있기 때문이다. 뿐만 아니라 공적연금제도의 급여 항목 가운데 하나인 장애연금 또한 장애사회보험제도가 맡고 있다.

사회적 애로요인으로서 장애문제에 대한 네덜란드 사회복지체계의 특성은 다음과 같이 정리해 볼 수 있다. 네덜란드는 장애의 발생원인에 상관없이, 단지 장애 피해 현상을 사안별로 구분하여 해결하고 있다. 즉, 장애에 따른 피해 현상으로서 의료비용의 부담 문제와 치료과정에서의 일시적 소득공백 문제는 의료보험제도에서, 그리고 소득능력의 상실문제와 재활치료 비용의 부담문제는 장애사회보험제도에서 해결될 수 있도록 하고 있다. 이러한 형태의 문제해결 방식은 장애 발생의 원인 구분과 상관없이 동일한 피해 현상에 대하여 동일한 내용과 수준의 보호가 이루어질 수 있도록 하는 장점을 가지고 있다.

━━━

6) 네덜란드의 장애사회보험제도를 포함한 전체 사회복지제도를 체계적으로 설명한 자료로는 Ministry of Social Affairs and Employment(2004)를 참조하기 바란다.

7) 휴업급여란 산업재해에 의한 부상이나 직업병의 치료과정에서 발생하게 되는 일시적 소득단절의 문제를 해결하기 위하여 마련된 제도다. 하지만 네덜란드는 이러한 휴업급여를 상병급여의 형태로 의료보험제도에서 제공하고 있다.

다음으로, 스위스의 경우에도 독립적 형태의 장애연금제도를 운영하고 있다. 다만 네덜란드와는 달리 산재보험제도가 별도로 존재한다. 스위스의 장애연금제도는 '거주의 원칙(residence principle)'에 입각하여 소득활동의 여부나 연령에 상관없이 모든 주민을 적용 대상으로 하고 있다. 반면, 보험료의 납부의무는 소득활동계층의 경우 만 18세부터 그리고 비소득활동계층의 경우 20세부터 발생하게 된다. 이처럼 제도의 적용과 보험료의 납부에 대한 차등적인 연령기준의 적용은 일반 장애인은 물론, 선천성 또는 초기 장애인에 대해서도 장애연금이나 각종 재활급여의 혜택이 돌아갈 수 있도록 하는 장점을 가지고 있다. 뿐만 아니라 스위스 장애연금제도는 자영업자를 포함한 저소득계층이나 비소득활동계층에 대한 각종 보험료 감면 규정이 마련되어 있어 제도적 보호의 혜택이 광범위하게 이루어진다는 특징을 보이고 있다.[8]

(2) 독일과 스위스의 산재보험제도

대개의 사회복지제도들은 성숙과정에서 다음과 같은 방향으로 제도적 기능을 확대하는 경향을 보인다. 즉, 개개의 사회복지제도는 최초로 특정한 집단의 특정한 사회적 애로요인을 보호하기 위한 목적에서 도입되었으나 점차 전체 국민의 일상생활을 보호하는 방향으로 발전하고 있다.

선진국의 경우 산재보험제도는 업무의 수행과 관련하여 발생하게 되는 산업재해나 직업병으로부터 근로자를 보호하기 위한 목적으로 도입되었다. 그러나 산재보험제도는 그 성숙과정에서 고유의 '산업재해보상보험'에서 점차 '일반재해보험'으로 그 기능을 확대하고 있다. 이러한 산재보험제도의 기능 확대는 다음과 같은 의미를 가지고 있다. 즉, 국가는 사회의 발전과정에서 발생하게 된 제반의 사회적 애로요인에 대하여 별도의 제도 설립 없이 가급적 기존의 사회복지제도, 예를 들면 산재보험제도를 통하여 해결하도록 하는 노력을 해 왔다. 이와 관련한 대표적인 사례는 독일과 스위스의 관련 제도에서 살펴볼 수 있다.

---

8) 스위스의 장애연금제도를 포함한 전체 사회보장제도에 대한 소개를 한 자료로는 Bollier(2003), Widmer(2008) 그리고 AHV+IV(2010)를 참조하기 바란다.

① 독일 산재보험제도

독일 산재보험제도의 발전과정에서 나타나는 특징은, 한편으로는 제도의 적용대상이 지속적으로 확대되어 왔으며, 다른 한편으로는 보호대상에 포함되는 애로요인의 종류 역시 꾸준히 확대되었다는 것이다.[9]

독일의 산재보험제도는 1884년 최초 도입 당시 적용대상을 산재의 발생위험이 상대적으로 높은 업종(예: 제조업, 광업 등)으로서 일정 소득 이하의 임금근로자로 국한하였다. 이후 해당 제도는 적용대상을 지속적으로 확대하여, 마침내 1942년부터는 전체 업종의 임금근로자가 가입할 수 있게 되었다. 또한 1971년 이후부터는 유치원 원아, 학생, 직업 연수생, 재소자 등 미취업자에 대해서도 산재보험제도의 보호가 이루어지도록 하였다. 이에 따라 독일의 산재보험제도는 근로계층을 포함한 일반 국민에게까지 확대 적용할 수 있게 되었다.

독일은 제도의 도입 초기에는 산재보험제도의 보호대상이 되는 애로요인을 산업재해와 직업병으로 엄격하게 제한하였다. 그리고 직업병의 경우 업무와 밀접한 관련이 있다고 판단되는 일부의 질병에 한해서만 제도적 보호가 이루어질 수 있도록 하였다. 이후 직업병 인정 기준의 완화와 함께 산업재해가 아닌 일상생활에서 발생하는 피해에 대해서도 산재보험제도의 보호가 이루어질 수 있게 하였다. 그 대표적인 예로, 1925년부터 통근 중 발생한 피해 그리고 1928년부터 민간인의 공익을 위한 행위(예: 범죄자의 체포, 생명구조, 헌혈, 자원봉사 등)에 의해 발생한 피해에 대해서 산재보험제도의 보호가 이루어질 수 있게 되었다. 이에 따라 독일의 산재보험제도는 순수한 의미의 산업재해뿐 아니라 국민이 일상생활 과정에서 겪게 될 수 있는 애로요인으로까지 사업 영역을 확대할 수 있게 되었다.

② 스위스의 산재보험제도

스위스의 산재보험제도는 1911년에 최초로 도입되었다. 도입 당시 제도의 적용대상은 독일과 마찬가지로 제조업·광업·건설업 등 일부 업종의 근로자에 국한하였다.

이러한 산재보험제도는 1984년 이후부터 전면적으로 개정되었다.[10] 그 대표적인

---

9) 독일 산재보험제도의 역사에 대한 국내 문헌으로는 한국노동연구원(1998)을 참조하기 바란다.
10) 스위스 산재보험제도의 역사에 대한 국내 문헌으로는 한국노동연구원(1999)을 참조하기 바란다.

특징으로서 먼저 적용대상이 획기적으로 확대되었는데, 스위스에 거주하는 모든 근로자는 업종이나 소득수준에 상관없이 당연히 제도의 보호를 받을 수 있게 되었다. 다음으로, 보호의 대상이 되는 애로요인의 종류가 확대되어 기존의 산업재해는 물론, 모든 일반재해(예: 통근재해, 일반교통사고, 가사활동이나 레저활동 중 발생한 사고 등)에 대해서도 모두 산재보험제도의 보호가 이루어질 수 있도록 하였다. 산재보험제도의 사업 영역이 확대됨에 따라 스위스에서는 산업재해나 일반재해에 구분 없이 동일한 피해 현상에 대하여 동일한 내용과 수준의 보호가 이루어질 수 있게 되었다. 나아가 이러한 방식의 산재보험제도 운영에 따라 위험별로 분리된 사회복지제도에서 발생할 수 있는 중복 혜택의 문제나 혜택의 누락 문제가 자동적으로 해결되었다.

(3) 독일의 재활사업제도

재활사업은 장애문제의 극복과 장애인의 자립 정착을 지원하기 위한 목적으로 운영되며, 관련 사업의 종류로는 크게 의료재활·직업재활·사회재활이 있다. 이러한 재활사업은 장애피해에 대한 보상적 차원의 급여에 대비하여, 적극적인 성격의 복지급여로서 그 중요성을 인정받고 있다.

일반적으로 재활사업은 장애의 발생원인별로 구분하여 다양한 사회복지제도들이 관련 업무를 수행하게 된다. 우리나라의 경우 재활사업의 운영주체로는 국민건강보험제도, 산업재해보험제도, 국가보훈제도, 장애인고용촉진제도 등이 있다. 우리나라와 마찬가지로 독일도 장애인의 재활사업은 다양한 법률에 근거하여 많은 수의 사회복지제도가 담당하고 있다. 독일의 주요 재활사업 운영주체는 [그림 11-3]과 같이 정리해 볼 수 있다.

재활사업 운영 주체의 다양화는 장애의 원인별 그리고 피해의 특성별로 구분하여 각각 전문적인 재활서비스를 제공할 수 있다는 장점을 가진다. 반면, 이는 법률 및 전담기관의 복잡성 등의 문제로 피해 당사자의 불편, 개별 제도 간 재활급여의 내용 및 수준 차이에 따른 형평성 시비, 업무의 중복 또는 누락 등 각종 행정적 낭비의 문제를 초래할 수 있다.

재활사업 운영주체의 다양화로 발생하는 문제점을 해결하기 위하여 독일은 1974년 「재활사업조정법(Rehabilitations-Angleichungsgesetz독)」을 제정하였다. 이 법은 사업기구의 통합 대신 개별 재활사업 운영주체 간 행정 업무의 연계성 그리고 사업 내용

[그림 11-3] 독일의 재활사업 운영주체 구성도

자료: Bundesarbeitsgemeinschaft für Rehabilitation(1995). *Wegweiser: Eingliederung von Behinderten in Arbeit, Beruf und Gesellschaft.*

의 표준화 등을 주된 내용으로 담고 있다. 이와 관련한 구체적인 내용들은 다음과 같다.

첫째, 「재활사업조정법」은 재활사업의 안내 및 상담 업무와 관련한 사항으로 공동상담소의 운영 그리고 공동의 행정전달체계 구축 등을 명시함으로써 장애인의 편의는 물론 행정관리비의 절감효과를 도모하고 있다.

둘째, 「재활사업조정법」은 장애인의 성공적 자립 정착을 위해 요구되는 의료재활-직업재활-사회재활이 유기적으로 이루어질 수 있도록 장애인 개인별로 재활사업에 대한 총괄계획(Gesamtplan독)의 수립을 의무화하고 있다. 이러한 총괄계획에 의거하여 다양한 재활사업 운영주체가 공동으로 참여할 수 있도록 함으로써 재활사업의 효과성은 물론, 비용의 절감효과를 이루어 냈다.

셋째, 「재활사업조정법」은 장애인에 대한 재활사업의 적시성(適時性)이 유지될 수 있도록 하기 위하여 재활사업의 우선적 수행주체를 정해 두고 있다. 이러한 규정은 장애의 발생원인이 모호하여 재활사업 책임기관이 불명확하게 될 경우 사업의 지연 때문에 재활효과가 감소하는 문제를 방지하기 위한 조치인 것으로 판단된다.

원인주의와 결과주의 원칙의 관점에서 볼 때 독일의 「재활사업조정법」은 다음과 같은 의미가 있다. 독일은 재활사업에 다양한 운영주체가 존재하고 있다는 점에서 여전히 원인주의 원칙에 입각하여 재활사업이 운영되고 있다. 그러나 독일은 원인주의 원칙 때문에 발생하는 재활사업의 문제점을 해결하기 위하여 부분적으로 결과주의 원칙을 가미하고 있다. 구체적으로, 「재활사업조정법」은 재활사업 운영주체들 간에 업무의 연계와 공동사업이 이루어질 수 있도록 함으로써 사업의 중복 문제와 행정적 낭비 요인을 최소화하고 있다. 나아가 「재활사업조정법」은 장애의 발생원인에 상관없이 모든 장애인에게 기본적인 수준 이상의 재활급여가 보장될 수 있도록 하고 있다.

2. 사회적 애로요인의 개념정의와 사회복지제도의 설계

사회적 애로요인의 개념 구분에 따라 제도적 대응 방안이 다르게 이루어질 수 있다. 이와 관련한 대표적인 사례로서 질병과 장애의 개념정의에 대해 살펴볼 필요가 있다. 일반적으로 질병은 피해의 존속 기간이 단기적이고, 동시에 병리적 상태의 치유가 가능한 사회적 애로요인으로 정의되고 있다. 반면, 장애는 병리현상이 장기적으로 존속하게 되고, 나아가 이의 극복이 통상적으로 불가능한 애로요인으로 정의되고 있다. 그러나 질병과 장애는 다음과 같은 점에서 공통점을 가진다. 즉, 질병이나 장애는 정도의 차이가 있을지는 몰라도 모두 의학적 서비스를 필요로 하며, 나아가 피해 당사자의 근로능력과 일상생활의 유지능력을 제한하게 된다는 점이다.

질병과 장애는 그 개념의 구분에서 모호한 부분이 존재한다. 가령, 치매·중풍·정신질환·심장병 등의 만성질환은 그 병리현상의 특성상 질병과 장애의 중간 부분에 놓이게 된다.[11] 이러한 측면에서 만약 질병이라는 개념정의의 요건이 되는 피해 존속 기간의 단기성 그리고 치유의 가능성이 완화될 수 있다면, 의료보험제도는 그 역할 및 기능을 대폭적으로 확대할 수 있을 것이다.

예를 들면, 중풍이나 치매환자의 수발 문제와 관련하여 다수의 국가에서는 장기

---

11) 우리나라의 「장애인복지법」에서는 일반적인 신체적 장애는 물론 정신질환, 신장병 그리고 심장병도 장애의 범주에 포함시키고 있다.

요양보험제도(long-term care insurance system)를 운영하고 있으며, 우리나라에서도 오랜 논의과정을 거친 이후 2008년 7월 1일부터 노인장기요양보험제도를 시행해 오고 있다. 그러나 만약 중풍이나 치매의 문제를 질병의 범주에 포함시키게 될 경우 현행 의료보험제도를 통해서도 문제해결이 가능할 수도 있다. 가령 현행 의료보험제도의 급여 항목에 추가로 간병급여가 신설된다면, 중풍 또는 치매 환자의 치료와 수발 문제는 별도의 장기요양보험제도가 없어도 해결될 수 있을 것으로 생각된다. 실제로 일부 국가에서는 의료보험제도에서 환자의 간병급여를 제공하는 경우도 있다.

제12장 사회복지제도의 적용

제1절 적용의 의미

모든 사회복지제도는 각각 고유의 정책목표를 가지고 다양한 형태의 사업을 수행하고 있다. 이러한 사업들은 한편으로는 특정한 사회적 애로요인이 발생하게 될 경우 당사자에게 적절한 제도적 혜택을 제공하고, 다른 한편으로는 제도의 운영에 필요로 하는 각종 의무를 부과하게 된다.

사회복지제도에서 '적용(coverage)'이란 전체 국민 가운데 어떠한 사회계층을 제도의 대상으로 포함시킬 것인가 하는 문제와 관련한 행정적 업무를 의미한다. 이에 따라 사회복지제도의 적용대상은 한편으로는 제도로부터 보호를 받을 수 있는 권리를 가지게 되며, 다른 한편으로는 해당 제도가 부과하는 각종 조건을 이행하여야 하는 의무를 지게 된다.

대개의 경우 사회복지제도들은 적용대상의 선정에 일정한 제한을 두고 있다. 이러한 적용범위의 제한은 ① 경제적 차원에서 재원의 동원능력이 제한적이라는 점, ② 사회복지정책의 차원에서 보호를 반드시 필요로 하는 계층에게 적절한 종류 및 수준의 급여를 제공할 수 있도록 하여야 한다는 점에서 불가피한 조치로 판단된다.

제반의 사회복지제도는 각각 적용대상의 범위를 달리하고 있으며, 사회복지제도의 기본원칙인 보험의 원칙, 공급의 원칙 및 부조의 원칙으로 분류하여 볼 때 적용의 기준은 각각 다음과 같은 일정한 특징을 보이게 된다.

제2절 보험의 원칙에서의 적용

1. 사회보험제도의 적용기준과 적용의 종류

1) 적용의 판단기준

사회보험제도는 '보험의 원칙'을 바탕으로 운영되는 제도다. 이러한 사회보험제도는 그 적용에서 다음과 같은 양면성을 가진다. 즉, 적용은 한편으로는 가입 계층에게 특정한 사회적 애로요인이 발생할 경우 적절한 제도적 보호를 제공해 준다는 측면이 있으며, 다른 한편으로는 제도의 적용에 따라 해당 계층은 가입 및 보험료 납부 의무를 지게 된다는 측면이 있다. 종합하면, 개인은 사회보험제도로부터 보호를 받을 수 있는 권리를 확보하기 위하여 사전적으로 제도 가입과 보험료의 납부 의무를 이행하여야 함을 알 수 있다.

사회보험제도에서 어떠한 계층을 적용대상으로 할 것인가의 문제는 개별 제도뿐만 아니라 국가별로도 상당한 차이를 보이고 있다. 적용대상의 설정과 관련한 정책적 의사결정에서의 판단기준은 대체로 보호의 긴급성·보험료의 부담능력·행정적 관리능력 등이 있으며, 국가는 이러한 사항들을 종합적으로 고려하여 결정하여야 할 책임이 있다([그림 12-1] 참조).

첫째, 보호의 긴급성 차원에서 사회보험제도는 사회적 애로요인에 노출될 위험이 높고, 동시에 이에 대한 대처능력이 상대적으로 취약한 계층을 우선적인 적용대상으로 하여야 한다. 이러한 측면에서 볼 때 저임금 근로계층이나 근로환경이 열악한 집단이 사회보험제도의 일차적 적용대상이 되어야 할 당위성이 있다.

둘째, 사회보험제도는 보험료 수입을 주된 재원으로 하여 운영되기 때문에 개인의 보험료 부담에 대한 경제적 능력이 반드시 요구된다. 이러한 측면에서 볼 때 사회보험제도는 불가피하게 보험료의 부담능력이 있는 계층을 위주로 하여 실시하여

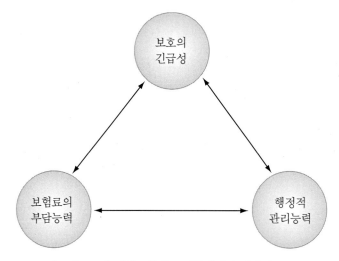

[그림 12-1] **사회보험제도 적용대상의 판단기준**

야 한다.

셋째, 사회보험제도는 보험료의 부담과 급여의 제공 시 가입자 간 형평성을 필수적으로 요구하기 때문에 개개인의 경제적·사회적 상황에 대한 관리능력을 고려하여 적용대상을 설정하여야 한다. 이러한 측면에서 볼 때 일반 근로자와는 달리 자영업자나 비정규직 취업자(예: 임시·일용 근로자, 영세사업장 근로자, 계절 근로자 등)의 경우 사회보험제도의 적용이 현실적으로 힘든 과제로 대두될 수 있다. 왜냐하면 이와 같은 계층은 일반적으로 소득 파악이 어려울 뿐만 아니라 잦은 이직으로 가입 경력의 관리에 과도한 행정적 부담의 문제가 발생할 수도 있기 때문이다.

이와 같이 사회보험제도의 적용기준에 대한 설정 문제는 상당한 어려움이 뒤따르게 된다. 왜냐하면 적용대상의 판단기준으로서 보호의 긴급성은 일반적으로 보험료의 부담능력 및 행정적 관리능력과 상반된 관계에 있기 때문이다. 바로 이러한 문제는 사회보험제도의 사회적 애로요인 해결의 기능에 있어서 한계를 시사하고 있다.

구체적으로 설명하면, 사회보험제도는 '기여와 혜택의 연계성'으로 인해 주로 기여의 능력이 취약한 집단을 중심으로 사각지대의 문제를 초래하게 될 위험이 높다. 이에 따라 사회보험제도는 부조의 원리를 바탕으로 하는 사회복지제도를 수반하는 것이 일반적이다. 가령, 국민연금-기초연금, 국민건강보험 및 노인장기요양보험-의료급여, 고용보험-실업부조[1]가 있을 수 있다.

2) 적용의 종류

사회보험제도의 적용은 다양한 형태로 이루어지고 있다. 적용대상을 종류별로 구분할 경우 가입 계층의 관리가 용이할 뿐 아니라, 계층별 특성에 따라 보험료의 부과 방법과 급여의 내용 및 수준 등을 신축적으로 운영할 수 있는 장점이 있다. 개별 사회보험제도의 적용의 종류는 다양하게 존재하는데, 다음과 같이 크게 세 가지로 구분하여 살펴볼 수 있다.

(1) 당연적용

법에서 정한 일정한 요건에 해당하는 계층을 대상으로 본인의 의사와는 상관없이 강제적으로 제도에 가입하도록 하는 규정이다. 그리고 이러한 당연적용의 대상은 때로는 경제적 · 사회적 특성에 따라 세분화되어 관리되는 경우가 있다. 예를 들면, 우리나라의 국민연금제도와 국민건강보험제도에서는 당연적용 대상자의 종사상 형태에 따라 근로자의 경우 사업장 가입자로 그리고 자영업자와 농어민의 경우 지역 가입자로 구분하여 관리해 오고 있다.

(2) 적용제외

법에서 정한 특정한 계층을 대상으로 사회보험제도의 강제적 적용을 면제해 주기 위해 마련한 규정이다. 이러한 적용제외는 대상 계층의 특성에 따라 크게 다음의 세 가지 방법으로 구분하여 활용하고 있다.

첫째, 제도의 적용이 원천적으로 불가능하게 되는 경우다. 우리나라의 경우 공무원, 군인 그리고 사립학교교직원은 각각 공무원연금제도, 군인연금제도 그리고 사립학교교직원연금제도를 제외한 여타의 국민연금제도, 산재보험제도 그리고 고용보험제도의 가입이 법으로 금지되고 있다.[2]

둘째, 개인의 경제적 능력이나 사회적 상황을 감안하여 사회보험제도의 당연적

---

1) 실업부조제도는 서구 복지국가에서 청소년 및 저소득 장기실업자의 소득보장과 취업지원을 목표로 운영되는 제도로서, 우리나라는 아직 미도입 상태에 있는 제도다.

2) 우리나라의 경우 공무원연금제도, 군인연금제도 그리고 사립학교교직원연금제도는 특수직역(特殊職域)연금제도로도 불리며, 이들은 각각 연금제도의 기능뿐 아니라 산재보험제도와 기업복지제도의 기능도 동시에 수행하고 있다. 그리고 공무원, 군인 또는 교직원 등 특수직 종사자의 경우 민간 부문의 근로자와는 달리 비교적 고용관계가 안정되어 고용보험제도의 적용대상에서 제외되고 있다.

용으로부터 제외시켜 주는 경우가 있다. 우리나라 국민연금제도의 경우 보험료의 부담능력이 취약한 빈곤계층이나 전업주부 그리고 18세 미만의 근로청소년 등에 대하여 제도의 강제적 적용이 면제될 수 있도록 하고 있다. 한편, 국민연금제도에서 납부 예외의 규정은 법률에 따라 당연적용의 대상이 되어야 하는 국민이 실직, 휴업·폐업, 학업, 군복무, 질병·사고, 재해 등과 같은 사유로 보험료의 부담능력을 일시적으로 상실하게 되었을 경우 해당 기간 동안 보험료의 납부 의무를 면제해 주기 위한 취지로 운영되고 있다. 이 경우 납부 예외의 기간은 적용제외의 경우와는 달리 국민연금제도의 가입기간으로 인정되어 향후 보험료의 추후 납부가 허용되며, 장애연금이나 유족연금의 수급권 확보 면에서 상대적으로 유리하게 작용을 할 수 있다.

셋째, 사회보험제도에서 부과하는 요건을 다른 방법으로 충족할 수 있는 계층을 대상으로 조건부로 제도의 적용을 면제해 주는 방법이 있다. '조건부 적용제외 (opt-out 또는 contracting-out)'의 사례는 영국의 소득비례연금제도(supplementary earnings-related pension system)에서 찾아볼 수 있다. 영국은 근로자가 법에서 정해진 수준 이상으로 기업연금이나 개인연금에 가입하고 있을 경우 공적 소득비례연금제도의 강제적용이 면제될 수 있도록 하고 있다.

(3) 임의적용

사회보험제도의 당연적용에서 제외되는 계층을 대상으로 본인이 희망할 경우 제도가입을 허용해 주기 위하여 마련된 규정이다. 이에 따라 공무원, 직업군인, 사립학교교직원 등 특수직역의 종사자가 아닌 사람으로서 사회보험제도의 당연적용이 이루어지지 않는 계층의 경우 본인의 신청에 따라 제도의 임의 가입이 가능할 수 있도록 하고 있다.

이와 같은 임의가입의 대상은 국민연금의 경우 전업주부 그리고 고용보험이나 산재보험의 경우 자영업자가 대표적이다. 그리고 국민연급의 경우 제도의 의무적용 연령이 18세 이상 60세 미만에 해당되므로, 60세를 초과한 근로자나 자영업자에 대해서는 본인의 희망에 따라 제도의 임의계속가입이 가능하다. 하지만 이 경우 당사자는 연금보험료를 전액 본인이 부담하여야 한다.

2. 적용대상의 설정기준

사회보험제도의 적용대상의 범위를 어느 수준까지로 할 것인가 하는 문제는 사회복지정책의 측면에서 중요한 의미를 지닌다. 일반적으로 적용대상의 범위가 크면 클수록 해당 사회보험제도가 수행하는 국민복지 및 사회통합의 기능은 그에 상응하는 만큼 커지게 될 것으로 기대해 볼 수 있다. 이처럼 보편적인 제도 적용의 필요성에도 불구하고 실제로 적용대상의 범위는 사회보험제도별로 그리고 국가별로 상당한 차이를 보이고 있다.

사회보험제도의 적용대상을 설정하는 기준으로는 경제적 · 사회적 특성별 구분에 따라 크게 근로활동, 직종 또는 종사상의 형태, 소득수준 그리고 전체 국민이 있을 수 있다(Schäfer, 1983). 여기서는 이러한 적용대상의 설정기준과 관련한 내용에 대하여 살펴보고자 한다.

1) 취업활동 참가

일반적으로 취업활동이란 소득의 획득을 목적으로 이루어지는 모든 형태의 육체적 · 정신적 노동을 의미하며, 여기에는 크게 임금근로, 자영업, 농어업 등이 있다. 따라서 취업활동의 여부를 기준으로 사회보험제도의 적용이 이루어지게 될 경우 모든 근로자, 자영업자 그리고 농어민 등이 제도의 가입대상이 된다. 그리고 이 경우 보험료는 원칙적으로 취업활동을 통하여 획득하게 되는 제반의 소득(예: 근로소득, 사업소득, 농업소득 등)을 기준으로 부과하게 된다.

사회보험제도의 적용대상을 결정하는 기준으로서 취업활동은 실제로 보험료를 부담할 수 있는 능력이 있는 계층을 제도에 가입시킬 수 있다는 장점이 있다. 그러나 이러한 적용기준의 적절성 여부는 개별 제도의 급여 형태, 즉 현금급여 또는 현물급여에 따라 다르게 평가될 수 있다.

(1) 현금급여

현금급여란 가입자가 노령 · 질병 · 실업 등에 의해 취업능력 또는 취업기회를 상실하게 되었을 경우 현금 형태로 지급되는 급여로, 대표적으로 연금 · 상병급여 · 실업급여 등이 여기에 해당된다. 현금급여를 주로 제공하는 사회보험제도의 경우 취업활동의 여부를 기준으로 한 제도의 적용은 논리적 타당성을 가지고 있다. 왜냐하면 현금급여는 취업활동을 하던 가입자가 사회적 애로요인에 의해 소득의 단절 문제를 겪을 경우 대체적인 소득원을 마련해 주기 위한 목적으로 운영되고 있기 때문이다. 그러나 이러한 적용기준은 다음과 같은 점에서 '보장의 결함(security gap)'을 초래할 가능성이 있다.

첫째, 취업활동을 해 오던 가장이 사망하게 될 경우 피부양가족은 소득의 공백 문제에 직면할 수 있다. 이러한 문제를 해결하기 위한 일환으로 우리나라의 경우 국민연금제도와 산재보험제도에서는 별도로 유족연금의 지급규정을 마련해 두고 있다.

둘째, 장애, 조기 퇴직 등의 사유로 취업활동을 조기에 중단하게 될 경우 당사자와 그 가족은 소득의 결함 문제에 직면하게 될 수 있다. 이러한 문제를 해결하기 위한 목적으로 우리나라 국민연금제도의 경우 별도로 장애연금 또는 조기노령연금 등의 규정이 마련되어 있다. 그러나 이러한 형태의 현금급여는 개인별로 보험가입 경력에 연계되어 급여수준의 적절성 측면에서 상당한 한계를 보일 수 있다.

(2) 현물급여

현물급여란 현금 형태로 제공되는 급여와 대비되는 개념으로, 각종 물질적 급여와 사회복지서비스가 여기에 해당된다. 우리나라의 경우 이러한 현물급여는 대표적으로 국민건강보험제도에서 제공되고 있다. 국민건강보험제도는 질병의 발생 시 적절한 치료 혜택의 제공과 그에 따른 비용 문제의 해결을 위한 목적으로 운영되고 있다.

일반적으로 질병은 발병 시기, 횟수 그리고 피해 정도에서 개인별로 차이가 있을 수 있으나 누구에게나 공통적으로 발생할 가능성이 있는 사회적 애로요인이다. 따라서 취업활동계층만을 대상으로 하는 의료보험제도의 적용은 부적절할 수 있다. 이러한 문제를 해결하기 위하여 우리나라의 국민건강보험제도는 모든 소득활동계층이 당연히 적용되도록 하고 있으며, 이 경우 부양가족에 대해서는 별도의 보험료 부담이 없이 가입자와 동등한 의료보험의 혜택을 받을 수 있도록 하고 있다.

2) 직종 또는 종사상의 형태

사회보험제도의 적용이 종종 특정한 직종 또는 특정한 종사상의 신분을 갖추고

있는 근로계층을 대상으로 선별적으로 이루어지는 경우가 있다. 사회보험제도의
적용기준으로서 직종이나 종사상의 형태는 제도의 도입 초기에 특정한 집단에 대

| 표 12-1 | 우리나라 5대 사회보험제도의 적용대상 확대과정

산재보험제도	• 1964년 최초 도입: 광업 · 제조업으로서 500인 이상 규모의 사업장 • 1967년 100인 이상 사업장으로 확대적용 • 1969년 50인 이상 사업장으로 확대적용 및 건설업 · 서비스업 · 통신업종 확대 • 1992년 5인 이상 사업장 확대적용, 단 금융 · 보험업 등은 적용제외 • 2000년 1인 이상의 모든 사업장과 모든 업종으로 확대적용 • 2008년 유사 자영업에 해당되는 특수형태 근로종사자 중 골프장 캐디, 학습지 교사, 보험 모집인 등에 대한 제도 적용 확대
국민건강보험제도	• 1977년 최초 도입: 500인 이상의 사업장 강제적용 • 1979년 300인 이상 사업장으로 확대적용 • 1981년 100인 이상 사업장으로 확대적용 • 1988년 5인 이상 사업장 그리고 농어촌 지역 확대적용 • 1989년 도시 지역 자영자의 확대적용으로 전 국민 의료보험시대 출범
국민연금제도	• 1988년 최초 도입: 10인 이상 규모의 사업장 강제적용 • 1992년 5인 이상 사업장으로 확대적용 • 1995년 농어촌 지역으로 확대적용 • 1999년 도시 지역 자영자의 확대적용으로 전 국민 연금시대 출범 • 향후 과제: 전체 지역가입자의 50%를 능가하는 납부 예외자에 대한 사각지대의 문제해결 방안 마련
고용보험제도	• 1995년 최초 도입 　-실업급여사업: 50인 이상 사업장 　-고용안정 및 직업능력사업: 70인 이상 사업장 강제적용 • 1998년 1월 　-실업급여사업: 10인 이상 사업장 확대적용 　-고용안정 및 직업능력사업: 50인 이상 사업장 확대적용 • 1998년 10월 　-실업급여사업 · 고용안정사업 · 직업능력사업 모두 1인 이상 사업장으로 확대적용
노인장기요양보험제도	• 2008년 7월 1일 최초 도입 　-적용 대상: 국민건강보험제도와 같이 전체 국민 　-보험료의 부담자: 국민건강보험제도의 가입자로서 자신의 건강보험료액×장기요양보험료율 (2009년의 경우 4.78%) 　-급여 혜택 대상자: 65세 이상 노인 또는 노인성 질환을 가진 65세 미만의 국민으로서 장기요양등급(1~3등급) 해당자 　-향후 과제: ① 등급 미해당자로까지 급여 확대, ② 노인장기요양보험제도 → 장기요양보험제도로 확대, ③ 65세 미만의 중증장애인에 대해서도 제도 확대

한 우선적 보호의 차원에서 활용된 바 있다. 실제로 독일·오스트리아·프랑스 등 서구 복지국가의 경우, 산업화 초기 근로조건이 열악하고 각종의 사회적 위험에 대해 무방비 상태로 있었던 저임금의 사무직 근로자와 공장 근로자가 사회보험제도의 일차적 적용 대상으로 되었다. 이후 경제발전과 사회적 애로요인에 대한 국민의 인식이 변화함에 따라 적용대상이 점차 확대되어 오늘날에 와서는 일반 사무직 근로자, 농어민 및 자영업자, 자유직업 종사자 그리고 전업주부 및 학생 등 비경제활동 인구에 대해서도 사회보험제도가 적용되고 있다. 하지만 이 경우에도 국가에 따라서는 제도의 적용이 다수의 운영주체에 의해 각각 다르게 이루어지는 경우가 있다. 대표적인 사례로, 독일의 공적연금제도, 산재보험제도, 의료보험제도는 가입자의 직역·직종·지역별로 구분하여 다수의 조합 형태로 운영되고 있다.

우리나라의 경우 1964년 산재보험제도가 최초로 실시된 이래 건강보험제도, 연금보험제도, 고용보험제도 그리고 노인장기요양보험제도가 속속 도입되어 서구의 복지국가에 버금가는 사회복지체계가 마련되었다. 그리고 개별 사회보험제도는 전국민 보호의 목적으로 적용범위를 지속적으로 확대해 오고 있다. 하지만 우리나라의 사회보험제도들은 독일·오스트리아·프랑스 등의 국가들과는 달리 단일 제도를 중심으로 적용 확대가 이루어지는 특징을 보이고 있다.

서구의 복지국가와 비교해 볼 때 우리나라의 사회보험제도들은 적용 확대과정의 측면에서 중대한 차이점을 보이고 있다. 〈표 12-1〉에서 보여 주듯이, 우리나라의 사회보험제도들은 대개 경제적 부담능력이 있고 행정적 관리가 상대적으로 용이한 대기업의 근로자를 우선적인 적용대상으로 해 왔다. 그 결과, 사회보험제도의 실질적인 적용대상이 되어야 할 영세사업장 근로자, 비정규 취업자, 자영업자 등이 제도의 보호로부터 제외되는 문제가 나타났다. 이러한 문제에 대한 반성으로서 1980년대 이후 빠른 속도로 이루어져 왔던 사회보험제도의 적용 확대는 사회복지 기능 확충의 측면에서뿐 아니라 국민 간 내적 통합의 측면에서도 상당한 기여를 할 수 있을 것으로 판단된다.

3) 소득수준

(1) 적용기준으로서의 의의

사회보험제도의 당연적용 여부에 대한 정책적 판단이 국민 개개인의 소득수준을

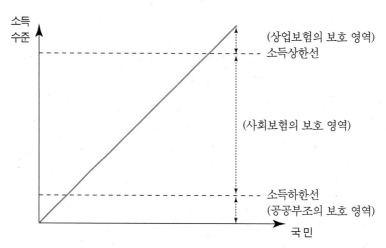

[그림 12-2] **사회보험제도의 적용기준으로서 소득하한선과 소득상한선**

기준으로 이루어지는 경우가 있다. 사회복지정책 차원에서 볼 때 사회보험제도의 보편적 적용은 당위성을 가지고 있으나, 이는 현실적으로 다음과 같은 한계를 보이게 된다. 먼저, 보험료의 부담능력이 없는 저소득계층의 경우 제도의 적용이 사실상 불가능할 수 있다는 점이다. 다음으로, 고소득계층의 경우 사회보험제도의 적용을 통한 제도적 보호가 별다른 의미를 가질 수 없다는 점이다. 왜냐하면 해당 계층의 소득수준을 감안해 볼 때 사회보험제도에서 제공하게 되는 급여가 그 내용이나 수준 측면에서 미흡하게 될 가능성이 높기 때문이다.

이와 같은 문제에 대처하여 상당수의 사회보험제도들은 적용의 기준으로서 소득하한선과 소득상한선을 운영하고 있다. [그림 12-2]는 국민의 소득수준을 기준으로 하여 사회보험제도의 적용 계층을 설정하는 방법을 보여 주고 있다.

먼저, 소득하한선은 일정한 수준의 최저소득을 기준으로 그 이하의 소득계층에 대하여 제도의 당연적용을 면제해 주기 위한 목적으로 운영되고 있다. 예를 들면, 우리나라의 국민연금제도와 국민건강보험제도는 각각의 법으로 정한 소득수준 이하의 저소득계층에 대하여 제도의 강제적용에서 제외하고 있다. 그리고 이러한 소득계층을 위한 사회적 보호는 일반적으로 '부조의 원칙'을 바탕으로 하고 있는 사회복지제도(예: 국민기초생활보장제도, 의료급여제도)에서 이루어질 수 있도록 하고 있다.

다음으로, 소득상한선은 법으로 정한 수준의 최고소득을 기준으로 ① 초과하는 소득에 대하여 보험료의 부담을 면제해 주거나, ② 고소득계층에 대해서는 사회보험제도의 적용 자체를 면제해 주는 방법으로 운영되고 있다. 전자와 관련한 사례로는 우리나라의 국민연금제도와 국민건강보험제도가 있다. 이에 따라 국민연금제도와 국민건강보험제도는 가입자의 실제 소득이 소득상한선을 초과하게 될 경우에도 그 이하의 소득에 대해서만 보험료를 부과해 오고 있다. 그리고 후자와 관련한 사례로는 대표적으로 독일의 의료보험제도가 있다. 독일은 소득상한선 이상의 고소득계층에서 본인의 희망에 따라 상업의료보험이나 공적의료보험 가운데 임의로 선택할 수 있는 권리를 부여하고 있다.

(2) 소득하한선과 소득상한선의 기능

사회보험제도 적용 범위의 설정기준으로서 소득하한선과 소득상한선은 각각 다음과 같은 기능을 하고 있다.

첫째, 소득하한선은 저소득계층이 제도에 가입함으로써 발생할 수 있는 보험공동체의 과도한 분배적 부담을 억제함으로써 '보험의 원리'에 충실한 제도의 운영이 가능할 수 있도록 하는 기능을 수행한다. 왜냐하면 보험료를 주된 수입원으로 하는 사회보험제도의 경우 과도한 소득재분배의 기능은 자칫 제도에 대한 가입자의 신뢰를 저하시킬 위험성을 가지고 있기 때문이다. 그리고 이러한 신뢰감의 저하는 제도 가입의 기피나 보험료의 납부 저항을 초래하는 위험도 가지고 있다.

둘째, 소득상한선은 사회보험 가입계층 간 급여수준의 편차를 적절한 수준에서 억제하는 기능을 하고 있다. 이러한 내용은 특히 현금급여의 경우에 해당될 수 있다. 일반적으로 사회보험제도에서 제공하는 현금급여의 수준은 가입기간 중 개인의 소득수준과 일정한 비례관계를 가지게 된다. 따라서 사회보험제도의 소득상한선은 고소득계층에게 과다한 현금급여가 제공되는 문제를 방지하는 기능을 하게 된다. 또한 소득상한선은 사회적 애로요인의 해결과 관련하여 강제성을 바탕으로 하는 사회보험제도와 자율성을 바탕으로 하는 상업보험 간 합리적 역할분담을 도모하는 기능을 한다. 이에 따라 고소득계층은 소득상한선 이상의 소득에 대하여 별도의 상업보험에 가입함으로써, 사회적 애로요인이 발생하게 될 경우에도 자신의 종전 소득수준에 상응하는 생활을 영위할 수 있게 된다.

(3) 문제점

사회보험제도 적용대상의 설정기준으로서 소득하한선과 소득상한선은 다음과 같은 이유로 많은 비판을 받고 있다(Meinhold, 1966).

첫째, 소득하한선과 소득상한선의 설정이 객관적 기준 없이 국가의 자의적 판단에 의해 이루어지고 있다는 것이다.

둘째, 소득하한선은 이를 경계로 하여 자력에 의한 문제해결이 가능한 계층과 만성적인 사회의 의존계층으로 국민을 이분화시키게 된다. 따라서 이러한 적용기준은 사회적 편견과 갈등을 초래할 위험성이 있다.

셋째, 소득상한선 이상의 소득에 대하여 보험료의 부과를 면제해 주거나 제도의 적용 자체를 면제해 주게 될 경우 사회보험제도의 분배 기능에 따른 경제적 부담이 중산층에게서 과도하게 발생하게 되는 논리적 모순을 초래하게 된다.

4) 전체 국민

사회보험제도의 적용이 보편주의(universalism)의 관점에서 이루어지게 되는 경우가 있다. 이 경우 적용의 대상은 개인의 경제적 · 사회적 상황을 불문하고 전체 국민이 되며, 때로는 국내에 정상적으로 거주 중인 외국인도 포함될 수 있다. 이처럼 보편주의 차원에서 사회보험제도의 적용이 이루어지는 국가로는 대표적으로 영국 · 스웨덴 · 네덜란드 · 스위스 등이 있다.

'보험의 원리'를 바탕으로 하는 사회보험제도의 경우 제도의 적용대상은 보험료의 부담능력을 감안하여 결정하여야만 하는 한계가 있다. 따라서 사회보험제도의 보편적 적용이 이루어지기 위해서는 경제적 능력이 부족한 저소득계층의 보험료 부담 문제가 반드시 해결되어야만 한다. 달리 표현하면, 사회보험제도의 적용이 보편성을 가지기 위해서는 선행적으로 '보험료 부담의 사회화'가 전제되어야만 한다. 이와 관련한 사례로서 영국이나 스위스의 사회보험제도는 영세자영업자, 저소득계층, 비소득활동계층(예: 전업주부, 학생) 등을 대상으로 보험료의 경감 또는 면제제도를 실시해 오고 있다.

그러나 사회보험제도에서 이러한 '보험료 부담의 사회화'는 제한적으로만 가능하게 되므로 전체 국민을 적용대상으로 하는 제도의 경우 대체로 다음과 같은 공통적인 특징이 발견되고 있다.

첫째, 사회보험 공동체의 분배적 부담을 완화하기 위하여 상당한 수준의 국가보조가 이루어지고 있다. 둘째, 사회보험제도의 분배 기능으로 인한 국가재정의 부담을 제한하기 위하여 급여의 수준이나 내용은 통상적으로 최소한의 생계유지에 필요한 범위에서 머무르고 있다.

3. 일반사회보험제도를 통한 적용이 어려운 집단에 대한 사회보장

1) 공무원 및 군인(이하: 공무원)

(1) 공무원의 신분적 특성

공무원이나 일반 국민은 「헌법」에서 정의한 바와 같이 공히 존엄한 인격을 가진 인간으로서, 마땅히 사회보장에 있어서도 동등한 처우를 받아야 할 권리를 가지고 있다. 그러나 이러한 기본명제와는 달리 공무원의 노동시장은 일반 국민의 경우와 다른 특성을 가지고 있다. 일례로, 일반 국민에게 있어서 노동시장은 경쟁원리를 바탕으로 이윤추구의 극대화를 기본적 행동원칙으로 하고 있다. 만약 별도의 외부효과가 존재하지 않는다고 가정을 하면, 각 개인의 이윤추구 행위는 사회 전체적 차원에서도 유익한 행위가 될 수 있다. 반면, 공무원의 노동시장은 이러한 경쟁과 이윤추구 행위가 공정하고 적법하게 유지될 수 있도록 법·제도를 생산하고 행정적으로 관리 감독하는 역할을 하게 된다. 그리고 공무원이 공공재(예: 질서, 규제, 공정성, 치안, 국방, 안전 등)의 생산 행위를 원활하게 수행하기 위해서는 공무원 자신이 당사자가 되어 이해에 개입해서는 안 되며, 오히려 이해의 중재자·조정자·감독자로서 역할을 수행하여야만 한다.

이러한 차원에서 볼 때 공무원의 법률상 의무사항으로 요구되고 있는 고도의 청렴의무, 복종의무, 성실의무 등은 공공재의 품질을 좌우하는 일종의 생산요소로 간주해 볼 수도 있다. 왜냐하면 공공재의 생산과정에서 공무원 개인의 비리나 부정 또는 사리사욕이 개입될 경우 해당 공공재(특히, 안전이나 질서)의 성능은 나빠지게 되고, 그로 인한 피해는 고스란히 국민에게 돌아가게 되기 때문이다. 종합해 보면, 이와 같은 공직의 속성으로 인해 정작 공무원은 다양한 측면에서 경제적 이익추구나 단체행동의 권리 그리고 정치적 표현의 자유를 제약받게 되고, 따라서 이는 별도의 방법으로 보상이 이루어져야만 한다(Ruland, 1988).[3]

(2) 공무원연금제도의 특성

국민연금제도의 경우와는 달리 공무원연금제도는 「공무원법」의 적용을 받는 공무원들만을 대상으로 운영되는 사회보장제도다. 그리고 공무원연금제도는 단순히 노후소득보장의 기능뿐만 아니라, 산재보상 및 공무원부조제도(예: 사망조위금, 재해부조금 등)의 기능도 동시에 수행하고 있다.[4]

일반적으로 사회보장정책과 인사정책은 각자 서로 동전의 양면으로서, 양자를 기능적으로 연계하게 될 경우 다양한 정책효과를 기대해 볼 수 있다(ILO, 1998). 노동시장에서 이동성이 비교적 빈번한 일반 근로자의 경우와는 달리, 공무원의 경우 일생 동안 공직의 종사를 전제로 임용되는 평생공무원으로서의 신분을 가지고 있다. 이에 따라 공무원의 경우 비리나 기타 중대한 결격사유가 없는 한 공무원으로서의 신분을 보장받게 된다. 이러한 공무원의 신분적 특성을 바탕으로 국가는 국정 운영의 안정성과 효율성을 위한 기반을 확보할 수 있게 된다. 나아가 국가는 공무원의 업무 태도와 실적을 인사제도는 물론 사회보장제도에도 반영함으로써 조직에 대한 충성심을 이끌어 낼 수 있고, 스스로 부정이나 부패의 유인을 억제할 수 있는 동기를 활성화할 수 있다. 특히 무엇보다도 국가는 공무원의 근무(인사정책) 또는 퇴직(사회보장정책)의 연령이나 형태를 적절하게 조절함으로써 향후 고령화사회의 노인부양비 문제와 인력 부족 사태에 유연하게 대처할 수 있는 능력을 갖출 수 있다. 이러한 제반의 장점은 인사·보수·복리후생의 측면에서 비교적 유사한 규정을 적용받는 공무원조직 내에서만 가능한 사안이 될 수 있다.

공무원연금제도는 노후소득보장기능 이외에도 다양한 정책적 기능(policy-mix)을 수행하고, 동시에 제도적 체계(국민연금＋퇴직금의 기능)나 운영방식 또한 국민연금과 현저한 차이를 보이고 있다. 나아가 공무원 노동시장의 환경이나 운영원리가 일반 국민의 경우와 상이하며, 국가나 사회가 각각의 제도에 요구하는 과제와 이에 대한 보상체계 또한 상이하다는 것을 인정하여야 할 필요가 있다.

---

3) 참고로, 독일의 경우 공무원에 대해서는 평생공무원의 신분을 보장해 주고, 나아가 「공무원법」에 의거하여 국가는 공무원이 자신의 직위 또는 직급에 상당하는 생활수준을 보장해 주어야 할 의무를 가지고 있다. 나아가 국가는 공무원이 어떠한 경우에도 기본적 생활수준 이상을 영위할 수 있도록 하기 위한 '배려의 의무(Fürsorge-Pflicht독)'도 가지고 있다.
4) 우리나라의 공무원은 법적 신분보장에 따라 고용보험의 적용에서 제외되고 있다. 국민연금제도와의 차이점으로서 공무원에게는 공무상 재해가 아닌 일반 사고나 중증질환으로 인한 장애에 대해서는 장애연금의 수급권이 원칙적으로는 인정되지 않고 있다.

종합하면, 공무원연금은 공무원 노동시장의 특수성을 반영한 특수한 성격의 제도로서, 이는 특별한 제도로서 특별한 혜택을 받아야 하는 제도는 결코 아니라는 것이다. 여기서 특수하다는 것은 공무원으로서 역할과 책임이 일반국민의 경우와 다르다는 것을 의미한다. 따라서 특수직역연금제도로서 공무원연금 또한 국민연금과는 기능적으로 달라야 할 필요가 있다.

(3) 공무원연금제도의 개선방안

공무원연금과 국민연금의 급여수준 격차는 오랜 기간 동안 논란의 대상이 되어 왔으며, 최근에는 정치적·사회적 갈등 양상으로까지 전개되고 있다. 하지만 양자 간 같음과 다름을 구분할 수 있는 지혜 그리고 제도적 역할이나 기능의 다름에 따른 보상의 차이 또한 수용할 수 있는 포용적인 자세가 국민에게 요구된다. 그러나 동시에 공무원의 노동시장과 일반 국민의 노동시장을 구분하고 있는 경계선의 높이가 점차 낮아지고 있다는 점을 감안해 볼 때, 공무원 또한 제도 개혁의 논의에 있어서 적극적 자세를 보여야만 할 것이다.

이 경우 공적연금 개혁방안의 마련에 있어서 기본원칙은 차별성, 형평성 그리고 이동성이 되어야만 할 것이다. 먼저, 차별성과 형평성은 공무원연금과 국민연금의 같음과 다름을 개혁방안에 충실하게 반영해야 한다는 것을 목표로 하고 있다. 다음으로, 이동성은 공직과 민간 노동시장 상호 간 이동이 유연하게 이루어질 수 있고, 동시에 이로 인한 연금가입 경력의 상실이나 경제적 불리의 문제가 발생하지 않도록 하여야 할 것이다.

2) 농 민

(1) 농촌의 환경적 특성과 일반사회보장제도의 기능적 한계점

근대적 형태의 사회보장제도는 산업화 과정에서 농촌지역을 이탈하여 도시지역으로 유입된 산업노동자를 보호하기 위한 목적으로 최초로 도입되었다. 하지만 오늘날에 와서는 도농 간 소득 및 생활수준의 격차 등으로 인하여 오히려 농촌 지역이 도시 지역에 비해 보다 특별한 사회보장 혜택이나 경제적 지원을 필요로 하고 있다 (ILO, 1998).

그러나 이러한 일반적 요구사항에도 불구하고 현행의 일반사회보장제도로는 농촌의 지역적 특성이나 농민의 욕구를 적절하게 수용할 수 없는 한계가 있다. 왜냐하면 농촌지역 농민의 경우 도시지역 일반 근로자와 작업조건 및 근로환경 그리고 사회적 위험이 본질적으로 차이가 있을 뿐만 아니라, 같은 농민들 간에도 종사상 신분(예: 자영농, 소작농, 가족 종사자, 근로자 등), 업종 및 규모 등 영농의 형태(agricultural pattern)가 각각 현저하게 상이하기 때문이다. 따라서 이와 같은 농업의 다양성과 이질성을 감안해 볼 때 일반 국민을 대상으로 하는 사회보장제도로는 농민의 다양한 욕구를 적절하게 반영한다는 것이 현실적으로 불가능할 수 있다.

이와 같은 농업의 특성에도 불구하고, 우리나라는 일반사회보장제도에서 일반 국민과 함께 농민을 적용해 오고 있다. 따라서 이와 같은 제도적 적용체계에서는 적용-징수-급여-행정관리 등 제반의 측면에서 욕구의 불일치 문제가 대대적으로 발생하게 되어, 궁극적으로는 제도 불신과 광범위한 사각지대의 원인으로 작용하게 될 가능성이 높다. 참고로, 우리나라 국민연금제도에서 도시 지역 자영자와 농어촌 지역 농어민 등 지역가입자의 경우 2014년 현재 약 844만 명 가운데 54%인 약 457만 명이 보험료의 납부를 기피하고 있는 것으로 파악되고 있다(국민연금공단, 2015).

(2) 농민사회보장제도의 필요성

지금까지 살펴본 문제점을 해결하기 위한 전략으로서 독일, 오스트리아, 프랑스 등의 국가에서와 같이 농민만을 대상으로 하는 별도의 독립적 제도를 운영하는 방안을 생각해 볼 수 있다. 그리고 이와 같은 독립적 농민사회보장제도는 다음과 같은 차원에서 장점이 있다.

첫째, 산업화 이후 오늘날에 이르기까지 농촌 지역은 젊은 생산인력의 지속적 유출로 인하여 인구감소의 문제와 함께 초고령화사회의 문제를 겪고 있다. 이러한 상황에서 도농 간 소득 및 생활수준 격차는 점차 심화되어 우리나라 농업은 생존 기반을 상실해 가고 있다. 따라서 농민만을 대상으로 하는 농민사회보장제도가 도입될 경우 농촌의 지역적·경제적·사회적 환경에 적합한 제도를 마련하여 운영할 수 있는 장점이 있다.

둘째, 자유무역협정(FTA) 체결 국가의 확대와 농산물 시장의 개방화에 따라 우리나라 농가의 피해가 점차 증가하고 있다. 하지만 그럼에도 불구하고 '국가 간 공정경쟁의 원칙'으로 인해 피해 농가에 대한 국가의 지원은 엄격한 제약을 받고 있는 것이 현실이다. 따라서 농민사회보장제도는 국가가 별도의 우회적 방법으로 피해 농가에게 보상을 해 줄 수 있는 제도적 통로로서 활용될 수 있다.

셋째, 농업소득은 임금소득과 본질적인 차이를 보이고 있다는 점이다. 일반적으로 농업소득의 경우 소득의 발생 주기가 불규칙적이고 낮을 뿐만 아니라, 소득의 형태 또한 자연소득으로서 임금소득과 차이를 보이고 있다. 나아가 농업 부문에서 소득의 결정 방식도 역시 임금소득의 경우와 차이가 있다. 이러한 제반의 문제점을 감안해 볼 때 농민사회보장제도가 별도로 도입될 경우 보험료 부과 그리고 급여 산정에 있어서 공정성과 적절성을 유지할 수 있는 기준을 마련할 수 있는 장점이 있다.

넷째, 농촌지역 노인계층에 대한 노후생계대책의 미비로 인하여 영농의 세대 간 교체가 제때에 이루어지 못하고 있으며, 이는 농업 경영의 선진화와 합리화를 저해하는 중대한 요인으로 작용을 하고 있다. 따라서 국가는 농업 분야의 구조조정과 생산성 향상을 위한 대책을 마련하여야 할 필요가 있다. 이러한 차원의 정책대안으로서 '영농이양연금'은 고령의 농민이 자신의 경작지를 젊은 농민에게 판매 또는 위임하게 될 경우 기존의 노령연금에 추가하여 제공되는 일종의 가산연금을 의미한다.[5]

3) 자유직업 종사자

자유직업 종사자(freelancer)란 예술가, 문인, 작가 등을 지칭하는 용어로서, 이들의 창작활동은 문화적 · 예술적 다양성과 함께, 국가의 위상 및 이미지 제고에도 큰 기여를 할 수 있다. 하지만 이러한 직업에 종사하는 사람들은 대개 소득이 절대적으로 낮을 뿐만 아니라, 소득흐름 또한 매우 불규칙하여 일반사회보장제도에서의 적용이 현실적으로 불가능할 수 있다. 나아가 이들을 일반사회보장제도에 가입시키고자 할 경우에도 이들은 지역가입자로 분류되어 사회보험료를 전액 본인이 부담하여야 하는 문제가 있다.

자유직업 종사자를 위한 별도의 사회보장제도가 도입될 경우 이들의 직업적 특성과 소득 상황을 감안한 제도 운영이 가능할 수 있다는 장점이 있다. 일례로, 독일에서는 예술가사회보험제도(Künstler-Sozialversicherung독)를 통하여 예술가, 문인, 작가의 노후소득보장과 의료보장의 문제를 해결해 주고 있다. 이 경우 예술가는 다른

---

5) 영농이양연금과 관련한 국내 연구자료로는 심완보, 엄대호, 황재현, 이충선, 고성보(2004)를 참조하기 바란다.

자영업자의 경우와는 달리 연금보험료와 건강보험료의 절반만 부담하게 된다. 그리고 나머지 절반은 예술가의 창작물을 영리 목적으로 판매·공연·전시하는 예술회관, 갤러리, 출판사, 방송사 등으로부터 징수하는 분담금과 일정한 수준의 국고보조금을 통하여 충당하고 있다.

4) 자영업 종사자

(1) 자영업의 특성

우리나라 「헌법」 제34조 제2항은 '국민의 사회보장과 사회복지 증진을 위한 국가의 노력 의무'를 명시하고 있다. 따라서 이는 국민의 권리로서 마땅히 모든 국민에게 동등하게 적용되어야 한다. 하지만 현실적으로 우리나라의 사회보장제도는 상당한 사각지대의 문제를 가지고 있으며, 이는 상당 부분 도시 지역과 농어촌 지역에 광범위하게 분포해 있는 자영업자에게서 주로 발생하고 있다.

자영업자란 비임금근로자로서 주로 판매서비스업이나 영세가내공업 등의 업종에서 타인에게 소속되지 않고 자신 또는 소규모 인력으로 독자적 사업을 운영하는 사람을 의미한다. 통상적으로 자영자의 교육수준은 다수의 저학력자 그리고 소수의 고학력자(예: 의사, 변호사, 약사 등)로 구성되어 있다. 반면, 중간 정도의 교육수준을 가진 자영자는 상대적으로 낮은 비중을 차지하고 있다(ILO, 1998).

경제활동 과정에서 자영업계층은 일반 근로자와 유사한 종류 및 수준의 소득단절 위험(예: 노령, 실업, 장애, 질병, 양육 등)을 가지게 된다. 하지만 자영업계층은 이러한 '생활형 위험' 외에도 추가적으로 '사업상 위험'에 노출되어 생계유지에 있어서 불확실성의 문제를 이중적으로 겪게 된다. 특히 자영업에 있어서 양자는 서로 높은 상관관계를 가지게 되므로, 자영업자는 임금근로자에 비해 상대적으로 높은 위험을 감수하여야만 한다(Traub & Finkler, 2013). 일례로, 자영업자에게 중병이 발생하게 될 경우 당사자는 사업의 위기와 소득 단절 문제를 동시에 겪게 되고, 이러한 문제는 건강의 회복 이후에도 그대로 지속될 수 있다. 나아가 자영업의 일반적 특성으로서 잦은 업종 전환 또는 휴업·폐업의 경우 사업주가 그동안 경제적·시간적 투자를 통해 축적하였던 기업의 자산 가치를 상실하게 되는 소위 매몰비용(sunk-costs)의 비중이 매우 커 사업의 파산 시 자영업자가 겪게 될 경제적 피해는 막대할 수 있다.

⑵ 자영업자의 사회보장을 위한 방안

지금까지 살펴보았듯이, 자영업은 생활형 위험, 사업상 위험 그리고 양자의 중첩성과 같은 특성으로 인해 매우 불확실하고 불안정한 사업영역이 될 수 있다. 하지만 그럼에도 불구하고 자영업은 노동시장의 인력수용 능력이 제한적인 상황에서 일자리의 창출 및 유지를 위한 현실적 창구가 될 수 있다는 점에서 매우 중요한 의미를 가지고 있다. 따라서 국가는 자영업의 활성화를 위한 정책적 지원방안을 마련하여야 할 책임이 있다

자영업의 활성화 전략의 일환으로서 사회보장제도를 활용하는 방안을 생각해 볼 수 있다. 구체적으로 이는 자영업의 불확실성과 불안정성의 문제를 사회보장제도를 통해 해소함으로써 일자리로서의 가치와 수용능력을 제고하는 방안으로서 개략적으로 다음과 같은 것이 있다.

첫째, 일반 근로자의 경우와는 달리 자영업자는 사회보험료를 전액 자신이 부담하여야 한다. 하지만 이러한 기본원칙에도 불구하고 생산 또는 판매 등의 과정에서 사실상 대기업과 종속적 관계를 가지고 있는 영세기업의 사업주 및 근로자의 보험료 가운데 절반은 대기업이 부담하도록 하는 방안을 생각해 볼 수 있다.

둘째, 현재 10인 미만 영세사업장의 저임금 근로계층에 대한 국민연금보험료와 고용보험료의 일정 비율을 국가가 지원해 주는 두루누리사업을 영세자영업자와 유사자영업자 등에 대해서도 확대 적용하는 방안을 생각해 볼 수 있다.

셋째, 자영업자에 대한 사회보험료 적용의 형평성 문제를 감안하여 자영업자의 소득 파악이 정확하고 공정하게 이루어져야 할 것이다.

🔍 제3절 공급의 원칙에서의 적용

제9장에서 살펴보았듯이, 공급의 원칙은 크게 사회보상의 원칙과 보편성의 원칙을 바탕으로 하는 사회복지제도로 나누어 볼 수 있다. 사회보상의 원칙은 다시 공익을 위한 봉사나 그에 의한 피해에 대한 보상(報償)을 목적으로 하는 사회복지제도 그리고 국가나 사회의 부조리에 의해 개인에게 발생한 피해를 보상(補償)해 주기 위한 목적으로 운영되는 사회복지제도에 적용되고 있다. 그리고 보편성의 원칙은 소위 무차별성의 정신을 바탕으로 법에서 정한 특정한 사회적 애로요인으로부터 국

민을 보호하기 위한 목적으로 운영되는 사회복지제도에 적용될 수 있다.

　공급의 원칙을 바탕으로 운영이 되는 사회복지제도에서 적용대상이 되는 개인은 사전적으로 비용(예: 보험료)의 부담 없이 일정한 요건을 충족하게 되면, 당연하게 제도적 보호를 받을 수 있는 권리를 가지게 된다. 〈표 12-2〉는 이러한 성격을 가지고 있는 대표적인 사회복지제도의 적용대상을 보여 주고 있다.

| 표 12-2 | 공급의 원리를 바탕으로 하는 사회복지제도의 적용 대상

구 분	제 도	적용대상
사회보상의 원칙	국가유공자보훈제도	순국선열과 애국지사, 전몰군경 · 전상군경 · 순직군경 · 공상군경 · 순직공무원 · 공상공무원, 군사유공행위자, 4 · 19 의거 희생자 등
	의사상자보호제도	위험에 처한 타인을 돕다가 부상을 입거나 사망한 민간인
	범죄피해자구조제도	타인의 범죄행위에 의하여 생명 또는 신체에 중대한 피해를 입은 자로 가해자로부터 배상의 청구가 불가능한 자
	북한이탈주민보호제도	북한주민으로서 북한지역에서 정상적으로 거주를 하다가 남한지역으로 탈출한 자
보편성의 원칙	경로우대제도 중 교통비의 지원 · 운송시설 이용의 면제 및 할인혜택	65세 이상의 전체 노인
	영국 · 스웨덴 등의 국민건강서비스제도 (NHS)	전체 국민
	무상의 의무교육제도	수학능력이 있는 전체 국민

🔎 제4절 부조의 원칙에서의 적용

　부조의 원칙은 생계유지의 능력이 없거나 생활이 특히 어려운 빈곤계층을 대상으로 그들의 생존권을 보장해 주기 위한 목적으로 운영되는 사회복지제도에 적용되고 있다. 이러한 성격의 사회복지제도의 적용 여부는 일반적으로 개인의 신청을 바탕으로 관할 관청의 실무자에 의한 자산조사(means test)를 통하여 결정된다. 그리고 해당 제도의 적용 대상이 될 경우 개인은 법으로 정한 일정한 보호를 받을 수 있는 권리를 획득하게 된다.

우리나라의 경우 부조의 원칙을 바탕으로 하는 대표적인 사회복지제도로는 국민기초생활보장제도가 있다. 국민기초생활보장제도는 종전의 생활보호제도를 대신하여 2000년 10월부터 새로이 도입되었다.[6] 기존의 생활보호제도는 적용대상의 선정기준이 까다롭게 되어 있어 실제로 빈곤계층임에도 불구하고 보호의 대상으로부터 제외되는 사각지대가 상당 부분 발생하는 문제가 있었다. 특히 적용대상의 선정요건 가운데 하나인 인구학적 기준은 18세 이상 65세 미만의 저소득계층을 단순히 근로능력자로 간주하여 제도의 적용으로부터 제외하는 문제를 초래하였다. 그러나 새로 도입된 국민기초생활보장제도는 이러한 인구학적 요건을 철폐하고, 개인과 부양의무자의 소득 및 재산 기준만을 가지고 제도의 적용대상을 선정할 수 있도록 하였다는 점에서 그 의의가 있다. 나아가 종전 생활보호제도에서 개인은 소득요건과 자산요건을 각각 충족하여야만 했으나, 새로운 제도에서는 법에서 정한 바에 따라 개인의 소득평가액과 재산의 소득환산액을 합계한 금액인 소득인정액이 최저생계비에 미달하는 경우로 함으로써 수급자 선정의 형평성을 높이고 급여산정의 합리화를 도모할 수 있게 되었다(보건복지부, 2010). 이에 따라 법으로 정한 빈곤선 이하의 소득계층은 누구나 제도의 적용과 함께 적절한 수준의 보호를 받을 수 있게 되었다.

- **소득인정액** = 소득평가액 + 재산의 소득환산액
- **생계급여** = 최저생계비−소득인정액

〈표 12-3〉은 생활보호제도와 국민기초생활보장제도의 적용대상기준을 비교하여 보여 주고 있다.

---

6) 국민기초생활보장제도의 의의와 내용에 대해 설명한 문헌으로는 이현주(1999), 손건익(1999), 김미곤(1999) 그리고 보건복지부(2010)를 참조하기 바란다.

| 표 12-3 | 생활보호제도와 국민기초생활보장제도의 적용대상 기준 비교

구 분	생활보호제도	국민기초생활보장제도
적용대상 기준	• 소득이나 재산이 일정 수준 이하로서 다음의 요건을 충족하는 자 ① 부양의무자가 없거나, 있어도 실질적인 부양능력이 없을 것 ② 다음과 같은 인구학적 요건에 해당할 것 - 65세 이상의 노약자 - 18세 미만의 아동 - 임산부 - 질병·사고 등의 결과로 근로능력을 상실하였거나 장애에 의해 근로능력이 없는 자 - 위의 요건에 해당하는 자와 생계를 같이하는 자로서 이들의 부양, 양육, 간병과 기타 이에 준하는 사유에 의해 생활이 어려운 자	• 소득평가액과 재산의 소득환산액을 합계한 소득인정액이 법으로 정한 최저생계비 수준 이하인 자로서, 부양의무자가 없거나 있어도 실질적인 부양능력이 없는 자

제13장 사회복지제도의 급여

제1절 급여의 목표

사회복지제도는 제반의 사회적 애로요인으로부터 국민을 보호하기 위하여 다양한 형태의 급여 프로그램을 운영해 오고 있다. 비록 사회복지제도가 제공하는 급여의 종류가 다양할지라도 각각은 특성에 따라 크게 보상, 예방 또는 재활이라는 목표를 추구한다.

1. 보 상

사회복지제도는 사회적 애로요인으로부터 국민이 입게 되는 경제적·육체적·정신적 피해를 보상(compensation)해 주기 위하여 다양한 종류의 급여 프로그램을 운영하고 있다. 이러한 목표를 달성하기 위한 일환으로 제공되는 급여들은 크게 다음과 같은 두 가지 형태로 구분해 볼 수 있다. 먼저, 개인이 노령, 실업, 장애, 질병 등의 사유로 소득활동을 중단하게 되었을 경우 상실된 근로소득을 별도로 보상해 주기 위하여 제공되는 소득대체형의 급여가 있다. 다음으로, 질병의 치료, 주거 마련, 아동 양육·부양·교육 등의 사유로 개별 가계의 경제적 부담이 가중될 경우 이를 완화해 주기 위한 목적으로 제공되는 소득보충형의 급여가 있다.

2. 예 방

사회적 애로요인이나 위험의 발생을 사전에 예방(preventation)하게 될 경우 복지 측면에서 상당한 긍정적 효과가 발생할 수 있다. 대표적으로 예방사업은 피해의 발생으로 인해 개인이 입게 되는 복지감소의 문제를 방지할 수 있고, 동시에 피해보상의 일환으로 사회복지제도가 제공하게 되는 급여의 비용을 절감하는 효과도 가져다줄 수 있다. 이러한 점을 감안해 볼 때 예방사업은 복지의 측면에서뿐만 아니라 경제적 측면에서도 보상사업에 비해 효과적임을 알 수 있다.

사회복지정책은 피해의 사전적 예방을 목표로 다양한 형태의 급여 프로그램을 운영하고 있다. 예를 들면, 의료보험제도에서 질병의 예방을 위한 건강검진, 산재보험제도에서 산업재해의 방지를 위해 이루어지는 산업안전 및 작업환경감독 그리고 고용보험제도에서 실업의 예방을 목표로 운영되는 직업능력 향상교육 프로그램 등이 여기에 해당된다.

3. 재 활

재활(rehabilitation)은 개인이 사회적 애로요인으로부터 입게 되는 각종 피해 현상을 극복하여 건전한 사회의 일원으로 자립·정착할 수 있도록 지원하는 것을 목표로 하는 프로그램이다. 따라서 재활사업이 활발하게 이루어지게 될 경우 피해의 보상을 목표로 하는 사회복지의 급여지출을 절감하는 효과가 발생할 수 있다.

재활사업은 피해의 사안에 따라 크게 의료재활, 직업재활 그리고 사회재활로 구분할 수 있다. 먼저, 의료재활은 신체적·정신적 병리 현상을 치유하기 위하여 실시되는 프로그램을 의미한다. 다음으로, 직업재활은 신체적 기능의 저하에 의해 상실된 근로능력을 회복할 수 있도록 지원하는 직접적인 방법 그리고 각종 보조기구(예: 보장구 등)의 활용에 대한 교육을 통하여 손상된 작업능력을 보완해 주는 간접적인 방법이 있을 수 있다. 마지막으로, 사회재활은 일상생활의 영위와 사회적 참여 및 교류를 지원하기 위하여 이루어지는 각종 프로그램을 의미한다.

일반적으로 특정한 피해 현상이 발생하게 될 경우 당사자는 신체적·정신적 병리현상에 의한 고통은 물론, 직업활동 및 사회활동에 필요로 하는 능력의 장애를 동시에 겪게 되는 문제에 직면할 수 있다. 이러한 의미에서 재활사업은 의료재활, 직업재활 그리고 사회재활의 프로그램이 상호 유기적으로 연계될 수 있도록 하는 정책적 노력을 필요로 한다.

제2절 급여의 유형

1. 급여의 법적 유형

일반적으로 모든 사회복지제도는 별도의 법률을 근거로 하여 운영되고 있다. 이에 따라 사회복지제도가 제공하는 급여 또한 어떠한 형태로든 법적 규제를 받게 된다. 사회복지 급여들은 법적 규제의 수준별로 크게 법정급여, 부가급여 그리고 임의급여로 구분해 볼 수 있다.

1) 법정급여

사회복지제도의 법정급여는 법률에 의해 반드시 제공하여야 하는 급여를 의미한다. 법정급여는 법률로 정한 요건을 충족하는 모든 사람에게 보편적으로 제공될 수 있어야 하며, 급여의 내용이나 수준 또한 법률에 근거하여 정해진다.

사회복지제도가 제공하고 있는 급여의 대부분은 법정급여 형태로 운영되고 있다. 예를 들면, 연금급여, 구직급여(실업급여의 공식적 명칭), 요양급여 등의 경우 수급자격, 급여의 내용과 수준 그리고 수급기간 등이 법률에 기초하여 엄격하게 적용되고 있다. 일반적으로 법정급여는 국민에게 급여청구의 권리를 안정적으로 보장해 줄 수 있는 장점이 있는 반면, 프로그램 운영의 정형성 또는 경직성 때문에 욕구의 개인 간 차이를 급여체계에 유연하게 반영할 수 없는 단점이 있다. 이에 따라 법정급여는 개인별로 종종 급여의 과부족 현상이 발생하는 문제가 있다.

2) 부가급여

부가급여는 법률을 근거로 하여 운영된다는 점에서 법정급여와 유사한 특징을 가지지만, 개인별 상황에 따라 상이하게 적용된다는 점에서 법정급여와는 다른 특성을 가진다. 일반적으로 부가급여는 개개인의 경제적·사회적 상황을 감안하여 별도로 제공하게 되는 급여로서, 법정급여의 기능적 결함을 보완하는 역할을 한다. 즉, 부가급여는 법정급여에서 제대로 반영될 수 없는 개별적 복지욕구를 적절하게 수용하기 위한 목적으로 운영되고 있다.

부가급여는 대표적으로 다음과 같은 두 가지 제도적 사례를 통하여 설명해 볼 수 있다. 먼저, 국민연금제도의 급여 항목 가운데 하나인 부양가족연금이다. 부양가족연금은 연금수급자가 부양하여야 하는 가족을 대상으로 지급되는 급여로서, 개인의 가족 상황에 따라 법정급여인 연금급여를 별도로 보충해 주는 기능을 한다. 다음으로, 고용보험제도의 실업급여사업 가운데 하나인 구직급여를 보완해 주는 개별연장급여다.[1] 일반적으로 구직급여의 지급기간은 개인별로 연령과 가입기간에 따라 90일부터 240일까지 차등 지급되는 일종의 법정급여이지만, 그 기간을 초과하는 장기실업의 문제에 대해서는 아무런 보호혜택을 제공해 줄 수 없는 한계를 보이고 있다. 따라서 개별연장급여는 구직활동의 의무를 성실히 수행하고 또한 부양가족이 있는 실업자를 대상으로 최장 60일의 범위에서 급여를 연장하여 제공할 수 있도록 하여 그들의 생계유지를 지원하기 위한 목적의 제도다(고용노동부, 2010a).

3) 임의급여

임의급여는 법률에 근거하지 않고 개별 기관의 재정 여건이나 상황에 따라 자율적으로 제공하게 되는 급여 형태를 의미한다. 일반적으로 전체 국민을 대상으로 하는 사회복지제도의 경우 이러한 성격의 임의급여는 매우 제한적으로만 적용될 수 있다. 예를 들면, 과거 다수의 의료보험조합 형태로 운영되었던 의료보험제도에서 재정 상황이 양호한 일부의 조합에서 재량적으로 실시되었던 본인부담금 보상제도가 여기에 해당된다. 그리고 이와 같은 성격의 임의급여는 이후 국민건강보험의 출

---

[1] 이러한 취지의 급여로는 개별연장급여 외에도 훈련연장급여와 특별연장급여가 있다.

범 이후 본인부담상한제도와 본인부담금 경감제도 등으로 확대 수용되었다.

2. 급여의 형태별 유형

제반의 사회적 애로요인에 대처하여 사회복지제도는 다양한 종류의 급여 프로그램을 개발하여 국민에게 제공하여야 하는 과제를 가지고 있다. 이 경우 해당 급여를 어떠한 형태로 제공할 것인가 하는 의사결정의 문제가 제기된다. 구체적으로 여기서는 급여를 현금 형태 또는 현물 형태로 제공할 것인가 하는 사안과 관련이 있다. 우리나라의 경우, 이와 같은 성격의 논쟁은 노인장기요양보험제도에서 그 사례를 찾아볼 수 있다. 그 핵심적 내용은 장기요양급여를 현행과 같이 전적으로 현물의 형태로만 제공할 것인가, 아니면 부분적으로라도 개인이 장기요양보호 서비스를 구매할 수 있도록 현금 형태로도 제공할 수 있도록 할 것인가와 관련한 논쟁이다.[2] 여기서는 현금급여와 현물급여의 기능적 특징과 장단점을 비교해 보고, 이러한 두 가지 급여 형태를 혼합한 바우처제도에 대해 살펴보고자 한다.

1) 현금급여

현금급여(cash benefit)란 개인이 사회적 애로요인을 극복할 수 있는 경제적 능력을 갖출 수 있도록 현금 형태로 제공하는 급여를 의미한다. 이에 따라 개인은 시장에서 적절한 상품이나 서비스를 구입하여 자신의 복지문제를 해결할 수 있다.

사회복지 급여의 형태로서 현금급여는 다음과 같은 장점을 가지고 있다.

첫째, 현금급여는 개인이 시장에서 제공하는 다양한 종류의 복지상품이나 서비스를 임의로 선택할 수 있는 권리를 최대한 보장할 수 있는 장점을 가지고 있다. 그리고 이러한 '소비자의 주권(consumer's sovereignty)'은 현물급여의 경우에 비해 당사자에게 상대적으로 높은 복지수준을 가져다줄 수도 있다. 왜냐하면 일반적으로 개인적 차원의 욕구에 대한 정보는 국가나 사회보다 당사자인 자신이 더 많이 가지고 있기 때문이다.

---

2) 노인장기요양보험제도의 급여 형태를 둘러싼 논쟁의 주요 쟁점을 다룬 문헌으로는 석재은(2006), 김미혜와 이석미(2007), 이용갑(2009) 그리고 신혜정(2009)을 참조하기 바란다.

둘째, 현금급여는 개인이 시장에서 생산된 상품을 시장의 기능에 따라 결정된 가격을 지불하고 소비할 수 있도록 함으로써 자본주의의 경제원리에 적합하게 운영할 수 있는 장점이 있다. 그리고 현금급여는 단순히 상품의 구매력만을 지원하는 기능을 함으로써 무상 또는 염가로 제공되는 현물급여의 경우와는 달리 전체 상품이나 서비스들과의 상대적 가격체계(relative price system)를 교란하게 되는 문제를 방지할 수 있는 이점이 있다(Enste & Stettes, 2005).

셋째, 사회복지 운영주체의 경우 현금급여는 관리비용의 절감효과와 행정적 편의를 가져다줄 수 있다. 왜냐하면 현금급여의 경우 복지상품이나 서비스의 생산과 공급이 시장의 기능을 중심으로 이루어지기 때문이다.

반면, 현금급여는 다음과 같은 차원에서 문제점을 보이고 있다.

첫째, 현금급여는 수급자의 부적절한 소비 행위를 통제할 수 있는 수단을 결여하고 있다. 예를 들면, 현금급여는 수급자의 도덕적 해이에 의해 본래의 급여 목표와는 다른 소비 행위(예: 알코올, 마약 구매 등)를 지원하게 되는 부정적인 결과를 가져올 수 있다.

둘째, 현금급여는 개인이 다양한 용도로 지출할 수 있기 때문에 특정한 사회적 애로요인에 대하여 국가나 사회가 목표로 설정한 보장수준을 제대로 달성할 수 없는 한계를 가진다.

셋째, 개인이 현금급여를 통하여 확보하게 되는 구매력이 실제로 시장에서 요구하는 복지상품의 가격과 괴리되는 현상이 발생할 수 있다. 이에 따라 현금급여는 종종 급여수준의 과부족 문제를 초래하게 될 가능성이 높다.

2) 현물급여

현물급여(in-kind benefit)는 현금이 아닌 상품이나 서비스 형태로 제공되는 급여다. 일반적으로 현물급여는 크게 사회복지 운영주체(예: 국가, 자치단체 등)가 직접 생산·공급하는 방법과 시장의 기능을 토대로 생산된 복지상품을 개인이 소비하도록 하고 그 비용을 지원하는 방법으로 구분할 수 있다. 전자의 경우는 우리나라의 의무교육제도와 영국의 국민건강서비스제도(NHS) 등이 해당되며, 후자의 경우는 우리나라의 국민건강보험제도 등이 있다. 예를 들면, 질병 발생 시 환자는 의사로부터 의료 상품이나 서비스를 제공받고, 그 과정에서 발생하는 비용은 국민건강보험제도가 부담하게 된다.

오늘날 세계적인 추세로서 현물급여의 역할 비중이 점차 높아지는 경향을 보이고 있다. 그 중요한 이유는 주로 현물급여의 형태로 이루어지게 되는 재활사업과 예방사업에 대한 사회적 관심이 높아지고 있기 때문인 것으로 생각된다. 나아가 국민의 복지수준 향상은 단순히 현금급여뿐 아니라 별도로 사회복지서비스 등 각종 현물급여가 충분히 제공될 경우에만 비로소 실현될 수 있기 때문이다.

현물급여는 다음과 같은 장점을 가지고 있다.

첫째, 현물급여는 문제의 극복을 위해 필요로 하는 상품이나 서비스를 수급자에게 직접 제공함으로써 개인의 부적절한 소비 행위를 통제할 수 있다. 나아가 현물급여의 이러한 특성에 따라 특정한 사회적 애로요인에 대하여 국가나 사회가 목표로 책정한 보장수준을 용이하게 실현할 수 있다.

둘째, 현물급여는 가장 경제적인 방법으로 복지상품을 생산할 수 있는 여건을 갖추고 있다. 구체적으로, 사회복지 운영주체가 복지상품을 직접 생산할 경우 규모의 경제를 바탕으로 비용절감 효과를 기대할 수 있을 뿐만 아니라, 시장의 기능을 통해 생산하게 될 경우에도 사회복지 운영주체(예: 국민건강보험공단)는 상품의 가격이나 질을 적절하게 조절할 수 있는 능력을 가지게 된다는 것이다.

셋째, 현물급여의 경우 현금급여에 비해 재분배의 효과가 상대적으로 높게 나타나는 장점이 있다. 왜냐하면 현물급여는 그 특성상 동일한 피해 현상에 대하여 동일한 내용이나 수준의 급여를 제공하기 때문이다.

반면, 현물급여는 다음과 같은 측면에서 기능적 한계를 보이고 있다.

첫째, 현물급여의 경우 국가나 사회복지 운영주체가 급여의 종류와 수준을 결정하게 되므로, 종종 개개인의 실제적인 복지욕구와 괴리를 보일 수 있다.

둘째, 국가나 사회복지 운영주체 주도의 생산방식은 복지상품을 표준화·규격화·획일화시켜 다양하고 전문적인 사회적 욕구에 적절하게 대처할 수 없는 한계를 보인다.

셋째, 국가가 복지상품(예: 의무교육, NHS)의 직접적인 생산주체가 될 경우 시장원리의 부재로 인해 각종 비효율성 문제와 관료화의 문제가 발생할 수 있다. 그리고 이와 같은 문제는 간접적인 생산방식의 경우에서도 마찬가지로 발견할 수 있다. 가령, 국가가 복지상품(예: 의료서비스)의 거래과정에서 발생하는 비용을 부담하게 될 경우 상품의 수요·공급·가격의 결정과정에서 상당한 왜곡현상이 발생할 수 있다. 후자와 관련한 사례로서 우리나라 국민건강보험제도의 경우 의료서비스의 가격기능 왜곡 현상으로 인한 의료쇼핑이나 과잉진료 및 과다청구, 의료수가의 정치적 결정 및 담합 그리고 진료 과목별 수가의 불균형으로 인한 의료 자원의 편중 등이 대표적인 문제점으로 지적될 수 있다.

넷째, 현물급여는 종종 상품의 생산 및 공급을 위한 설비투자 비용이 과도하게 높게 나타나는 문제가 있다. 대표적으로, 복지상품의 생산과 공급을 위해서는 사전적으로 복지 인프라(예: 공공의료 시설 및 장비, 복지시설, 교육시설 및 기자재 등)의 구축 그리고 행정 관리기구 및 인력의 운용 등을 위한 막대한 비용을 필요로 하게 된다.

3) 현금급여와 현물급여의 기능 비교

사회복지급여의 형태로서 현금급여와 현물급여의 장단점은 〈표 13-1〉과 같이 정리해 볼 수 있다.

| 표 13-1 | 현금급여와 현물급여의 장단점 비교

구분	현금급여	현물급여
장점	• 개인의 선택권 보장 • 시장 기능을 바탕으로 한 복지상품의 생산방식 • 관리비용의 절감효과와 행정적 편의	• 복지상품의 직접적 제공으로 부적절한 소비 행위 방지 • 대량생산 방식의 채택과 복지상품 가격 또는 질의 통제 • 재분배 효과
단점	• 수급자의 부적절한 소비 행위에 대한 통제수단 결여 • 급여수준과 복지상품의 가격 간 괴리의 문제(급여수준의 과부족 문제)	• 국가 주도의 생산방식으로 개인의 욕구와 괴리된 복지상품의 운영 • 시장 기능의 제약과 복지상품의 획일화 문제 • 과도한 생산설비 비용의 문제

현금급여와 현물급여는 각각 고유의 기능적 특성에 따라 장점과 단점을 동시에 가지고 있다. 따라서 단순히 급여의 형태만을 가지고 상대적 우위성을 논하는 것은 불합리한 자세이며, 이러한 문제는 사회적 애로요인의 특성별 그리고 이에 대처한

국가의 정책목표나 과제별로 구분하여 판단할 필요가 있는 것으로 생각된다. 여기에서는 현금급여와 현물급여가 각각 어떠한 경우에 비교 우위성을 보이게 되는지에 대해 살펴보고자 한다.

(1) 현금급여가 상대적으로 유리하게 작용하는 사례

사회적 애로요인에 대처하여 국가나 사회가 보호의 혜택을 제공하여야 할 경우, 효율성의 관점에서 볼 때 현금급여가 현물급여에 비해 상대적 우위성을 보이게 되는 것이 일반적이다. 왜냐하면 이 경우 개인은 자신의 소비 선호를 최대한 충족시켜 줄 수 있는 상품이나 서비스의 조합을 임의로 선택할 수 있기 때문이다. 단지 예외적인 사례로서 개인이 치매, 정신적 장애 또는 미성년 등의 이유로 합리적 소비 행위를 수행할 수 있는 능력을 제약받게 되었을 경우에 한해서만 현물급여가 현금급여에 비해 유리한 결과를 가져다줄 수 있다(Varian, 2003).

[그림 13-1]은 개인이 장기요양서비스를 필요로 하게 되었을 경우 효율성의 관점에서 현금급여(cB)와 현물급여(ikB)의 기능을 비교하여 보여 주고 있다.

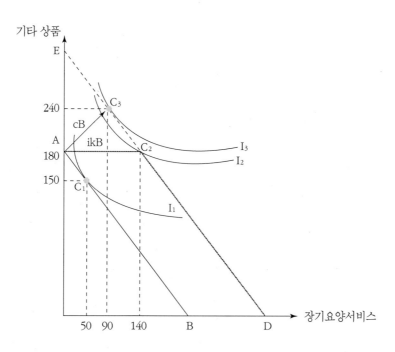

[그림 13-1] 장기요양보험제도에 있어서 현금급여와 현물급여의 기능적 특성 비교

자료: Enste & Stettes(2005). *Bildungs-und Sozialpolitik mit Gutschein- Zur Ökonomik von Vouchers.*

먼저, 논의의 출발점은 예산선(AB)으로서, 여기서 개인은 국가로부터 재정적 지원이 없는 상태에서 자신의 효용수준을 극대화할 수 있는 상품이나 서비스의 최적 조합을 선택하게 된다. 이 경우 최적점은 예산선 AB와 무차별곡선 I_1이 마주치는 C_1점으로서 개인은 50단위의 장기요양서비스와 150단위의 기타 상품을 구입하게 된다.[3]

다음으로 이와 같은 상태에서 장기요양보험제도가 도입되어 현물급여(ikB)의 형태로 주어지게 될 경우 개인의 예산선은 AC₂D가 된다. 이 경우 개인의 최적 효용수준은 예산선과 무차별곡선 I_2가 교차하는 C_2점이 되며, 여기서 개인은 140단위의 장기요양서비스와 180단위의 기타 상품들을 소비할 수 있게 된다. [그림 13-1]처럼 개인의 최적 효용수준이 종전의 C_1점에서 C_2점으로 이동하게 된 것은 소득효과(income effect)와 대체효과(substitution effect)의 상호작용의 결과다. 우선, 소득효과는 장기요양보험제도의 도입에 따라 140단위의 서비스가 무상으로 제공되어 개인에게 그에 상당하는 만큼 가처분소득의 증대효과를 가져다주게 된다. 그리고 이러한 가처분소득의 증대는 개인이 장기요양서비스는 물론 기타 상품들의 구매력을 높이게 되는 작용을 하게 된다. 하지만 반대로 대체효과는 장기요양서비스급여를 무상으로 제공하게 되어 다른 기타 상품들의 상대적 가격(relative price)이 인상되는 효과를 가져다주게 되고, 따라서 이들 상품에 대한 소비수준을 떨어뜨리게 되는 작용을 하게 된다. 종합하면, 장기요양보험제도가 현물 형태의 급여를 제공하게 될 경우 소득효과와 대체효과의 상반된 작용에도 불구하고 [그림 13-1]과 같이 장기요양서비스와 기타 상품들의 소비수준이 종전보다 증가하는 것으로 나타나고 있다.

만약 새로이 도입된 장기요양보험제도가 개인에게 서비스의 비용에 상당하는 현금급여(cB)를 제공하게 된다고 가정해 볼 경우, 효용증대의 효과(I_3)는 앞서 현물급여의 경우(I_2)에 비해 상대적으로 높게 나타나고 있는 것을 발견할 수 있다. 일반적으로 현금급여는 순수하게 개인의 가처분소득을 증대시키는 소득효과를 가져다주는 반면, 다른 상품들과의 상대적 가격체계에 영향력을 미치게 되는 대체효과의 문제는 발생하지 않게 된다. 이러한 현상은 [그림 13-1]에서 개인의 예산선이 종전 AB에

---

3) 우리나라 노인장기요양보험제도의 급여는 크게 재가급여와 시설급여로 구분된다(보건복지부, 2010). 재가급여는 가정방문을 통하여 신체활동이나 가사활동 등을 지원하는 서비스로서 방문요양·방문목욕·주야간 보호·단기보호 등이 있다. 시설급여는 노인요양시설 등에서 장기간 동안 입소하여 제공하게 되는 제반의 서비스를 의미한다.

서 ED로 평행이동하게 되는 것으로 표시해 볼 수 있다. 이렇게 주어진 예산선상에서 개인은 자신의 효용무차별곡선(I_3)과 교차하는 C_3점에서 최적소비를 실현할 수 있게 되고, 이는 장기요양서비스 90단위와 기타 상품 240단위가 된다.[4] 여기서 장기요양서비스의 소비를 축소하여 발생하게 된 유휴 가처분소득은 개인이 기타 상품들을 추가적으로 선택할 수 있는 기회를 제공해 주게 된다. 그리고 이 경우 개인은 자신의 효용수준(I_3)을 현물급여에서의 경우(I_2)에 비해 높게 누릴 수 있는 이점을 가지게 된다.

　일반적으로 현금급여는 소비자의 선택권보장, 시장 및 경쟁원리의 적용 등에 따라 현물급여에 비해 상대적으로 높은 효율성을 보장해 줄 수 있는 장점을 가지고 있다. 하지만 현금급여는 특정한 사회적 애로요인에 대처하여 국가나 사회가 설정한 목표수준(예: [그림 13-1]의 140단위의 장기요양서비스 보장)을 개인의 자유로운 소비행위에 의해 제대로 실현할 수 없는 한계점을 보이게 된다. 하지만 중증의 치매나 중풍으로 인해 상대적으로 높은 수준의 장기요양서비스를 필요로 하게 될 경우 당사자가 그 가족에게 있어서 현금급여와 현물급여의 효용은 점차 일치하게 될 가능성이 높다.

(2) 현물급여가 상대적으로 유리하게 작용하는 사례

　일부 특정한 사회적 애로요인이나 정책과제의 경우 그 특성상 현물급여가 현금급여에 비해 상대적으로 유리한 결과를 가져다줄 수 있다. 이와 관련한 대표적인 사례는 교육에서 찾아볼 수 있다. 일반적으로 교육은 개인적 차원에서는 물론, 국가 전체적인 차원에서도 높은 경제적 · 사회적 · 문화적 가치를 창출할 수 있는 상품이 된다. 하지만 교육은 개인의 경제적 배경에 따라 접근성에 차이를 보일 수 있고, 나아가 개인이나 부모의 무지에 의해 그 중요성을 과소평가하게 되는 경우도 발생할 수 있다. 이와 같은 이유로 오늘날 대다수의 국가에서 의무교육을 실시하고 있으며, 이는 부모나 자녀의 의사와 상관없이 강제 적용된다.

　[그림 13-2]는 이러한 특성을 가진 교육을 현물이전의 형태로 제공하게 될 경우 개인 자신은 물론 '긍정적 외부효과(positive external effect)'의 기능을 통하여 국가

---

4) 이해의 편의를 위해 90단위의 장기요양서비스는 시설급여(앞서 현물급여에서 140단위의 서비스)보다 서비스의 양이 낮은 재가급여로 이해해 볼 수 있다.

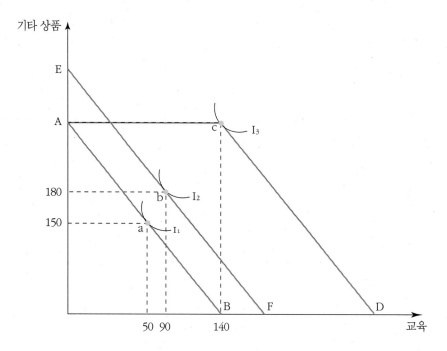

[그림 13-2] **교육에 대한 현금이전과 현물이전의 기능적 특성 비교**

자료: Barr(2004). *Economics of the Welfare State.*

전체적으로도 복지수준이 증가하게 된다는 사실을 보여 주고 있다. [그림 13-2]에서 가난한 자가 자신의 소득으로 교육을 받고, 기타 상품을 구입할 수 있는 선택의 범위는 예산선 AB로 나타낼 수 있다. 이때 그는 예산선과 효용무차별곡선 I_1이 접하게 되는 a점에서 50단위의 교육과 150단위의 기타 상품들을 선택하여 자신의 효용을 극대화할 수 있다.

이러한 상황에서 만약 국가가 현금의 형태로 소득이전(cash transfer)을 할 경우 가난한 자의 가처분소득이 증가하여 그의 예산선이 EF 형태로 평행이동하는 효과가 나타난다. 여기서 가난한 자 개인의 효용은 b점(90단위의 교육과 180단위의 기타 상품)에서 극대화될 수 있고, 이에 따라 자신의 복지수준은 이전보다 증가하게 된다($I_1 \rightarrow I_2$).

그러나 만약 급여가 현물이전(in-kind transfer) 형태로 제공되어 A-C에 상당하는 교육(140단위)이 의무적으로 주어지면 가난한 자의 예산선은 CD가 되고, 이때 그의 효용은 c점에서 극대화될 수 있다. 따라서 가난한 자에게 무상교육 형태로 현물이전을 하게 되는 경우의 복지증대 효과(I₃)가 현금이전의 경우에서 발생하는 효과(I₂)보다 상대적으로 크게 나타나는 것을 발견할 수 있다. 이와 같은 이유로 만약 가난한 자가 스스로 합리적인 소비 성향을 가지고 있다면 현금급여보다는 현물급여를 선호하게 될 것이다.

이와 같은 내용은 국민의 입장에서 살펴볼 필요가 있다. 일반적으로 저소득계층 자녀의 교육지원을 위해 국민이 부담해야 할 비용은 현금이전에 비해 현물이전이 상대적으로 높게 나타날 수 있다. [그림 13-2]와 같이 현금이전의 경우 국민이 부담해야 할 재원의 크기는 A-E 단위가 되지만, 반대로 현물이전의 경우 그보다 큰 A-C 단위가 되기 때문이다. 하지만 이 경우 비록 국민들이 현물형태의 교육지원을 위해 더 많은 세금을 부담하게 되더라도, 국가 전체적 총효용의 측면에서 볼 때 현물이전이 현금이전의 경우보다 유리할 수 있다.

그 이유는 다음과 같이 설명해 볼 수 있다. 현금이전의 경우 국민은 세금부담에 의한 자신의 소득감소분뿐만 아니라 가난한 자의 나쁜 소비(예: 음주, 흡연, 낭비 등)에 따른 소비의 부정적 외부효과 문제 때문에 총효용의 감소분이 확대될 가능성이 있다. 그러나 반대로 현물이전의 경우 국민은 비록 재정적으로는 더 많은 비용을 부담하더라도 가난한 자가 전적으로 좋은 소비(여기서는 교육)만을 할 수 있도록 제한함으로써 전체적으로 볼 때 국민의 효용 감소 현상이 현금이전의 경우보다 상대적으로 낮게 유지될 수 있는 이점이 발생하게 된다. 이러한 점을 감안해 볼 때 일반 국민 역시 현금이전보다는 현물이전을 더 선호하게 될 것으로 생각된다.

4) 현금급여와 현물급여의 특징을 혼합한 급여 형태로서 바우처제도

사회복지제도의 효율적 운영을 위한 일환으로서 현금급여와 현물급여의 기능이 상호 보완될 수 있는 방안을 모색해 볼 필요가 있다. 이러한 방안의 대표적인 사례로서 바우처제도(voucher-system)가 있다. 바우처는 '증서' 혹은 '이용권'으로도 불리고 있으며, 현금급여의 경우와는 달리 특정한 사용 목적으로 제한이 가능하다. 동시에 바우처는 현물급여의 경우와는 달리 다양한 공급주체 또는 상품들 가운데 개인이 임의로 선택할 수 있는 여지를 제공하고 있다. 이러한 차원에서 바우처는 '특정한 사용 목적으로 제한된 현금급여'로도 불리고 있다(Enste & Stettes, 2005).

일반적으로 바우처는 모든 사례에서 동일하게 적용될 수 있는 모형의 형태로 존재할 수는 없다. 오히려 바우처는 대상이 되는 상품이나 서비스의 특성 및 제도를 통하여 국가나 사회가 추구하고자 하는 정책목표 등에 따라 그 모형이나 구성체계가 매우 다양할 수 있다. 최초의 공식적 바우처제도는 미국에서 1964년 「식품구입권법(Food Stamp Act)」의 제정과 함께 도입되었다. 여기서 식품구입권은 국가가 저소득계층을 대상으로 그들의 기초생활에 필요로 하는 상품이나 서비스를 시장에서 구입할 수 있도록 제공하는 일종의 상품권으로서 기능을 하였다. 이후 이러한 바우처제도는 실로 다양한 영역에서 적용되고 있거나 도입이 활발하게 논의되고 있다.[5] 우리나라의 경우에도 바우처제도는 현재 산모·신생아 도우미제도, 장애인활동보조 서비스, 가사·간병 서비스 등 전형적인 사회복지 영역뿐만 아니라 방과후학교 자유수강권·문화·체육 스포츠 등의 영역에서 다양하게 응용되고 있다.

이와 같은 바우처제도는 다음과 같은 장점을 가진다.

첫째, 바우처제도는 수급대상자에게 관련 상품이나 서비스의 선택권을 부분적으로 보장해 줄 수 있다는 점에서 현금급여의 장점을 수용하고 있다. 왜냐하면 바우처 소지자는 시장에서 자신의 욕구나 상황에 가장 적합한 복지상품을 구입할 수 있기 때문이다.

둘째, 바우처제도는 상품이나 서비스의 선택 범위를 특정한 용도나 목적으로 제한을 함으로써 현금급여에서 발생할 수 있는 수급자의 부적절한 소비 행위를 통제할 수 있다.

셋째, 바우처제도는 현물급여의 경우에서처럼 특정한 문제에 대처하여 국가나 사회가 목표로 설정한 보장수준을 비교적 용이하게 달성할 수 있다. 왜냐하면 바우처는 특정한 사용 목적을 벗어난 다른 상품이나 서비스를 구입할 수 없기 때문이다.

넷째, 복지상품의 생산이나 공급이 시장의 기능을 토대로 이루어지므로 바우처제도는 한편으로는 시장경제의 경쟁원리에 최대한 부합할 수 있고, 다른 한편으로는 국가의 직접 생산이나 관리에 의한 자원의 낭비나 비효율적 배분의 문제를 최소한의 수준으로 억제할 수 있다.

다섯째, 국가는 영리를 추구하는 민간시장에서는 수행할 수 없는 사회적 목표를 바우처제도를 통하여 용이하게 실현할 수 있다. 바우처제도는 특정한 정책목표에

---

5) 바우처제도의 적용이 가능한 영역으로 논의되고 있는 분야로는 교육, 보육, 의료 서비스, 저소득계층 주거지원 등이 있다. 이와 관련한 내용을 학문적으로 설명해 주고 있는 자료로는 장승옥, 지은구와 김은정(2009)을 참조하기 바란다.

부합될 수 있는 목표집단을 정확하게 선별할 수 있을 뿐만 아니라, 이들에게 결핍된 상품이나 서비스를 지원해 줌으로써 결과적으로 모든 국민이 소비 기회 면에서 평등한 접근성을 보장받을 수 있게 된다. 그리고 바우처제도의 이와 같은 기능은 사회통합의 효과는 물론 시장경제 질서에 대한 국민의 수용성을 제고시키는 데 기여할 수도 있다.

그러나 바우처제도는 다음과 같은 문제점을 보일 수 있다.

첫째, 바우처제도에서 수급대상자의 선별이 사회적 약자만을 대상으로 이루어지게 될 경우 복지상품의 구입과정에서 종종 개인의 수치심을 유발할 수 있다.

둘째, 일반적으로 바우처제도의 대상이 되는 상품이나 서비스는 시장의 기능을 통하여 거래되므로 적절한 감독체계가 구축되지 못할 경우 종종 수요자와 공급자 간 부당거래(예: 담합)의 문제가 발생할 우려가 높다.

셋째, 일반적으로 바우처제도는 국가나 사회복지 운영주체에 의해 상품이나 서비스의 양적·질적 수준 그리고 가격을 통제받게 되므로 개별 수요자의 다양한 상황이나 욕구를 제도적으로 제대로 반영해 줄 수 없는 한계를 보이게 된다. 뿐만 아니라 국가나 사회복지기관에 의한 가격통제는 자원배분의 합리적 기능을 제한하여 각종 부작용을 초래할 위험이 있다.

🔍 제3절 현금급여의 수준

사회복지제도의 급여수준은 사회적 애로요인의 발생으로 인한 개인의 경제적 피해를 어느 정도의 수준으로 보상해 줄 것인가 하는 문제와 관련한 것으로서, 이는 달리 '보장성'이라고도 한다.

이에 따라 급여수준은 국민의 생활안정과 복지수준에 중대한 영향을 미칠 수 있다. 제3절과 제4절에서는 현금급여 수준 그리고 현물급여의 수준으로 구분하여 중요한 정책 논점들을 정리해 보고자 한다.

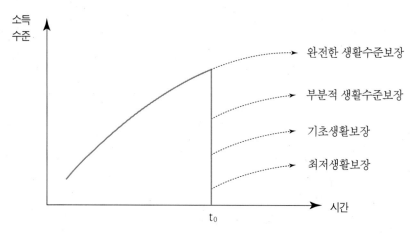

[그림 13-3] 현금급여의 수준별 유형

1. 급여수준별 목표

일반적으로 사회복지제도에서 제공하는 현금급여의 수준은 개인의 경제적·사회적 상황은 물론 개별 제도의 특성에 따라 다르게 나타난다. 그리고 개별 사회복지제도는 급여수준에 사이를 둠으로써 각각 상이한 정책목표를 추구하게 되는 경우도 있다.

[그림 13-3]과 같이 개인이 특정한 시점(t_0)에서 어떠한 사유에 의해 소득의 단절문제를 겪게 되었다고 가정해 보자. 이 경우 사회복지제도는 당사자에게 어느 정도의 수준으로 급여를 지원할 것인가를 결정하여야만 한다. 여기서 급여수준의 결정에 대한 의사판단의 기준은 정책목표에 따라 크게 최저생활보장, 기초생활보장, 부분적 생활수준보장 그리고 완전한 생활수준보장으로 구분해 볼 수 있다.

1) 최저생활보장

소득의 단절문제를 겪는 개인에게 육체적 최저생존(physical existence minimum)을 위해 반드시 필요로 하는 수준의 소득을 보장해 주도록 하는 것을 목표로 한다. 그리고 이 경우 정책적 주안점은 최저생활보장을 통하여 절대적 빈곤문제의 해소에 맞추어져 있다. 따라서 사회복지정책이 수행하는 사회적 공존의 기능은 극도의 잔여적(residual) 수준으로 머무르게 된다.

2) 기초생활보장

최저생활보장의 경우와는 달리 피해의 당사자인 개인에게 사회·문화적 최저수준(sozio-kulturelles Existenzminimum[독])의 소득을 보장해 주는 것을 목표로 하고 있다. 이에 따라 기초생활보장은 절대적 빈곤문제보다는 상대적 빈곤문제와 그에 따른 부정적 파급효과(예: 사회적 긴장이나 갈등과 소외문제 등)의 해결에 초점을 맞추고 있다. 따라서 개인은 스스로의 존엄성을 유지하고 건강한 사회의 일원으로서 생활을 영위하기 위해 필요로 하는 기초적인 수준의 소득을 보장받을 수 있는 권리를 가지게 된다.

3) 부분적 생활수준보장

사회적 애로요인에 의해 소득의 단절 현상이 발생하게 될 경우 피해 당사자인 개인은 빈곤문제는 물론 생활수준의 하락에 따른 고통을 받게 된다. 따라서 상당수의 사회복지제도는 개인이 소득의 단절에도 불구하고 종전과 같은 생활수준을 영위할 수 있도록 급여를 제공하고 있다.

부분적 생활수준보장은 개인이 사회적 애로요인에 의해 상실하게 된 소득의 일정 부분(정확히 표현하면, 일정 비율)을 보상해 주는 것을 목표로 한다. 우리나라의 경우 주로 사회보험제도의 현금급여(예: 연금급여, 실업급여, 휴업급여 등)가 이러한 목표를 추구하고 있다. 일반적으로 부분적 생활수준보장은 그 특성상 한편으로는 개인의 종전 생활에 상응하는 수준의 소득을 보장할 수 없는 기능적 결함을 가지고 있으며, 다른 한편으로는 급여수준이 소득수준에 따라 개인별로 차이를 보이게 되어 분배정책의 수단으로서 한계를 보이고 있다. 나아가 일부 저소득계층의 경우 소득의 부분적 보장은 종종 기초생활보장이나 최저생활보장의 일환으로 제공되는 급여수준 이하에서 결정될 가능성도 있다.

4) 완전한 생활수준보장

사회적 애로요인에 의한 소득의 단절 현상에도 불구하고 개인이 종전과 동일한 생활수준을 영위할 수 있도록 하는 것을 목표로 한다. 그러나 완전한 생활수준보장은 국민이 일생 동안 안정된 생활을 할 수 있도록 보장할 수 있는 장점이 있으나, 다음과 같은 측면에서 문제점을 보인다.

완전한 생활수준보장은 근로동기의 저하와 함께 국민의 복지 의존심리를 조장하게 될 우려가 있다. 그리고 개인별로 종전소득의 수준에 완전하게 상응하는 급여를 제공하게 됨으로써 개인 간 소득 불평등이 사회복지급여 수준의 격차로 그대로 이어지게 되는 문제를 보이게 된다.

2. 급여수준의 결정기준

사회복지제도의 대상자에게 현금급여를 제공하고자 할 경우 사전적으로 급여산정을 위한 기준의 선택이 필요하게 된다. 왜냐하면 급여산정을 위한 기준의 선택에 따라 현금급여의 수준이 상당한 차이를 보일 수 있기 때문이다. 그리고 이러한 기준들은 앞서 제9장에서 살펴본 사회복지 기본원칙, 즉 공급의 원칙, 부조의 원칙 그리고 보험의 원칙에 따라 일정한 차이를 보이게 된다. 여기서는 사회복지 기본원칙별로 급여산정의 기준으로서 ① 공급의 원칙: 국가의 정책적 판단, ② 부조의 원칙: 개인별 욕구수준, ③ 보험의 원칙: 개인별 종전소득으로 구분하여 각각의 중요한 특징과 내용을 살펴보고자 한다.

1) 공급의 원칙: 국가의 정책적 판단

공급의 원칙의 첫 번째 특성으로서 사회보상의 원칙은 국가나 사회로 인한 개인적 피해에 대한 보상(補償) 또는 국가나 사회를 위한 개인의 기여에 대한 보상(報償) 차원에서 주어지는 급여제도에서 적용되는 원칙으로서 대표적으로 국가보훈제도가 여기에 해당한다. 이 경우 급여의 수준은 개별 사안별로 피해 또는 기여의 수준, 국민의 수용력 그리고 국가의 재정적 여력 등을 감안하여 국가에 의해 결정된다.

공급의 원칙의 두 번째 특성으로서 보편성의 원리는 특정한 문제 상황에 대하여 국가가 일정한 금액을 책정하고, 해당되는 사람들에게 모두 동일한 수준의 급여를 제공해 주게 된다. 오늘날 대다수 복지 선진국에서 실시해 오고 있는 아동수당, 장애수당 등 각종 수당제도와 보편적 기초연금[6]이 여기에 해당한다. 여기서도 급여수준은 문제의 속성, 재정적 부담능력 등을 감안하여 국가가 결정하게 된다.

2) 부조의 원칙: 개인별 욕구수준

개인별로 욕구수준을 파악하여 이에 근거하여 급여를 지급하는 방식이다. 따라서 이 경우 현금급여의 수준은 개인별로 욕구수준에 따라 차이를 보이게 된다. 그러나 어떠한 사회에서도 국가가 국민 개개인의 다양한 복지욕구를 완전하게 충족시켜 주는 것은 현실적으로 불가능하며, 특히 자본주의 사회의 경우 이러한 방식은 체제질서의 기본원리에 배치될 위험도 있다.

하지만 그럼에도 불구하고 인간에게 있어서 욕구의 충족은 개인이나 가족의 생존과 행복을 위한 필수적인 전제조건이 되고, 나아가 인간에게 있어서 경제활동의 동기와 목표는 궁극적으로 욕구충족의 극대화에서 찾아볼 수 있다. 따라서 이러한 점을 감안해 볼 때 국가는 국민이 인간으로서의 기본적 생존을 유지하기 위해 필요한 최소한의 욕구수준 그리고 이를 충족시켜 주기 위한 수단으로서 최저소득을 보편적으로 보장해 주어야 할 책임이 있다. 이러한 차원에서 제공되는 급여로는 우리나라의 경우 대표적으로 국민기초생활보장제도의 생계급여가 있다.

일반적으로 국민 각자가 가지고 있는 욕구의 종류와 수준은 상이하므로, 이를 개별적으로 제도에 반영해 주는 것은 현실적으로 불가능한 일이 될 수 있다. 따라서 실용적 대안으로서 다음과 같은 방법을 생각해 볼 수 있다. 먼저, 국가는 국민들이 기본적 생존을 위해 공통적으로 필요로 하는 욕구의 내용과 수준을 표준화(standardization)하여, 이를 충족하기 위해 필요한 금액을 기준으로 최저생계비를 결정한다. 다음으로, 국가는 개인별 상황(예: 가족의 규모와 연령 분포, 건강상태 등)에 따른 추가적인 욕구를 최저생계비에 반영하여 필요소득량(requirement)을 산출한다. 마지막으로, 국가는 각자의 가구소득이나 자산을 토대로 자원(resources)을 산출하고, 이를 다시 필요소득량과 대비시켜 그 차액을 생계급여로 결정하게 된다. 여기서 특히 주의해야 할 사항으로서 가구소득은 순소득(net earnings)의 관점에서 파악되며, 이에 따라 각종의 세금이나 사회보험료 그리고 소득활동을 위한 필요 경비는 공제하게 된다는 것이다(이정우·이동수 역, 2008: 349f.).

6) 보편적 기초연금이란 일정 연령 이상의 모든 국민에게 소득이나 자산의 수준에 상관없이 동일한 금액의 연금을 지급해 주는 제도로서, 현재 덴마크, 캐나다 등의 국가에서 실시하고 있다.

생계급여 = 필요소득량 - 자원

- **필요소득량**: 인간으로서 기본적 욕구를 충족하기 위해 필요한 소득
- **자원**: 욕구 충족을 위해 동원할 수 있는 본인 및 가족의 소득

우리나라 국민기초생활보장제도에서 생계급여의 수급자격은 가구 소득(정확하게 말하면, 소득인정액)이 중위소득을 기준으로 30% 이하에 있는 빈곤계층에 대하여 인정해 주고 있다. 하지만 이러한 수준의 생계급여는 선진 국가들의 경우에 비해 지나치게 낮아, 실질적인 빈곤계층의 상당수가 제도적 보호로부터 배제되는 사각지대의 문제가 상당한 수준으로 발생하고 있음을 시사하고 있다. 따라서 국가는 생계급여의 수준을 인상하여 저소득가정의 실질적 최저생존이 보장을 받을 수 있도록 해야 할 것이다.

하지만 만약 국가가 생계급여 수급자의 급여수준을 [그림 13-4]에서 보는 바와 같

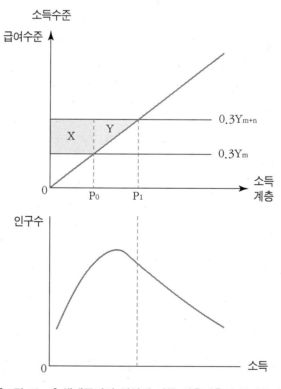

[그림 13-4] 생계급여의 인상에 따른 비용지출의 증가효과

이 중위소득(Y_m)의 30%에서 추가로 n%만큼 인상하게 되면, 실제로 국가가 추가적으로 부담해야 하는 비용은 훨씬 더 다면적으로 발생할 수 있다. 왜냐하면 생계급여의 인상으로 기존 수급계층을 위한 급여지출의 증가(그림에서 빗금친 X 부분)는 물론, 추가적으로 차상위계층도 제도의 보호대상이 확대되어 급여지출이 대폭적으로 증가하게 되는 효과(그림에서 Y 부분)도 동시에 발생하게 되기 때문이다. 그리고 이때 만약 소득의 분포 상태가 저소득계층으로 밀집되어 있을 경우 후자로 인한 비용효과는 더욱 크게 나타날 수 있다.

3) 보험의 원칙: 개인별 종전소득

소득의 단절 문제가 발생하게 될 경우 개인의 종전소득을 기준으로 하여 현금급여를 제공하는 방법이 있을 수 있다. 이러한 급여수준의 결정방법은 주로 사회보험제도에서 활용되고 있다. 그러나 개별 사회보험제도는 실제로 다음과 같은 두 가지 측면에서 각각 급여의 산정방식을 달리하고 있다. 즉, 급여의 산정기준이 되는 종전소득을 무엇을 기준으로 하여 결정할 것인가 하는 문제 그리고 종전소득과 현금급여 간 비례관계를 어느 정도의 수준으로 유지할 것인가 하는 문제가 있다.

(1) 종전소득의 기준

현금급여의 산정기준이 되는 종전소득은 그 시기별로 구분하여 문제발생 직전의 소득과 개인의 평생소득으로 구분된다.

① 문제발생 직전의 소득

특정한 사회적 애로요인이 발생하기 직전 개인이 획득한 소득을 기준으로 하여 현금급여를 산정하는 방법이다. 이러한 방법은 주로 단기적 성격의 애로요인을 대상으로 하는 사회보험제도에서 활용되고 있으며, 우리나라의 경우 고용보험제도의 실업급여와 산재보험제도의 각종 연금급여와 휴업급여 그리고 법정퇴직금이 여기에 해당된다.[7] 문제발생 직전의 소득을 기준으로 급여의 산정이 이루어질 경우 개

---

7) 우리나라의 경우 이러한 종류의 급여는 개인별로 위험 발생 이전 3개월 동안의 임금을 평균한 금액인 평균임금을 기준으로 산정되고 있다.

인은 종전과 유사한 생활수준을 유지할 수 있는 장점을 가지게 된다.

② 개인별 평생소득

개인의 평생소득을 기준으로 하여 현금급여를 산정하는 방법이다. 이러한 급여의 산정방식은 주로 장기적 성격의 애로요인을 대상으로 하는 사회보험제도에서 활용되고 있으며, 우리나라의 경우 대표적으로 국민연금제도의 노령연금이 여기에 해당된다. 그러나 평생소득의 산정방식은 다음의 두 가지 측면에서 국가별로 다소 상이하게 나타나고 있다.[8]

첫째, 어느 정도 기간까지의 소득을 대상으로 하여 평생소득을 산정할 것인가 하는 문제와 관련한 사항이다. 예를 들면, 우리나라의 국민연금제도 그리고 스위스 · 룩셈부르크 · 독일의 공적연금제도의 경우, 평생소득은 개인이 전체 가입 기간 동안 획득한 총소득을 평균한 금액으로 하고 있다. 반면, 미국 · 프랑스 · 오스트리아 · 1999년(연금 개혁 이전) 스웨덴 등의 공적연금제도는 개인이 가입 기간 동안 획득한 전체 소득 가운데 일부를 임의로 선택하도록 하여, 이를 평균한 금액을 평생소득으로 활용하고 있다. 여기서 후자와 같은 방식은 소득이 일정하지 않거나 가입 기간이 상대적으로 짧은 취업계층(주로 여성이나 비정규직 근로자)에게 유리하게 작용할 수 있다.

둘째, 개인별로 가입 기간 동안의 소득을 재평가(reevaluation)하기 위한 기준의 선택 문제와 관련한 사항이다([그림 13-5] 참조). 만약 해당 기간 동안 경제적 환경 변화(특히 소득의 증가, 물가인상 등)에 대한 고려 없이 단순히 개별 시기의 명목소득을 산술평균하여 평생소득을 산정하게 될 경우 상당수의 연금수급자는 과거 소득으로 인해 빈곤문제에 직면하게 될 위험이 높다. 따라서 오늘날 대부분의 국가에서는 개인별로 가입 기간 동안의 소득을 적절한 경제적 지표를 기준으로 재평가하여 이를 기준으로 평생소득을 산정하고 있다. 그 사례로서 우리나라의 국민연금제도에서는 임금지수(wage-index)에 기초하여 가입기간 동안의 소득을 재평가해 주고 있으며, 영국의 소득비례연금제도 그리고 룩셈부르크 · 스페인 등의 공적연금제도에서는 물가지수(price-index)를 재평가의 기준으로 활용하고 있다. 이외에도 스위스의 국민

---

8) 국가별로 공적연금제도의 설계방식 그리고 구성요소를 상세히 설명하고 있는 자료로는 Fenge, Gebauer, Holzher, Meier, & werding. (2003) 그리고 Bundesministerium für Arbeit und Soziales(2015)를 참조하기 바란다.

연금제도(AHV)에서는 물가와 임금 상승률을 혼합한 지수(mixed index)를 적용하고 있다.

(2) 종전소득과 현금급여 간 비례관계

사회보험제도의 현금급여 수준이 개인별 종전소득과 어느 정도의 비례관계를 유지할 수 있도록 할 것인가 하는 과제가 대두될 수 있다. 이러한 과제는 사회보험제도가 수행하는 종전 생활수준의 보장기능 그리고 분배적 기능과 밀접한 관련을 가지게 된다. 여기서는 관련한 사안을 공적연금제도를 중심으로 살펴보고자 한다.

① 완전한 소득비례형 연금급여

모든 소득계층에서 연금급여의 수준이 종전소득과 일정한 비례관계를 유지하도록 하는 방법으로서, 그 대표적인 것이 독일의 공적연금제도다. 이 경우 개인은 [그림 13-5]의 왼쪽 그림의 실선과 같이 비록 자신의 종전소득과 일치하는 수준은 아닐지라도 그에 대한 일정 비율을 연금으로 받게 된다. 이러한 내용은 종전소득 대비 연금급여의 비율을 의미하는 소득대체율(income replacement rate)로서 살펴볼 수 있다. 연금의 소득대체율은 오른쪽 그림과 같이 모든 소득계층에서 일정한 값(x%)을 가지게 된다. 종합하면, 완전한 소득비례형 공적연금제도의 경우 소득계층 간 소득의 분배효과가 원칙적으로 발생하지 않게 된다. 반면, 이 경우 개인은 자신의 종전소득에 비례하여 연금을 받게 되므로 노후에도 예전과 비슷한 생활수준을 유지할 수 있는 장점을 가지게 된다.

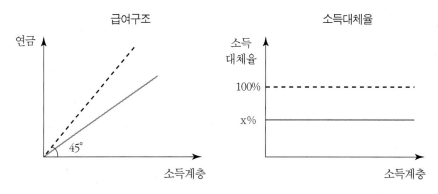

[그림 13-5] 완전한 소득비례형 공적연금제도: 독일의 공적연금제도

② 불완전한 소득비례형 연금급여: 이원형 급여구조

연금급여의 수준이 개인별로 종전소득에 비례하게 되나, 그 비례관계가 완전하지 않게 운영하는 방법이다. 그리고 이와 같은 비례관계의 수준에 따라 공적연금제도는 종전생활 수준 보장의 기능과 재분배 기능을 동시에 수행할 수 있게 된다. 공적연금제도에서 이러한 취지의 기능을 반영하는 방법은 다양하게 존재할 수 있으며, 그 대표적인 사례로서 이원형 급여구조(dual benefit structure)를 살펴볼 필요가 있다. 우리나라의 국민연금제도와 스위스 국민연금제도의 경우 급여구조는 [그림 13-6]의 왼쪽 그림과 같이 종전소득의 수준에 상관없이 모든 가입자에게 동일하게 제공하는 균등부분과 개인의 종전소득에 비례하는 소득비례부분으로 구성되어 있다.[9] 여기에서 개인이 수급하게 되는 연금급여는 균등부분과 소득비례부분을 합산한 금액이 된다. 이원형 급여구조를 가지고 있는 공적연금제도의 경우 연금의 소득대체율은 오른쪽 그림과 같이 저소득계층에게서 상대적으로 높게 나타나고, 소득수준이 높아질수록 점차 낮아지게 되는 형태를 보이게 된다. 따라서 이러한 공적연금제도의 경우 가입자 간 소득재분배의 기능이 높은 수준으로 유지될 수 있는 장점이 있다. 그러나 이원형 급여구조를 가지고 있는 공적연금제도는 경우에 따라서 저소득계층에게 자신의 종전소득보다 높은 수준의 연금급여를 제공하게 되고, 고소득계층에 대해서는 당사자의 종전생활수준을 제대로 보장할 수 없는 문제가 발생할 수 있다. 전자와 같은 부작용을 방지하기 위하여 우리나라의 국민연금제도는 연금급여의 수준이 개인의 종전 소득을 초과할 수 없도록 하는 규정을 마련해 두고 있다.

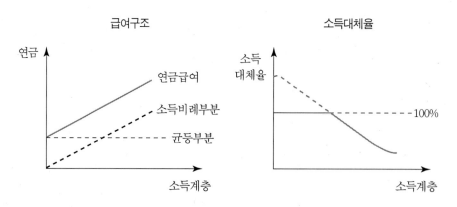

[그림 13-6] 불완전한 소득비례형 공적연금제도: 우리나라와 스위스의 공적연금제도

9) 스위스의 국민연금제도에 대해 설명하고 있는 국내 문헌으로는 이정우(2007)를 참조하기 바란다.

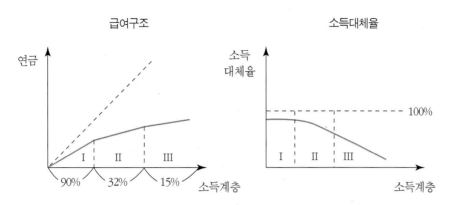

[그림 13-7] **불완전한 소득비례형 공적연금제도: 미국의 공적연금제도**

③ 불완전한 소득비례형 연금급여: 소득등급별 차등적 반영율 적용방식

앞서 ②와 같은 취지의 기능을 담당하히 위한 급여 실제방식이다. 구체적으로 여기서는 개인별로, 연금급여의 산정기준이 되는 종전소득을 등급별로 구분을 하고, 각각의 등급에 해당되는 소득에 대하여 상이한 반영률을 적용하는 방법이 있을 수 있다. 여기서 반영률이란 연금급여를 계산하게 될 경우 개인의 종전소득에 적용되는 일정한 비율을 의미한다. 따라서 반영률이 높게 책정될수록 개인은 높은 수준의 연금급여를 받게 된다. 이러한 방식은 대표적으로 미국의 공적연금제도(OASDI)에서 채택하고 있다. 미국의 공적연금제도는 [그림 13-7]의 왼쪽 그림과 같이 종전소득을 세 가지 등급으로 구분하여 Ⅰ등급 구간의 경우 90%, Ⅱ등급 구간의 경우 32% 그리고 Ⅲ등급 구간의 경우 15%의 반영률을 적용하고 있다.

이에 따라 연금급여는 개인의 종전소득에 따른 등급별 반영률을 적용하여 계산하게 된다. 미국 공적연금제도의 소득대체율은 오른쪽 그림과 같이 종전소득의 수준이 증가하게 됨에 따라 점차 낮아지게 되는 형태를 취하고 있다. 이는 공적연금제도가 상당한 수준의 분배적 기능을 수행하고 있음을 시사하는 것이다.

④ 종전소득과 무관한 기초연금

기초연금(basic pension)은 전 세계적으로 매우 다양한 제도적 형태로 운영되고 있으며, 이와 관련한 학자들의 제도개혁 모형 또한 무수하게 많이 존재하고 있는 것이 사실이다. 여기서는 보험의 원리를 바탕으로 운영되는 기초연금제도를 중심으로 살펴보고자 한다.

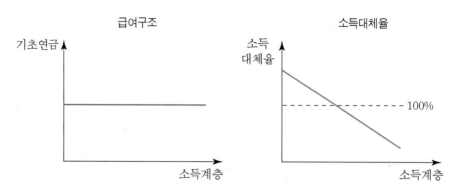

[그림 13-8] 종전소득과 독립적인 기초연금: 영국과 네덜란드의 기초연금

보험의 원리를 기초로 운영되는 기초연금은 영국·네덜란드 등이 대표적이다. 먼저, 영국의 기초연금은 보험료 수입과 정부보조금으로 운영되며, 보험료는 근로자의 소득을 기준으로 노사가 공동으로 부담하게 된다. 이에 따라 보험료의 부담수준은 개인별로 소득수준에 비례하게 되지만, 급여는 이와는 상관없이 단지 가입기간에만 비례하도록 설계되어 있다. 따라서 [그림 13-8]의 왼쪽 그래프에서 보는 바와 같이 개인별로 소득수준이 달라 보험료의 납부금액에 차이가 있더라도, 단순히 가입기간만 서로 동일하다면 향후 동일한 금액의 연금을 받게 된다. 다음으로, 네덜란드의 경우에서도 영국의 경우와 같이 국민들 각자는 자신의 소득에 비례하여 보험료를 납부하여야 하는 의무를 가지고 있다. 하지만 네덜란드에서는 영국의 경우와는 달리 연금급여는 개인별로 가입기간에 상관없이, 국내 거주기간에만 비례하도록 설계되어 있다. 이에 따라 개인별로 단지 국내체류기간만 동일하다면, 모두는 동일한 수준의 연금급여를 받게 된다.

이와 같은 공적연금제도의 작동 방식에 따라 개별 기초연금은 빈곤방지의 기능과 함께 상당한 수준의 소득재분배 기능을 수행하게 된다. 이는 [그림 13-8]의 오른쪽 그래프에서 보는 바와 같이 영국·네덜란드 기초연금의 소득대체율이 공히 소득이 증가함에 따라 점차 감소하는 형태를 보여 주고 있다는 점을 통해 알 수가 있다.

3. 현금급여의 지급기간

사회복지수급 대상자의 생활안정은 개별 제도가 어느 정도의 급여수준을 제공하는가 하는 문제뿐만 아니라, 어느 정도의 기간 동안 급여를 제공하는가 하는 문제에

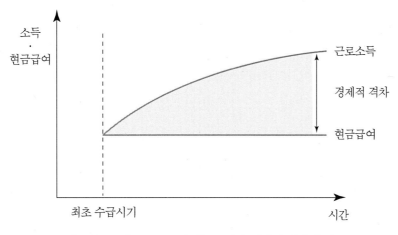

[그림 13-9] 근로소득과 현금급여의 시기별 변화 추이

의해서도 상당한 영향을 받게 된다. 개별 사회복지제도에서 제공하는 현금급여는 지급기간을 기준으로 볼 때 각각 단기성 급여와 장기성 급여로 구분해 볼 수 있다.

먼저, 단기성 급여는 기간을 한정하여 제공하는 급여 형태로서, 통상적으로 일시적 또는 경과적으로 발생하는 사회적 애로요인에 대하여 적용이 된다. 이러한 유형의 급여로는 고용보험제도의 실업급여, 산재보험제도의 휴업급여 그리고 국민기초생활보장제도의 생계급여 등이 있다. 단기성 급여는 지급기간이 종종 개인의 실제 상황과 무관하게 정해지는 경우가 있다. 대표적으로 고용보험제도의 실업급여는 법률에 의해 개인의 가입기간과 나이에 비례하여 지급기간이 정해지고 있다. 이에 따라, 예를 들어 개인이 실업급여의 종료 이후에도 계속하여 실업 상태에 있다면 당사자는 빈곤의 위협에 직면하게 되는 문제가 발생한다.

다음으로, 장기성 급여는 기간의 제한이 없이 제공되는 급여 형태로서, 일반적으로 피해가 장기적으로 또는 영구히 지속되는 사회적 애로요인에 대하여 적용된다. 이러한 유형의 급여로는 노령연금, 장애연금, 유족연금 등이 있다.

4. 현금급여의 재조정

일반적으로 소득활동계층의 경우 소득수준은 경제 상황의 변화에 따라 임금인상의 형태로 매년 조정이 이루어지게 된다. 따라서 사회복지제도의 현금급여에 대한 별도의 조정 장치가 없을 경우 소득활동계층과 사회복지수급계층 간의 경제적 격차는 [그림 13-9]에서 보는 바와 같이 시간이 경과할수록 점차 커지게 되는 문제에 직면할 수 있다. 이러한 문제는 특히 연금급여 등 장기성 급여에서 두드러지게 나타날 수 있다.

사회복지수급계층의 생활수준이 안정적으로 유지될 수 있도록 하기 위해서는 현금급여의 재조정이 필요하게 된다. 이러한 급여의 재조정 방식은 크게 다음의 두 가지로 구분해 볼 수 있다.

먼저, 급여의 재조정이 자동적으로 이루어지도록 하는 방식이다. 이 경우 현금급여의 수준은 국가의 개입 없이 별도로 채택한 지표의 변동 상황에 따라 정기적으로 조정된다. 이러한 지표들로는 앞서 가입기간 동안의 소득을 재평가하는 기준들의 경우에서와 같이 물가 또는 임금이 있다. 이에 따라 가령 현금급여의 재조정이 매년도의 물가상승률에 연계되어 이루어질 경우, 중장기적으로 급여의 실질가치를 보전할 수 있는 효과가 발생하게 된다. 현재 우리나라는 물론 일본·미국·영국 등은 공적연금제도의 연금급여를 물가에 연동하여 조정하고 있다. 반대로, 급여의 재조정이 매년도의 임금상승률에 비례하여 이루어지도록 하는 방법이 있을 수 있다. 이경우 사회복지 수급계층은 현금급여의 실질가치를 보전할 수 있을 뿐 아니라, 매년도의 경제성장을 통해 발생하게 되는 과실의 배분과정에 소득활동계층과 동등하게 참여할 수 있는 권리를 확보할 수 있다. 참고로, 독일·오스트리아의 공적연금제도는 매년도 임금상승률에 연계하여 연금급여를 재조정해 오고 있다. 이 두 가지 사례를 절충한 방안으로서 스위스의 국민연금제도는 물가 및 임금상승률을 혼합한 지표를 토대로 매년도 연금급여를 재조정해 주고 있다.

다음으로, 현금급여의 재조정이 국가의 재정 상황과 정치적·경제적·사회적 여건을 감안하여 국가의 주도로 이루어지도록 하는 방식이다. 이 경우 급여의 재조정은 국가의 판단에 따라 임의적으로 이루어지게 된다. 이러한 방식은 '공급의 원칙'과 '부조의 원칙'을 바탕으로 운영되는 사회복지제도에서 주로 적용되고 있다. 두 가지 원칙은 국가가 일반재정으로 지원하고 운영하는 사회복지제도에서 적용되기 때문에 급여수준의 결정이나 재조정 과정에서 국가의 개입이 상대적으로 용이한 특성을 가지고 있다.

제4절 현물급여의 수준

현물급여란 상품이나 서비스 형태로 제공되는 급여의 종류다. 이러한 현물급여는 대상자에게 완전히 무상으로 제공하는 방식과 그 비용의 일정 부분을 개인이 부담하도록 하는 방식이 있다. 따라서 현물급여의 수준은 상품이나 서비스의 실제가격 가운데 본인이 어느 정도의 부담을 하는가에 따라 차이를 보일 수 있다. 달리 표현하면, 현물급여에 있어서 보장성은 본인부담금의 수준에 반비례하는 특성을 가지고 있다.

1. 본인부담금의 형태와 기능

현물급여가 무상으로 제공될 경우 가격의 실종으로 인해 급여의 오남용 문제가 발생할 우려가 있다. 이러한 문제를 해결하기 위하여 대다수의 사회복지제도는 현물급여 가격의 일정 부분을 개인이 부담하도록 하는 본인부담제를 적용하고 있다. 그러나 본인부담의 수준이 과도하게 높을 경우 자칫 현물급여의 사용 기회가 소득계층별로 차등화되는 분배적 불평등의 문제를 초래할 수 있다. 따라서 본인부담 형태는 경제적 차원에서 급여의 낭비적 요인을 억제하고, 분배적 차원에서 현물급여에 대한 접근성이 모든 사회계층에게 동등하게 보장될 수 있도록 하는 방향에서 모색할 필요가 있다.

여기서는 의료보험제도의 현물급여를 사례로 하여 적용될 수 있는 다양한 형태의 본인부담금 모형에 대하여 살펴보고자 한다.

의료보험제도에서 제공하고 있는 현물급여로는 대표적으로 의료 서비스와 의약품이 있다. 본인부담금의 모형은 [그림 13-10]과 같이 크게 세 가지로 분류해 볼 수 있다.

먼저 [그림 13-10]의 모형 1과 같이 개별 상품이나 서비스의 가격에 상관없이 정액의 본인부담금을 부과하는 방법이 있다. 이와 유사한 사례는 현재 독일의 의료보험제도에서 의약품 가격이나 입원비용에 대하여 적용하고 있는 본인부담금 모형이 해당될 수 있다. 이러한 본인부담금 모형은 본인부담금이 현물급여의 실제 가격에 완전히 비탄력적으로 결정되어 개인의 합리적인 소비 행위를 유도할 수 있는 아무

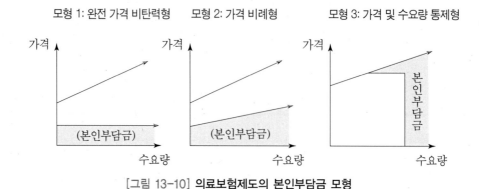

[그림 13-10] **의료보험제도의 본인부담금 모형**

자료: Frerich(1990). *Sozialpolitik: Das Sozialleistungssystem der Bundesrepublik Deutschland*, 2. Auflage, p. 450.

런 유인 장치가 없다는 문제점이 있다. 만약 국가가 저소득계층에게도 현물급여의 접근성이 용이하도록 하기 위하여 본인부담금은 낮은 수준으로 적용하게 될 경우, 국가 전체적으로 각종 자원낭비 요인이 발생하게 될 가능성도 있다.

다음으로, 모형 2와 같이 개별 상품이나 서비스의 가격에 비례하여 본인부담금을 부과하는 방법이 있다. 이러한 모형은 가격의 기능을 부분적으로 활성화하여 개인의 합리적인 소비 행위를 유도할 수 있는 장점이 있다. 그러나 이러한 본인부담금 모형은 저소득계층의 경우 고가의 현물급여에 대한 소비의 기회가 과도한 본인부담금 때문에 제약을 받는 분배적 불평등 문제를 초래할 수 있다. 나아가 현물급여의 가격이 높아질수록 상대적으로 낮은 본인부담비율을 적용하게 될 경우 그 혜택은 주로 고소득계층에게 돌아가는 분배적 역진성의 문제가 발생할 수 있다.

마지막으로, 모형 3과 같이 현물급여의 가격과 수요량을 통제하는 방향으로 본인부담금을 설계할 수 있다. 구체적으로 살펴보면, 여기서는 개개의 현물급여가 일정한 가격을 초과하게 될 경우 그 부분에 대하여 본인부담금을 부과하도록 하고, 다른 한편으로 매년 개인이 사용할 수 있는 총의료비용을 책정하여 이를 초과하게 되는 부분에 대하여 본인부담금을 부과하는 방안이다. 이러한 모형은 현물급여에 대한 가격의 기능을 활성화하여 개인의 합리적인 소비 행위를 유도할 수 있고, 동시에 저소득계층에게도 별도로 정한 총의료비용의 범위 이내에서 적절한 소비 행위를 할 수 있는 기회를 보장하는 장점을 가지고 있다. 그러나 개인이 중대한 질병으로 고가의 의료 서비스나 의약품을 필요로 하게 되거나, 의료보험제도에서 보장하는 총비용을 초과하게 될 경우 과도한 본인부담금으로 인한 경제적 부담이 발생할 수 있다.

따라서 희귀난치성이나 급성·만성의 중증질환자에 대해서는 국가가 사회정책의 차원에서 본인부담율을 낮게 적용하거나, 아니면 본인부담금이 적용되는 가격상한선 또는 한 해 동안 사용할 수 있는 의료비총액을 상향 조정하는 방안을 적극적으로 고려해 볼 필요가 있다.

2. 현물급여의 지급기간

현물급여는 사회적 애로요인에 의해 발생하게 된 일시적 피해 현상을 치유하기 위하여 제공되므로 대개의 경우 단기성 급여의 성격을 가지게 된다. 다만 만성질환이나 장애 등과 같이 피해현상이 장기적으로 지속될 경우 그에 상응하는 기간 동안 급여의 제공이 필요하다. 이러한 문제에 대처하여 우리나라 국민건강보험제도에서는 현물급여의 수급기간을 점차로 확대하여 마침내 1999년부터는 연중 내내 보험급여를 제공하고 있다.

3. 현물급여의 재조정

현물급여에서 급여의 재조정은 다음과 같은 이유 때문에 필요하다. 즉, 의료 및 기술의 발전에 따라 새로운 종류의 현물급여가 개발되고 있으며, 기존의 현물급여는 질적인 측면에서 끊임없이 개선되고 있다. 그리고 소득수준의 증가와 함께 현물급여에 대한 국민의 욕구 또한 지속적으로 확대되고 있다. 따라서 개별 사회복지제도는 이러한 경제적·사회적 환경 변화에 부응하여 양적 또는 질적인 측면에서 현물급여의 내용과 수준을 확장하고 재조정해야 하는 과제를 가지게 된다.

제14장 사회복지제도 운영재원의 조달 및 재정관리방식

국가는 국민복지를 위해 매년 막대한 규모의 재정을 지출하고 있다. 이에 대해 과연 소요 재원은 어떻게 마련해야 하고, 또한 조성된 자원은 어떻게 관리해야 할 것인가 하는 문제를 제기해 볼 수 있다. 이 장에서는 사회복지 재원의 조달방안 그리고 재정의 관리방식으로 구분하여 각각의 내용과 논점을 살펴보고자 한다.

제1절 사회복지재원의 조달

1. 경제적 · 사회적 의의

사회복지제도에서 재원이란 각종 급여의 제공, 행정관리기구의 유지 및 운영 그리고 기타 부수적 사업(예: 기금운용, 재활 · 예방 사업 등)을 수행하는 과정에서 소요되는 비용을 충당할 수 있는 복지예산을 의미한다. 사회복지제도의 운영재원을 어떠한 방법으로 조달하고, 누가 부담하도록 할 것인가 하는 문제는 단순히 재정적 관점으로만 국한할 경우 중요한 관심의 대상이 될 수 없다. 왜냐하면 이 경우 필요로 하는 복지예산의 확보 그 자체가 중요한 사안이 되기 때문이다. 그러나 사회복지재원의 형태와 부담 주체의 결정 문제는 분배정책의 관점과 경제정책의 관점에서 살펴볼 경우 상당한 논란의 대상이 될 수 있다.

이와 관련한 내용은 [그림 14-1]을 토대로 설명해 볼 수 있다.

첫째, 사회복지정책의 분배적 영향력과 관련한 내용이다. 사회복지제도는 그 자체로서 분배정책을 위한 목표이자 수단이 된다. 이러한 차원에서 볼 때 개별 사회복지제도는 급여 지출의 측면에서뿐만 아니라, 재원조달의 측면에서도 공히 분배적 가치이념을 충실히 수행할 수 있도록 하여야 한다. 왜냐하면 가령 사회복지제도가 급여 측면에서 분배적 가치이념을 아무리 충실히 수행하고 있다 할지라도, 만약 그에 필요로 하는 재원의 조달방식이 분배적 역기능을 초래하게 될 경우, 해당 제도의 분배적 성과는 결코 올바르게 평가를 받을 수 없을 것이기 때문이다. 따라서 국가는 분배정책을 통하여 개별 가계들 간 소득의 이전과 소비기회의 재분배가 실질적으로 이루어지고, 사회 전체적으로는 분배적 불평등이 개선될 수 있도록 하여야 한다. 나아가 분배정책은 개별 가계의 소득분포 상황에 영향을 미치게 되고, 이는 다시 유효수요 및 소비지출의 구성을 변화시켜 결과적으로 국내총생산의 규모나 경제성장률에까지 영향을 미치게 된다.

둘째, 사회복지정책의 경제적 영향력과 관련한 내용이다. 사회복지정책은 운영재원을 자체적으로 조달할 수 있는 능력을 갖추지 못하고 있으며, 대신 경제 영역에서 생산된 자원 가운데 일정 부분을 동원하여 사업을 수행하여야 하는 한계를 가지고 있다. 이러한 점을 감안해 볼 때 사회복지정책은 경제적 부담 요인으로 작용하여 경제성장에 부정적인 영향을 미치게 될 가능성이 높다. 그러나 반대로 사회복지정책은 건강증진, 직업교육, 재활 및 직업복귀 지원 등과 같은 능동적·적극적 사업 프로그램을 통하여 생산성 향상과 고용증진 그리고 경제성장에 기여를 할 수 있다. 나아가 사회복지정책은 노사갈등을 예방하여 산업평화와 사회 안정을 유지함으로써 국민경제의 건전한 성장을 위한 기반을 조성해 주는 기능을 할 수도 있다.

셋째, 사회복지정책은 사회질서의 유지와 불확실성의 문제를 해소하는 데 기여를 할 수 있다. 그리고 이 경우 국민의 소비심리와 기업의 투자심리가 활성화되어, 결과적으로 국내총생산의 증대 효과도 기대해 볼 수 있다.

넷째, 사회복지정책은 국민저축과 국내투자에 영향을 미칠 수 있다. 국민연금과 같은 장기성 사회보험제도는 재정관리방식의 선택과 적립기금의 운용전략에 따라 국내저축과 투자 환경에 영향을 미치게 되고, 나아가 이는 경제성장에도 파급효과를 미칠 수 있다.

다섯째, 국내총생산의 규모 그리고 소득의 분배 상태는 역으로 국민경제의 복지자원 동원능력에도 영향을 줄 수 있다.

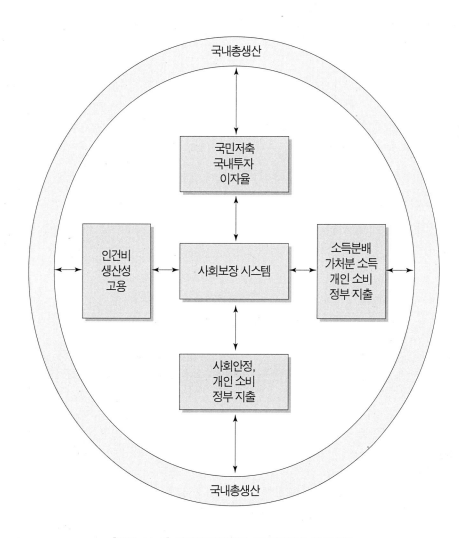

[그림 14-1] 사회복지정책과 경제정책의 상관관계

자료: ILO(1997: 12f.), *Social Security Financing*.

2. 사회복지비용의 귀착 문제

1) 귀착의 의미

국가는 사회복지비용을 충당하기 위하여 기업과 가계에 조세와 보험료를 부과하게 된다. 이 중에서 기업이 근로자를 위해 납부하는 보험료는 기업에게는 임금 이외에 추가적으로 부담해야 하는 부대적(附帶的) 인건비로서, 종종 고용불안의 원인으로 주목을 받고 있다. 〈표 14-1〉은 우리나라 사회보험제도의 보험료율 현황을 보여주고 있다. 이에 따르면, 2015년 현재 노인장기요양보험제도를 제외한 우리나라 사회보험제도의 총사회보험료는 대략 19%로 이 중 절반 이상을 기업이 부담하고 있다. 그리고 이처럼 기업이 부담해야 하는 사회보험료의 규모는 인구구조의 고령화 및 저성장의 추세로 인해 앞으로도 지속적으로 증가하여 국민경제의 부담요인으로 작용할 것으로 예상된다. 참고로, 독일 정부의 발표 자료(2016)에 따르면, 2015년 현재 독일의 총사회보험료는 39.55%로 우리나라의 두 배 이상을 기록하고 있다.[1]

| 표 14-1 | 우리나라 전체 사회보험제도의 보험료율 현황(2015년 현재) (단위: %)

| 합계[1] | 제도별 사회보험료 | | |
	계	근로자 부담 보험료	사용주 부담 보험료
합계[1]	18.32~18.92	8.185	10.135~10.735
국민연금	9.0	4.5	4.5
건강보험	6.07	3.035	3.035
노인장기요양보험[2]	건강보험료액의 13.1	건강보험료액의 6.55	건강보험료액의 6.55
고용보험	1.55~2.15	0.65	0.9~1.5
- 실업급여사업	1.30	0.65	0.65
- 고용안정 · 직업능력개발[3]	0.25~0.85	-	0.25~0.85
산재보험[4]	1.7	-	1.7

주: 1) 노인장기요양보험은 제외하고 산출한 것임
   2) 노인장기요양보험료는 개별 가입자의 건강보험료액에 대하여 적용되는 요율임
   3) 고용안정 및 직업능력개발사업의 보험료는 기업 규모별로 차등적으로 부과하게 됨
   4) 업종 구분 없이 전체 사업장에 대한 평균보험료율임. 산재보험의 실제 보험료는 업종별로 산재 발생 위험도에 따라 총 60개 업종으로 분류하여, 최고 34%(광업)에서 최저 0.7%(금융보험업)의 사이에서 적용됨
자료: 보건복지부(2015). 보건복지통계연보 제61호.
   고용노동부(2015). 2015년도 고용보험백서.
   고용노동부 · 근로복지공단(2015). 산재보험사업연보.

우리나라의 사회보험제도에서 사용자인 기업은 법률에서 정하는 바에 따라 근로자의 사회보험료 전부 또는 일부를 부담하여야 한다. 하지만 이처럼 법률적 의무규정에도 불구하고 기업이 그에 상당하는 비용을 실제로 부담하고 있는가 하는 문제는 오래전부터 논란의 대상이 되어 오고 있다. 왜냐하면 기업은 생산 또는 판매의 과정에서 자신의 비용 가운데 전부 또는 일부를 임금삭감이나 임금인상의 지연 등과 같은 방법을 통해 근로자에게 전가하거나, 아니면 제품의 단가에 반영시켜 소비자에게 전가할 수도 있기 때문이다. 여기서는 전자의 경우와 같은 사회보험료의 임금귀착(incidence) 문제를 중심으로 설명해 보고자 한다.

2) 사회보험료의 임금귀착 문제

(1) 귀착이론의 의미

만약 기업이 근로자를 위해 부담해야 하는 사회보험료의 비용을 우회적 방법으로 다시 근로자에게 전가하게 된다면, 해당 근로자는 사회보험료의 대부분을 자신이 부담하고 있다는 결과가 된다. 즉, 이 경우 기업이 근로자를 위해 부담하고 있는 보험료는 원래 근로자에게 지불해야 하는 임금 가운데 일부를 유보하여 보험료의 명목으로 대신 납부해 주는 일종의 '이연임금(deferred wage)' 또는 '유보임금(reserved wage)'에 불과하게 된다.

이상의 내용은 다시 [그림 14-2]로 설명해 볼 수 있다. 노동의 수요곡선 D_L과 노동의 공급곡선 S_L이 교차하는 점(E)에서 노동의 거래량(L_0)과 임금(w_0)이 결정되는 균형상태에 있다고 가정해 보자. 이러한 상태에서 만약 국가가 새로운 사회보험제도를 도입하여 보험료를 신설하거나 또는 기존 사회보험제도의 보험료를 인상하게 될 경우 기업의 보험료 부담이 추가적으로 증가하게 된다.[2] 이러한 내용은 그림에서 노동의 공급곡선이 S_L에서 S_L'로 좌 상향이동하는 것으로 표시해 볼 수 있다.

그림에서 보면, 기업의 사회보험료 부담(C)으로 인해 기업의 인건비 부담은 w_0에서 w_g로 증가하는 반면에, 근로자의 순임금률은 w_0에서 w_n으로 하락하는 것으로 나타나고 있다. 그리고 이와 같은 임금률의 하락은 사회보험료의 인상에 따른 기업의

---

1) 독일의 총사회보험료는 산재보험제도를 제외하고 집계한 자료이다.
2) 여기서 노사 반반부담의 원칙에 따라 근로자 자신이 부담하여야 하는 보험료는 논외로 한다. 왜냐하면 여기서는 보험료의 인상에 따라 사용자가 추가로 부담하여야 하는 비용의 전가문제를 다루고 있기 때문이다.

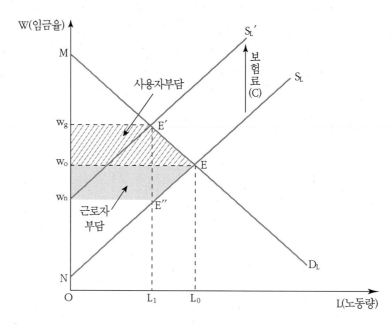

[그림 14-2] 사회보험료의 노동에 대한 귀착

자료: 이준구(2002: 356ff.) 재정학에서 응용하여 작성한 것임.

비용 중 일부가 근로자에게 귀착되고, 이는 그림에서 음영으로처리 된 사다리꼴 (W_0-E-E''-W_n)로 표시해 볼 수 있다.[3] 즉, 이러한 사다리꼴은 사회보험료의 증가로 인해 근로자가 추가로 부담해야 하는 비용(즉, 각주에서 근로자 잉여의 감소)으로서, 그에 상당하는 만큼 사용자로부터 근로자에게 비용이 전가되는 것을 의미한다. 반대로, 그림에서 빗금 친 사다리꼴(W_g-E'-E-W_0)은 법률에서 정한 바에 따라 사용자가 납부해야 하는 추가적 보험료 가운데 자신이 실제로 부담하고 있는 비용을 나타낸다. 이상을 종합해 보면, 사용자인 기업은 사회보험료의 신설 또는 인상 등으로 인해 자신에게 추가적으로 부과되는 비용 가운데 일정 부분을 근로자들에게 전가할 수 있음을 알 수 있다.

---

3) 그 이유는 자유로운 노동시장에서 노동의 거래에 따른 사회적 잉여이론으로 설명해 볼 수 있다. 일반적으로 공급곡선은 생산비용을 그리고 수요곡선은 소비를 통한 한계효용을 나타낸다. 따라서 노동의 수요곡선이 공급곡선을 상회하는 상태(즉, 한계효용이 한계비용을 능가하는 상태)에서 두 곡선이 교차하는 지점, 즉 E점에서 노동의 거래를 중단하게 되면, 그림에서 삼각형 N-E-M에 상당하는 사회적 잉여가 발생하게 된다. 이러한 상황에서 노동의 가격인 임금률이 W_0점이 되기 때문에 W_0-E-M은 사용자의 잉여 그리고 W_0-E-N은 근로자의 잉여로 각각 배분이 된다.

(2) 귀착효과의 사회계층별 차이

기업이 부담해야 하는 보험료를 근로자에게 전가할 수 있다고 하더라도, 실제적인 수준은 노동의 특성에 따라 차이를 보일 수 있다. [그림 14-3]은 이해의 편의를 위한 차원에서 이러한 사실을 노동의 공급곡선이 완전히 탄력적인 노동시장(a) 그리고 완전히 비탄력적인 노동시장(b)으로 구분하여 살펴보고자 한다.

먼저 [그림 14-3]의 (a)는 노동의 공급이 임금의 변화에 매우 민감하게 반응하는 소위 '중심부 노동시장(core labor market)'을 나타낸다. 이러한 노동시장에서 노동자는 대개의 경우 학력이나 전문성의 수준이 높고 자신의 노동력에 대한 수요 또한 폭넓어, 직장의 이동이 비교적 용이한 특성을 가지고 있다. 나아가 일반적으로 노동의 공급탄력성이 커질수록, 노동시장에서 공급자인 근로자가 갖는 협상력(bargaing power)은 더욱 더 커지게 되는 효과를 가져다 주게 된다. 따라서 이 경우 기업은 사회보험료의 인상에 따른 비용을 근로자에게 전가하는 것이 결코 용이하지 않게 된다. 이와 같은 상황으로 인하여 기업은 그림에서 사다리꼴($E-E'-W_g-W_0$)에 해당되는 추가적 사회보험료 비용의 전부를 직접 부담하여야 한다. 하지만 그럼에도 불구하고 이 경우 근로자의 고용불안과 같은 부작용은 대체로 미미하게 나타나게 될 것으로 예상해 볼 수 있다.

다음으로 [그림 14-3]의 (b)는 노동의 공급이 임금의 변화에 민감하게 반응을 하지 않는 소위 '주변부 노동시장(peripheral labor market)'으로서, 비정규직 또는 여성·고령 근로자 등 인력수요가 제한적인 근로계층이 주로 해당될 수 있다. 이와 같

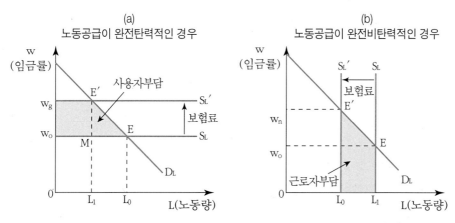

[그림 14-3] 노동시장의 특성별로 구분해서 본 기업의 사회보험 비용의 전가 수준

자료: 저자 임의로 작성한 것임.

은 특성을 가진 노동시장에서 기업은 법률에 따라 자신에게 부과된 추가적인 보험료의 대부분(그림에서 E-E′-L₀-L₁에 해당되는 부분)을 근로자들에게 용이하게 전가할 수 있다.

지금까지 살펴보았듯이, 국가가 근로자의 복지증진을 목적으로 새로운 사회보장제도를 도입하거나 보험료를 인상하게 될 경우, 그에 따른 혜택과 불이익은 노동시장에서 지위별로 차이를 보일 수 있다. 특히, 소수의 중심부 그리고 다수의 주변부 근로계층으로 구분되는 이중적 노동시장 구조하에서 사회복지정책의 혜택은 주로 전자에게, 반대로 불이익이나 부작용은 주로 후자에게 발생하게 되는 형평성의 문제가 존재하고 있다. 따라서 비용의 전가 및 귀착에 관한 학문적 연구는 이러한 형평성 문제의 발생원인과 해결방안의 모색에 있어서 중요한 이론적 토대를 제공해 줄 수 있을 것이다.

(3) 귀착이론의 함의

지금까지의 내용을 종합하면, 사회복지재원의 조달문제와 관련하여 다음과 같은 사항에 대해 유의하여야 한다. 먼저, 전체 사회복지재정의 규모는 국민경제의 부담능력을 감안하여 합리적인 수준에서 결정될 수 있도록 하여야 한다. 다음으로, 가급적이면 세부적인 차원에서 여러 가지의 재원조달 방안 중 경제적 충격이 최소화될 수 있고, 동시에 분배정책의 가치이념이 충실히 반영될 수 있는 방안이 선택되도록 하여야 한다.

제2절 사회복지제도의 재정체계와 재원의 종류

1. 사회복지 재정체계

사회복지제도의 재정체계(financial organization)란 제도의 재정수입 및 급여지출, 기금의 관리운용 그리고 행정관리비용의 지출 등 재정 흐름의 전 과정을 의미한다(ILO, 1997). [그림 14-4]는 사회복지제도에 있어서 일반적인 재정체계를 단계별 재정 흐름(cash flow)의 방식으로 정리하여 보여 주고 있다.

사회복지제도(정확히는 사회보험제도)는 운영재원을 조달하기 위하여 가입자인 근

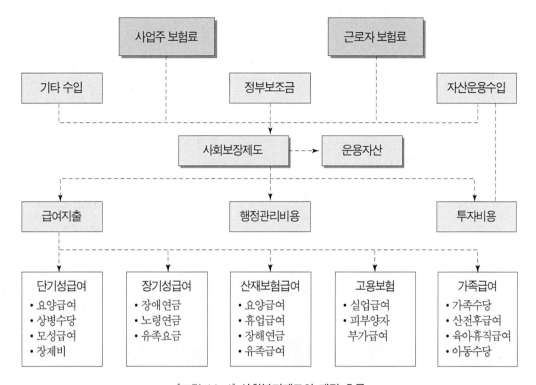

[그림 14-4] **사회복지제도의 재정 흐름**

자료: ILO(1997: 33f.). *Social Security Financing.*

로자와 기업으로부터 보험료를 징수한다. 이에 더하여 국가 또한 재정을 지원하게
되는 경우가 있으며, 이 경우 지원방식은 국가나 제도에 따라 ① 사회복지를 위한
목적세의 형태, ② 가입자 또는 사용자의 보험료에 대한 보조금, ③ 관리운영비의
지원 또는 ④ 일반보조금(general subsidy) 등 매우 다양한 형태가 있다.

근로자의 보험료는 ① 정액의 형태, ② 근로자의 임금에 비례하거나, ③ 소득등
급별로 누진적으로 부과하게 된다. 그리고 보험료의 수준은 단순히 재정적 측면에
서뿐만 아니라, 사회복지제도 자체의 목표 및 특성 그리고 사회적·경제적·정치
적 고려 등을 종합적으로 감안하여 결정하게 된다.

일반적으로 부과방식 사회복지제도의 경우, 기금의 적립이 없는 상태로 운영되
므로 적립자산의 관리 및 운용 문제는 중요한 관심사가 될 수 없다. 하지만 반대로
적립방식의 경우, 연금급여는 개인별로 적립된 자산을 바탕으로 이루어지므로 적
립기금의 운용 및 수익성 관리는 중요한 정책과제가 될 수 있다.

사회복지제도에 있어서 비용지출은 크게 급여지출, 투자비용 그리고 행정관리비용 등의 세 가지로 구성된다. 여기서 급여지출은 법률에서 정한 바에 따라 의무적으로 발생하는 비용이 된다. 반면, 투자비용은 적립기금의 관리 및 운용 과정에서 발생하게 되는 비용이 된다. 마지막으로, 행정관리비용은 사회복지제도의 전반에 대한 관리 및 운영의 과정에서 발생하는 비용으로서, 이 중 행정인력의 인건비가 상당한 부분을 차지하게 된다. 이러한 점을 감안해 볼 때 국가는 행정관리비용의 절감은 물론이거니와, 나아가 우수한 행정인력의 확충을 통해 행정서비스의 질적 우수성과 전문성을 강화하기 위한 노력을 경주하여야 할 책임이 있다.

1) 조 세

국가는 다양한 목적의 국가사업에 소요되는 비용을 충당하기 위하여 국민에게서 조세를 징수하고 있다. 그리고 이러한 조세는 그 특성에 따라 크게 일반조세와 목적세로 구분할 수 있다.

(1) 일반조세

일반재정에 편입되어 국가의 일반회계에 의해 관리되는 세원(稅源)으로서 모든 종류의 국가사업에 공통적으로 활용되고 있다. 달리 표현하면, 일반조세란 소위 '목적구속 금지의 원칙(Non-Affection Principle)'에 입각하여 국가의 특정한 목적사업에 구속을 받지 않고 보편적으로 활용되는 세원을 의미한다. 일반조세는 징수방법에 따라 다시 직접세와 간접세로 구분된다.

먼저, 직접세는 국민 개개인이 경제활동 과정에서 획득하게 되는 모든 형태의 소득원이나 자산에 대하여 부과하는 세금을 의미한다. 이러한 직접세에는 대표적으로 근로소득세, 법인소득세, 이자소득세, 부동산소득세, 재산세, 자동차세, 상속세 또는 증여세 등이 있다. 일반적으로 직접세의 경우, 소득 수준이나 자산의 가치에 따라 누진적 세율이 적용되고 있다. 즉, 직접세는 소득 수준이나 자산의 가치가 클수록 점차 높은 세율이 적용되도록 하여 상당한 수준의 분배적 효과가 발생할 수 있다. 그러나 직접세는 소득원이나 자산에 대하여 직접적으로 부과하게 되므로 국민으로부터 납세저항을 야기할 수 있는 위험성이 있다.

다음으로, 간접세는 국민이 소비활동을 하는 과정에서 부담하게 되는 세금을 의미한다. 간접세는 상품이나 서비스를 구입하는 그 가격에 부과되며, 다른 말로 소비세로도 표현된다. 대표적으로 부가가치세, 휘발유세, 연초세, 주세 등이 여기에 해당된다. 간접세는 국민으로부터 별다른 조세저항 없이 재원을 용이하게 조달할 수 있는 장점을 가지고 있다. 왜냐하면 국민은 상품의 가격에 부과된 세금의 수준을 제대로 인식할 수 없기 때문이다. 그러나 간접세는 직접세와는 달리 개인의 소득 수준에 상관없이 동일한 상품이나 서비스에 대해서는 동일한 금액의 세금을 부과하기 때문에 저소득계층의 조세부담이 상대적으로 높아지게 되는 문제가 있다.

종합하면, 전체 국가예산 가운데 간접세가 차지하는 비중이 높은 국가의 경우 조세 정의(正義)가 훼손될 가능성이 있다. 따라서 이러한 상황에서 국가가 아무리 사회복지제도를 확대하게 되더라도 분배적 기능의 제약 또는 왜곡 문제가 발생하게 될 우려가 높다.

(2) 목적세

국가가 특정한 목적의 사업을 수행하기 위하여 조달하게 되는 세원으로, 일반적으로 특정한 소득원이나 상품에 대하여 부과되고 있다. 그리고 목적세는 일반조세와는 달리 별도의 특별회계로 관리되며, 국가의 일반사업을 위해 사용될 수 없도록 하고 있다. 이러한 성격의 목적세는 우리나라의 경우 교육세,[4] 교통세 그리고 농어촌특별세가 있다. 그리고 목적세와 유사한 형태로서 '국민건강증진기금'이 있다. 여기서 국민건강증진기금은 국민건강을 위한 사업에 소요되는 비용을 충당하기 위한 목적으로 담배나 주류에 대하여 부과되고 있다.

목적세는 특정한 목적사업을 위하여 배타적으로 사용되도록 함으로써 사업수행의 안정성을 보장할 수 있는 장점이 있다. 반면, 목적세는 특정한 상품이나 소득원에 대해서만 부과되도록 하여 자칫 분배적 역기능을 초래하게 될 위험이 있다. 예를 들면, 담배나 주류에 부과되는 교육세나 국민건강증진기금의 경우 부과대상이 전적으로 흡연 또는 음주 인구에게만 한정되는 문제가 발생하게 된다.

---

4) 교육세는 직접세의 형태로서 예금자의 이자소득에 그리고 간접세의 형태로서 휘발유, 담배 등의 상품에 대하여 부과되고 있다.

2) 사회보험료

사회보험료는 사회보험제도의 주된 운영재원으로서 목적세와 유사한 기능을 하게 된다. 사회보험료는 특정한 목적의 사업(예: 노후소득보장, 의료보장, 실직 시 소득의 보장 등)을 수행하기 위하여 특정한 소득원(예: 근로계층의 경우 임금소득, 자영업계층의 경우 사업소득 등)에 대하여 부과되고 있다. 따라서 사회보험료는 목적세의 경우처럼 본연의 목적이 아닌 다른 사업에 사용될 수 없도록 하는 것을 원칙으로 하고 있다.

그러나 사회보험료는 다음과 같은 측면에서 목적세와는 다른 특성을 보이고 있다. 먼저, 목적세와 사회보험료는 모두 강제성을 바탕으로 부과되고 있으나, 징수주체가 각기 다르다. 목적세는 국가가 징수하는 반면, 사회보험료는 사회보험제도에 의해 징수된다. 또한 사회보험료는 개인별로 부담과 혜택의 상관관계가 적용되는 반면, 목적세는 개인이 부담하는 비용이 모든 사람에게 공동으로 혜택이 돌아가게 된다. 달리 표현하면, 사회보험료의 경우 개인은 비용의 부담과 함께 적절한 보호를 받을 수 있는 권리를 확보하게 되는 반면, 목적세의 경우 그러한 권리가 인정되지 않고 있다.

(1) 사회보험료의 부담 주체

사회보험제도에서 요구하고 있는 보험료를 누가 그리고 어느 정도의 수준으로 부담하도록 할 것인가 하는 문제가 제기될 수 있다. 이와 관련한 문제를 보험료의 부담 주체별로 구분하여 살펴보면 다음과 같다.

① 사용자와 근로자 공동 부담

근로자가 사회보험제도에 가입하게 될 경우, 일반적으로 보험료는 노사 공동 부담의 원칙에 따라 징수되도록 하고 있다. 그러나 구체적으로 보험료의 노사 간 분담비율은 제도별 또는 국가별로 차이를 보일 수 있다.

먼저, 노사가 각각 반반의 비율로 보험료를 부담하도록 하는 방식은 대다수의 사회보험제도에서 적용되고 있다. 우리나라의 경우, 근로자의 신분으로 국민연금제도나 국민건강보험제도에 가입하는 계층이 이러한 방식의 적용을 받고 있다.

다음으로, 근로자 또는 사용자가 상대적으로 높은 비율의 보험료를 부담하도록 하는 방식은 분담비율에 따라 사용자가 근로자에 비해 보험료를 상대적으로 많이 부담하도록 하는 방식 그리고 그 반대의 방식이 있을 수 있다. 우선 전자의 방식은 보험료의 부담능력 면에서 일반적으로 사용자가 근로자에 비해 우월하다는 점을 감안한 조치다. 이러한 방식은 많은 국가들의 사회보험제도에서 적용되고 있으며, 프랑스·이탈리아·벨기에·스페인 등의 공적연금제도와 의료보험제도가 대표적인 사례다. 그리고 후자의 방식은 사용자의 보험료 부담이 높게 될 경우 가입자의 고용기회가 제약될 수 있다는 점을 감안한 조치로서, 네덜란드의 의료보험제도에서 그 사례를 찾아볼 수 있다.

② 사용자 전액부담

사용자인 기업이 사회보험료를 전적으로 부담하게 되는 방식이다. 이러한 방식은 우리나라의 경우 대표적으로 산재보험제도와 고용보험제도의 일부 사업에서 적용되고 있다.

우리나라의 「근로기준법」에 따르면, 사용자는 근로자의 과실 여부와 상관없이 산재사고에 대하여 전적인 책임을 지게 되며, 산재보험제도는 사용자의 보상책임을 해결하기 위하여 도입된 제도다. 이러한 산재보험제도의 근본 취지에 비추어 볼 때 보험료는 마땅히 사용자가 단독으로 부담하도록 하여야 할 당위성이 있다.[5]

또한 우리나라의 고용보험제도는 사업 영역별로 크게 실업급여 사업, 그리고 고용안정·직업능력개발사업으로 구분되고 있다. 이 중 후자의 사업을 위한 보험료는 사업의 규모에 따라 차등화하여 사용자가 단독으로 부담을 하도록 하고 있다.[6] 그 주된 이유로서 사용자는 근로자의 고용안정을 위하여 노력하여야 할 의무가 있으며, 동시에 직업능력의 개발을 통하여 발생하게 되는 경제적 이익 가운데 상당한 부분은 사용자에게 돌아가기 때문이다.

③ 가입자 전액부담

가입자인 본인이 사회보험료를 단독으로 부담하도록 하는 방식이 있을 수 있다. 이러한 방식은 우리나라의 경우 국민연금제도와 국민건강보험제도에서 일부의 계

---

5) 다만, 골프장 캐디, 학습지 교사, 레미콘 기사 등 특수형태 근로종사자(일종의 유사자영업자)에 대해서는 노사가 산재보험료를 절반씩 부담하도록 하고 있다.
6) 실업급여사업의 경우 보험료는 노사 반반부담의 원칙을 적용하고 있다.

층을 대상으로 적용해 오고 있다. 예를 들면, 자영업자, 농어민 등에 대해서는 당사자가 자신의 보험료를 전액 부담하도록 하고 있다. 그 밖에 예외적인 사례로서 네덜란드에서는 모든 국민이 신분의 구분 없이 공적연금제도의 보험료를 단독으로 부담하고 있다. 그 배경으로는 기업의 고용비용을 경감시켜 궁극적으로 고용불안을 해소하고 고용확대를 도모하기 위한 정책적 의도로 파악해 볼 수 있다.

④ 평가 및 대안

이와 같이 사용자와 근로자 간 사회보험료의 분담방식은 제도별 또는 국가별로 상당한 차이를 보이고 있다. 여기서 사용자가 가입자인 근로자를 위하여 부담하게 되는 사회보험료는 사용자의 가부장적 역할에 근거를 두고 있다(Kirchhof, 1993). 구체적으로 사용자는 종사 근로자가 안정적인 생활을 영위할 수 있도록 사회보험료의 일부를 부담하여야 하는 도덕적 책임을 가지고 있다.

그러나 근로자를 위하여 사용자가 부담하는 보험료는 단순히 외형적인 것으로서 실제로는 아무런 의미가 없다는 비판이 있다. 왜냐하면 사용자가 부담하는 사회보험료는 사전적으로 근로자에게 지급하여야 할 임금 가운데 일정 부분을 유보해 둔 금액(유보임금)이 될 수 있기 때문이다.

사용자 부담의 사회보험료는 다음과 같은 측면에서 문제점으로 지적되고 있다. 앞서 설명하였듯이, 사용자의 보험료는 단순히 외견상의 현상임에도 불구하고 그 혜택을 받게 되는 근로계층과 그렇지 못한 자영자·농어민으로 이분화되어 각종 사회적 갈등의 원인으로 작용할 수 있다. 나아가 사용자가 근로자의 사회보험료를 공동으로 부담하게 될 경우 기업의 인사정책이나 경영활동에 왜곡현상이 발생할 수도 있다. 예를 들면, 기업이 사회보험료의 부담을 회피하기 위하여 사회보험제도의 당연적용으로부터 제외되는 임시·일용직 또는 유사자영업 등 비정규직의 일자리를 양산하거나, 사회보험제도의 적용을 받지 않는 영세사업을 고집하게 되는 현상이 나타날 수 있다.

사용자와 근로자의 사회보험료 공동 부담으로 야기될 수 있는 일련의 문제를 해결하기 위해 일부 학자들은 근로자가 보험료를 단독으로 부담하도록 하는 방식으로 전환할 것을 주장하고 있다(Sachverständigenrat, 1996). 대신 이 경우 사용자는 종전 자신이 부담하였던 보험료를 근로자에게 임금인상의 형태로 보전해 주도록 해야만 한다.

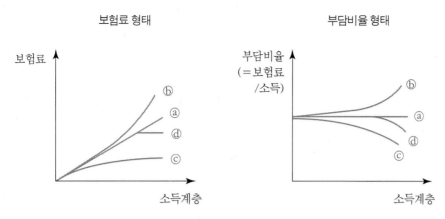

보험료 형태

부담비율 형태

[그림 14-5] **소득비례보험료의 형태와 소득계층별 부담비율**

(2) 사회보험료의 종류

사회보험제도의 주된 운영재원이 되는 보험료는 다양한 방법으로 조달할 수 있다. 그러나 보험료의 조달방식에 대한 선택은 사회보험제도의 재정, 소득의 분배 그리고 국민경제에 상당한 파급효과를 미칠 수 있다는 점에서 신중하게 이루어져야할 필요가 있다.

① 소득비례보험료

가입자 개인별로 소득수준에 비례하여 보험료를 부과하는 방식으로서 대부분의 사회보험제도에서 적용되고 있다. 이러한 소득비례보험료의 정책적 기능은 다시 소득비례의 수준 또는 보험료의 부과 대상이 되는 소득의 포괄 범위에 따라 중대한 차이를 보일 수 있다.

㉠ 소득비례의 수준

이는 [그림 14-5]와 같이 소득비례의 수준에 따라 완전한 소득비례보험료(ⓐ), 체증형 소득비례보험료(ⓑ) 그리고 체감형 소득비례보험료(ⓒ)로 구분해 볼 수 있다.

첫째, 완전한 소득비례보험료란 소득수준에 상관없이 모든 가입자에게 동일한 보험료율(즉, 모두에게 x%)을 적용하는 방식으로서 많은 사회보험제도에서 채택하고 있다. 이 경우 개인이 실제로 부담하게 되는 보험료는 당사자의 소득에 일정한 보험료율을 곱한 금액으로 결정된다. 따라서 그림의 ⓐ와 같이 개개인이 부담하는 보험료의 절대금액은 소득수준에 비례하여 증가하는 형태를 취하게 된다. 반면, 이 경우 개인별 소득 대비 보험료의 부담수준을 의미하는 부담비율은 모든 소득계층에 일정하게 유지된다.

둘째, 체증형 소득비례보험료는 소득이 증가하게 됨에 따라 점차 높은 수준의 보험료율($x_1\% < x_2\% < x_3\% < \cdots$)을 적용하는 방식이다. 이 경우 개인이 부담하게 되는 보험료의 절대금액은 물론 부담비율(=보험료/소득) 또한 그림의 ⓑ와 같이 소득 수준에 대해 누진적으로 증가하게 된다. 일반적으로 체증형 소득비례보험료는 사회보험제도의 분배적 기능을 강화하기 위한 일환으로 활용되고 있다. 이와 관련한 제도적 사례는 대표적으로 영국의 국민보험제도(National Insurance System)에서 찾아볼 수 있다. 영국의 국민보험제도는 노령 · 장애 · 유족 · 실업 · 상병 · 모성 등과 같은 제반의 사회적 위험에 공동으로 대처하기 위한 목적으로 도입된 일종의 '종합사회보험제도'로서, 보험료도 역시 '종합보험료' 형태로 징수된다. 이와 같은 보험료의 부과체계하에서 근로자계층(제1종 가입자)에 대한 보험료는 개인별로 소득을 4등급으로 분류하여 높은 소득수준일수록 점차 높은 수준의 보험료율을 적용하고 있다(Casmir, 1989).[7]

셋째, 체감형 소득비례보험료란 소득수준에 반비례하여 점차 낮은 수준의 보험료율($x_1\% > x_2\% > x_3\% > \cdots$)을 적용하는 방식을 의미한다. 이 경우 소득 수준에 따라 개인별로 부담하게 되는 보험료의 절대금액은 그림의 ⓒ와 같이 증가하게 될지라도, 그 증가 속도는 점차 둔화하는 형태를 취하게 된다. 따라서 체감형 소득비례보험료의 경우 개인별로 소득이 증가하게 됨에 따라 느끼게 되는 보험료의 부담 수준은 점차 낮아지게 된다. 이러한 방식의 보험료 부과체계는 일반적으로 사회보험제도의 필요성이 개인별 소득수준에 반비례하게 된다는 사실에 기초한다. 그러나 사회계층 간 소득의 재분배를 중요한 목표로 하는 사회보험제도의 경우 체감형 소득비례보험료는 현실적 적용에 한계를 가지고 있다. 여기서는 이와 유사한 기능을 수행하고 있는 소득상한선에 대하여 살펴볼 필요가 있다. 소득상한선은 그림의 ⓓ와 같이 일정 수준 이상의 소득에 대하여 보험료의 부담을 면제해 주는 역할을 하고 있다. 따라서 소득상한선 이상의 고소득계층은 자신의 소득이 증가하게 됨에 따라 보험료의 부담률이 점차 하락하게 되는 효과를 누릴 수 있다.

---

7) 영국의 경우, 전체 국민보험제도 적용대상을 개인별로 경제적 신분에 따라 근로자(제1종 가입자), 자영업자(제2종과 제4종 가입자) 그리고 비경제활동계층(제3종 가입자)으로 구분하여 관리해 오고 있으며, 각자에 대해서는 소득기준, 보험료의 산정방식 및 수준 그리고 급여의 종류나 수준 등을 달리 적용하고 있다.

ⓒ 보험료 부과 대상 소득의 포괄 범위

사회보험제도는 가입자의 소득에 대하여 보험료를 부과하는 것이 일반적이다. 그러나 이 경우에 있어서도 개인의 소득은 그 원천이 다양할 수 있으므로, 구체적으로 어떤 종류의 소득에 대하여 보험료를 부과할 것인가 하는 문제는 정책적 판단에 따라 결정하여야 할 사안이다.

먼저, 가입자인 근로자의 임금소득을 대상으로 보험료를 부과하는 방식으로서, 이는 노·사 양자에게 동일한 기준으로 동등한 수준의 보험료를 부과할 수 있는 장점이 있다. 그러나 이러한 방식은 근로자와는 달리 소득원을 달리하는 자영업자나 농어민 등에 대해서는 대등하고 공정한 부과기준이 될 수 없는 한계가 있다. 나아가 소득의 종류가 다양하게 존재함에도 불구하고, 단지 임금소득에 대해서만 보험료를 부과하는 것은 형평성의 관점에서도 문제를 초래하게 될 우려가 높다. 일례로, 우리나라 건강보험제도의 경우 가입자의 신분에 따라 보험료의 부과기준을 다르게 적용하여 각종 사회적 갈등의 원인으로 작용하고 있다. 구체적으로 근로자인 사업장가입자에 대해서는 임금소득에 대해서만 보험료가 부과되는 반면, 그 이외의 지역가입자에 대해서는 각종 소득은 물론 자산과 기타 인구학적 기준(연령, 성, 가구원수 등)을 반영하여 보험료가 결정되고 있다. 따라서 이와 같은 문제점으로 인한 부작용을 해소하기 위해서는 우리나라 건강보험제도의 보험료 부과체계가 근본적으로 개선되어야 할 것이다.

문제의 해결방안으로서 다음에서는 가입자의 신분구분 없이 각자의 모든 소득원(예: 임금, 이자, 임대료, 기타 각종 사업수익 등)에 대하여 보험료를 부과하는 방안을 생각해 볼 수 있다. 이는 앞서 지적한 공정성과 형평성 왜곡의 문제점들을 해결할 수 있는 효과적인 방안으로 간주된다. 왜냐하면 이 경우에만 비로소 개인은 각자 자신의 실제적인 부담능력에 상응하는 보험료를 납부할 수 있기 때문이다. 나아가 만약 이 경우 더 이상 보험료가 부과되지 않는 소득상한선을 폐지하거나 아니면 매우 높은 수준에서 설정해 둔다면 제도의 분배적 기능과 사회통합적 기능은 더욱 강화될 수도 있다. 하지만 이와 같은 긍정적인 기능을 기대하기 위해서는 사전적으로 소득파악을 위한 제도적·행정적 인프라가 획기적으로 개선되어야 한다. 특히 무엇보다도 근로자, 자영업자, 농어민 상호 간 소득의 종류·형태·발생주기의 이질성 그리고 개별 집단 간 소득수준의 격차 등을 반영한 공정한 기준에서 보험료를 부과할 수 있는 제도적 장치가 마련되어야만 할 것이다.

② 인두적 보험료

개인별로 소득수준에 상관없이 모두에게 동일한 금액의 보험료를 부과하는 방법을 의미한다. 이러한 인두적 보험료는 국가별 시행 사례를 중심으로 볼 때 다음의 두 가지로 구분해 볼 수 있다. ① 영국의 비버리지형 사회보험제도에서 적용되었던 '인두적 사회보험료' 그리고 ② 스위스, 네덜란드, 독일 등의 국가에서 건강보험제도의 보험료 부과방식으로서 적용되고 있는 '인두적 건강보험료'가 그것이다. 각각의 배경 및 목적, 주요 특징 그리고 장단점에 대해 간략하게 살펴보면 다음과 같다.

㉠ 영국의 인두적 사회보험료

영국의 Beveridge는 1942년 자신의 보고서 「Social Insurance and Allied Services」에서 다음과 같은 세 가지 특징을 갖춘 사회보험제도의 도입을 주장하였다. 첫째, 모든 국민의 모든 사회적 욕구를 함께 포괄할 수 있는 보편적인 형태의 국민보험제도가 도입되어야 한다. 둘째, 국민은 자신의 경제적·사회적 상황 그리고 사회적 위험의 구분 없이 모두에게 동일하게 적용되는 단일의 보험료(인두적 보험료)를 스탬프 방식으로 납부하도록 하여야 한다. 셋째, 실업급여, 장애급여 그리고 연금급여 등과 같은 현금급여는 개인별로 종전소득에 상관없이 동일한 정액 형태로 지급되어야 한다.

이와 같은 Beveridge의 제도적 구상은 1946년 「국민보험법(National Insurance Act)」에서 구체적으로 반영되었으며, 이에 따라 정액부담-정액급여의 원리를 토대로 한 국민보험제도가 출범할 수 있게 되었다. Beveridge가 이러한 정액부담-정액급여의 원리를 주장하였던 배경을 살펴보면 다음과 같다(Barr, 2004).

첫째, 정액부담-정액급여의 원리를 이용하여 민간보험의 보험수리적(actuarial) 모형에 근접하는 국민보험제도의 운영을 희망하였기 때문이다. 이 경우 정액급여는 전체 위험들의 평균값에 근거하여 산출된 정액보험료와 보험수리적 균형관계를 유지할 수 있도록 함으로써 국민보험제도의 재정적 안정성이 장기적으로 유지될 수 있는 여건을 조성할 수 있다.

- **기본목표: 최저소득보장(MIG)의 수준에 대한 사회적 합의＝정액급여**
- **예상급여지출총액＝MIG×위험발생예상횟수**

- 보험료 수입 예상총액 = 인두적 사회보험료(KP) × 가입자수
- 예상급여 지출총액 = 보험료 수입 예상 총액: 인두적 사회보험료 결정
- 정액부담 – 정액급여의 원리 실현

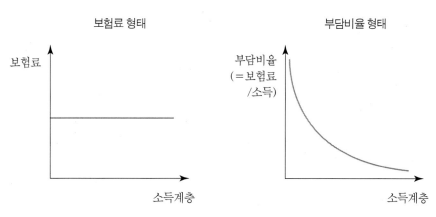

[그림 14-6] 인두적 보험료의 형태와 소득계층별 부담비율

　둘째, 정액부담-정액급여는 국민보험의 가입계층과 수급계층 모두에게 근로유인의 효과를 가져다줄 것으로 기대해 볼 수 있기 때문이다. 예를 들면, 정액부담하에서 개인이 근로활동을 연장하여 확보한 추가소득은 소득효과(income effect)에 따라 순수하게 자신의 가처분소득을 증가시켜 근로동기를 자극하는 효과가 발생할 수 있다. 또한, 정액 형태의 현금급여는 대체로 낮은 수준에서 유지되므로 수급계층이 제도의 보호혜택에 안주하고자 하는 경제적 유인을 억제할 수도 있다.

　셋째, 정액부담-정액급여의 원리는 그 자체로서 적절한 수준의 분배적 기능을 발휘할 수 있을 것으로 기대되기 때문이다. 일반적으로 저소득계층은 실업이나 질병 등과 같은 사회적 위험에 상대적으로 빈번하게 노출되어 있으므로, 이들은 중산층 이상의 소득계층에 비해 급여의 수급 확률이 높게 나타나게 된다. 따라서 이러한 사실은 국민보험제도에서 소득계층 간 재분배 효과가 일정한 범위에서 이루어진다는 것을 알 수 있다.

　정액부담 형태의 인두적 보험료는 그 긍정적인 기능에도 불구하고 [그림 14-6]에서 보는 바와 같이 소득수준이 낮은 계층일수록 보험료의 부담이 높아지게 되는 분배적 불균형을 초래할 수 있는 문제를 가지고 있다. 나아가 인두적 보험료는 급여

수준의 확대를 위해 필요로 하는 재원의 조달에 상당한 지장을 초래할 수 있다. 왜 냐하면 이 경우 저소득계층의 보험료 부담능력이 문제가 될 수 있기 때문이다.

인두적 보험료는 가입자의 소득을 파악할 필요가 없어 행정관리비용을 대폭 절 감할 수 있는 장점을 가지고 있다. 그러나 이러한 방식의 보험료 부과체계는 분배적 기능의 제한성이 있으므로 현실의 적용에 상당한 제약을 받게 된다. 따라서 인두적 형태의 사회보험료는 오늘날 일부의 국가에서 특정한 계층에 대해서만 부분적으로 적용해 오고 있다. 예를 들면, 영국·일본·스위스 등의 공적연금제도에서는 소득 파악이 현실적으로 어려운 자영업자 그리고 소득이 없는 학생이나 전업주부 등에 대하여 정액 형태의 낮은 보험료를 부과하고 있다.

ⓒ 인두적 건강보험료

인두적 건강보험료(Kopfprämie^독, solidarische Gesundheitsprämie^독)란 개인별로 소 득수준에 상관없이 모든 국민에게 동일한 금액의 건강보험료를 부과하는 방식을 의미한다. 이러한 인두적 건강보험료는 1996년 스위스 건강보험제도에서 최초로 도입되었으며, 이후 2006년에는 네덜란드가 시행해 오고 있다. 독일은 야당의 반대 로 인해 2007년 4월부터 제한적으로 적용해 오고 있다.

인두적 건강보험료의 도입 배경을 살펴보면 다음과 같다. 첫째, 고령화사회에서 예상되는 의료비 지출의 증가 문제에 대처하여 그 비용을 사회구성원들에게 공정 하게 분담시킬 수 있는 방안이 강구되어야 한다. 둘째, 건강보험자(독일의 경우 다수 의 공적의료보험조합과 민간의료보험) 상호 간 경쟁이 활성화될 수 있는 제도적 기반 이 강구되어야 한다. 셋째, 무분별한 의료비지출의 증가가 보험료 인상을 통하여 기 업의 인건비 부담 증가로 이어지게 되는 문제를 억제하여야 한다. 넷째, 인구구조의 고령화에도 불구하고 건강보험제도의 재정적 지속 가능성이 보장될 수 있도록 하 여야 한다.

이러한 목표를 실현하기 위한 일환으로서 인두적 건강보험료의 특징을 살펴보면 다음과 같다(Beck & Bochert, 2005; Sachverständigenral, 1994).

첫째, 건강보험의 피부양자 적용 규정을 폐지하고, 대신 국민 모두가 각자 개별 적으로 의무 가입을 하여야 한다(가족부양의 원칙 폐지). 이에 따라 국민 각자는 소득 수준에 상관없이 국가에서 정한 정액의 보험료(=인두적 보험료)를 납부하여야 한다 (소득비례의 원칙 폐지). 그러나 이 경우에도 건강보험료는 '수지상등의 원칙

(equivalence principle)'의 차원에서 개개인의 나이, 건강상태, 거주지역에 따라 일정한 차이를 보일 수 있다.

둘째, 건강보험료의 기업 부담분에 대해서는 단기적으로는 현행 수준에서 동결하여 운영하되, 중장기적으로는 전적으로 가입자 개인이 부담하는 보험료로만 건강보험재정을 유지해 나가는 것을 목표로 한다(보험료의 노사 반반부담의 원칙 폐지).

셋째, 적용-급여-재정 등 전반적 차원에서 동일한 기준과 조건을 적용받는 건강보험시장의 환경을 조성하여 각각 다수의 공적의료보험조합과 민간의료보험이 상호 경쟁하는 방식으로 운영하도록 한다.

넷째, 보험료의 부담능력이 부족한 저소득계층과 아동·청소년들에 대해서는 국가 또는 별도의 연대적 조정장치(예: 공동금고)를 통하여 비용의 전부 또는 일부를 지원해 주게 한다.

다섯째, 이러한 정액의 보험료 부과방식은 중장기적으로 노인장기요양보험제도에서도 적용하는 방안을 강구한다.

지금까지 살펴본 인두적 건강보험료의 장점을 살펴보면 다음과 같다.

첫째, 인두적 건강보험료는 정액의 보험료를 가입자 개인에게 부과함으로써 그 비용이 기업의 인건비로 전가되는 제도적 통로를 단절시켜 고용불안의 문제를 방지할 수 있다.

둘째, 인두적 건강보험료는 실업인구의 증가 그리고 시간제 근로 또는 각종 비정규적 형태의 저임금노동이 확대되어 보험료의 부과 기반이 불안정해지는 문제(기준소득월액의 하락)를 방지할 수 있다는 점이다. 왜냐하면 정액의 인두적 건강보험료는 노동시장의 환경 변화와 무관하게 운영될 수 있기 때문이다.

셋째, 건강보험료의 사회적 지원이 단순히 건강보험 가입자의 피부양자라는 사실 자체가 아니라, 아동이나 저소득계층을 대상으로만 이루어지므로 제도의 분배적 기능이 공정하고 또한 대상효율적(target efficiency)으로 작용할 수 있다는 점이다. 그리고 이는 보험사업이 아닌 순수한 분배적 목적의 사업이므로, 그 비용은 국가나 공동기금에서 부담하도록 함으로써 건강보험재정이 안정화될 수 있는 효과도 기대할 수 있다.

넷째, 영국의 국민보험제도의 경우에서처럼 인두적 건강보험료 부과체계에서도 총량적 차원에서 수지상등의 원리가 적용되어 건강보험재정의 안정성과 투명성이 강화될 수 있다.

- 총량적 수지상등의 원리: 매년도 지출총액 = 매년도 수입총액
- 매년도 예상 의료비 지출총액(Exp) = 매년도 인두적 건강보험료(Kp) × 가입자 수(N)
- Kp = Exp / N

다섯째, 인두적 보험료는 개인별로 소득수준이나 가구규모에 상관없이 모두에게 정액의 형태로 부과되므로, 건강보험자의 입장에서는 재정수입의 극대화를 목적으로 가입자를 선별하고자 하는 유인(cherry-picking)이 그만큼 줄어들게 되는 효과가 있다.[8]

이상에서 살펴본 인두적 건강보험료는 고용정책적 차원의 장점에도 불구하고, 개인별로 부담능력에 상관없이 동일한 금액의 보험료를 부과한다는 점에서 사회보험제도로서 본연의 기능을 도외시하고 있다는 비판을 받고 있다(Pfaff, 2005). 그리고 이와 같은 비판은 인두적 건강보험료의 도입이나 확산에 중대한 걸림돌로 작용하고 있다.

③ 위험별 차등보험료

보험공동체의 구성원 가운데 위험의 발생 확률이 높은 집단(예: 의료보험에 있어서 노인이나 만성질환자)의 경우 그렇지 않은 일반 집단에 비해 보험의 혜택을 상대적으로 많이 받게 되는 경우가 있다. 이 경우 보험가입자 간 보험혜택의 불평등 문제가 발생할 수 있는데, 이러한 문제는 개인별로 위험등급에 따라 보험료의 수준을 차등화하는 방법으로 해결할 수 있다. 위험별 차등보험료는 자동차보험, 생명보험 등 상업보험제도에서 널리 활용되고 있다.

사회보험제도의 경우 위험별 차등보험료는 산재보험제도에서 적용되고 있다. 예를 들면, 우리나라의 산재보험제도는 업종별 '차등보험료율제도(differential rating system)'와 '개별실적료율제도(merit or experience rating system)'를 통하여 개별 기

---

8) 반대로 인두적 보험료 부과체계하에서 건강보험자는 보험지출을 최대한 통제하기 위한 일환으로 노인, 장애인, 만성질환자 등의 보험가입을 거부하고자 하는 유인(parking)을 가질 수 있다. 따라서 이러한 문제에 대한 대응방법으로는 ① 건강보험자의 가입자 선별권한을 법률로서 금지(open-enrollment)하거나, ② 해당 대상자들에 대해서는 할증된 보험료를 적용하고, 이 경우 그 비용은 국가 또는 공동기금에서 충당하는 방법 등이 있을 수 있다.

업의 산재보험료를 차등화하고 있다. 2015년 현재 산재보험제도는 일차적으로 전체 기업을 60개 업종으로 분류하여 업종별로 산재 발생의 위험도에 따라 보험료율을 달리 적용하고 있다. 그리고 산재보험제도는 이차적으로 기업의 실제 산재사고의 실적에 따라 재차 기업별로 보험료율을 차등화하고 있다.[9]

업종별 차등보험료율제도와 개별실적료율제도는 개인 간 위험발생의 차이에 의해 발생하게 되는 보험혜택의 불평등 문제를 완화하고, 무엇보다도 사업주의 산재예방 동기를 강화할 수 있는 장점이 있다. 그러나 이러한 형식의 보험료 부과체계는 사회보험제도의 분배적 기능을 제약하게 되는 문제를 가지고 있다. 예를 들면, 우리나라의 산재보험제도에서 보험료율은 2015년의 경우 업종 구분에 따라 최저 0.7%에서 최고 34.0%로 큰 격차를 보이고 있다. 그리고 이러한 산재보험료는 또한 기업의 재정 상황이나 부담능력에 상관없이 다시 기업별로 산재사고의 실적에 따라 재조정되도록 하고 있다. 만약 이와 같은 보험료의 차등화가 보다 강화될 경우 비록 부담과 혜택의 공정성 측면에서는 바람직하겠지만, 점차 사회보험으로서 '분배적 기능'이 약화될 가능성이 높다. 이에 따라 산재보험은 집단적 연대의 원리에 기반한 사회보험이 아니라, 일종의 민간보험 또는 저축의 기능을 하는 개인의 '자기보험(self-insurance)'으로 기능이 위축될 우려가 높다(ILO, 1997: 705). 결과적으로 산재보험제도는 점차 사회보험으로서의 위상을 상실하게 되어 지속적인 민영화의 논의에 휘말리게 될 가능성이 있다.

④ 기초소득공제 보험료

기초소득공제 보험료는 [그림 14-7]의 왼쪽에서 보는 것처럼 개인별로 각자의 소득(Y_i)에서 기초생활에 필요로 하는 기초소득(E)을 공제한 나머지의 소득(Y_i-E)에 대하여 보험료를 부과하는 방식을 의미한다. 그리고 그림의 오른쪽은 이 경우 개인들 각자의 보험료 부담비율이 고소득층으로 갈수록 누진적으로 높아지는 것을 보여 주고 있다. 하지만 이 경우 보험급여(주로 현금급여)는 개인별로 기초소득을 공제한 순소득(Y_i-E)이 아니라, 단순히 종전소득(Y_i)의 수준에 비례하도록 하고 있다. 이러한 기초소득공제 보험료는 벨기에의 사회보험제도에서 일부 적용되고 있는 것으로

9) 우리나라 산재보험제도의 운영 및 실적의 현황을 종합적으로 소개하고 있는 자료로는 한국노동연구원(1998) 그리고 고용노동부(2010b)를 참조하기 바란다.

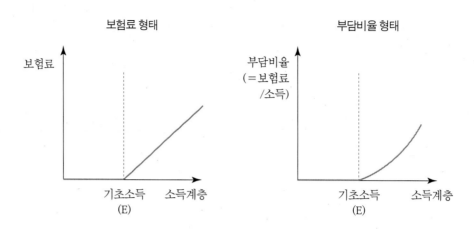

[그림 14-7] 기초소득공제 보험료의 형태와 소득계층별 부담비율

파악되고 있다(Schmähl, 1985).

기초소득공제 보험료는 크게 다음과 같은 두 가지 측면에서 긍정적인 효과를 가져다줄 수 있다(Commission of the European Communities, 1983). 먼저, 분배정책 차원에서 기초소득공제 보험료는 특히 저소득가입자의 보험료 부담을 경감하여 해당 가계의 실질소득을 증대시키는 효과를 가져다주게 된다. 왜냐하면 저소득계층의 경우 기초소득을 제외한 나머지 소득, 즉 보험료 부과대상의 소득이 낮은 수준에 머무르게 되어 보험료 부담이 낮아질 것으로 예상되기 때문이다. 다음으로, 고용정책적 차원에서 기초소득공제 보험료는 기업의 보험료 부담을 완화하여 저소득 계층의 고용증대효과를 가져다줄 수 있다.

그러나 기초소득공제 보험료는 다음과 같은 측면에서 문제점이 지적되고 있다(Schmähl, 1985). 첫째, 기초소득공제 보험료가 도입될 경우 보험료 수입의 누락에 의해 사회보험제도의 재정운영이 불안정해질 수 있다. 둘째, 기업의 인력 활용에 왜곡현상을 초래하여 소득공제선 이하의 근로계층이 양산될 위험성이 있다. 셋째, 기초소득공제 보험료는 가입자 개인별로 부담과 급여 간의 연계성을 약화시켜 사회보험제도로서의 기능을 제약하는 문제를 야기할 수 있다.

⑤ 기업의 부가가치에 연계한 보험료

부가가치 연계 보험료(Wertschöpfungsbeitrag[독])란 사용자의 보험료를 현행과 같이 근로자 개개인의 임금을 대상으로 하지 않고, 대신 기업이 매년 창출하는 부가가치

(생산)를 대상으로 결정하는 방식을 의미한다.[10] 비록 이러한 보험료의 부과방안은 현재까지 학문적 차원에서만 논의가 되고 있으나, 만약 그것이 실현될 경우 여러 가지 차원에서 긍정적 효과를 가져다줄 수 있을 것으로 기대된다(Schmähl, Henke, & Schellhaaß, 1984).

기업의 부가가치 생산에 연계한 보험료의 부과방안은 현행 사용자 부담의 보험료에 대한 문제인식에서 출발하고 있다.

첫째, 기업 상황에 따라 보험료의 부담이 불평등하게 이루어지고 있다. 예를 들어, 노동집약적 사업을 수행하는 영세기업은 보험료의 부담이 과도하게 높게 나타나는 반면, 자본집약형의 사업을 주도하고 있는 대기업은 보험료의 부담이 오히려 줄어들게 되는 문제가 있다.

둘째, 인력절감형 산업이 발전함에 따라 만성적인 실업문제를 겪고 있는 현대사회에서 보험료를 부담하는 근로계층은 점차 축소되는 반면, 기업의 이윤은 점차 증대되는 분배의 불평등이 심화되는 문제가 있다.

셋째, 저출산·고령화사회에서 생산인구의 절대적 부족은 늘어난 노령인구의 부양을 위해 필요로 하는 재원의 조달에 심각한 지장을 초래할 수 있다. 특히 인구의 고령화는, 근로자는 물론 사용자 부담의 보험료 수입을 위축시켜 궁극적으로 사회보험의 재정운영이 압박을 받게 될 위험이 있다.

사용자가 부담해야 하는 보험료가 기업이 생산한 부가가치, 즉 기업의 이윤을 대상으로 부과될 경우 다음과 같은 장점이 기대된다. 먼저, 이러한 방안은 부가가치가 낮은 영세기업의 보험료 부담을 경감해 주는 분배정책의 효과는 물론, 영세기업의 인력수요를 지원하는 고용정책적 효과를 가져다줄 수도 있다. 다음으로, 기업의 부가가치 생산을 기준으로 보험료가 부과되므로 장차 자본집약형 산업구조로의 체질전환이나 향후 고령화사회의 도래에도 불구하고 사회보험제도는 안정적인 재정수입원을 확보할 수 있는 장점을 가지게 된다.

그러나 사용자의 부가가치 생산에 연계한 보험료의 부과 방안은 경우에 따라서는 경영합리화나 신기술의 도입에 대한 동기를 위축시켜 중장기적으로 기업의 대외 경쟁력과 국민경제의 성장에 부정적인 영향을 초래할 수 있다는 문제가 있다. 그리고 기업이 생산한 부가가치에서 충당하게 되는 보험료 수입이 전체 보험재정에

---

10) 기업의 부가가치 연계 보험료는 '기계세(machine tax; Machinensteuer*)'로도 불리고 있다.

서 중대한 비중을 차지하게 될 경우 자칫 사회보험제도로서의 기본운영원리가 왜곡될 우려가 있다. 왜냐하면 여기서 기업의 부담분은 보험료가 아니라 일종의 조세(예: 부가가치세)가 될 수 있기 때문이다. 이에 따른 부정적 파급효과는 특히 부담과 급여의 상관관계를 유지하고 있는 현금급여에서 발생할 가능성이 높다.

3) 사회복지운영재원으로서 조세와 사회보험료의 장단점

한 나라에서 운영되는 전체 사회복지제도는 다양한 종류의 재원으로 재정을 충당하며, 이러한 운영재원으로는 크게 조세, 가입자나 사용자의 보험료 그리고 기타 운영수입이 있다. 사회복지운영재원의 구성은 [그림 14-8]과 같이 국가별로 상당한 차이가 있다.

가입자 부담 보험료		사용자 부담 보험료		조세	
슬로베니아	38.43[2]	에스토니아	79,60	덴마크	77,71
네덜란드	35.05[2]	라트비아	51,00[2]	아일랜드	69,39[1]
크로아티아	33.51	체코	49,29	영국	53,20[1]
독일	29.75[2]	폴란드	44,70[2]	스웨덴	52,18[1]
오스트리아	25.94	리투아니아	44,00[3]	사이프러스	51,33
체코	23.98	스페인	43,72[2]	불가리아	51,06
룩셈부르크	23.20	프랑스	41,73[2]	루마니아	50,65
헝가리	22.60	벨기에	40,95	몰타	50,27
프랑스	20.14[2]	슬로바키아	40,80[2]	포르투갈	48,24
그리스	20.11	헝가리	37,72	핀란드	46,85
벨기에	19.70	이탈리아	37,49[2]	이탈리아	46,28[1]
폴란드	19.41	오스트리아	36,46	스페인	43,01[1]
리투아니아	18.83	스웨덴	36,18[2]	룩셈부르크	42,87
슬로바키아	18.77	핀란드	34,82	슬로바키아	37,58[1]
불가리아	18.23	루마니아	34,23	헝가리	36,91
사이프러스	17.34	독일	33,85[2]	벨기에	36,26
라트비아	16.59	몰타	33,52	리투아니아	36,25
이탈리아	14.63	네덜란드	32,28[2]	오스트리아	36,03
포르투갈	14.32	그리스	31,95[2]	크로아티아	35,97
몰타	14.12	불가리아	28,88	그리스	35,40[1]
루마니아	14.11	프로투갈	27,84	프랑스	34,96[1]
핀란드	12.48	영국	27,68[2]	독일	34,59[1]
영국	12.40	크로아티아	27,54	슬로베니아	33,80[1]
스페인	12.37	슬로베니아	26,58[2]	라트비아	31,41[1]
스웨덴	9.58	룩셈부르크	25,61	체코	25,25
덴마크	8.09	사이프러스	23,03	네덜란드	24,22[1]
아일랜드	6.67	아일랜드	21,07[2]	에스토니아	19,14
에스토니아	1.14	덴마크	12,14	폴란드	16,35[1]
유럽 28개국 평균	19.87	유럽 28개국 평균	35,26[2]	유럽 28개국 평균	41,10[1]

[그림 14-8] 유럽연합 회원국가의 사회복지운영재원의 구성비(2012)

자료: Bundesministerium für Arbeit und Soziales(2015). *Sozial-Kompass Europa: Soziale Sicherheit in Europa im Vergleich*, 6. Auflage.

[그림 14-7]을 살펴보면, 비교 대상이 되는 28개국 가운데 근로자가 직접 부담하는 사회보험료의 비중이 가장 높은 국가는 슬로베니아와 네덜란드로서 전체 사회복지재정의 약 1/3을 차지하고 있다. 이어서 크로아티아 · 독일 · 오스트리아 순으로 나타나고 있으며, 그 비중이 가장 낮은 국가는 에스토니아로서 약 1%의 수준에 불과하다. 반대로, 기업이 사용자 보험료의 형태로 부담하는 총액의 비중이 가장 높은 국가는 에스토니아로, 전체 사회복지재정의 약 80%를 차지하고 있다. 다음으로 라트비아 · 체코 · 폴란드 순이며, 그 비중이 가장 낮은 국가는 덴마크로, 약 12%로 나타나고 있다. 끝으로, 국가의 조세수입에서 충당하는 총액의 비중이 가장 높은 국가는 덴마크로, 전체 사회복지재정의 77%를 국가가 직접 부담하고 있다. 이어서 아일랜드 · 영국 · 스웨덴 순으로 이루어지고 있으며, 그 비중이 가장 낮은 국가는 폴란드로, 약 16%를 기록하고 있다.

사회복지제도의 운영재원으로서 조세와 사회보험료는 장단점을 동시에 가지고 있다. 여기서는 이와 관련한 사항에 대해 개략적으로 살펴보고자 한다(Schäfer, 1983).

(1) 조세의 장단점

목적세를 제외한 일반조세의 경우 다양한 형태의 소득원, 재산, 상품 및 서비스 등에 대하여 부과되고 있다. 그리고 이러한 조세수입은 일반재정에 편입되어 특정한 목적사업에 구속을 받지 않고 국가의 모든 일반사업에 활용되고 있다.

사회복지운영재원으로서 조세는 다음과 같은 장점을 가지고 있다. 먼저, 조세는 사회복지 재원 확보의 측면에서 안정성을 도모할 수 있으며, 이에 따라 개별 사회복지제도는 새로운 사회환경의 변화에 유연하게 대처할 수 있는 능력을 갖출 수 있다. 다음으로, 조세는 재정수입 측면에서는 물론 재정지출 측면에서도 사회보험료보다 탁월한 분배적 효과를 가지고 있다. 이에 따라 조세로 운영되는 사회복지제도 또한 사회보험제도보다 상대적으로 높은 분배적 기능을 수행할 수 있다.

그러나 사회복지재원으로서 조세는 다음과 같은 문제가 있다.

첫째, 개별 사회복지제도들은 재정의 확보를 둘러싸고 국가의 다른 일반사업들과 경쟁하여야 한다. 이에 따라 조세재원에 기초한 사회복지제도들은 비록 이론적인 차원에서는 풍부한 일반재정을 바탕으로 안정적인 재정운영을 할 수 있는 장점을 가지고 있으나, 실제적인 차원에서는 국가의 다른 일반사업과의 예산경쟁을 함으로써 재정운영의 불안정을 겪게 되는 문제가 있다.

둘째, 국가의 정치적 과정을 통하여 제반 사업 단위별로 예산 배분이 결정되므로, 사회복지재정 운영의 불안정성은 물론 개별 제도 간 재정의 불균형 현상이 발생할 수 있다.

셋째, 사회복지재정에 있어 조세비율이 높아지게 될 경우 그에 상응하는 수준으로 국가의 개입이 증가하게 되어 제도운영의 경직성과 관료성이 심화될 가능성이 높다.

(2) 사회보험료의 장단점

일반적으로 사회보험료는 특정한 사회복지 분야에서 특정한 목표를 수행하기 위하여 필요로 하는 재원을 조달하기 위하여 징수된다. 나아가 사회보험제도는 원칙적으로 사전에 보험료를 부담한 계층에게만 혜택이 돌아갈 수 있도록 하고 있다.

이러한 사회보험료의 특성에 따라 사회복지운영재원으로서의 사회보험료는 다음과 같은 장점이 있다. 먼저, 사회보험료는 본연의 목표에 대해서만 배타적으로 활용되므로 재정운영의 안정성과 국민의 신뢰도가 높게 나타난다. 다음으로, 사회보험료의 부담과 급여의 연계성에 따라 수급계층은 급여의 청구에 대한 권리를 가지게 된다. 마지막으로, 국민 개인별로 종전 생활수준에 상응하는 급여는 사회보험료로 운영되는 사회보험제도에서만 가능할 수 있다. 왜냐하면 이 경우 개인은 사전에 자신의 소득수준에 따라 사회보험료를 부담하게 되고, 향후 자신의 종전소득에 비례하는 수준의 급여를 받을 수 있기 때문이다. 달리 표현하면, 사회보험제도의 경우 개인별로 능력에 상응하는 부담과 혜택이 적용되므로 시장원리가 비교적 충실하게 반영될 수 있는 장점이 있다.

그러나 사회보험료를 재원으로 하는 사회복지제도는 다음과 같은 문제점이 있다.

첫째, 사회보험료의 경우 조세에 비해 분배적 기능이 취약하다.

둘째, 사회보험료로 운영되는 사회복지제도의 경우 제도별 독립채산의 원칙에 따라 경제적·사회적 환경변화에 유연하게 대처할 수 있는 능력이 미흡하다. 예를 들면, 사회보험제도의 하나인 고용보험제도는 호경기의 경우 실업률이 낮아 보험재정이 흑자를 기록하게 되는 반면, 불경기의 경우 실업자의 증가에 따른 사회보험료 수입의 감소와 급여지출의 증가로 인하여 사업의 수행에 상당한 차질을 겪게 될 가능성이 높다.

(3) 종 합

지금까지 살펴본 조세 및 사회보험료의 장단점은 〈표 14-2〉로 요약하여 정리해
볼 수 있다.

| 표 14-2 | **조세와 보험료의 특징 및 장단점 비교**

비교 항목	조 세	사회보험료
특 징	• 일반재정에서 국가의 다른 사업과 공동으로 활용 • 부담과 혜택이 상호 독립적	• 별도의 독립회계로 특정한 사용 목적에 구속 • 부담과 혜택의 긴밀한 연계
장 점	• 복지재원확보의 용이성 • 환경변화에 대처한 대응능력 • 강한 분배적 기능 • 기초생활수준 보장	• 재정 운영의 독립성(안정성)과 국민의 신뢰 • 보험료 인상에 대한 국민의 수용성 • 청구권으로서 권리성 보장 • 생활수준보장
단 점	• 부처 간 예산확보 경쟁으로 인한 재정의 불안정성 • 예산 배정의 불균형성 • 경직성/관료성 • 조세저항	• 분배적 기능의 취약성 • 환경변화에 대처한 유연성의 부족

사회복지제도의 주된 운영재원으로서 조세와 사회보험료가 있다. 이러한 두 가
지 종류의 운영재원은 비록 현상적으로는 상호 배타적인 관계를 가질 수 있으나, 실
제에 있어서는 합리성의 관점에서 공정한 역할분담과 상호 간 기능의 보완을 도모
할 수 있도록 노력할 필요가 있다. 구체적으로 사회복지사업에 필요로 하는 재원을
무엇으로 충당할 것인가 하는 문제는 개별 사업의 목표와 기능 그리고 그 파급효과
등을 면밀히 검토하여 결정되어야 할 사안이다. 나아가 일부 사업의 경우 그 특성상
조세와 사회보험료의 공동재원으로 해결하는 것이 바람직할 수도 있다. 그러나 이
경우에도 각각의 분담비율은 단순히 정치적 타협이나 이념적 차원이 아니라 논리
적이고 객관적인 차원에서 결정될 수 있도록 할 필요가 있다.

🔍 제3절 사회보험 재정에 있어서 보험료와 조세의 역할: 사회보험제도에서 보험의 역할

1. 논의의 배경

국가가 전액 조세 재원으로 운영하고 있는 사회복지제도들(예: 국민기초생활보장제도, 기초연금제도, 국가보훈제도 등)과는 달리, 사회보험제도의 경우 보험료와 조세가 모두 운영재원으로 활용된다. 우리나라의 경우 국가는 공무원이나 군인의 사회보험 적용을 위하여 사용자로서 보험료의 절반과 별도로 재정보조금을 일반재정에서 부담하고 있다. 그 밖에도 국가는 일반 국민을 적용 대상으로 하는 사회보험제도에 대하여 관리운영비의 전부 또는 일부를 지원해 주고 있다.

그러나 외국의 복지 선진국의 경우 사회보험제도에 대한 국가의 재정적 지원은 그 규모나 내용적 측면에서 우리나라의 경우보다 월등하다. 예를 들면, 각국의 국민연금제도와 관련하여 독일과 스위스는 전체 연금재정의 약 1/3을 국가가 지원하며, 프랑스는 그 비중이 약 20% 수준에 이르고 있다. 그리고 독일 농민연금제도의 경우 국가에 의한 재정보조금의 규모는 연금재정의 3/4 이상을 넘어서고 있다. 그 밖에도 특정한 사안에 따라 개인이 부담하여야 하는 보험료의 전부 또는 일부를 국가가 대신 납부해 주는 경우도 있다. 일례로, 독일·프랑스·스웨덴 등에서 국가가 육아휴직여성, 군인, 학생 등을 위하여 연금보험료를 납부해 주는 크레딧제도가 여기에 해당된다.[11] 뿐만 아니라 고용보험제도나 의료보험제도의 경우에서도 상당수 국가에서는 재정보조 또는 결손보장 등의 방법으로 보험재정을 지원하고 있다.

2. 이론적 논의: 사회보험 재정에 있어서 보험료와 조세의 분담 기준

사회보험제도의 재정운영과 관련하여 국가는 왜 재정을 지원해야 하며, 이 경우 그 수준을 결정할 수 있는 기준은 무엇인가 하는 문제를 제기할 수 있다. 일반적으로 사회보험제도는 순수한 의미의 보험사업은 물론 '보험 이외의 사업(versicherungsfremde

---

11) 참고로, 현재 우리나라의 국민연금제도에서도 출산크레딧, 군복무크레딧 그리고 실업크레딧이 운영되고 있다.

Leistungen^{독})' 도 동시에 수행하게 된다.

이와 관련하여 먼저, 보험사업으로는 연대적 차원에서 위험의 분산 그리고 개인적 차원에서 저축적 기능이 해당될 수 있으며, 대표적으로 고용보험제도의 실업급여사업 또는 산재보험제도의 각종 급여들(장해급여, 휴업급여 등)이 언급될 수 있다. 다음으로, 보험 이외의 사업은 사회정의의 차원에서 사회보험제도가 수행하고 있는 각종 분배적 사업과 기타 사회정책적 차원의 프로그램 등이 대표적이다. 가령 우리나라 국민연금제도의 경우, 분배적 목적의 급여산식[12] 그리고 가족정책적 차원의 출산크레딧과 부양가족연금 등이 대표적인 사례가 될 수 있다. 그리고 건강보험제도의 경우 부양가족에 대한 의료보험 적용 또한 이러한 범주에 포함될 수 있다(Schmähl, 2009).

사회보험제도가 국가를 대신하여 수행하는 사업들은 이외에도 다양하게 존재할 수 있다(Raffelhüschen, Moog, & Vatter., 2011). 예를 들면, 우리나라의 고용보험제도는 실업으로 인한 경제적 피해를 위험분산의 기능을 통해 해결하고자 하는 실업급여사업 외에도, 노동시장정책의 일환으로서 상당 부분 국가사업에 해당하는 고용안정사업이나 직업능력개발사업 그리고 모성보호사업도 동시에 수행하고 있다.

사회보험의 재정에서 국가가 정부보조금의 형태로 지원해 주어야 하는 금액을 결정하기 위한 이론적 기준으로서 '수지상등의 원칙'을 제시해 볼 수 있다. 여기서 수지상등의 원칙이란 개인별로 납부하여야 하는 보험료와 기대급부가 보험수리(actuary) 또는 확률적으로 상호 일치해야 한다는 것을 의미한다. 따라서 사회보험의 역할들 가운데 순수한 보험사업은 반대급부가 보장되는 보험료 재원으로 그리고 보험 목적 이외의 사업들은 반대급부가 인정되지 않는 조세재원으로 충당되어야 한다. 그리고 수지상등의 원칙에 따라 국가가 당연히 부담해야 하는 금액에서 실제로 국가가 납부한 정부보조금을 공제한 금액은 '잘못된 재정(Fehlfinanzierung^{독})' 으로서, 그에 상응하는 만큼 국가가 사회보험에 재정적 부담을 전가하는 것을 보여준다.[13]

---

12) 우리나라 국민연금 급여산식은 전체가입자 평균소득월액으로 결정되는 균등부분(A값) 그리고 개인별로 생애평균임금으로 결정되는 소득비례부분(B값)으로 구성되어 있다. 이 중 균등부분인 A값은 동일한 가입경력을 가진 모든 연금수급자에게 소득수준에 상관없이 동일한 금액의 연금을 지급하도록 설계되어 있어 매우 큰 소득재분배 기능을 담당하고 있다.

13) 참고로, 독일의 사회보험에 대한 재정추계 연구자료에 따르면, '잘못된 재정'의 규모는 2007년 약 60조 원

3. 잘못된 재정으로 인한 부작용

사회보험에 대한 국가의 재정적 지원이 부족하게 될 경우, 즉 잘못된 재정의 문제가 존재할 경우 다음과 같은 세 가지의 영역에 걸쳐 부작용이 발생하게 될 가능성이 높다.

먼저, 분배적 측면에서 부정적 현상이 발생할 수 있다. 첫째, 정률의 보험료는 누진율이 적용되는 조세에 비해 분배적 기능이 제한적이라는 점을 감안해 볼 때, 보험료 재원으로 운영되는 국가 목적 사업은 그 자체로서 문제점을 가지고 있다. 둘째, 일반적으로 국가 목적 사업의 경우 그 혜택이 직간접적으로 전체 국민에게 돌아가게 되는 반면, 비용은 일부 사회계층(즉, 사회보험 가입계층)의 특정한 소득원(예: 근로자의 임금소득과 자영자의 사업소득)에 대해서만 부담을 시키게 되는 문제가 있다. 셋째, 사회보험제도에서 적용되는 소득상한선은 고소득계층을 국가 목적 사업(예: 분배정책이나 기타 사회정책 차원의 사업)에 필요한 비용부담으로부터 면제시켜주는 문제점을 가지고 있다.

다음으로, 고용정책의 측면에서 부작용을 초래할 수 있다. 국가가 본연의 사업에 따른 비용을 보험료 재원으로 충당하여 '잘못된 재정'의 규모가 확대될 경우, 이는 보험료의 인상 요인으로 작용하여 기업의 인건비 부담과 생산비용을 가중시킬 수 있다. 그 결과, 한편으로는 기업의 인력수요가 위축되어 실업이 증가하게 되고, 다른 한편으로는 제품의 가격인상으로 인해 기업의 대외경쟁력이 약화되는 문제가 발생할 수 있다. 그리고 보험료 부담의 증가는 근로자의 가처분소득을 떨어뜨려 근로의욕을 저하시키게 되는 문제도 가지고 있다.

마지막으로, 사회보험 운영원칙의 훼손 문제를 야기할 수 있다. 만약 국가의 지속적인 비용전가 행위로 인하여 '잘못된 재정'의 규모가 점차 확대될 경우, 이는 '부담과 혜택의 상관관계'를 약화시켜 궁극적으로는 제도 불신의 요인으로 작용하게 될 위험이 높다. 이에 따라 사람들은 자신이 부담해야 하는 보험료를 점차 조세로 인식하게 되고, 이는 당사자들의 '주관적' 가처분소득을 하락시켜 노동공급에도 부정적 영향을 미치게 될 우려가 있다. 왜냐하면 조세는 보험료와는 달리 반대급부

으로, 이는 같은 해 전체 사회보험 재정지출 932조 원의 6.4%에 해당하는 금액이다. 만약 이러한 금액을 국가가 일반재정에서 부담하게 된다면, 같은 해 총 사회보험료 가운데 7~9%가 인하되는 효과를 기대해 볼 수 있다(Schmähl, 2007).

가 인정되지 않으므로, 만약 사람들이 조세로 인식하게 된다면 주관적 가처분소득
은 더욱더 떨어지게 될 가능성이 높기 때문이다.

[그림 14-9]에서는 사회보험제도가 국가의 재정적 지원이 없이 거의 전적으로 보
험료 재원만으로 국가 목적 사업들을 수행하게 되었을 경우 예상해 볼 수 있는 제반
부작용들을 종합적으로 정리하여 보여 주고 있다.

4. 사업목적에 상응하는 재정조달의 원칙이 지켜질 경우 예상되는 기대효과

이상에서 살펴본 문제점에 대한 개선방안으로서 개별 사회보험제도들이 수행하
는 사업의 특성에 따라 활용 재원을 구분하는 '사업 목적에 상응하는 재원조달의
원칙'이 확립되어야 할 필요가 있다(Schmähl, 1988). 그리고 바로 이러한 경우에서
만 비로소 사회보험제도에 대한 국가의 자의적 비용전가 행위가 차단되어, 분배정
의는 물론 고용안정과 경제성장의 효과도 기대해 볼 수 있다. 나아가 이러한 원칙은
사회보험 재정운영의 안정성과 해당 제도에 대한 국민의 신뢰를 제고할 수 있는 장
점도 있다. 그리고 국민의 신뢰는 국민이 제도의 보장성을 강화하기 위해 요구되는

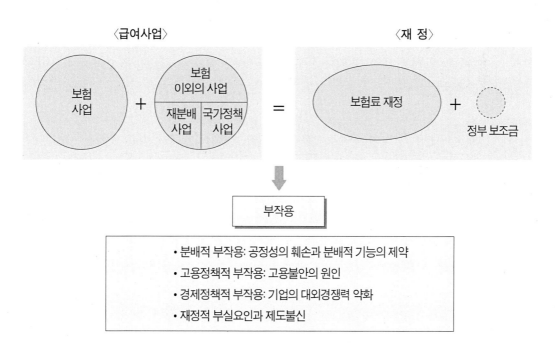

[그림 14-9] 사회보험에 대한 국가의 책임전가 행위로 인한 부작용

보험료의 인상을 수용할 수 있게 하는 기반이 될 수 있다. 왜냐하면 이 경우에서만 개인은 보험료의 인상을 사회보험의 보장성을 높이기 위해 필요로 하는 가격인상 으로 받아들일 수 있기 때문이다(Deutsche Bundesbank, 2008: 5ff.).

제4절 재정관리방식

1. 의미

재정관리방식(financing system; Finanzierungsverfahren^독)은 각 사회복지제도가 조세, 보험료 그리고 기타 운영수입 등으로 조달하게 된 재원을 어떠한 방법으로 관리할 것인가 하는 문제와 관련이 있다. 이러한 재정관리방식에 있어서 핵심적 관심사는 제도의 재정적 수지균형을 유지하기 위해 필요한 기준의 선택에 있다(ILO, 1997: 37ff.). 구체적으로, 개별 제도들이 무엇을 기준으로 수지균형을 맞추어 나가도록 할 것인가에 따라 ① 매년 새롭게 조달해야 하는 재정의 규모, ② 장래의 급여지출을 충당하기 위한 목적으로 조성해야 하는 적립기금의 규모, 그리고 ③ 보험료의 수준이 상이할 수 있다. 나아가 정책적으로 어떠한 기준을 선택하는가에 따라 개별 사회복지제도들이 분배정책 그리고 경제정책의 차원에서 미치게 되는 파급효과 또한 상당한 차이를 보일 수 있다.[14] [그림 14-10]은 이와 같은 내용을 요약하여 보여 주고 있다.

이러한 차원에서 볼 때 공적연금제도에 있어서 재정관리방식의 선택은 단순하게 재정 기술적 방식의 문제로서뿐만 아니라, 선택의 결과에 따른 정치적 · 경제적 · 사회적 파급효과가 막대한 정책적 의사결정의 사안이 될 수 있다(ILO, 1997). 나아가 재정관리방식은 연금제도의 특성을 결정하는 가장 기본적이고 핵심적인 것으로서, 일종의 연금제도라는 고층건물에서 마치 초석과 같은 기능을 하게 된다.

일반적으로 조세를 운영재원으로 하는 사회복지제도나 질병 · 실업 · 모성 등 주로 단기성 위험을 담당하는 사회보험제도의 경우 재정의 수지균형은 매년의 주기로 유지된다. 구체적으로, 개별 제도가 매년도 국가나 사회보험 가입자 및 기업들로

---

14) 사회복지제도의 재정관리방식이 국민경제와 분배정책에 미치게 되는 파급효과를 다룬 대표적인 자료로는 ILO(1997: 15-23), Feldstein(1974), Aaron(1982)그리고 Munnel(1988) 등이 있다.

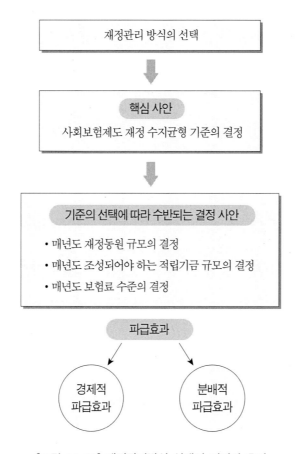

[그림 14-10] 재정관리방식 선택의 의미와 효과

부터 조달하게 되는 재정수입의 규모는 같은 해의 재정지출을 충당하는 수준에서 결정된다. 따라서 이러한 방식으로 운영되는 사회복지제도의 경우 긴급한 상황에 대비한 최소한의 완충기금(buffer-fund)을 제외하고는 별도의 적립기금을 필요로 하지 않게 된다.

반면, 노령·장애·부양자의 사망 등 장기성 위험을 담당하고 있는 공적연금제도의 경우 다양한 종류의 재정관리방식이 적용 가능할 수 있다. 이와 관련하여 대표적인 재정관리방식으로는 적립방식, 급여충족방식, 기간충족방식 그리고 부과방식이 있다. 여기서 각각의 재정관리방식에서 적립기금의 규모는 개략적으로 [그림 14-11]로 나타낼 수 있다. 다음에서는 이러한 재정관리방식들의 개념, 특징 그리고 파급효과에 대해 살펴보고자 한다.

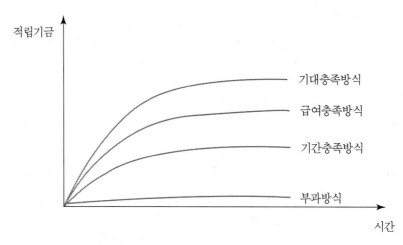

[그림 14-11] 공적연금제도의 재정관리방식과 적립기금의 규모

2. 재정관리방식의 종류

1) 적립방식

(1) 정의

적립방식(Funded System^{영}; Kapitaldeckungsverfahren^{독})이란 장차 발생하게 될 연금급여의 지급에 대비하여 사전에 그에 상응하는 기금을 축적하는 방식으로서, 주로 일반보험회사에서 운영하는 연금보험상품에서 적용되는 재정관리방식을 의미한다. 이에 따르면, 보험회사는 보험수리를 바탕으로 가입자 개인이 장차 지급받게 될 연금급여의 예상총액을 미리 계산하고, 이에 해당하는 비용은 개인이 전체 가입기간 동안 납부하여야 하는 보험료를 적립 및 이식하여 충당하게 된다. 이와 같은 특성에 따라 적립방식은 달리 '기대충족방식(Anwartschaftsdeckungsverfahren^{독})'으로도 불린다. 그리고 기대충족방식으로 운영되는 연금제도에서는 순수하게 저축기능과 위험분산의 기능(=보험기능) 외에는 아무런 재분배 기능이 발생하지 않아야 한다.

(2) 적립방식에서 요구되는 기금의 규모

적립방식으로 연금제도를 운영하게 될 경우 필요한 적립기금의 규모는 다음의 두 가지 요건을 충족하는 수준을 유지하여야 한다.

첫째, 이미 연금을 받고 있는 노령계층의 경우 이들이 사망 시까지 받아 가게 될 것으로 예상되는 급여의 총액이 적립기금(A)의 형태로 존재하여야 한다.

둘째, 연금제도에 가입 중에 있는 생산계층의 경우에서도 이들이 개인별로 지금까지 가입했던 경력을 바탕으로 확보한 급여의 수급권리 또한 그에 상당하는 수준으로 적립기금(B)이 존재하여야만 한다.

적립방식 연금제도에 있어서 적립기금의 규모=A+B
   A: 연금수급계층의 생애연금을 충당할 수 있는 규모의 적립기금
   B: 연금 가입계층이 지금까지의 가입경력으로 확보한 기대연금총액을 충당할 수 있는 규모의 적립기금

(3) 적립방식의 특징

적립방식의 연금제도는 다음과 같은 특징을 가지고 있다.

첫째, 이러한 재정관리방식이 전제 국민을 대상으로 하는 공적연금제도에서 적용될 경우 점차 막대한 규모의 기금이 적립된다. 국가별로 공적연금제도의 특성이나 기능에 따라 차이가 있겠지만, 독일을 대상으로 한 연구결과에 따르면 제도의 성숙 시 그 규모는 독일 GDP의 약 2~10배가 될 것이라고 예측하였다(Grohmann, 1987; Müller & Roffel, 1990).

둘째, 개인별로 자신이 부담하는 보험료에 상응하는 수준의 연금급여가 제공되므로 노후소득보장에 대한 개인의 책임의식이 강화될 수 있다.

셋째, 국민 개개인의 연금급여 청구권을 완전히 충족할 수 있는 수준의 적립기금이 존재하게 되므로 적립방식은 한편으로는 연금제도에 대한 국민의 신뢰를 유지할 수 있고, 다른 한편으로는 향후 고령화사회에서 예상되는 미래 세대로의 재정부담 전가 문제를 해결할 수 있다.

2) 급여충족방식

(1) 정의

급여충족방식(Rentendeckungsverfahren[독])은 연금 수급계층의 수급권을 대상으로 적립기금의 규모와 보험료의 수준을 결정하는 방식이다. 구체적으로 급여충족방식의 연금제도에서는 매년도(t년도) 신규로 연금의 수급자격이 발생하게 된 계층을 대상으로 이들이 사망 시까지 받아 가게 될 예상급여총액을 미리 계산하고, 그에 상당하는 비용은 최초로 연금을 지급받게 되는 해(t년도)의 전체 가입자들로부터 징수한 보험료 수입으로 조성하여 적립해 두게 된다. 이와 같은 방식에 따라 매년도 신규 연금수급자를 위한 적립기금이 새롭게 조성되므로, 연금제도 전체적으로 볼 때 적립기금은 모든 연금 수급계층이 평생 동안 받아 가게 될 예상급여총액(A)을 충당하는 수준을 유지하여야 한다.

반면, 연금제도에 가입하고 있는 계층이 현재까지의 가입경력을 바탕으로 확보한 연금급여의 청구권(B)에 대해서는 기금의 적립이 이루어지지 않게 된다. 대신 해당 계층을 위한 적립기금은 향후 이들이 연금급여를 최초로 받게 되는 시점에 가서 그해의 보험료 수입으로 조성될 것이다. 바로 이러한 특성에 따라 급여충족방식의 연금제도에서는 가입자 개인별로 비용부담과 급여수급이 상호 일치하게 되는 수지 상등의 원칙이 엄격하게 적용될 수 없다.

(2) 급여충족방식에서 요구되는 적립기금의 규모

급여충족방식은 기대충족방식에 비해 상대적으로 작은 규모의 적립기금을 필요로 하게 된다. 왜냐하면 급여충족방식의 경우 이미 연금급여를 받고 있는 계층에 대해서는 기금의 완전한 적립(A)이 이루어지게 되는 반면, 가입 중에 있는 계층을 위해서는 아무런 적립기금이 존재하지 않게 되기 때문이다.

급여충족방식 연금제도에 있어서 적립기금의 규모=A
  A: 전체 연금수급계층의 생애연금을 충당할 수 있는 규모의 적립기금

(3) 급여충족방식의 특징

급여충족방식은 스위스, 일본 등과 같은 국가의 산재보험제도에서 주로 적용되고 있다. 앞서 우리나라 산재보험제도는 업종별로 상이한 차등보험료율을 적용하고 있으며, 2015년의 경우 최저보험료율과 최고보험료율은 각각 0.7%와 34.0%로 무려 33.3%의 격차를 보이고 있는 것을 살펴보았다(이 장의 제2절 참조). 이처럼 업종별로 보험료율의 격차가 크게 나타나고 있는 이유로는 업종별로 산재사고의 위험이 상이한 이유도 있었겠지만, 특히 과거의 산재사고로 인해 현재까지 누적되어 이어져 온 경제적 보상책임(무엇보다도 장해연금과 유족연금)에 의해 발생하고 있는 것으로 지적되고 있다.

하지만 과거의 산재사고에 의한 배상책임을 현재의 해당 업종(주로 광업, 채석업, 벌목업 등) 근로자가 전적으로 부담하도록 하는 것은 형평성의 원리에 위배될 수 있다. 따라서 만약 매년도 발생하는 산재사고로 인한 장래의 배상책임 총액을 같은 해의 보험료 수입으로 미리 충당해 두도록 하는 급여충족방식을 도입하게 된다면, 이와 같은 비용의 전가로 인한 형평성의 문제는 상당 부분 해소될 수 있을 것이다.

3) 기간충족방식

기간충족방식(Abschnittsdeckungsverfahren^독)이란 앞서 급여충족방식에서 살펴본 기금의 적립요건(A)을 상당 부분 완화하여 적용하는 재정관리방식이다. 여기서는 매년도 새로이 연금을 받게 되는 수급계층을 대상으로 하여 기금의 적립이 이루어진다는 점에서 급여충족방식과 유사한 특성을 보이고 있다. 그러나 기간충족방식은 급여충족방식의 경우와는 달리 법률로 정한 별도의 기간(예: 5년, 10년, 15년 등) 동안 이들이 받게 될 급여의 총액에 대해서만 기금의 사전 적립이 이루어지게 된다.[15] 반면, 그 기간을 초과하여 지급해야 할 연금급여의 비용은 향후 매년도 보험료 수입으로 충당하게 된다.

---

15) 기간충족방식은 과거 독일의 공적연금제도에서 한시적으로 적용한 바 있다. 독일은 1957년 연금의 대대적 개혁과 함께 기존의 적립방식에서 부과방식으로 전환하는 과정에서 경과적으로 기간충족방식을 채택하고, 기금의 적립대상 기간을 최초 10년에서 4년으로 단계적으로 완화하였다.

> **기간충족방식 연금제도에 있어서 적립기금의 규모＝A×p%**
>
> 단, 0%＜p＜100%

4) 부과방식

(1) 정의

부과방식(Pay-As-You-Go-System; Umlageverfahren[독])은 매년도 노인세대를 위한 연금급여의 지출총액이 전적으로 같은 해 생산세대가 납부하는 보험료 및 정부보조금으로 충당하는 재정관리방식이다. 이에 따라 순수한 부과방식의 경우 원칙적으로는 아무런 적립기금이 필요하지 않게 된다. 여기서 노후소득보장의 기능은 생산세대가 노인세대를 부양하고, 향후 생산세대의 노후생계에 대해서는 미래세대가 책임을 지도록 하는 소위 '3세대 간 계약(Three Generations Contract)'을 바탕으로 유지된다.

(2) 부과방식 연금제도에서 요구되는 기금의 적립 규모

부과방식의 연금제도에 있어서 보험료는 매 회계연도를 단위로 연금재정의 수지 균형이 유지될 수 있는 수준에서 결정된다. 하지만 바로 이와 같은 부과방식 연금제도의 특성으로 인하여 보험료의 수준이 매년 경제적 · 사회적 상황의 변화에 민감하게 반응하게 되는 문제가 발생할 수 있다. 따라서 수시적인 보험료의 변동에 따른 혼란을 억제하고 재정수지의 일시적 애로 문제를 예방하기 위한 차원에서 부과방식의 연금제도에서도 일정 수준의 완충적 기금을 필요로 하게 된다.

> **부과방식 연금제도에 있어서 기금의 적립 규모＝소규모의 완충기금**

(3) 부과방식의 특징

부과방식은 국가의 책임으로 운영되는 공적연금제도에서만 적용될 수 있다. 왜냐하면 부과방식은 기능적 특성상 가입자 개인의 급여 청구권을 담보해 줄 수 있는 적립기금이 존재하지 않기 때문이다.

이와 같은 문제에 대한 해결대안으로서 부과방식의 공적연금제도에서는 적립기금의 기능을 대신할 수 있는 별도의 법적 장치를 마련해 두고 있다. 대표적으로, 제도의 강제적 가입과 보험료 납부 의무와 관련한 법률 규정이 그것이다. 이러한 법률적 강제 규정은 비록 공적연금제도가 아무런 적립기금을 보유하고 있지 않음에도 불구하고, 노후소득보장과 관련한 세대 간 계약이 지속적으로 유지될 수 있도록 하는 기능을 하게 된다(Steden, 1981).

공적연금제도에 있어서 강제적 가입과 보험료의 납부 의무는 다음과 같은 차원에서 적립기금과 대등한 기능을 수행할 수 있다. 즉, 이러한 법률적 강제규정은 보험료를 부담할 수 있는 생산계층이 제도를 이탈하여, 연금제도에는 노령계층만 잔류하게 되는 소위 '역선택(adverse selection)'의 문제를 방지하는 역할을 하게 된다는 것이다. 구체적으로 강제적 가입규정은 생산계층의 제도 이탈을 억제하고, 동시에 보험료의 납부의무는 노령계층에 대한 연금지급을 안정적으로 보장하기 위한 일종의 법률적 담보장치로서 기능을 하게 된다.

5) 재정관리방식의 종합

[그림 14-12]는 개별 재정관리방식에 있어서 필요 적립기금의 규모를 판단할 수 있는 기준을 정리하여 보여 주고 있다.

공적연금제도의 재정관리방식은 기금의 완전한 적립이 요구되는 적립방식, 정반대로 아무런 적립기금을 필요로 하지 않는 부과방식과 같이 상호 극단적으로 대립되는 방식 이외에도 그 중간 영역에서 매우 다양한 종류가 존재할 수 있다. 여기서 적립방식과 부과방식 사이에 있는 모든 재정관리방식은 공히 기간충족방식의 차원에서 설명해 볼 수 있다(Tegtmeier, 1998). 예를 들어, [그림 14-13]에서 기간충족방식의 연금제도로서 기금의 적립이 요구되는 기간이 길어질수록 해당 제도는 점차 급여충족방식이나 적립방식(=기대충족방식)에 가까워지게 되고, 반대로 그 기간이 짧아질수록 부과방식의 특성을 두드러지게 보이게 된다는 것이다. 즉, 기간충족방식의 연금제도로서 기금의 적립이 요구되는 기간이 1년으로 단축되고, 그 기금은 같은 해의 보험료 수입으로 조성하여 그해의 급여지출을 위해 충당하게 된다면 이는

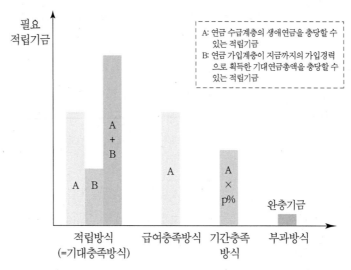

[그림 14-12] **재정관리방식별 필요 적립기금의 규모**

[그림 14-13] **기간충족방식의 차원에서 본 재정관리방식**

바로 부과방식이 된다.

공적연금제도는 국가의 책임을 바탕으로 운영되는 노후소득보장제도로서 모든 세대를 이어서 영속적으로 유지되어야 한다. 이를 위해 공적연금제도는 적용·급여·재정부담 등 전반적 측면에서 세대 간 공정성이 지켜질 수 있도록 노력하여야 한다. 왜냐하면 가령 공적연금제도의 운영과정에서 자칫 특정한 세대 또는 특정한 집단의 이해가 과도하게 반영될 경우, 이는 세대 간 공정성을 훼손시켜 제도 불신의 요인으로 작용할 수 있기 때문이다. 그리고 이러한 제도 불신은 자칫 가입 기피 또는 보험료의 성실 납부 거부 등을 조장하여 궁극적으로는 제도의 지속 가능성을 위협하게 된다는 점에서 부정적 파급효과가 크다고 볼 수 있다.

공적연금제도의 재정관리방식은 다음과 같은 측면에서 세대 간 공정성에 중대한 영향을 미칠 수 있다. 먼저, 어떤 재정관리방식을 선택할 것인가 하는 정치적 의사 결정과 관련한 사안이다. 일반적으로 공적연금제도의 재정관리방식은 국내저축·

투자·경제성장 그리고 세대 내·세대 간 분배 등과 밀접한 관계를 가지고 있으므로, 재정관리방식의 선택은 그 자체로서 세대 간 공정성에 직접적인 영향을 미치게 된다. 하지만 재정관리방식의 선택은 고도의 학문적 식견은 물론 동시에 고도의 정치적 가치판단을 바탕으로 이루어져야 할 사안으로서 반드시 사회적 합의와 정치적 동의가 전제되어야만 한다. 그러나 이 경우에서도 특정한 재정관리방식에 대한 선입견이나 편견 그리고 정책효과에 대한 왜곡된 정보가 정치적 선택의 과정에서 개입되는 것을 철저하게 경계해야만 한다.

다음으로 정치적 의사결정의 절차에 따라 일단 공적연금제도의 재정관리방식이 채택되었을 경우, 이후의 제도운영은 철저하게 원칙에 부합되는 방식으로 이루어져야 한다. 즉, 비록 재정관리방식의 선택은 가치판단이나 정치적 이데올로기를 바탕으로 이루어지게 된다고 하더라도, 이후의 제도운영은 기본원칙에 입각하여 과학적이고 기술적으로 유지·관리되어야 할 필요가 있다는 것이다(이정우·이동수 역, 2008). 왜냐하면, 만약 제도의 운영과정에 있어서도 가치판단이나 정치적 이해가 개입될 경우 세대 간 공정성의 원칙이 훼손되어 자칫 세대갈등의 요인으로 작용하게 될 위험이 있기 때문이다. 특히 공적연금제도에 있어서 제도운영의 합리성에 대한 평가는 세대 간 공정성과 같은 장기적 목표를 대상으로 이루어지게 되는 반면에, 정치시장에서의 합리성은 상대적으로 짧은 주기로 반복되는 선거에서의 승리와 집권을 통해서 평가를 받게 된다. 이에 따라 장기적인 목표인 공적연금제도의 합리성과 세대 간 공정성은 단기적인 목표인 정치적 지지표의 확보를 위한 수단으로 활용될 가능성이 높다. 나아가 이러한 현상은 장기적으로 제도의 재정적 기반을 잠식하게 되어 세대 간 분배갈등과 제도불신의 요인으로 작용하게 될 위험이 높다.

지금까지 살펴본 공적연금제도에 대한 부당한 정치적 개입은 상당 부분 재정관리방식과 같은 기술적 분야에 대한 기본원칙이 제대로 지켜지지 못했기 때문에 발생하게 된 현상으로 판단된다. 앞서 이 절의 서두에서 언급하였듯이, 재정관리방식의 선택은 공적연금제도의 재정적 수지균형을 유지하기 위한 기준의 선택과 직접적인 관련이 있다. 그리고 이와 같은 기준을 선택하게 되었을 경우에만 비로소 ① 적립기금 규모의 적절성에 대한 판단, ② 매년 동원해야 하는 보험재정의 규모에 대한 결정, 그리고 ③ 보험료 수준의 적절성에 대한 판단과 재조정과 관련한 의사결정 등이 정치적 고려를 배제한 상태에서 이루어질 수 있다.

종합하면, 공적연금제도에 있어서 재정관리방식의 선택은 제도운영의 전반에 걸처 일종의 자동안정화 장치를 설치하는 것과 같이 효과를 가지고 있다. 그리고 이러한 자동안정화 장치는 제도의 독립적·독자적 운영을 가능하게 하여, 궁극적으로는 정치권의 부당한 제도 개입 그리고 특정 세대나 집단에 대한 특혜 시비 등을 방어할 수 있는 효과적인 수단이 될 수 있다.

3. 적립방식과 부과방식의 기능과 특징

1) 적립방식과 부과방식 연금제도의 기능과 특징

재정관리방식과 관련한 학문적 논의에 있어서 중요하게 다루어지는 쟁점을 명확하게 하기 위한 차원에서 여기서는 종종 서로 대립되는 개념으로 간주되는 적립방식과 부과방식을 중심으로 살펴보고자 한다.

(1) 적립방식 연금제도의 주요 기능과 특징

[그림 14-14]의 왼쪽은 적립방식의 연금제도에 있어서 노후소득보장의 기능을 시사적으로 보여 주고 있다. 이에 따르면, 모든 세대에 있어서 생산계층(A)은 자신의 노후소득보장을 위하여 보험료를 납부하여야 하고, 이렇게 해서 모인 돈은 이자와 함께 각자가 은퇴 이후 사망에 이르기까지 연금(R)의 형태로 당사자에게 전액 지급

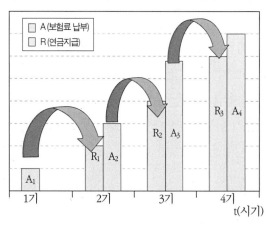
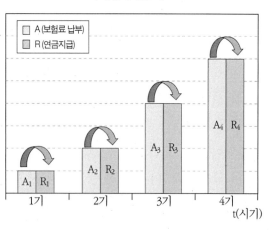

[그림 14-14] 적립방식과 부과방식 연금제도에 있어서 노후소득보장 기능 비교

출처: Fasskauer(2001).

된다. 이러한 내용은 책 제7장의 [그림7-10] 중첩세대 모형에서 '소득의 시기적 재분배 기능'으로도 설명해 볼 수 있다. 이 경우 개인들은 노후주기의 소득보장을 위하여 각자 자신들의 생산 활동 주기 동안 매년도 소득의 일정부분을 저축해야 한다는 것이다.

Barr(2004)는 이상과 같은 적립방식 연금제도의 기능을 돼지저금통(piggy-bank)으로 비유하여 설명하고 있다. 그에 따르면, 이 경우 만약 개인이 노후에 보다 많은 연금을 받고자 할 경우 높은 이자와 함께 가급적 저축(즉, 보험료의 납부)을 많이 하여야 한다. 즉, 노후 시기 개인의 연금수준은 경제활동 시기에 자신이 실제로 납부하였던 보험료 총액에 비례하게 되며, 이러한 현상은 '연금의 보험료 연계성 (Beitragsbezogenheit der Rente^독)'으로도 불리고 있다(Fasshauer, 2001).

적립방식 연금제도에 있어서 수익률(profitability)은 자본의 생산성, 즉 적립자산의 운용수익 또는 이자율에 전적으로 영향을 받게 된다. 따라서 이를 위해서는 금융 및 자본시장이나 실물시장의 안정성이 필수적으로 뒷받침되어야만 한다.

적립방식 연금제도에서 개인은 각자가 스스로 자신의 노후를 준비해야 한다. 달리 표현하면, 여기서는 저축이나 보험의 기능을 제외하고는 아무런 분배적 기능이 존재할 수 없다. 이에 따라 적립방식 연금제도에서는 세대 내 그리고 세대 간 소득의 재분배나 부담의 전가 문제가 원칙적으로 발생하지 않아야 한다. 이와 같은 제도적 특성을 감안해 볼 때 적립방식은 장차 고령화사회에서 노인인구의 증가로 인한 미래 세대의 과중한 노인부양비 부담의 문제를 효과적으로 차단해 줄 수 있다. 왜냐하면 적립방식 연금제도에 있어서 모든 세대의 개인은 자신의 노후대비를 각자가 스스로 해결해야만 하기 때문이다.

하지만 적립방식 연금제도는 '자구적 노후소득보장'의 특성으로 인하여 분배적 기능을 전적으로 배제하게 되어 사회보험으로서의 책임과 역할을 크게 위축시키게 될 것이라는 비판을 받고 있다. 특히, [그림 14-14]의 왼쪽에서 보는 바와 같이 적립방식 연금제도에서는 최초 도입 당시의 노인세대 대부분이 제도적 보호로부터 배제되는 문제뿐만 아니라, 이후에도 보험료의 부담능력이 부족한 저소득계층이나 비정규직 근로계층을 중심으로 광범위한 사각지대의 문제를 초래하게 될 가능성이 높다.

(2) 부과방식 연금제도의 주요 기능과 특징

[그림 14-14]의 오른쪽은 부과방식의 연금제도에 있어서 노후소득보장의 기능을 시사적으로 보여 주고 있다. 이에 따르면, 매 시기의 생산세대(A_t)는 법률로 정한 바에 따라 항상 같은 시기의 노인세대(R_t)를 부양해야 하는 의무를 가지게 된다. 이러한 내용은 책 제7장의 [그림 7-10] 중첩세대모형에서 '소득의 세대 간 재분배 기능'에 해당될 수 있다.

이상의 내용을 종합해 볼 때 생산세대는 자신이 납부한 보험료에 상당하는 반대급부로서 연금수급권을 확보하게 되는 것이 아니라, 노인세대의 부양을 위한 자신의 경제적 기여를 근거로 미래 세대에게 급여를 청구할 수 있는 권리를 가질 수 있게 된다는 것이다. 하지만 이 경우 급여의 청구권은 구체적인 금액으로 확정되어 있는 것이 아니라, 오히려 그 수준은 가입기간 동안의 정치적 · 경제적 · 사회적 환경 변화에 따라 가변적일 수 있다(Kolb, 1984). 이로 인하여 부과방식 연금제도의 경우 가입자인 개인이 향후 자신이 노인세대가 되었을 때 실제로 받게 될 연금급여를 사전에 미리 확정할 수 없는 불확실성의 문제가 존재한다.

부과방식의 연금제도는 세대 간 부양의 기능에 근거하여 운영되는 제도다. 이에 따라 부과방식 연금제도에서는 매년도 보험재정의 수입과 지출이 상호 일치하여야 하며, 원칙적으로 적립기금이 필요하지 않게 된다. 부과방식의 연금제도에서 연금급여는 개인별로 각자의 가입경력, 즉 전체 가입기간 동안의 소득을 평균하여 산출된 금액(평균소득)을 기준으로 결정하게 된다. 여기서 특히 주목할 점은 연금급여는 개인이 가입기간 동안 실제로 납부하였던 보험료 총액의 크기가 아니라, 자신의 소득수준에 연계되어 결정된다는 것이다. 이는 '연금의 소득 연계성(Einkommensbezogenheit der Rente^독)'으로 인해 발생하는 현상으로서, 부과방식 연금제도에 있어서 '연금의 소득 대체적 기능(income replacement function of pension)은 바로 이러한 특성에서 연유하고 있다(Dinkel, 1985).

부과방식의 연금제도는 '연금의 소득 연계성'이란 기능적 특성으로 인하여 개인별로 '부담과 혜택의 동등성 원칙'을 유지할 수 없는 근본적 한계를 가지고 있다. 그리고 이와 같은 현상은 특히 고령화사회에서 만성적인 재정 불균형과 세대 간 형평성 시비의 요인으로 작용하게 될 가능성이 높다. 가령, 인구구조의 고령화로 인한 노인부양비 부담을 충당하기 위하여 보험료율의 인상(예: 9% → 12%)을 단행하게 되면 근로세대는 실제적인 보험료 부담의 증가에도 불구하고 향후 자신의 연금급여는 아무런 변화가 발생하지 않게 되는 문제가 발생할 수 있다. 왜냐하면 이러한 현상은 현행 부과방식의 연금제도에서 연금급여를 결정하는 핵심적 변수가 개인이 실제로 부담하여야 하는 보험료율이나 보험료의 수준이 아니라, 당사자의 소득이 되기 때문이다. 따라서 가령 고령화의 진행에 따라 시기별로 아무리 보험료율이 인상된다고 하더라도, 모두가 단순히 소득수준만 동일하다면 모두는 동일한 연금급여를 받게 된다는 것이다.

부과방식 연금제도에서 수익률은 적립방식의 이자율과는 달리, 임금상승률과 근로인구의 증가율에 의해 영향을 받게 된다(Dinkel, 1984). 이러한 특성을 감안해 볼 때 부과방식 연금제도는 노동시장의 안정성에 의해 크게 영향을 받을 수 있다(Fasshauer, 2001).

인구구조의 고령화가 빠르게 진행되고 있음에도 불구하고 부과방식의 연금제도는 다음과 같은 장점을 가진다.

첫째, 부과방식의 연금제도는 정치적 · 경제적 · 사회적 주변 환경의 변화에 유연하게 적응하고 대처해 나갈 수 있는 능력을 갖추고 있다. 왜냐하면 부과방식 연금제도는 개인이 과거에 납부하였던 보험료가 아니라, 매년도 근로계층의 부담을 토대로 제공되므로 정치적 의지에 따라 제도의 정책적 대응을 신속하고 유연하게 할 수 있기 때문이다.

둘째, 부과방식 연금제도는 개인별로 보험료 부담과 급여 혜택의 상관관계가 완화되어 적용되므로 정치적 의사결정에 따라 소득재분배의 기능을 상당부분 수용할 수 있다.

셋째, 부과방식 연금제도는 도입 초기의 노인세대 그리고 이후의 저소득계층이나 비정규직 근로계층에게도 일정한 노후소득보장의 혜택을 제공해 줄 수 있다. 먼저, 앞서 [그림 14-13]의 오른쪽 부과방식의 연금제도에서 보는 바와 같이 최초 도입 당시의 생산세대가 납부한 보험료는 같은 시기의 노인세대를 부양하기 위한 재원으로 활용할 수 있다. 왜냐하면 여기서 노인세대를 위해 지출한 재원은 추후 공적연금제도가 폐지될 경우 당시 노인세대의 소득보장을 위해서만 필요로 하기 때문이다. 하지만 만약 공적연금제도가 영속적으로 존재하게 될 것이라고 가정할 경우 사실상 그 재원은 불필요한 것이 될 수 있다. 다음으로, 제도 도입 이후 운영과정에서도 부과방식 연금제도는 소득의 수직적 · 수평적 분배기능을 가지고 있으므로 정치적 판단에 따라 저소득계층이나 비정규직 근로계층에게도 연금을 지급할 수 있다.

(3) 적립방식과 부과방식 연금제도의 기능과 특징에 대한 종합 고찰

지금까지 살펴본 적립방식 그리고 부과방식 연금제도의 특징을 비교하여 정리하면 〈표 14-3〉과 같다.

| 표 14-3 | **적립방식과 부과방식 연금제도에 있어서 주요 특징의 비교**

구분	적립방식	부과방식
재정 관리	가입자 개인단위의 재정 관리	전체 가입계층 공동재정의 운영
수지균형의 기준기간	개인별로 전체 생애기간 동안 납부한 총보험료＝기대 총급여	전체 가입자를 대상으로 매년도 총수입＝총지출
연금급여의 수준	개인별로 납부한 총보험료액 및 이자율에 연동: 연금의 보험료 연계성	개인별로 가입기간 동안 소득의 평균(평균소득월액)과 가입기간에 연동: 연금의 소득 연계성
부담과 급여의 연계성	매우 긴밀하게 연계	느슨한 연계
분배적 기능	원칙적으로 배제되어야 함	정책적 선택에 따라 폭넓게 반영될 수 있음
도입 초기 노인세대의 소득보장	원칙적으로 불가능	보장 가능
기금의 규모	현재와 미래의 잠재적 급여를 완전하게 충당할 수 있는 수준의 적립기금 유지	환경의 변화에 따른 제도적 충격을 완화해 줄 수 있는 소규모의 완충기금
노후소득보장의 원천	개인이 납부한 보험료 및 이자수입에 근거(즉, 적립기금)	세대 간 계약의 근거
관리운영	민간 상업보험	공적 연금제도

2) 경제·사회 환경변화에 대처한 적립방식과 부과방식 연금제도의 대응능력 비교

인구구조의 고령화와 저성장 경제로의 진입 등을 감안해 볼 때 공적연금제도의 재정관리방식을 적립방식으로 전환하거나, 아니면 적어도 적립방식의 기능적 특성을 강화하는 방향으로 제도를 개혁해야 한다는 주장이 제기되고 있다. 이와 같은 주장은 적립방식이 부과방식에 비해 수익률, 그리고 고령화 문제의 대처능력의 측면에서 비교우위성을 가지고 있다는 논리에 근거를 두고 있다. 여기서는 이와 같은 주

장의 타당성 여부에 대해서 간략하게 살펴보고자 한다.

(1) 적립방식과 부과방식 연금제도의 수익률 비교

부과방식 연금제도는 세대 간 부양원리를 바탕으로 운영되므로, 제도의 수익률은 임금상승률과 생산인구의 증가율에 의해서 영향을 받게 된다(Dinkel, 1985).[16] 반면에 적립방식의 경우 수익률은 적립자산의 이자율에 의해서 결정된다. 이러한 측면에서 볼 때 인구구조의 고령화가 빠르게 진행되는 우리나라와 같은 국가의 경우 연금제도의 재정관리방식은 적립방식이 부과방식보다 훨씬 유리해 보일 수 있다.

이와 같은 주장은 실증적으로도 확인되고 있다. [그림 14-15]에서 보는 바와 같이 1960년에서 2010년 사이 직장생활을 시작한 사람들을 대상으로 그들이 가입한 부과방식 공적연금제도와 적립방식의 사적연금제도의 수익률을 비교한 결과, 비교기간 동안 적립방식이 부과방식을 월등히 능가하고 있는 것으로 나타났다. 그리고 이와 같은 수익률의 격차는 근래로 올수록 점차 크게 벌어지고 있다. 이러한 현상은 인구구조의 고령화와 생산성의 하락으로 인한 부과방식 연금제도의 수익률 저하에 기인하는 것으로 판단된다.

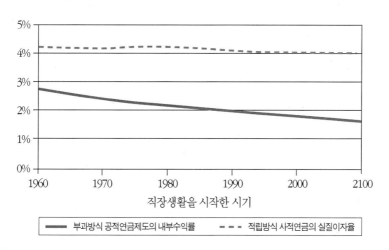

[그림 14-15] **부과방식 및 적립방식 연금제도의 수익률 비교**

자료: Sinn, H.-W. (1999). Pension Reform and Demographic Crisis: Why a funded System is needed and why it is not needed.

---

16) 왜냐하면 생산인구가 증가하게 되면 노인부양비 부담이 경감되고, 임금수준이 높아지게 되면 노인부양을 위한 재정이 확장되는 효과가 발생되기 때문이다.

하지만 이상과 같은 수익률 비교는 다음과 같은 측면에서 결코 적절하지 않을 수 있다.

첫째, 제도 설계, 특히 보험료 및 급여수준의 결정 그리고 정책적으로 기획된 분배적 기능 등 전반적으로 국가의 주도로 생성된 부과방식의 공적연금을 단순히 수익률의 관점에서 적립방식의 민간연금과 비교하는 것은 적절하지 않다.

둘째, 부과방식과 적립방식 연금제도의 수익률 비교에 있어서 투자자본의 위험률도 함께 반영되어야만 한다. 왜냐하면 투기성 자본의 경우 일반적으로 수익률은 높은 반면, 자본손실에 대한 위험성 또한 매우 높기 때문이다. 이러한 점에서 볼 때 양 제도의 위험률을 고려하지 않고, 단순히 외형적으로 나타난 수익률만으로 비교하는 것은 제도의 실제 운영실적을 왜곡하는 결과를 초래할 수 있다.

셋째, 사적연금과 공적연금은 각각 제도의 목적 및 성격 자체가 상이한 것으로서, 단순히 수익률의 관점에서 비교의 대상이 되어서는 안 된다.

(2) 고령화 문제에 대처한 재정관리방식의 대응능력 비교

부과방식 연금제도는 소위 '세대 간 부양원리'와 같은 기능적 특성으로 인하여 노인부양비 부담을 다음 세대로 전가하게 된다는 점에서 비판을 받고 있다. 나아가 이와 같은 비용의 세대 간 전가 문제는 특히 고령화사회에서 첨예하게 발생할 수 있으므로 적립방식을 옹호하는 학자들은 부과방식 연금제도를 시급하게 개혁하여야만 한다고 주장하고 있다.[17]

그들에 따르면 적립방식 연금제도의 수익률은 이자율, 보다 정확히는 자본의 생산성에 의해 결정되므로, 이는 인구구조의 고령화로부터 영향을 받지 않는 독립적 변수라고 주장하고 있다. 하지만 실제로는 적립방식 연금제도의 수익률 또한 고령화의 문제로부터 결코 자유로울 수 없다는 비판을 받고 있다.

예를 들면, 먼저 적립방식의 연금제도에 있어서도 중장기적으로 가입자들의 평균수명이 증가하게 되면, 부과방식의 경우에서와 마찬가지로 재정의 수지균형을 위하여 보험료를 인상하거나, 급여수준을 하향조정할 수밖에 없다. 왜냐하면, 평균수명의 연장은 전체에게 해당되는 일종의 공통적 위험(common risk)으로서 위험의

---

17) 국민연금제도의 적립방식을 옹호하고 그 특성을 강화할것을 주장하고 있는 국내문헌으로는 문형표, 권문일, 김상호, 김용하, 방하남, 안종범(2005), 문형표 외(2007), 윤석명(2007)을 참조하기 바란다.

분산이 불가능하기 때문이다. 따라서 적립방식에서 이와 같은 현상은 부과방식의 경우에서와 마찬가지로 수익률의 하락을 의미한다.

다음으로 고령화사회에서 생산인구가 감소하고 노인인구가 증가하게 되면, 인플레이션 효과에 따라 적립기금의 실질가치가 떨어지게 되는 문제가 발생할 수 있다. 나아가 이 경우 적립기금으로 보유하고 있던 각종 금융자산이나 부동산 등 실물자산의 가치가 하락하여 기금의 운용 수익률이 떨어지게 되는 문제도 나타날 수 있다.

이상을 종합해 보면, 고령화사회의 연금재정 불안문제는 재정관리방식의 선택과는 상관없이 공통적으로 해당되는 문제라는 것이다. 왜냐하면 부과방식 연금제도에 있어서 고령화로 인한 연금재정의 불안문제는 직접적으로 '노인부양비(old-age dependancy ratio)[18]'의 증가로 인해 발생하게 되는 반면에, 적립방식 연금제도의 경우 우회적으로 적립기금의 실질가치 하락과 그로 인한 기금운용 수익률의 하락으로 인해 역시 재정부실의 문제가 나타나게 될 것으로 예상되기 때문이다.

3) 재정관리방식의 선택과 경제성장 효과 비교

(1) 논의의 배경

고령화사회의 본질적 문제는 생산인구의 감소로 인해 국내총생산이 감소하게 되고, 동시에 노인인구의 증가로 인해 국민경제의 노인부양비 부담이 증가하게 될 것이라는 전망에 기인한다. 하지만 그럼에도 불구하고 만약 생산성의 증가가 튼튼하게 뒷받침될 수만 있다면, 고령화사회의 문제는 근본적으로 해결이 가능할 수 있다. 이러한 차원에서 볼 때, 공적연금 재정관리방식의 선택문제는 적립방식이 생산성의 향상에 기여할 수 있을 것이라는 학문적 주장 때문에 매우 중대한 의미를 가지게 된다(Barr, 2004).

적립방식 연금제도에서는 개인의 연금수급권이 지불준비금의 형태로 사전적 적립이 이루어지므로, 미래 세대의 노인부양비 부담이 그만큼 줄어드는 효과가 발생하게 된다. 동시에 이는 국내저축을 증가시켜 투자 활성화와 자본축적(capital accumulation)에 기여하게 되고, 결과적으로 경제성장을 촉진하게 된다(Feldstein, 1974). 나아가 이러한 경제성장은 국민소득의 증가를 통하여 노인부양비 부담을 경

---

18) 노인부양비란 65세 이상 노인인구 대비 생산연령 인구수의 비율을 의미한다.

감해 줄 수 있는 효과도 기대해 볼 수도 있다.

이처럼 적립방식 연금제도가 국내저축률의 증가를 통하여 경제성장에 긍정적 효과를 가져다줄 것이라는 기대는 역으로 부과방식 연금제도가 국내저축률을 떨어뜨리게 된다는 학자들의 주장에 근거를 두고 있다. 이러한 주장의 근거는 부과방식 연금제도에서 매년도 생산세대들이 자신의 노후대비를 위해 납부하는 보험료(일종의 강제 저축)가 별도로 축적되지 않고, 당시의 노인세대를 위해 전액 지급(=소비)되는 특성 때문이다. 이에 따라 Feldstein(1974)은 부과방식 사회보장제도(주로 국민연금제도)가 민간저축을 최대 50% 그리고 자본축적을 38% 감소시켜 미국경제의 성장잠재력을 현저하게 떨어뜨리고 있다고 주장하였다.

(2) 과연 부과방식 연금제도는 국내저축을 떨어뜨리는 작용을 하게 되는가?

연금제도가 적립방식이 아닌 부과방식으로 운영될 경우 국내저축을 떨어뜨려 경제성장률이 하락하게 될 것이라는 주장은 종종 자명한 논리로 간주된다. 하지만 이러한 주장은 이론적으로나 실증적으로 상당한 논쟁의 대상이 되어 오고 있다. 아래에서는 이와 관련한 내용들을 간략하게 정리해 보고자 한다.

① 경제활동주체의 시간선호와 경제적 의사결정에 있어서의 시야

여기서 논의의 출발점은 [그림 14-16]에서 보는 바와 같이 공적연금제도가 도입될 경우 개인들이 종전 자발적으로 준비해 왔던 노후대비 목적의 저축과 강제적 저축이 어느 정도 수준의 대체관계를 보이게 될 것인가다. 달리 표현하면, 공적연금제도가 도입된다고 하더라도 과연 개인들이 강제적으로 납부해야 하는 연금보험료에 상당하는 만큼 자발적 노후저축을 줄이고자 할 것인가 하는 문제다. 만약 이 경우에 있어서도 개인들이 자발적 노후저축을 일정수준 유지하고자 한다면, 부과방식 공적연금제도가 국내저축에 미치게 되는 부정적 파급효과는 그에 상응하는 만큼 줄어들게 될 것이다.

Aaron(1982)에 의하면 공적연금제도가 개인의 저축동기에 미치는 효과는 개인들 각자가 경제적 의사결정 과정에서 바탕이 되는 '시간적 범주(time-horizon)', 즉 '시간선호(time preference)'와 시야에 따라 차이를 보일 수 있다고 강조하고 있다.

그에 따르면, 먼저 단기 안목적 시야(short-horizontal model)를 가진 사람들의 경우 개인은 자신이 납부하는 연금보험료를 조세로 인식하거나 미래소득(즉, 장래 자

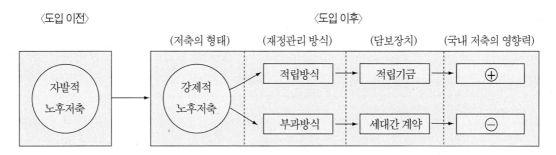

[그림 14-16] 공적연금제도의 도입 전후 저축형태의 변화와 국내저축의 영향력

신의 연금급여)에 대하여 높은 할인율을 적용하게 될 가능성이 높다. 따라서 이 경우 개인은 공적연금제도에 가입하고 있음에도 불구하고, 노후대비가 제대로 이루어지지 못한 상태에 있는 것으로 인식하여 별도로 추가적인 저축동기를 가지게 된다. 종합해 보면, 단기 안목적 시야를 가지고 있는 사람들에게 있어서 부과방식 연금제도는 개인의 노후대비 저축동기에 아무런 부정적 영향을 미치지 않거나, 설령 그렇다고 하더라도 그 영향력은 그다지 크지 않을 것으로 예상해 볼 수 있다.

다음으로, 생애주기모형(life-cycle model)에 따라 개인의 경제행위나 경제적 의사결정이 자신의 일생동안으로 맞추어져 이루어지게 되는 경우다. 이 경우 개인은 연금보험료의 납부를 자신의 노후대비를 위한 저축으로 인식을 하게 되고, 만약 양자가 금액적으로 일치하게 된다면 노후대비를 위한 추가적인 저축유인은 존재하지 않게 된다. 따라서 이러한 성향을 가진 사람들의 경우에 대해서만 부과방식의 연금제도는 국내저축을 떨어뜨리게 되는 작용을 하게 될 것으로 예상해 볼 수 있다.

마지막으로, 개인의 시야가 자신을 포함하여, 자식세대의 복리후생까지 생각하는 다세대모형(Multi-generational Model)을 가정해 보자. 이 경우 노인세대는 전적으로 소비만 하는 세대가 아니라, 후세대에게 일정한 자산을 물려 주고자 하는 욕구를 가질 수 있다. 그리고 이와 같은 유증동기(bequest motive)는 부과방식 연금제도에서도 노인세대의 저축 증대효과를 가져다줄 수 있다.

이상의 내용은 〈표 14-4〉와 같이 정리해 볼 수 있다. 표에서 볼 때 부과방식 연금제도가 국내저축에 부정적 영향을 미치게 되고, 반대로 적립방식 연금제도가 국내저축의 증대에 기여할 것이라는 주장은 사람들의 경제적 시야가 생애주기모형에만 맞추어져 있을 경우에만 타당한 논리가 될 수 있다. 하지만, 경제행위에 있어서 개인들 각자의 시간선호(time preference)가 다양한 점을 감안해 보면, 공적연금제도의

| 표 14-4 | 부과방식 연금제도에 있어서 개인별 시간선호가 국내저축에 미치는 영향

시간선호	단기안목적 시야	Life-Cycle 모형	다세대 모형
국내 저축에 미치는 효과	+	-	+

(-: 부정적, +: 긍정적)

재정관리방식이 국내저축률에 미치는 효과는 이론적으로 명확하게 단정을 할 수 없는 한계를 보이고 있다. 따라서 이와 같은 문제는 실증적 검증을 통해서만 확인해 볼 수 있는 사안이다.

② 다양한 저축동기들의 상호작용

일반적으로 개인은 다양한 저축동기를 가지게 되며, 이 경우 각각의 저축동기들은 서로 밀접한 상관관계를 보이고 있다. 이에 따라 만약 공적연금제도가 도입될 경우 개인들은 강제적 노후저축에 상당하는 만큼 자신들의 자발적 노후저축을 줄이게 되는 것이 아니라, 개인별 상황이나 욕구의 우선순위에 따라 모든 저축동기들을 동시에 조정하게 된다. 나아가 경우에 따라서는 공적연금제도의 도입에 따른 보험료의 납부의무로 인해 개인의 소비행태가 변화하게 되고, 이는 다시 당사자의 저축행위에도 영향을 미칠 수 있다. 종합하면, 공적연금제도의 도입이 개인의 저축 동기 및 행위에 미치게 되는 파급효과는 그 작용과정이 매우 복잡하며, 따라서 부과방식의 연금제도가 국내저축에 부정적 영향을 미치게 될 것이라는 주장 또한 명확하게 증명하는 것이 현실적으로 불가능할 수 있다.

③ 부과방식 연금제도의 저축증대 효과

일부의 학자들은 부과방식의 공적연금제도가 국내저축률을 제고시키는 작용을 할 수도 있다고 주장을 하고 있다. 대표적으로 Cagan(1965)은 만약 부과방식의 연금제도가 도입되어 노인계층에게 바로 연금을 지급하게 될 경우 일반 국민들에게 노후대비의 중요성을 인식시키는 '인지효과(recognition effect)'가 작용하여 전체적으로 국내저축이 증가하게 되는 효과가 발생하게 될 것이라는 연구결과를 제시한 바 있다. 그리고 Katona(1964)는 공적연금제도가 도입될 경우 노후준비의 필요성에 대한 '교육적 효과(education effect)'를 통해 국민들의 효용함수를 변화시키게 되고,

이러한 심리적 효과는 다시 사람들의 생애소비행위에 영향을 미쳐 개인의 노후저축을 증대시키게 되는 결과가 발생할 수 있다고 역설한 바 있다. 나아가 Katona에 의하면 이러한 성격의 저축동기는 '목표 접근 가설(goal gradient hypothesis)'에 따라 개인들이 연금수급연령에 가까워질수록 더욱 강화되는 효과가 발생할 수 있다.

Eisner(1983)는 Keynes의 유효수요이론을 토대로 부과방식의 연금제도가 국내저축을 증가시키게 된다는 연구결과를 발표한 바 있다. 그에 따르면 국가가 부과방식의 공적연금제도를 도입하여 현재의 노인세대에게 연금을 지급하게 될 경우, 이러한 '예상하지 못한 소득(windfall benefit)'은 노령계층의 유효수요를 증대시키는 효과를 가져다줄 수 있다. 그리고 이러한 유효수요의 증가는 '승수효과(multiplication's effect)'를 통해 국내총생산과 국민소득을 증가시키게 되고, 이는 다시 국내저축을 증가시키는 작용을 하게 된다는 것이다. 왜냐하면, Keynes의 일반이론에 따르면 저축은 소득의 함수이기 때문이다.

Einser에 의하면 이와 같은 부과방식 공적연금제도의 경제성장 효과와 저축증대 효과는 대량실업이나 극심한 경기침체를 겪고 있는 국가들에서 특히 크게 발생할 수 있을 것이라고 주장하고 있다. 나아가 그는 해당 국가들에게 한편으로는 소득재분배 기능을 활성화하고, 다른 한편으로는 소비를 장려하고 저축을 억제하는 방향으로 자신들의 공적연금제도를 개혁할 것을 제언하고 있다.

④ Feldstein의 퇴직효과

일반적으로 노후대비가 미비한 근로자들의 경우 노후의 생계유지를 위하여 가급적 퇴직을 미루고자 하는 유인을 가지게 된다. 하지만 만약 공적연금제도가 도입되어 사람들이 연금수급연령의 적용을 받게 된다면, 이는 각자의 생애근로기간을 축소시키는 작용을 할 수 있다. 왜냐하면 사람들이 연금수급연령을 지나 계속적으로 근로활동에 종사하게 될 경우, 개인들은 공적연금제도의 '근로소득조사(work test)'로 인해 연금의 지급이 중단 또는 삭감되는 불이익을 겪게 되는 문제가 발생할 수 있기 때문이다.[19] 그리고 이와 같은 연금의 삭감이나 지급중단은 관련 규정의 적용을 받게 되는 고령근로계층에게 있어서 근로동기를 현저하게 제약하는 작용을 할 수 있다.

---

19) 현행 국민연금제도에서는 이와 유사한 취지로 종전의 「재직자노령연금」을 합리적으로 개선한 「소득활동에 따른 노령연금」을 적용해 오고 있다.

따라서 만약 공적연금제도가 도입되어 근로자들의 퇴직연령이 앞당겨지게 될 경우 당사자들은 늘어나는 노후여가를 재정적으로 뒷받침하기 위하여 추가적인 저축동기를 가지게 된다. Feldstein(1974)은 이러한 현상을 '퇴직효과(retirement effect)'로 정의를 하고, 이는 부과방식 공적연금제도가 국내저축에 미치는 파급효과에 함께 반영되어야 한다고 강조를 하고 있다.

⑤ 적립방식 연금제도에 있어서 저축증대효과의 제한성

일반적으로 적립방식 연금제도에서 예상되는 저축증대 효과는 항시적이 아니라, 도입 초기부터 제도 성숙과정의 기간동안에만 한정적으로 발생하게 된다. [그림 14-17]에서 보는 바와 같이 제도의 도입 초기에는 적립방식의 속성상 보험료 수입(B)이 연금지출(E)을 능가하여, 그에 상응하는 만큼 적립기금(X)의 증가, 즉 저축의 증대효과가 나타나게 된다. 하지만 적립방식 연금제도가 성숙시점에 이르게 되면, 적립기금의 규모는 정점에 도달하게 된다. 그리고 이후부터는 매년도 가입자들이 납부하는 총보험료(Saving)와 연금수급자들에게 지급하여야 하는 총급여(Dissaving)가 상호 일정한 균형상태를 지속적으로 유지해 나아가게 된다는 것이다. 따라서 이 경우 적립방식 연금제도는 단지 최대의 적립기금을 유지하고 있다는 점만을 제외할 경우, 매년도 수입과 지출이 상호 개략적으로 일치하는 부과방식의 특성을 보이게 된다(Munnel, 1988).

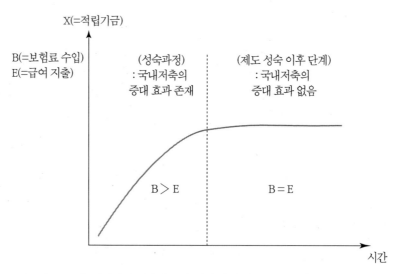

[그림 14-17] 적립방식 연금제도에 있어서 적립기금 규모의 시기별 변화 과정

(3) 적립방식의 연금제도가 반드시 경제성장을 담보할 수 있는가?

이상의 내용을 종합해 본 결과, 공적연금 재정관리방식의 선택이 국내저축에 미치는 파급효과는 매우 다양한 요인들이 상호 복합적으로 작용하여, 명확한 답변이 현실적으로 불가능한 것으로 판단된다. 하지만 그럼에도 불구하고 적립방식 연금제도를 선택하게 되었을 경우 이것이 실제적으로 경제성장의 성과를 실현할 수 있기 위해서는 [그림 14-18]에서와 같이 별도로 세 가지의 전제조건이 상호 논리적으로 연결되어야만 한다(Barr, 2004). 하지만 현실적으로 이러한 세 가지의 전제조건 가운데 어느 하나도 자동적으로 성립된다고 볼 수 없다.

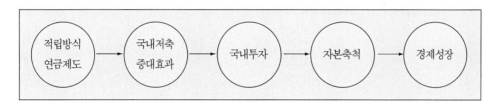

[그림 14-18] **적립방식 연금제도에서 경제성장 효과를 실현하기 위해 필요한 세 가지의 전제조건**

첫째, 적립방식의 연금제도는 부과방식의 연금제도보다 국내저축의 증가에 상대적으로 높은 기여를 할 수 있어야만 한다. 그러나 앞서 살펴본 바와 같이 재정관리방식이 국내저축에 미치는 효과는 매우 복잡하여 이러한 요건이 반드시 충족될 것이라고 보장할 수 없는 현실적 한계가 존재한다.

둘째, 설령 적립방식 연금제도가 국내저축을 증가시키게 된다고 하더라도, 이러한 저축의 증가분은 가장 적절한 곳에 투자되어야 한다. 하지만 저축의 증가분이 생산부문에 대한 투자 대신, 오히려 투기나 소비 목적으로 활용되는 문제도 발생할 수 있다.

셋째, 투자의 증가는 생산의 증가로 이어져야만 한다. 그러나 이러한 요건이 성립되려면 먼저 신규투자를 통해 자본축적이 이루어져야 하나, 종종 과거에 이미 만들어진 중고 생산재의 구입에 투자재원이 활용되는 경우가 발생할 수 있다. 하지만 이 경우 아무런 자본축적의 효과가 없이, 단순히 생산자본의 거래관계만 발생하게 되는 문제점이 있다. 다음으로 투자를 통해 경제성장의 효과를 기대할 수 있기 위해서는 자원이 가장 생산적으로 투자되어야 하나, 이 경우 기금의 관리자나 운용자가 항상 가장 합리적이고 현명한 선택을 하게 될 것이라는 보장을 할 수 없는 한계가 존재한다.

이상의 내용을 정리해 보면, 적립방식의 연금제도가 부과방식의 연금제도보다 생산의 증대와 경제성장에 기여하는 효과가 크다는 주장은 선행적으로 앞서 설명한 세 가지 전제조건이 성립되어야만 논리적 설득력을 확보할 수 있다는 것이다. 하지만 이러한 세 가지의 전제조건은 매우 제한적인 상황에서만 충족될 수 있다. 따라서 고령화사회에 대비하여 공적연금제도를 적립방식으로 전환하거나 또는 적립방식의 특성을 강화하는 방식으로 제도적 변경을 주장하는 것은 결코 타당하지 않은 것으로 판단된다. 왜냐하면 고령화사회의 문제는 단순히 재정관리방식의 선택과는 무관하게 적립방식이나 부과방식에 공통적으로 해당될 수 있기 때문이다.

4) 적립방식과 부과방식 연금제도에 있어서 수지상등의 원칙

(1) 의의

오늘날 보험은 금융 및 실물시장은 물론 국민의 일상생활 전반에 걸쳐 중대한 영향을 미치고 있다. 따라서 국가는 보험감독당국을 설치하여 보험상품의 생산 및 유통과정을 상시적으로 감독하고 있다. 이에 따라 모든 보험상품은 국가로부터 인·허가를 받아야 하며, 개별 상품은 원칙적으로 각자 독립적인 재정을 유지해야만 한다.

보험감독당국은 보험시장의 안정성을 유지하기 위한 목적으로 보험회사를 상대로 재정건전성에 대한 감독권을 행사하게 된다. 이 경우 보험회사의 재정적 건전성에 대한 평가는 개별 보험상품별로 지불능력(solvency)을 대상으로 이루어지게 된다. 여기서 지불능력이란 언제든지 보험사고가 발생하면 사고의 크기나 횟수에 상관없이 보험회사가 이를 보상해 줄 수 있는 재정적 능력을 갖추고 있는지 여부를 중심으로 이루어지게 된다(Wallrabenstein, 2009: 126ff.).

보험회사의 지불능력에 대한 평가는 상품별로 '보험계약의 유지기간' 또는 '보험집단의 규모'에 따라 상이할 수 있으므로 통일적인 기준을 제시할 수 없는 한계가 존재하게 된다. 따라서 지불능력에 대한 평가는 개별 보험상품별로 총량적 차원에서 확률적으로 예상되는 급여총액과 적립금(=지불준비금) 총액의 일치도, 즉 '총량적 수지상등의 원칙(Globaläquivalenzprinzip독)'에 근거하여 이루어지게 된다.

총량적 수지상등의 원칙은 보험감독당국이 보험상품의 재정적 건전성을 평가할 수 있는 일종의 지표로서, 원칙적으로 이는 모든 보험상품에서 해당될 수 있다. 하지만 그럼에도 불구하고 이러한 원칙은 보험제도의 특성 구분, 즉 적립방식과 부과방식에 따라 적용방식이 상이할 수 있다. 왜냐하면 적립방식과 부과방식 연금제도에 있어서 재정의 수지균형 유지기간 그리고 수지균형의 단위(즉, 개인 또는 집단)가 서로 상이하기 때문이다.

(2) 적립방식 연금제도에 있어서 수지상등의 원칙

적립방식 연금제도에 있어서 총량적 수지상등의 원칙은 본 절에서 살펴본 규모의 적립기금을 요구하게 된다. 그리고 해당 연금제도가 이를 충족할 수 있는 규모의 적립기금을 보유하고 있을 경우에만 지불능력을 갖춘 것으로 평가를 받을 수 있다.

일반적으로 적립방식 연금제도에서는 부담이나 혜택이 개인별 단위에서 이루어지게 된다. 이에 따라 한 개인이 일생 동안 보험에 가입하여 예상되는 부담과 혜택이 동일하여 누구에게도 별도의 이익이나 손해가 발생하지 않는 '보험수리적 중립성(actuarially fair; aktuariale Neutralität독)' 이 유지될 수 있어야 한다. 이와 같은 적립방식의 특성에 따라 해당 연금제도는 다음에서와 같이 상세하고 세부적인 수지상등의 원리가 적용된다.

먼저, 개인별 수지상등의 원칙(individuelles Äquivalenzprinzip독)은 가입자의 연금 가입경력이 각자 독립적으로 관리되는 것을 의미한다. 즉, 적립방식연금제도에 있어서 가입자들은 각자에게 제공된 일종의 돼지저금통(Piggy-bank)인 '개인별 저축계정(Individual Savings Account: ISA)'에 자신들의 가입경력을 관리하게 되고, 향후 연금수급연령에 도달하게 되면 자신의 저축계정에서 생존기간 동안 연금을 받게 된다. 이에 따라서 개인들 상호 간에는 보험으로서 위험분산의 기능을 제외하고는 아무런 소득의 재분배효과가 발생하지 않아야 한다.

다음으로, 한계적 수지상등의 원칙(marginelles Äquivalenzprinzip독)이란 가입자 개인이 가입기간 중 어느 시점에서 급여를 선택하게 되어도 수익률이 항상 일정한 수준을 유지하여야 한다는 것을 의미한다. 이는 특히 공적연금제도에서 연령별 수익률의 차이로 인하여 어떤 특정한 연령에서 연금신청(또는 퇴직신청)이 집중되는 쏠림 현상이 발생하는 문제를 방지하는 기능을 할 수 있다.

1970년대 후반 이래 서구의 복지선진국들은 장기간의 고도실업시기를 거쳐 오면서 젊은세대의 일자리 확보를 목적으로 고령근로자들의 조기퇴직을 유도하는 정책을 실시해 왔다(Lee, 1991). 그 일환으로서 개별 국가들은 조기퇴직자에게도 연금의 감액이 제대로 적용되지 않는 실질적인 완전노령연금의 수급자격을 인정해 왔다. 하지만, 이와 같은 정책은 비록 고도실업문제의 해소에는 일정 부분 기여를 하였으나, 한계적 수지상등의 원칙을 훼손하여 결과적으로 연금재정의 부실을 심각하게 초래한 것으로 평가를 받고 있다.

(3) 부과방식 연금제도에 있어서 수지상등의 원칙

부과방식 연금제도에서는 매년도 급여지출 총액이 같은 해의 보험료 및 정부보조금으로 충당되어야 한다는 점에서 '총량적 수지상등의 원칙'이 적용된다. 하지만 이러한 총량적 수지상등의 원칙은 적립방식의 경우와 근본적으로 다른 차이점을 보이고 있다. 구체적으로 여기서는 수지상등의 단위가 가입자 개인별 기준이 아니라 전체 가입자와 수급자를 단위로 적용되며, 나아가 재정의 수지균형이 매년 단위로 유지되어야 한다는 것이다.

오늘날 대다수의 국가에서는 부과방식을 토대로 하여 공적연금제도를 운영해 오고 있다. 그러나 부과방식의 공적연금제도에서는 개인별로 보험료의 부담과 급여수급 간 수지균형이 적용되지 않기 때문에 종종 형평성 시비가 제기되고 있다. 따라서 이러한 문제를 해결하기 위한 일환으로서 부과방식의 공적연금제도에서는 소위 '참여적 수지상등의 원칙(Teilhabe-Äquivalenzprinzip독)'을 적용해 오고 있다(Kolb, 1984).[20] 여기서 개인이 납부하게 되는 보험료는 당시의 노인세대를 위해 전액 지출되고, 대신 향후 자신이 은퇴하게 될 경우 그 당시의 근로계층에 의해 생산되는 국민소득의 분배과정에 참여할 수 있는 권한(Teilhaberecht독)을 가지게 된다. 이 경우 개인들은 가입 계층으로서 각자가 납부한 보험료의 순위(Rangordnung독)에 비례하여, 향후 자신들이 노인계층이 되었을 경우에도 그에 해당되는 순위에 따라 차등적인 연금급여를 받게 된다(Dinkel, 1985; Thullen, 1982). 이상을 종합해 보면, 참여적 수지상등의 원칙은 공적연금제도에서 개인별로 보험료의 부담과 급여혜택이 상호 일정한 연계성을 유지하여 형평성 시비를 완화하기 위한 제도적 장치로서, 이는 엄격한 의미에서 '보험수리적 수지상등의 원리'와는 상당한 차이가 있다.

---

20) 부과방식의 연금제도에서 적용되는 이와 같은 수지균형의 원칙은 '위계적 수지상등의 원칙(Rangordnungs Äquivalenzprinzip독)' 또는 '구조적 수지상등의 원칙(struktuelles Äquivalenzprinzip독)'으로도 표현되고 있다.

제15장 **사회복지제도의 행정관리**

 사회복지제도의 행정관리란 개별 제도가 국가로부터 부여받은 과제를 행정적으로 실천하는 작업을 의미하며, 이를 위해서는 적절한 관리체계 및 조직을 필요로 하게 된다. 여기서 행정관리는 한편으로는 대상자에게 적절한 사회복지급여와 서비스를 신속하게 전달하여야 한다는 효과성(effectivity)의 측면에서뿐만 아니라, 제도 운영의 효율성(efficiency) 측면에서도 중요한 의미를 지니고 있다. 가령, 비효율적인 제도운영을 하여 행정관리비용이 과도하게 발생할 경우, 사회복지 대상자에게 돌아가야 할 재원이 그만큼 줄어들게 되는 문제가 나타날 수 있기 때문이다. 여기서는 사회복지제도 행정관리의 개념, 행정관리기구의 주체 선정 그리고 행정관리의 개선방안을 중심으로 살펴보고자 한다.

🔍 제1절 행정관리의 개념

 사회복지제도의 행정과 관련하여 일반적으로 행정관리기구와 행정관리체계를 혼돈하여 사용하고 있다. 그러나 이러한 두 가지 용어는 다음과 같은 의미에서 상호 구분할 필요가 있다.

1. 행정관리기구

사회복지제도는 본연의 정책목표를 현장에서 직접적으로 실현하기 위하여 행정관리기구를 필요로 하게 된다. 즉, 행정관리기구란 사회복지제도의 운영 주체가 되며, 제도의 적용 · 재원의 조달 및 관리 · 급여의 제공 · 대민 서비스 및 제도 홍보 등의 업무를 수행한다. 이러한 제반 업무를 원활히 수행하기 위하여 개별 사회복지제도의 행정관리기구는 각각 고유의 행정조직과 관리인력을 운영하게 된다.

2. 행정관리체계

행정관리체계는 한 나라에서 존재하는 사회복지제도 전반의 행정조직을 포괄하는 개념이다. 구체적으로 행정관리체계란 제반의 사회복지 행정조직들 상호 간의 횡적 · 종적 체계를 의미한다.

사회복지제도의 횡적 행정관리체계는 개별 사회복지제도의 행정조직을 수평적으로 결합한 것을 말한다. 그리고 사회복지제도의 종적 행정관리체계는 다시 다음의 두 가지 사안으로 구분하여 살펴볼 수 있다.

첫째, 개별 사회복지제도는 중앙의 본부와 일선 단위의 지역사무소로 구성되는 수직적 행정관리체계를 가지고 있다. 이러한 행정관리체계는 개별 사회복지제도가 추구하는 정책목표를 실현하기 위한 관리운영조직으로 이해할 수 있으며, 조직 내부에서 각종 행정적 교류가 긴밀하게 이루어지게 된다.

둘째, 일부 사회복지제도의 경우 특정한 행정업무를 처리하기 위하여 다른 제도의 일선조직을 활용하는 사례가 있다. 예를 들면, 우리나라의 국민건강보험제도는 2011년부터 자체의 지사 조직을 통하여 전체 사회보험제도의 보험료를 통합적으로 징수하고 있다. 뿐만 아니라 우리나라의 사회보험제도는 제도의 적용과 소득 파악의 정확성을 위하여 정보교류체계를 운영해 오고 있다.

행정관리체계는 광의의 차원에서 한 나라의 전체 사회복지제도를 유기적으로 연계하는 조직체계로 이해할 수 있으며, 다음과 같은 측면에서 합리성을 유지할 수 있도록 할 필요가 있다. 개별 사회복지제도는 특정한 사회적 애로요인이나 위험을 대상으로 각각 독립적으로 운영되는 관계로 종종 업무의 중복이나 누락 등 행정의 비효율성의 문제를 초래하게 될 가능성이 있다. 예를 들면, 일부 사회복지제도의 경우 상호 유사한 성격의 업무임에도 불구하고 각각 별도의 행정관리기구를 운영하고 있는 반면, 일부의 경우 사회적 관심의 부족이나 예산의 제약 등으로 행정적 공백 문제를 초래하게 되는 경우도 있다. 따라서 행정관리체계는 국가적 차원에서 사회적 보호의 적절성을 유지하고 낭비 요인을 최소화할 수 있도록 구축하여야 하며, 이러한 과제는 궁극적으로 개별 사회복지제도 상호 간 종적 · 횡적 역할분담과 긴밀한 업무 연계를 통하여 달성될 수 있다.

제2절 사회복지제도의 행정관리 주체

모든 사회복지제도는 관련 법률에 의거하여 국가의 책임으로 시행되고 있다. 따라서 국가는 사회복지제도의 운영 전반에서 발생하게 되는 제반 문제에 대하여 최종적인 책임을 지게 된다. 그러나 이러한 국가의 책임에도 불구하고 모든 사회복지제도가 반드시 국가에 의해서 직접적으로 운영되어야만 하는 것은 아니다. 실제로 사회복지제도의 행정관리 주체는 다양하게 존재할 수 있다.[1]

첫째, 국가가 직접 사회복지제도의 행정관리 주체가 되는 경우다. 그러나 국가가 사회복지제도를 직접 운영하게 되는 경우에도 사안별로 다시 중앙정부가 관장하도록 할 것인지, 혹은 개별 자치단체가 자체적으로 수행하도록 위임할 것인지에 대한 선택의 문제가 제기될 수 있다.

둘째, 국가가 공법(公法)상의 법인을 설립하여 해당 기구로 하여금 사회복지제도를 운영하도록 위임하는 방법이다. 우리나라의 경우 대다수의 사회보험제도가 법률에 근거한 별도의 법인인 공단(公團)에 의해 운영되고 있다.

셋째, 국가가 민간기업의 사용자에게 근로자를 위한 복지사업을 실시하도록 법으로 의무화하는 방법이다. 우리나라의 경우 대표적으로 퇴직금제도, 출산휴가제도 등이 있다. 이러한 일련의 복지사업에 대한 행정관리의 주체는 사용자가 되며,

---

1) 사회복지제도 행정관리주체의 유형별 분류와 관련한 자료로는 전광석(2000)의 『한국사회보장법론』, pp. 37-41을 참조하기 바란다.

국가는 이를 감독하는 역할을 수행하게 된다.

넷째, 국가의 재정적 지원을 바탕으로 민간의 공익단체가 사회복지제도를 운영하는 경우가 있다. 이러한 공익단체로는 대표적으로 종교단체, 자선단체, 시민단체 등이 있다. 예를 들면, 지역주민을 대상으로 복지사업을 수행하고 있는 사회복지관의 경우 주로 민간의 공익단체가 행정관리 주체가 되며, 국가는 재정적 지원과 감독권을 행사해 오고 있다.

이처럼 사회복지제도의 행정관리 주체가 다양한 형태로 존재할 수 있으므로 개별 사회복지제도를 실제로 집행할 수 있는 주체의 선정은 다음과 같은 기준을 토대로 하여 이루어질 필요가 있다.

첫째, 사회복지제도는 직간접적인 방법으로 분배 목적의 사업을 수행하게 되므로 운영과정에서 불가피하게 공권력을 필요로 하게 된다. 왜냐하면 이러한 목적의 사업들은 자발적인 방법으로는 제대로 이루어질 수 없는 사안이기 때문이다. 따라서 국가는 개인의 자유의사를 제한할 수 있는 능력을 감안하여 행정관리 주체를 선정할 필요가 있다. 일반적으로 공권력 동원능력의 측면에서 볼 때 사회복지제도는 국가가 직접 운영하는 것이 가장 바람직하다. 그러나 국가가 특정한 주체(예: 사회보험제도의 공단)에게 강제력을 행사할 수 있는 법적 권한을 부여하여 업무를 위임하게 될 경우에도 유사한 효과가 발생할 수 있다.

둘째, 사회복지제도는 민주적인 방법으로 수행되어야 한다. 구체적으로 국가는 정책의 수립과 제도의 운영과정에서 특정 집단의 이해가 과도하게 반영될 수 없도록 제한하고, 동시에 전 국민의 의사가 균형적으로 수렴될 수 있도록 노력하여야 한다. 이러한 의미에서 국가 주도의 행정관리방식은 관료성 또는 경직성 등으로 부적절할 수 있다. 따라서 사회복지제도의 민주적 운영을 확보할 수 있는 제도적 장치의 마련이 필요하다. 무엇보다도 정책의 결정과정에 국민의 참여가 용이하도록 하고, 다양한 사회계층 간 이해의 균형이 자율적으로 유지될 수 있도록 하는 행정관리체계가 마련되어야 한다.

셋째, 사회복지제도의 행정관리 주체를 선정하고자 할 경우 사전적으로 다음과 같은 요건에 대한 조사를 필요로 하게 된다. 먼저, 어떠한 기관이 사회복지의 대상자들이 요구하는 급여와 서비스를 용이하게 제공할 수 있는 능력을 갖추고 있는가 하는 문제를 감안하여 행정 관리, 주체가 선정되어야 한다. 이것은 접근성(accessibility)의 문제로서 지리적인 거리, 행정적 편의, 심리적 친밀감 등에 영향을 받게 된다. 다음으로, 사회복지제도가 올바른 방향으로 수행될 수 있도록 하기 위하여 정보의 수집 및 처리능력 그리고 이를 바탕으로 한 합리적 의사결정의 능력을 고려하여 행정관리 주체가 선정될 수 있어야 한다. 끝으로, 사회복지제도의 집행능력 그리고 그 결과에 대한 평가, 문제점 파악, 대안 모색 등 일련의 작업을 합리적으로 수행할 수 있는 능력을 감안하여 행정관리 주체가 결정되어야 한다.

제3절 행정관리의 개선과 관련한 주요 논점

학자들은 종종 사회복지제도 전반의 행정관리체계를 어떠한 방식으로 재구성하고, 동시에 개별 제도의 운영원리를 어떻게 재조정하는 것이 바람직할 것인가 하는 문제를 두고 고민하게 되는 경우가 있다. 이러한 사고의 출발점은 어떠한 방안이 한편으로는 국민복지를 극대화할 수 있고, 다른 한편으로는 복지의 생산을 위해 투입하여야 하는 행정관리비용을 최소화할 수 있을 것인가 하는 데 있다. 이와 관련하여 다음과 같은 두 가지의 정치적·정책적 선택 사안이 제기될 수 있다. 구체적으로, ① 사회복지제도의 행정관리체계를 위험별로 분리하여 운영할 것인가 아니면 통합하여 운영할 것인가 하는 문제, ② 개별 제도의 운영에 있어서 자치권을 어느 정도의 수준으로 보장해 줄 것인가 하는 문제가 제기될 수 있다.

1. 분산운영체계와 통합운영체계

이는 사회복지제도의 관리운영체계와 관련한 사항으로서 주로 사회보험제도를 중심으로 논의되고 있다.

1) 분산운영체계와 통합운영체계의 특징 비교

(1) 분산운영체계의 특징

분산운영체계는 [그림 15-1]에서 보는 바와 같이 국가의 전체 사회보험제도를 사회적 애로 요인이나 위험별로 구분하여 각각 별도의 독립적 제도의 형태로 운영하는 방식을 의미한다. 이러한 분산운영체계는 이를 최초로 채택하였던 독일제국 초

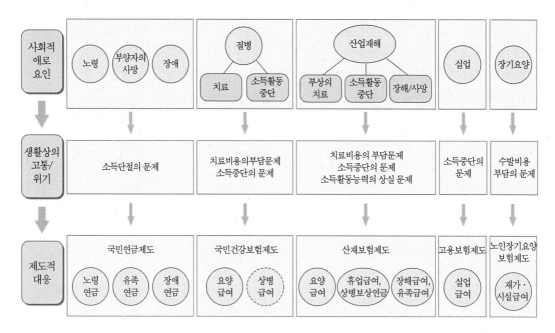

[그림 15-1] **사회보험 행정관리의 분산운영체계: 비스마르크 모형**

대 총리의 이름을 따서 '비스마르크 모형(Bismarck-Model)'으로도 불린다. 비스마르크형 복지국가의 대표적 국가인 독일 사회보험제도의 운영과정에서 발견되는 중요한 특징들을 정리해 보면 다음과 같다.

첫째, 독일의 사회보험제도들은 위험별로 구분하여 각각 독립적으로 운영된다. 이에 따라 일례로 '소득의 단절'이라는 동일한 위기상황에도 불구하고, 만약 그 원인(예, 노령, 질병, 실업 등)이 상이하다면 해당 제도, 급여의 종류 및 수준, 재원이 각각 상이하게 되는 엄격한 원인주의 원칙이 적용된다.

둘째, 동일한 위험의 경우에 있어서도 독일의 사회보험체계는 소위 '조합주의' 정신에 따라 가입자의 직역·직종·지역별로 각각 관리운영의 주체를 달리하게 된다. 예를 들면, 2010년의 경우 의료보험제도는 165개의 질병금고, 공적연금제도는 4개의 공단과 89개의 특수직종 공제조합 그리고 산재보험제도는 20개의 동업조합과 다수의 공공산재금고에 의해 운영되고 있다(Bundesministerium für Arbeit und Soziales, 2010).

셋째, 사회보험제도의 적용대상은 임금근로자를 원칙으로 하되, 자영자의 경우 사회정책적 차원에서 특별한 보호가 필요로 하다고 판단되는 집단(예: 농민, 자유직

업종사자, 가내수공업자 등)에 대해서만 별도의 방법으로 제도적 보호를 해 주도록 하고 있다.[2]

넷째, 사회보험제도의 현금급여는 수급자의 생활수준보장을 목표로 하고 있으며, 이를 위해 개인별로 소득, 보험료 및 급여가 상호 긴밀한 연계체계를 갖추고 있다. 이러한 특징으로 인하여 독일의 사회보험제도에서는 분배적 기능이 상대적으로 낮게 발생하고 있다.

다섯째, 운영 재원은 주로 보험료 수입으로 충당되며, 이 경우 보험료는 제도별로 구분하여 부과된다.[3] 그리고 각 사회보험제도는 재정적으로 독립채산의 원칙을 적용받고 있다. 하지만 동일한 사회보험제도의 경우 소속 조합 간 재정수지의 격차를 완화하기 위한 목적으로 조합들 상호 간 '재정조정사업(Finanzausgleich-Verfahren^독)'이 별도로 운영되고 있다.

여섯째, 각 사회보험제도는 조합주의의 원칙에 따라 조합 단위의 노사 자치운영기구에 의해 독자적으로 관리·운영되고 있다.

(2) 통합운영체계의 특징

통합운영체계는 [그림 15-2]에서 보는 바와 같이 사회적 위험이나 애로요인별 구분 없이 통합적 형태로 운영하되, 다만 급여의 특성에 따라 현금급여를 위주로 하는 국민보험(National Insurance: NI) 그리고 현물급여를 위주로 하는 국민건강서비스(National Health Service: NHS)로 구분하고 있다. 이와 같은 사회보험의 통합운영체계는 이를 최초로 창안한 영국 학자의 이름에 따라 '비버리지 모형(Beveridge-Model)'으로도 불린다. 영국 사회보험제도의 운영과정에서 발견되는 주요 특징을 정리해 보면 다음과 같다.

첫째, 영국은 노령·장애·부양자의 사망·상병·유족·모성·장제 등과 같은 사회적 위험이나 애로요인을 대상으로 단일의 통합형 제도인 국민보험을 운영하고 있다. 이러한 통합적 사회보험모형은 사람이 동일한 문제 상황(예: 소득의 단절)에 있을 경우 문제의 발생원인이 무엇이건 상관없이 단일의 제도체계 내에서 보호를 받을 수 있도록 하는 결과주의 원칙의 특성을 보이고 있다.

---

2) 예를 들면, 독일은 농민이나 자유직업종사자의 노후소득보장을 위하여 별개의 독립 제도를 운영하고 있다.
3) 하지만 독일의 경우 산재보험제도를 제외한 나머지 사회보험제도들의 보험료는 의료보험제도에서 일괄적으로 징수하고 있다.

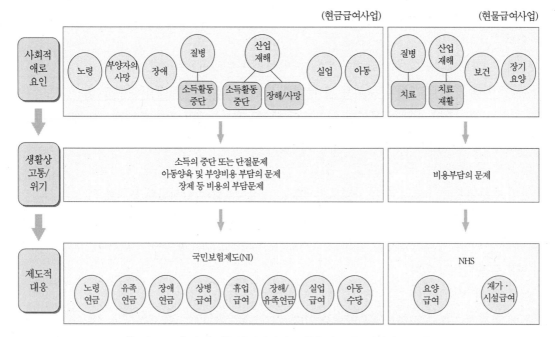

[그림 15-2] 사회보험 행정관리의 통합운영체계: 비버리지 모형

둘째, NHS는 비록 국가의 일반재정으로 운영되나, 국민보험의 경우에서와 같이 여기서도 의료·보건·재활 등 의료 관련 서비스들이 포괄적으로 관리되고 있다.

셋째, 국민보험(NI)과 NHS의 적용 대상은 원칙적으로 전 국민이 되며, 국내에 합법적으로 거주하는 외국인도 제도적 보호의 대상이 될 수 있다.

넷째, 국민보험의 현금급여(예: 연금, 실업급여, 상병급여 등)는 주로 빈곤문제의 해소를 목표로 하고 있다. 따라서 개인별로 부담하는 보험료의 수준과 급여는 상호 연계성이 미약한 편으로서, 이는 제도의 분배적 기능이 상대적으로 높다는 것을 시사하고 있다.

넷째, 국민보험의 보험료는 위험별 구분 없이 일괄적으로 징수하여 관리하게 되며, 일반재정의 경우에서와 같이 국민보험의 재정은 모든 사회적 위험을 대상으로 활용된다.

다섯째, 국민보험은 국가의 관리 및 책임으로 운영되며, 따라서 제도의 관리운영에 있어서 국가의 영향력이 상대적으로 높게 나타나고 있다.

(3) 종합: 분산운영체계와 통합운영체계의 특징 비교

지금까지 살펴본 사회보험의 운영방식으로서 분산운영체계와 통합운영체계의 특징들은 〈표 15-1〉와 같이 정리해 볼 수 있다.

| 표 15-1 | 사회보험의 분산운영체계와 통합운영체계의 특징 비교

구분	분산운영체계	통합운영체계
모형의 명칭	비스마르크 모형	비버리지 모형
제도적 구성	위험별 · 직종별 · 지역별 분산 운영: 조합주의형	모든 사회적 위험의 통합 관리: 국민보험형
적용대상	임금근로자가 핵심 대상 단, 자영업자는 예외적 가입 인정	모든 국민
재정	권리적 성격의 보험료(contribution)와 정부보조금	조세적 성격의 보험료(pay-roll tax)와 정부보조금
급여의 목표	생활수준보장	최저생계보장
현금급여의 특징	종전임금에 연계된 급여	정액형의 급여
분배적 기능	낮음	비교적 낮음
행정관리	노 · 사 주도의 자치운영	국가 관리

자료: Bundeszentrale für Politische Bildung(www.bpb.de)에서 인용함.

2) 분산운영체계와 통합운영체계의 장단점 비교와 시사점

(1) 분산운영체계의 장단점

사회보험의 분산운영체계는 다음과 같은 장점을 가진다.

첫째, 사회보험의 분산운영체계는 제도적 다양성에 따라 국민의 다양한 욕구를 수렴할 수 있는 복지 다원주의(welfare pluralism)의 기반이 될 수 있다.

둘째, 사회보험의 분산운영체계는 사회적 애로요인별로 고유하게 발생하는 피해현상에 대하여 가장 적절하고 전문적인 급여나 서비스를 제공할 수 있다. 예를 들면, 산재보험제도는 단순히 건강보험제도와 같은 의료서비스 관련 요양급여뿐만 아니라, 산재환자의 경제적 피해보상과 직업 및 사회재활 그리고 재해예방 등과 같은 사업을 포괄적으로 시행할 수 있다.

셋째, 국민의 직업적 신분 구분에 따라 운영주체를 달리하는 조합방식의 분산운영체계는 직종별 또는 지역별로 나타나는 특수한 수요를 적절하게 반영해 줄 수 있다.

넷째, 사회보험의 분산운영체계는 위험별·직역별로 구분하여 각각 별도로 보험료의 부과와 급여의 지급이 이루어지게 되므로 형평성 시비로 인한 가입자의 반발을 최소화할 수 있다. 왜냐하면 이 경우 보험료는 직업적 신분별(예: 근로자, 자영자, 농어민 등)로 각자의 특성을 반영하여 부과할 수 있을 뿐만 아니라, 이와 같은 방법으로 조성된 재정은 특정한 위험의 가입계층을 위해서만 사용할 수 있기 때문이다.

반면, 사회보험의 분산운영체계는 다음과 같은 사안이 대표적인 단점으로 지적되고 있다.

첫째, 종종 동일한 위험에 대해서도 직역·직종·지역별로 담당 제도 그리고 보험료 및 급여수준을 달리하게 되어, 형평성 문제와 심각한 사회적 갈등의 요인으로 작용하고 있다. 뿐만 아니라, 이와 같은 제도적 격차는 노동력의 이동성(mobility)을 제약하여 개인적으로나 국가적으로 상당한 비용을 초대할 수 있다.

둘째, 제도의 다양성과 복잡성으로 인해 과도한 행정관리비용의 문제와 함께 국민의 불편을 초래할 수 있다.

셋째, 분산운영방식의 사회보험제도는 공동체의 규모가 상대적으로 작아서 위험분산의 기능과 분배적 기능이 취약할 수 있다.

(2) 통합운영체계의 장단점

사회보험의 통합운영체계는 다음과 같은 측면에서 긍정적인 효과를 가져다줄 수 있을 것으로 기대된다.

첫째, 단일의 통합형 사회보험제도의 도입에 따라 종전 분산운영방식의 제도체계로 인해 노동력의 이동성을 제약하였던 문제들이 근본적으로 해결될 수 있게 되었다.

둘째, 나아가 종전 분산운영방식에서 가입자들이 직종·직역·지역을 이동하게 될 경우 기존의 가입경력을 새로운 직장을 관할하는 다른 제도에 연계시키는 문제, 즉 매우 복잡하고 불편한 휴대성(portability)의 문제가 자동적으로 해결될 수 있다.

셋째, 사회보험의 통합에 따라 행정관리비용의 대폭적인 절감효과를 기대해 볼 수 있다.

넷째, 사회보험의 통합운영체계는 제반 행정업무를 단일 기관에서 일괄적으로 처리할 수 있도록 하여 국민의 편의를 제고할 수 있다.

다섯째, 사회보험제도의 통합에 따라 통일된 기준으로 급여나 서비스가 제공될 경우 분산운영체계에서 발생하는 형평성의 시비가 상당 부분 해소될 수 있을 것으로 기대된다.

반면, 사회보험의 통합운영체계는 다음과 같은 부작용을 초래할 수 있다.

첫째, 통합에 따른 거대 기구의 탄생은 행정적 측면에서 행정관리의 경직성이나 관료성의 문제, 경제적 측면에서 독점의 폐해(예: 각종의 비효율적 제도 운영)를 초래하게 될 우려가 있다. 이에 따라 종종 행정관리기구의 크기에 비례하여 행정관리비용이 오히려 증가하게 되는 소위 '규모의 불경제(diseconomy of scale)' 현상이 발생할 수도 있다.

둘째, 통합운영체계는 국민의 다양한 복지욕구를 제대로 반영해 줄 수 없는 한계를 보인다.

셋째, 통합운영체계의 도입에 따라, 가령 위험별 구분이 없이 재원의 조달과 관리가 이루어지게 되고 통합재정에서 제반의 급여가 일괄적으로 제공될 경우 자칫 무원칙성에 따른 각종의 갈등과 제도의 불신이 발생하게 될 위험이 있다.

(3) 우리나라에서의 시사점

우리나라의 사회복지제도들은 개개의 사회적 애로요인이나 위험별로 구분하여 운영되고 있으며, 이에 따라 행정관리기구 또한 다양하게 존재하고 있다. 나아가 일부의 경우 동일한 성격의 위험임에도 불구하고 각각 별개의 제도와 행정관리기구를 운영하게 되는 사례도 있다. 대표적으로, 우리나라의 공적연금제도는 국민의 직업적 신분에 따라 각각 국민연금제도, 공무원연금제도, 사립학교교직원연금제도, 군인연금제도 등으로 구분하여 운영되고 있다. 이와 같은 차원에서 볼 때 우리나라의 사회보험체계는 독일식 비스마르크 모형의 특징을 비교적 강하게 가지고 있는 것으로 파악할 수 있다.

하지만 종종 정치권이나 학계를 중심으로 비버리지 모형의 특징에 바탕을 둔 제도개혁의 시도를 발견하게 된다. 이와 관련한 대표적인 사례로서 1998년부터 단계적으로 단행하였던 의료보험의 통합을 지적할 수 있다. 그 결과, 종전 367개의 조합으로 운영되어 오던 의료보험제도는 2000년부터 단일 국민건강보험제도로 통합될 수 있게 되었다. 그리고 1998년에는 우리나라 4대 사회보험제도의 통합 가능성을 진단하기 위한 목적의 '사회보험 통합추진 기획단'이 출범하기도 하였다.

분산운영체계와 통합운영체계에 대한 논의는 우리나라 사회보험 관리운영체계의 개혁방안과 관련하여 학문적 · 정치적으로 매우 중요한 주제가 될 수 있다. 따라서 개별 대안의 장단점을 면밀히 비교 · 분석하여 우리나라에 가장 적합한 모형을 개발할 필요가 있다.

2. 자치운영의 수준 결정

1) 자치운영의 정의와 적용 범위

사회복지제도에서 자치운영(Selbstverwaltung독)이란 사회복지 대상자가 제도의 운영 전반에 직접적으로 참여할 수 있도록 하는 방식을 의미한다. 이러한 자치운영은 역사적으로 볼 때 중세시대의 길드, 춘프트, 동업조합의 회원이나 종사자들을 중심으로 공동의 사회보장을 목적으로 형성된 조직, 즉 각종 조합의 운영방식에서 유래하는 것으로 알려지고 있다. 그러나 오늘날에 와서 자치운영에 대한 대상자의 참여는 대개의 경우 정기적인 사회보장 선거(Sozialwahl독)를 통하여 선출된 대의원들에 의해 이루어지게 되는 간접적인 방식을 채택해 오고 있다.

자치운영이란 각자 공동의 관심사나 문제점을 함께 해결하기 위하여 자력으로 조직을 형성하고, 이러한 독립적인 조직을 조합원들이 공동의 책임으로 운영하는 방식을 의미한다(Rische, 2011). 이 경우 조직의 설립목적, 운영규칙 등은 정관으로 정하게 된다. 전체 사회복지제도들 중에서 자치운영의 원리는 주로 사회보험제도에서 적용되고 있다. 왜냐하면 사회보험제도는 조세를 운영재원으로 하는 일반 사회복지제도와는 달리, 가입자와 사용자가 부담하는 보험료로 운영되기 때문이다. 따라서 사회보험제도의 경우 자치운영은 제도 운영과정에서 개인의 이해를 반영할 수 있고, 동시에 개인 간 이해관계를 조정할 수 있는 제도적 장치가 된다.

그러나 사회보험제도는 국가의 최종적인 책임하에 있게 되므로 불가피하게 국가가 제도운영에 관여를 하게 되는 문제가 있다. 따라서 사회보험제도의 자치운영은 국가책임의 원리에 의해 일정한 제한을 받게 된다. 일반적으로 사회보험제도의 자치운영은 가입자와 사용자를 대표하는 대의원과 그들이 선출한 최고 경영진이 각자의 판단과 책임을 바탕으로 자율적으로 제도를 운영하는 방식으로 이루어진다. 이 경우 국가는 자치운영기구가 법률로 위임한 사안을 적법하게 이행하고 있는지 여부에 대해서만 법률에서 정한 절차와 방식에 따라 '법적 감독권(Rechtsaufsicht^{독})'을 행사하는 방식을 채택하고 있다. 이러한 차원에서 볼 때 자치운영기구는 자유와 책임을 동시에 가진 '간접적인 국가기구'로서, 국가의 책임과 정치적 권력을 분산하는 기능을 하게 된다(Rische, 2011).

사회보험제도의 자치운영은 분산운영체계(구체적으로, 조합주의방식)를 채택하는 국가에서 이루어지고 있으며, 대표적으로 독일·프랑스·스위스·오스트리아 등이 여기에 해당된다. 이들 국가의 사회보험제도에 있어서 자치운영의 대상이 되는 의결사안으로는 급여의 내용과 수준, 보험료의 조정 및 재정운용, 관리인력의 채용, 행정관리조직의 구성 그리고 각종 위원회의 운영방식 등이 있다.

2) 자치운영의 기본원칙

자치운영의 원리는 다음과 같은 기본정신을 바탕으로 한다(Blüm, 1993).

첫째, 분산운영의 원칙이다. 개별 사회보험제도는 보험운영의 주체가 되는 다수의 조합에 의해 관리되고 있다. 이러한 분산운영방식은 동질성을 토대로 가입자 간의 연대의식을 용이하게 동원할 수 있고, 나아가 이는 제도의 사회보장기능을 강화할 수 있는 기반으로 작용하게 된다. 왜냐하면 사회적 위험을 공동의 노력으로 극복하고자 하는 의지는 가입자 간의 연대의식이 전제될 경우에 비로소 강화될 수 있기 때문이다.

둘째, 참여민주주의의 원칙이다. 자치운영의 원리는 개별 조합의 경영과 중요한 정책사안과 관련한 의사결정의 과정에 가입자 및 사용자의 대표를 참여하도록 함으로써 제도운영의 민주성을 확보할 수 있다.

셋째, 권력분산의 원칙이다. 자치운영의 원리는 조합운영과 재정운용 시 독립성을 확보함으로써 관료화의 문제와 정치적 목적의 제도개입을 방지할 수 있다.

넷째, 다원주의의 원칙이다. 자치운영의 원리는 다양한 사회계층에게 제도참여의 기회를 제공함으로써 다양한 사회적 욕구가 민주적인 절차와 방법에 의해 수렴될 수 있도록 하고 있다. 나아가 자치운영의 원리는 내부적인 이해 조정의 과정을 통하여 각종의 이해 갈등을 자체적으로 해결할 수 있다.

3) 자치운영의 기능과 평가

사회보험제도에 있어서 자치운영은 다음과 같은 기능을 가지고 있다(Rische, 2011).

첫째, 사회보험 운영의 대상자(예: 공적연금제도의 경우, 가입자와 연금수급자 그리고 기업주)가 제도의 운영과정에서 함께 참여하고 또한 간여할 수 있는 기능을 하게 된다는 것이다. 이러한 운영방식을 통하여 해당 제도는 국민의 실제 생활실태와 욕구를 반영한 전문적인 서비스를 제공할 수 있다.

둘째, 자치운영은 소속 대의원의 전문성과 경험을 연계하고 집중함으로써 제도의 운영과정에서 발생하게 되는 문제의 해결을 위한 자원으로 활용할 수 있다는 것이다.

셋째, 자치운영은 제도에 대한 문제인식-문제의 진단-해결방안의 모색 및 선택-운영 평가 등과 같은 일련의 작업이 자치운영기구의 주도로 이루어질 수 있도록 하고 있다. 이에 따라 제반의 논의와 정책적 의사결정이 공개적으로 진행되어 책임성이나 전문성을 제고할 수 있고, 나아가 불필요한 국가의 제도적 간섭을 미연에 방지할 수도 있다.

사회보험제도의 자치운영은 외견상으로는 행정관리기구의 다원화로 인해 낭비적 요인으로 비칠 수 있다. 그러나 이는 실제로는 오히려 과도한 행정관리비용의 통제기능을 수행하고 있다. 일반적으로 사회보험의 관료조직은 다른 일반 조직들과 마찬가지로 기구를 확대하려는 욕구를 가지게 된다. 이러한 사회보험기구의 확대 본능에 대처하여 자치운영의 원리는 견제와 자동 조절의 기능을 수행할 수 있다. 왜냐하면 대의원들로 구성된 자치운영기구는 인적 구성의 특성상 가입자와 사용자의 이해를 대변하게 되고, 그 과정에서 사회보험제도의 조직 규모가 합리적인 수준을 초과할 수 없도록 견제하는 기능을 수행하게 될 것으로 판단되기 때문이다.

제5부 참고문헌

고용노동부(2010a). 고용보험백서.

고용노동부(2010b). 2009년도 산재보험 사업연보.

김미곤(1999). 국민기초생활보장법 제정에 따른 향후과제. 보건복지포럼. 1999년 10월호.

김미혜, 이석미(2007). 독일과 네덜란드의 장기요양제도에 관한 연구-현금급여와 가족수발자를 중심으로. 사회복지정책, 31(4), 369-396.

문형표, 권문일, 김상호, 김용하, 방하남, 안종범(2005), 인구고령화와 노후소득보장, KDI 연구보고서

문형표, 김순옥, 윤석명, 배준호, 김상호, 김재경, 최재식(2007). 우리나라 노후소득보장체계 구축에 관한 종합연구: 공적연금제도의 평가와 정책과제, KDI 연구보고서.

보건복지부(2010). 보건복지백서.

석재은(2006). 장기요양 현금급여 정책의 국가 간 비교 연구. 한국사회복지학, 58(2), 273-302.

손건익(1999). 국민기초생활보장법과 생활보호법의 비교. 보건복지포럼. 1999년 10월호.

신혜정(2009). 노인장기요양보험제도의 현금급여 도입 필요성-WTA를 통한 적정 현금급여액 추정. 한국노년학, 29(1), 177-194.

심완보, 엄대호, 황재현, 이충선, 고성보(2004). 밭 경영이양직불제 및 경영이양을 연금연계 추진방안, 농림부 농업기반공사 농어촌연구원.

윤석명(2007). 고령사회를 대비한 한국적 노후소득보장체계 구축방안. 한국보건사회연구원 연구보고서.

이용갑(2009). 독일의 공적 장기요양보험 개혁 논의와 2008년 개혁: 우리나라 노인장기요양보험의 안정적 정립을 위한 시사점. 사회복지정책, 36(4), 291-317.

이정우(2000). 노후소득 담보장치로서 국민연금 적립기금의 유용성에 관한 연구. 사회보장연구, 제16권 제1호(제21집), 179-205.

이정우(2007). 스위스 국민연금제도의 개혁동향과 정책적 시사점. 인제논총, 22(1), 267-296.

이정우, 이동수 역(2008). 복지국가와 경제이론. 서울: 학지사.

이준구(2002). 재정학(제2판). 서울: 다산출판사.

이현주(1999). 국민기초생활보장법 제정 배경 및 의의. 보건복지포럼. 1999년 10월호.

전광석(2000). 한국사회보장법론(3판). 경기: 법문사.

장승옥, 지은구, 김은정(2009). 복지국가와 바우처. 서울: 학지사.

한국노동연구원(1998). 산재보험 적용 및 징수체계의 효율화 방안.

한국노동연구원(1999). 사회보험 통합에 대비한 산재보험의 역할 재정립 방안 연구.

한국사회보장학회(1999). 한국의 사회보장 개혁방안. 한국사회보장학회 춘계학술발표회 자료.

Aaron, H. (1982). *Economic Effect of Social Security*. The Brookings Institution. Washington, D. C.

AHV+IV (2010). *Soziale Sicherheit in der Schweiz*.

Barr, N. (2004). *Economics of the Welfare State* (4th ed.). Oxford University Press.

Beck, E., & Bochert, J.(2005), *Kopfpauschale-ein Anschlag auf die Bürger-freiheit, Hintergründe und Meinungen zur Gesellschaft*: Eine Schriften-reihe des DGB-Bildungswerk Hessen e.V.

Beveridge, W. H. (1942). *Social Insurance and Allied Services*, Cmd. 6404, HMSO, London.

Blüm, N. (1993). Selbstverwaltung und Politik. *Deutsche Rentenversicherung, Nr. 10*. pp. 650-656.

Bollier, G. E. (2003). *Leitfaden schweizerische Sozialversicherung, 8*. Auflage, Stutz Druck AG.

Bund Katholischer Unternehmen (2008). *Entwicklungspolitik neu denken: Solidarität braucht Subsidiarität-Ein Plädoyer*.

Bundesministerium für Arbeit und Soziales (2010). *Übersicht über das Sozialrecht*.

Bundesministerium für Arbeit und Soziales (2015). *Sozial-Kompass Europa-Soziale Sicherheit in Europa im Vergleich*, 6. Auflage

Cagan, P. (1965). *The Effect of Pension Plans on Aggregate Savings*, New York: National Bureau Economic Research.

Casmir, B. (1989). *Staatliche Rentenversicherungsysteme im internationalen Vergleich: Eine Studie über die Systeme in Großbritannien, den Niederlanden, der Schweiz, den Vereinigten Staaten von Amerika, Österreich und der Bundesrepublik Deutschland*. Peter Lang Verlag, Dissertation.

Commission of the European Communities (1983). *Social Security Financing and Effects on Employment*. Bruxelles.

Deutsche Bundesbank (2008). Entwicklung der Steuereinnahmen in Deutschland und aktuelle steuerpolitische Fragen, *Monatsbericht, Oktober*, pp. 35-59.

Dinkel, R. (1984). Umlage-und Kapitaldeckungsverfahren als Organisationsprinzipien einer allgemeinen Sozialversicherung, *WiSt Heft 4*, pp. 165-169.

Dinkel, R. (1985). Das Äquivalenzprinzip in Privat-und Sozialversicherung - eine kritische Auseinandersetzung mit der herrschenden Orthodoxie, *Zeitschrift für das gesamte Versicherungswesen*, vol. 74, pp. 345-369.

Eisner, R. (1983). Social security, saving and macroeconomics, *Journal of Macroeconomics*, 1983.

Enste, D. & Stettes, O. (2005). *Bildungs-und Sozialpolitik mit Gutscheinen - Zur Ökonomik von Vouchers*, Deutscher Instituts-Verlag.

Fasshauer, S. (2001). Grundfragen der Finanzierung der Alterssicherung, *Deutsche Rentenversicherung* Heft 10-11, pp. 631-645.

Frerich, J.(1990). *Sozialpolitik: Das Sozialleistungssystem der Bundesrepublik Deutschland*, 2. Auflage, p. 450.

Feldstein, M. (1974). Social Security, Induced Retirement, and Aggregate Capital Accumulation, *Journal of Political Economy, Vol. 82.* pp. 905-926.

Fenge, R., Gebauer, A., Holzner, Chr., Meier, V. & Werding, M. (2003). *Alterssicherungs-systeme im internationalen Vergleich: Finanzierung, Leistungen, Besteuerung.*

ILO (1997). *Social Security Financing*, Geneva.

ILO (1998). *Social Security Principle - Social Security 1.* Geneva.

Katona, G. (1964). Private Pensions and Individual Saving, Ann Arbor: Survey Research Center, *Institute for Social Research*, Univ. Michigan.

Kirchhof, F. (1993). Die Verteilung der Finanzverantwortung für die Rentenversicherung zwischen Solidargemeinschaft und Staat. *Deutsche Rentenversicherung, Nr. 7.* pp. 437-448.

Kolb, R. (1984). Die Bedeutung des Versicherungsprinzips für die gesetzliche Rentenver sicherung, *Deusche Rentenver sicherung, Hf. 4.* pp. 177-187.

Kolb, R. (1984). Die Bedeutung des Versicherungsprinzips für die gesetzliche Rentenversicherung. *Deutsche Rentenversicherung, Hf. 4.* pp. 177-187.

Lee, J. W. (1991), Einflußfaktoren auf das Rentenzugangsverhalten der älteren Arbeitnehmer im internationalen Vergleich: Bundesrepublik Deutschland, Großbritannien und Schweden, Diplomarbeit Technische Universität Berlin.

Meinhold, H. (1966). Methodik der systematischen Eingliederung sozialer Sicherung in die gegenwatige Gesellschaftsordnung, *Soziale Sicherung in der Bundesrepublik Deutschland-Sozialenquete*, Bogs, W., et al.(Ed.). Stuttgart, Berlin, Köln, Mainz. pp. 114-139.

Ministry of Social Affairs and Employment (2004). *A short survey of social security in the Netherlands.*

Munnel, A. H. (1988). Die Wirkungen öffentlicher und privater Rentensysteme auf Ersparnis-und Kapitalbildung, *Internationale Revue für Soziale Sicherheit,* Jg. 59. pp. 263-279.

Munnell, A. (1974), The Effect of Social Security on Personal Saving, Ballinger Publishing Company, Mass.

Pfaff, M. (2005). Die Bürgerpauschale-eine kritische Würdigung, Beck, E. und Bochert, J.(ed.), *Kopfpauschale - ein Anschlag auf die Bürgerfreiheit,* pp. 31-54.

Raffelhüschen, B., Moog, S., & Vatter, J. (2011), *Fehlfinanzierung in der deutschen Sozialversicherung - Studie des Forschungszentrums Generationsverträge im Auftrag der Initiative Neue Soziale Marktwirtschaft.*

Rische, H. (2011). Soziale Selbstverwaltung - gelebte Demokratie, *RVaktuell Nr. 1,* pp. 2-7.

Ruland, F. (1988). Die Beamtenversorgung, v. Maydell, B. und Kannengießer, W.(ed.), *Handbuch der Sozialpolitik, Noske.* pp. 326-341.

Sachverständigenrat (1996). *Jahresgutachten 1996/1997 des Sachverstandigenrates zur Begutachtung der gesamtwirtschaftlichen Entwicklung.* Drucksache 13/6200.

Sachverständigenrat (2004). *Erfolge im Ausland-Herausforderungen im Inland.* Jahresgutachten.

Schäfer, D. (1983). Soziale Sicherung: Konstruktionselemente und Gestaltungsalternativen. *WISU,* Hf. 2-3. pp. 75-79, 119-128.

Schäfer, D. (1985). Soziale Sicherung: Die Entwicklung des deutschen Systems. *WISU.* pp. 361-366.

Schmähl, W. (1988). Die Finanzierung in der Sozialversicherung-Lohnbezogene Versicherungsbeiträge, Wertschöpfungsabgaben und Steuern aus wirtschafts-, sozial- und ordnungspolitischer Sicht, Rolf, G., Spahn, P. W. und Wagner, G.(ed.) *Sozialversicherung und Sicherung-Zur ökonomischen Thorie staatlicher Versicherungs- und Umverteilungssysteme,* Campus Verlag, pp. 465-489.

Schmähl, W. (2007). Aufgabenadeguate Finanzierung der Sozialversicherung durch Beitrage und Steuern - Begründung und Wirkungen eines Abbaus der Fehlfinanzierung in Deutschland, Blanke, H. J.(ed.), *Die Reform des Sozialstaats zwischen Freiheitlichkeit und Solidarität,* Tübingen, pp. 57-82.

Schmähl, W. (1985). *Versicherungsprinzip und soziale Sicherung,* Mohr-Verlag

Tübingen.

Schmähl, W. (1986). Finanzierung sozialer Sicherung, *Deutsche Rentenversicherung*, Hf. 9-10. pp. 541-570.

Schmähl, W., Henke, K.-D. & Schellhaab, H. M. (1984). *Änderung der Beitragsfinanzierung in der Rentenversicherung – ökonomische Wirkungen des Maschinenbeitrags*, Nomos-Verlagsgesellschaft, Baden-Baden.

Sinn, H.-W. (1999). *Pension Reform and Demographic Crisis: Why a funded System is needed and why it is not needed. CESifo Working Paper Series, München*, No. 195.

Steden, W. (1981). Die Finanzierung der gesetzlichen Rentenversicherung in der Bundesrepublik-Vermögenstheoretische Implikation, *Finanzarchiv*, N. F. Bd. 39. pp. 408-461.

Stern, K. (1987). *Sozialstaat, Evangelisches Staatslexikon 3.* Auflage.

Tegtmeier, W. (1998). Alterssicherung-Umlageverfahren ohne Alternative? in: *Emprische Forschung und wirtschaftspolitische Beratung: Festschrift für Hans-Jürgen Krupp zum 65. Geburtstag*, Campus, *Frankfurt a.M.* pp. 420-445.

Thullen, P. (1982). Das Prinzip der Beitragsäquivalenz im Zusammenhang mit den Finanzierungsverfahren der gesetzlichen Rentenversicherung, *Deutsche Rentenversicherung Hf. 3*, pp. 124-144.

Traub, S. & Finkler, S. (2013). *Soziale Absicherung von Selbständigen im internationalen Vergleich-Wissenschafliche Studie im Auftrag der Wirtschaftskammer Österreich und der Sozialversicherungsanstalt der gewerblichen Wirtschaft*, ZeS Universität Bremen.

Varian, H. R. (2003). *Grundzüge der Mikroökonomik.* Oldenbourg.

Wallrabenstein, A. (2009). *Versicherung im Sozialstaat*, Mohr Siebeck, Tübingen.

Widmer, D. (2008). *Die Sozialversicherung in der Schweiz*, 6. Auflage, Schulthesss.

| 찾아보기 |

[인 명]

Beveridge, W. 360

Bispinck, R. 164

Blum, N. 226, 415

Bochert, J. 362

Bollier, G. E. 283

Borght, R. v. D. 30

Bortkiewicz, L. v. 31

Briefs, G. 30

Bruck, W. 217, 245, 258

Bundesministerium fur Arbeit und Soziales 175, 332

Buschoff, K. S. 159

Backer, G. 164, 250, 260

Cagan, P. 396

Casmir, B. 358

Commission of the European Communities 366

Deutsche Bundesbank 376

Dinkel, R. 388, 389, 391, 402

Einser, R. 397

Engelhardt, W. 80

Enste, D. 316

Erbe, R. 155

Esping-Andersen, G. 107

Fasshauer, S. 387, 389

Feldstein, M. 376, 394, 398

Fenge, R. 332

Ferdinand Lassale 247

Finkler, S. 306

Frerich, J. 26, 33, 34, 42, 73, 74, 78, 89, 340

Friedrich-Ebert-Stiftung 87, 88

Gebauer, A. 332

Gebel, R. 242

George, V. 105, 106

Glaeser, S. 82, 84

Gough, I. 106

Gunther, K. 32

Hayeck, F. A. 95

Henke, K. D. 367

Herzog, R. 87

Hess, W. 175

Heyde, L. 72

Hofemann, K. 164

Holzher, Chr. 332

Katona, G. 396

Kirchhof, F. 356

Kirsch, G. 249

Kleinhenz, G. 35

Kolb, R. 230, 232, 388

Kortmann, K. 245

Kraft, V. 73

Kreikebohm, R. 224

Krupp, H. J. 118

Kulp, B. 79

Lampert, H. 29, 34, 35, 49, 56, 58, 74, 139, 152, 193, 227

Lee, J. W. 402

Leipert, C. 117, 119

Lutge, F. 32

Mackenroth, G. 175

Meier, R. 218, 332

Meinhold, H. 300

Molitor, B. 73, 75, 237, 260

Moog, S. 373

Munnel, A. H. 376, 398

Müller, W. 231, 379

Naegele, G. 164

Nahnsen, I. 33, 43

Neumann, L. F. 151

O. v. Nell-Breuning 217, 225

Pfaff, M. 364

Pilz, F. 89

Popper, K. R. 73, 74

Preller, L. 33

Pribram, K. 41

Raffelhuschen, B. 373

Rawls, J. 84

Ribhegge, H. 201

Rische, H. 414, 415

Ruland, F. 224, 232, 301

Rupp, H. -H. 84

Schmoller, G. 30, 71

[내 용]

저자 소개

이정우(Lee Jung-Woo)
경희대학교 경제학과 학사 및 석사
독일 베를린 공과대학교(TU-Berlin) 대학원 경제학과 석사 및 박사(Social Policy 전공)

전) 한국보건사회연구원 책임연구원
　　국민연금제도개선기획단 전문위원
　　공무원연금운영위원회 위원
　　대통령자문 정책기획위원회 위원
　　대통령자문 국민경제자문회의 위원
　　국민연금심사위원회 위원
현) 인제대학교 사회복지학과 교수

〈주요 역서 및 논문〉
「고령자 퇴직이행 지원제도로서 임금피크제도와 점진적 퇴직제도의 비교 연구」(2015)
「산재보험제도 휴업급여의 국제비교와 우리나라 제도의 개선방안」(2014)
「독일의 노후기초보장제도와 정책적 시사점」(2014)
「독일의 외국인에 대한 사회복지제도 적용체계와 정책적 시사점」(2013)
「양육활동에 대한 연금정책적 지원방안에 관한 연구」(공저, 2013)
「독일의 통일과정에서 복지국가의 역할」(2011)
「독일 점진적 퇴직제도와 우리나라 고령자 고용 및 사회정책에서의 시사점」(2011)
「근로와 연금수급의 병행 활성화를 위한 국민연금 제도개선에 관한 연구」(2009)
『복지국가와 경제이론』(공역, 학지사, 2008)
「산재보험제도 휴업급여 개선방안에 관한 연구」(2007)
「고령자의 점진적 은퇴 지원을 위한 보충소득지원제도 연구」(2006)
「활기찬 고령사회를 위한 사회정책 프로그램으로서 점진적 퇴직제도의 도입방안에 관한
　　연구」(2006)
「퇴직의사결정의 자율성을 보장하기 위한 연금수급제도의 개선방안」(2005)
「노후소득담보장치로서 국민연금 적립기금의 유용성에 관한 연구」(2001)
「통합의료보험제도의 문제점과 개선방안」(2001) 외 다수

사회복지정책(3판)

Social Welfare Policy (3rd ed.)

2002년 1월 10일 1판 1쇄 발행
2009년 10월 15일 1판 7쇄 발행
2013년 1월 10일 2판 1쇄 발행
2016년 2월 25일 2판 3쇄 발행
2017년 3월 20일 3판 1쇄 발행
2024년 1월 25일 3판 3쇄 발행

지은이 • 이 정 우

펴낸이 • 김 진 환

펴낸곳 • (주) **학지사**

　　　　　04031 서울특별시 마포구 양화로 15길 20 마인드월드빌딩 5층

대표전화 • 02) 330-5114　　　팩스 • 02) 324-2345

등록번호 • 제313-2006-000265호

홈페이지 • http://www.hakjisa.co.kr
인스타그램 • https://www.instagram.com/hakjisabook

ISBN 978-89-997-1130-5 93330

정가 20,000원

출판미디어기업 **학지사**

간호보건의학출판 **학지사메디컬** www.hakjisamd.co.kr
심리검사연구소 **인싸이트** www.inpsyt.co.kr
학술논문서비스 **뉴논문** www.newnonmun.com
원격교육연수원 **카운피아** www.counpia.com